花洛《みやこ》のモード

きものの時代

Kyoto Style

Trends in 16th-19th Century Kimono

京都国立博物館編

思文閣出版

はじめに

〈モード〉というとパリ・コレクションのような最新のファッションを思い浮かべる人が多いことでしょう。〈モード〉は常に新しさを追い求めます。伝統的な日本の「きもの」には〈モード〉という言葉が似つかわしくないと思われるかもしれません。しかし、例えば江戸時代に友禅染が人気を得えたときには「古風《こふう》の賤《いや》しからぬをふくみて　今様《いまよう》の香車《きゃしゃ》なる物数寄《ものずき》にかない」と評され、伝統的な良さをもちながらも、今様つまり最新の感覚に合致したものであったことがわかります。最先端をいく〈モード〉も連続した歴史の線上に生まれます。逆に、歴史のなかに〈モード〉をみるとき、その時代や社会が浮かび上がってきます。

本書では、桃山から江戸時代を通じて服飾の中心となった「きもの」に焦点をあて、当時、ファッションの発信地であった京都で人びとが何を装い、どのような美を求めたのかを探っていきたいと思います。「モードの歴史とは、衣服の歴史ではない。衣服と衣服を着る人の関係の歴史である」といわれるように、さまざまな「きもの」を通して、それを求めた人の心や「きもの」の美を生みだした時代や社会を感じとっていただければ幸いです。

本書の刊行にあたり、貴重なご所蔵品の掲載をご快諾いただきました皆様をはじめ、ご協力いただきました方々、関係諸機関に対して、厚く御礼申し上げます。

平成十三年二月

京都国立博物館

Foreword

It may seem inappropriate to describe the *kimonos* displayed in this exhibition as "fashionable," since most people consider *kimono* to be a "traditional" Japanese garment. However, for example in the Edo period when *Yūzen*-dyed *kimonos* became popular, the *kimono* fully concurred with the latest sense of fashion; this was expressed in an essay, saying that those *kimonos* "preserve classic decency, while fitting the latest fashion." For "fashion", novelty is always required, but even the latest fashion is created along the line of historical continuity. And conversely, the meaning of clothing becomes clear when "fashion" is viewed in the course of history.

This publication focuses on Japanese *kimonos* of the Momoyama and Edo periods (16th-19th century), and explores what people at that time were wearing in Kyoto–then being the fashion center–and what kind of aesthetics they demanded. It is often said that the history of fashion is not just a history of clothing but rather a history of the relationship between people and clothing. We hope that through the wide range of *kimonos* on exhibit, readers will gain insight into not only the history of these garments, but also into the sensibilities of people who wore them and the fashion sense of the periods which produced the *kimono's* aesthetics.

February, 2001

Kyoto National Museum

Editorial Notes

- This publication is a catalogue of the Special Exhibition, Kyoto Style: Trends in 16th-19th Century Kimono, held in the Kyoto National Museum from October 19 to November 23, 1999. Slight alterations have been made from the original compendium of the exhibition for richer content.
- The following symbols are used in giving the information of national registration: ◎ Important Cultural Property, ○ Important Art Object
- Some works are represented only by detail plates.
- Object descriptions were written by Hiroyuki Kano, Shigeki Kawakami, and Meiko Nagashima of the Kyoto National Museum. The author's name is given at the end of each description.
- Photographs were taken by Morio Kanai of the Kyoto National Museum, assisted by Megumu Matsubara and Noboru Mihara. Additional photographs courtesy of Seiji Jono(pl.29,82), Kempachi Fujimono(pl.34,107,134), Kodansha(pl.2), Shogakukan(pl.45).
- English translation by Mami Hild.

凡 例

- この図録は、京都国立博物館において、1999年10月19日から11月23日まで開催された特別展覧会『花洛《みやこ》のモード—きものの時代—』の図録である。但し、内容を充実させるため、展覧会開催時の解説付き目録をもとに若干の増補・改訂を行った。
- 頭注のうち、◎は重要文化財、○は重要美術品を示す。
- 図版は作品によって部分図を収録した。
- 寸法の単位は、すべてセンチメートルである。
- 作品解説は同館の狩野博幸、河上繁樹、永島明子が執筆した。各執筆者の名は作品解説の末尾に示した。
- 英文は、ヒルド麻美が担当した。
- 写真撮影は、基本的に京都国立博物館の金井杜男が行い、松原愛・三原昇が補助した。また、次の方々、各社の写真を使用した。
  城野誠治（図29・82)、藤本健八（図34、107、134)、講談社（図22)

目次

Contents

花洛のモード　―きものの時代―

河上繁樹

一　花洛のモード―本書の概要と構成―

モードをうつす〈きもの〉

元禄五年（一六九二）に京都で出版された『女重宝記《おんなちょうほうき》』には「都の町風も時世にうつりかはりて　時々のはやりそめも五年か八年の間に皆すたり、中比の吉長の小色染　友禅そめの丸づくし　上京八文字屋の山みちす崎　下京そめのうちだしかのこ今見ればはやふるめかしく初心なり」とみえ、貞享（一六八四～八八）のころに人気があった友禅の丸文様をはじめ、小色染《こいろぞめ》や打ち出し鹿の子なども、元禄五年の時点ではもはや流行遅れとなってしまったと述べられている。

衣服のデザインに流行り廃りがあるのは今も昔も変わりはない。今日はどんな服を着ようか、今年はどんな服を買おうか、それを選ぶのは個人である。しかし、その個人は常に社会のなかで生きている。人が社会的存在である限り、人が着る衣服もまた社会や時代を反映する。モードはそのあらわれに他ならない。ある特定の個人やグループから発した流行は、短命なものもあれば、より多数の人びとに受け入れられて社会現象となり、時代の潮流を生むこともある。その時世粧こそがモードである。

日本の〈きもの〉にももちろんモードをみることができる。本書では、桃山から江戸時代を通じて服飾の中心となった〈きもの〉に焦点をあて、当時、ファッションの発信地であった京都で人びとが何を装い、どのような美を求めたのかを探っていきたいと思う。ある時代のモードは必ずしも一つの現象に集約されるわけではない。人びとの生き方がさまざまであるようにモードも複数が同時に存在する。ただ、その中で時代をリードした人びとのモードが顕著にあらわれる傾向は否めない。

例えば、天下統一がなった桃山時代においては、覇者たちを彩った唐織《からおり》・繡箔《ぬいはく》・辻《つじ》が花染《はなぞめ》など当時最高の技術が駆使された豪華な服飾こそが時のモードであったということができよう。しかし、秀吉が世を去り、徳川政権の支配が及ぶようになると、服装を取りまく環境も変化した。人びとはかぶきに興じ、遊里が栄え、かぶき者や遊女たちがファッション・リーダーとなった。江戸時代前期から中期にかけては、殊に都市において商品経済が発展し、商人に経済力ができると、太平の世を謳歌するかのように闊達で豪勢な美服が隆盛を極めた。友禅染が一世を風靡するのもこの頃である。しかし、享保の改革によって財政の緊縮や世相の秩序是正がはかられると、衣服もまた地味な傾向になっていく。江戸時代後期には人工が百万人以上にも膨れ上がった大都市江戸がファッションの中心地となり、京都でも瀟洒な江戸風が流行した。

本書はこのような流れをもとに、以下の十一章で構成される。

第一章　絢爛と花開く　―桃山時代のモード―
第二章　描かれた桃山モード　―肖像画と洛中洛外図―
第三章　残照の美　―慶長小袖―
第四章　浮世の彩絢　―かぶきと遊里―
第五章　美服の奢り　―寛文・元禄小袖―
第六章　今様の華奢　―友禅染―
第七章　華から粋へⅠ　―光琳文様と白上り―
第八章　華から粋へⅡ　―褄・裾文様―
第九章　町家の贅沢　―婚礼衣装と京鹿の子―
第十章　公武の装い　―御所風と御屋敷風―
第十一章　雅びの伝統　―公家のスタイル―

各章の詳細は後に譲るとして、全体の構成は基本的には時間的展開を軸にし、第九章以下は身分差による服飾表現の違いに注目した。

きものの時代

本書でいう〈きもの〉は、主に小袖《こそで》形式の衣服を指す。小袖は平安時代末期以降、公武の装束の下着に用いられていたが、装束が簡便化するにつれて、表着として用いられて装飾化が進んだ。室町時代後期には武家女子の公服に打《うち》掛《かけ》姿や腰巻《こしまき》姿という小袖形式が確立し、男女の略装にも小袖が定着して、やがて小袖は主要服飾の座を占めた。桃山から江戸時代にかけては、さまざまな染織技法が考案され、多彩な小袖がみられるようになる。近世はまさに小袖の時代であり、モードは小袖を中心に展開した。本書の副題の「きものの時代」とは、小袖が主要服飾の座を占めた近世の時代をいう。

きもの＝小袖の歴史は古いが、小袖の遺品となると室町時代末期以降のものしか現存していない。しかも小袖遺品の大半は女性のものである。桃山時代には豊臣秀吉や徳川家康など武将たちの衣服が遺されているが、江戸時代の遺品は女性の小袖が圧倒的に多い。正徳三年（一七一三）に出版された小袖雛形本《ひいながたぼん》『正徳ひな形』［図117］の跋文に、「それ衣裳《いしやう》は衣食住《いしよくぢう》のひとつにして、寒気《かんき》をふせぎ膚《はだへ》を覆《おほ》ふを要《よう》とするのみにあらず。第一男は礼義《れいぎ》の像《かたち》をととのへ、女は姿をかざりて天性ならぬ艶《えん》を化粧《けはい》す。」とあるように、衣服に求められる機能は男が社会的な儀礼服としての意味合いを重視するのに対して、女のきものは着る者をより美しくみせようとする。これが当時の男女の衣服に対する一般的な考え方であろう。美を求める心は、モードを生みだす大きな要因となる。本書でも第三章から第十章まで女性の小袖が主体をなしているのは、小袖の現存状況もさることながら、女性の小袖が江戸時代のモードを雄弁に物語っているからに他ならない。

『二十世紀モード史』の著者デュ・ロゼルが「モードの歴史とは、衣服の歴史ではない。衣服と衣服を着る人の関係の歴史である」と語るように、小袖にモードをみるということは、それを求め、生みだした人びとの心情を問わなければならない。一つの時代、一つの社会のなかにある人間の美的な感情を一枚一枚の小袖を通じて具体の姿にみていくことが肝心である。しかし、小袖の一枚一枚がいつ作られたかを知るには、染織技法や文様表現の個々を具に検討していくことが基本になる。本書は一枚一枚の小袖の文様表現や染織技法に注目しながら、小袖をいくつかのグループに分類することで、ある時代の、ある社会の人びとが求めた共有する美を浮かび上がらせていきたいと思う。

小袖はタブロー

江戸時代には現代のファッション・カタログに相当する小袖雛形本《ひいながた》が盛んに出版された。現在知られているだけでも寛文六年（一六六六）刊行の『御ひいなかた』から文政三年（一八二〇）刊行の『万歳ひいなかた』まで一二〇余種の雛形本があるという。これらの雛形本で興味深いのは、ほとんどの場合、小袖の背を広げて文様をみせるという点である。そこでの関心は、ひたすら文様にあった。小袖のかたちは文様を入れる輪郭に過ぎず、まったくと言っていいほど関心が示されていない。西洋の服飾版画が服のシルエットを強調するのとは対照的である。洋服が身体にフィットすることをめざしてきたのに対して、日本の小袖は肉体に執着しない。小袖はかぎりなく一枚の布に近いのである。

小袖の美しさが着る人との関わりのなかで成り立つのは言うまでもないが、小袖は一枚一枚を衣桁にかけてそれだけをみても愉しめる。一枚の布のごとき小袖は、かたちに変化がなく、逆に一定のかたちにどのような構図や彩りで文様を構成するか、つまり小袖というカンバスに絵を描くようにデザインされている。それ故に、小袖は一枚のタブローとして眺めることができる。そして、そこに表現された文様と色彩にこそ当時の人びとの豊かな美的感情が込められている。

二　絢爛と花開く桃山モード

小袖の時代をむかえて

桃山時代は黄金の時代といわれる。聚楽第や伏見城の豪華さに象徴されるように桃山文化は金銀の光彩を放った。服飾にも明るく華やかな傾向があらわれ、時代の気分を反映したモードとして定着してゆく。天下統一の気運がみなぎるエネルギッシュで開放的な時代をむかえ、桃山のモードは絢爛と花開いた。

桃山時代の服装は、すでに小袖の時代をむかえていた。武士の公服は、中世の直垂《ひたたれ》や素襖《すおう》に代わって肩衣袴《かたぎぬばかま》が登場した。中世の武士の肖像画は、多くが素襖や直垂、もしくは直垂に紋がはいった大紋《だいもん》の姿で描かれたが、次第に袖無しの肩衣の姿へと変わっていく。その早い例は、〈土佐派絵画資料〉（京都市立芸術大学蔵）中にある天文十九年（一五五〇）五月に土佐光茂が描いた足利義晴の像である。もっとも、大永四年（一五二四）の〈真如堂縁起絵巻〉（真正極楽寺蔵）には肩衣袴姿の若者たちが描かれており、肩衣袴の絵画資料としてはこちらのほうが早い［挿図1］。さらに文明十四年（一四八二）の『御供故実《おともこじつ》』には「かたみがはりの事。かた衣袴の事。十四五迄可㆑有㆓着用㆒候」とあり、若者の服装に「肩衣袴」が認められていたことがわかる。肩衣袴の流行は若者から広がり、やがて武士の公服として定着した。袖のない肩衣の着用によって、下の小袖が表出した。

もっとも、中世の武士も素襖や直垂の下にしゃれた小袖を着ていた。〈武田信玄像〉［図25］には小紋《こもん》の素襖の襟元に芦文様をあらわした辻が花風の小袖が描かれ、〈足利義輝像〉［図26］では、薄物の直垂の下に段替となった肩裾文様の小袖が透けてみえる。普段は直垂や素襖などの下に隠れてみえない小袖ではあるが、すでに自分たちの出番を待っているかのようだ。十六世紀には男子の服装にも小袖は欠かせなくなっていた。

女子の服装では中世に袴が省略されるようになり、男子よりも早く小袖の表着化が進んだ。室町から桃山時代には武家女子の間で小袖が礼装として着用され、小袖に帯をしめたうえからさらに小袖を重ねて打掛姿とし、夏は打掛を肩脱ぎして腰に巻く腰巻姿になった。〈細川昭元夫人像〉［図27］は、紅筋と草花の文様を段替に染め分けた美しい辻が花染の小袖を打ち掛けている。細川昭元夫人は織田信長の妹の一人で、名をお犬といい、天正十年（一五八二）に三十余歳で世を去った。この薄命の美人を供養するために描かれた像は、生前の夫人が愛用したであろう小袖を打ち掛けた礼装の姿で写されている。いっぽう、腰巻姿をみせるのは〈浅井長政夫人像〉［図28］である。浅井長政夫人の名はお市、お犬の姉にあたり、やはり信長の妹である。白無地、紅筋、紅無地、雲と草花の片身替の肩裾小袖、さら

挿図1　片身替の肩衣袴をきた若者
真如堂縁起絵巻（真正極楽寺）（部分）

に白地菊文の小袖を重ね、唐織を思わせる紅地立涌丸文の小袖を腰に巻き付けている。美貌で知られる姉妹に花を添えたのは、唐織、摺箔、辻が花染など華麗な小袖であった。

市井に目を転じてみよう。都の人びとの日常が活写され、雑踏の賑わいが聞こえてきそうな〈洛中洛外図〉［図34］、その繁華な町通りには物売りや物見遊山の女たち、騎馬の武士、南蛮人などさまざまな人びとが行き交う。物見遊山の上流夫人は小袖姿にかずきをかぶり［挿図2］、働く女は小袖を対丈に着て、前掛をしている。男は袴姿が多いが、なかには小袖の着流し［挿図3］もいる。

肖像画にみる儀礼の姿と洛中洛外図の日常の恰好、そのどちらにも登場する小袖はすでにモードの中心であった。

桃山染織の華

小袖が表着として用いられると、それにふさわしデザインが求められた。当時、日本へ渡来した南蛮人の目には色とりどりの小袖を着た日本人の姿がよほど印象的に映ったのであろう。「衣類の布地の表は、それが絹であろうと、木綿あるいは亜麻の布裂であろうと、いろいろの色をした花が優美に描かれているのが普通である。」（ジョアン・ロドリーゲス『日本教会史』）、「日本人の間では坊主と剃髪した老人以外は一般に、彩色した衣服を着けている」（ルイス・フロイス『日欧文化比較』）、「着物、つまり衣服はまことに立派なものであるが、立派な着物というものは、すばらしい布地にきれいに色どりして、金をちりばめ、美々しく刺繍をほどこした絹の布地でできている」（アビラ・ヒロン『日本王国記』）など、彼らの見た極東の島国の衣服は華やかに彩られていた。

中世の装束の時代から近世の小袖の時代へと移るなかで、その加飾も織物主体から染物中心へと変わっていくが、その過渡期ともいうべき桃山時代の小袖は織り、染め、繍いが拮抗するかのように美を競いあった。織物は同じ文様が繰り返される。小袖のように単純なかたちの衣服ではその繰り返しが衣服を荘重にみせることもあるが、単調に陥いらせることもある。一枚着の小袖は、公家の十二単のように重ねの色目を楽しむというよりも、文様の色やかたちが重視された。片身替《かたみがわり》や段替の構成のなかで色彩や文様が対比されたり、あるいは均一的な織文様よりも自由に多彩な絵文様をあらわすことができる繍いや染めが注目され、色彩豊かで絢美な小袖の世界をつくりだした。

(1)高貴な織物＝唐織《からおり》　桃山時代の織りの代表といえば唐織だ。唐織という呼び方は、いかにも中国製の織物のように思われるが、すでに鎌倉時代には唐織物と称する日本製の織物がつくられている。和製の唐織物は浮き織りによって文様をあらわした高級織物で、文様も和風化されて、公家の間で用いられたが、室町時代には武家の間でも将軍の周辺のごく限られた人だけが唐織物の小袖を着ることを許された。いわば、唐織はステイタスを示す高貴な織物であった。

挿図2　小袖姿にかずきをかぶる婦人　洛中洛外図屛風（福岡市美術館）（部分）

挿図3　小袖着流しの男　洛中洛外図屛風（福岡市美術館）（部分）

中世の唐織物は三、四色で飛び文様をあらわした上品な浮織物であったが、桃山時代には文様を全面にあらわし、色数も倍以上にふえた。桃山時代の唐織の魅力は、多彩な色糸による量感豊かな文様表現にある。織物の反復文様の単調さを色彩の変化で補いながら、織物のもつ品格に、自由な色使いが加味されて重厚華麗な趣きを示す［挿図4］。唐織は、覇者たちの小袖を飾るにふさわしい織物として喜ばれた。

⑵金をちりばめた刺繍＝繍箔《ぬいはく》　刺繍は、文様の色も、形も、大きさも思いのままに表現できるので、小袖には欠かすことのできない装飾手段であった。さらに、この刺繍に彩りを添えたのが金や銀の箔を摺る摺箔《すりはく》の技法であり、刺繍と摺箔の二つの技法が結びついて繍箔というきらびやかな世界を生んだ。

桃山時代の刺繍は撚りのない糸を用いて、柔らかく繍うのが特徴だ。この繍い方で文様を簡略に表現した［挿図5］。さらに金や銀の箔が華やかさを強く印象づける。桃山時代の繍箔は、写実にとらわれずにかたちと色を愉しんだのである。

⑶かたちを染める＝辻《つじ》が花染《はなぞめ》　いっぽう、この時代の染めにはすでに小紋染などもおこなわれていたが、むしろ、時代の要求をかなえるべく小袖に豊かな文様を表現したのは、現在いうところの辻が花染（室町、桃山時代の文献にみえる「辻が花」は、現在私たちが指している辻が花染と必ずしも一致するものではない）である。辻が花は絞り染によって文様を表現することが基本だ。文様の輪郭を縫い締めてさまざまな文様のかたちをあらわそうとした［挿図6］。あるいは、絞り染では出し得ない微妙な表現を墨の描絵で補う。そこにはモノトーンの墨色と草木染の華やかな色彩とが交響する辻が花ならではの世界がある。

取り合わせの美＝片身替、段替

桃山時代の小袖のデザインは、中世の伝統を受け継いだものが少なくない。その代表的なものに片身替と段替がある。身頃の左右で地色や文様をがらりと替えた片身替、片身替をさらに上下の段に等分して異なった色や文様を交互に配したのが段替である。永享九年（一四三七）に後花園天皇が足利義教の室町殿へ行幸した際の『永享九年十月二十一日行幸記』には、お供の女房たちに配られた引出物のなかに多くの片身替や段替の小袖がみられる。「霰だすきに檜扇ひしと、枯野に雪」「からかさと、水に石柴舟」など異種の文様を取り合わせた片身替や、「かうし《格子》と、すなかし《洲流》にかい《貝》」や「あや《綾》すぎ《杉》と、から花」といった組み合わせを八替や十六替など細かく分かれた段に配した段替もあった。室町時代の『騫《けん》驢《ろ》嘶《せい》余《よ》』には「十六かはり《替》八かはり《替》の小袖、貴人の外不レ着。四かはり《替》は平人も自然に着するなり」と

挿図4　菊折枝文様小袖（林原美術館）（部分）

挿図5　春草と桐文様肩裾小袖（宇良神社）（部分）

挿図6　桐矢襖文様胴服（京都国立博物館）（部分）

あり、段数の多い段替はだれでもが着用できるものではなかった。

また足利義政の夫人日野富子の女房衆のことを記した『簾中旧記《れんちゅうきゅうき》』には衣裳について「かた〳〵ぬい《縫》物。かた〳〵はく《箔》も。いつものにて候はねば。時々の季の物を両方おなじやうにもん《文》をつけられ候。さりながらかた〳〵はときは《常磐》のゑやう《絵様》にて。かた〳〵時の季の物にてもくるしからず候。」と述べられる。時節に応じた文様を片身は縫物（刺繡）、もう一方は箔（摺箔）にして変化を与え、あるいは一方を松や桐、立涌、鶴亀といった常磐《ときわ》の文様として、他方を季節の草花などの文様にした取り合わせもおこなわれた。

片身替や段替は、使い古された二枚の小袖裂を継ぎ合わせてパッチワークのようにしたところから始まるという説がある。しかし、片身替や段替はそうした倹約の精神から生まれたものではない。異種の色や文様をどのように取り合わせ、対比させるか、それは立派な美学であった。

四季の花咲くデザイン

『簾中旧記』にみるように、室町時代の小袖は片身替や段替のデザインにも季節感を大切にして時節にふさわしい文様を飾り、取り合わせの妙を楽しんだ。ところが、室町末から桃山時代になると、四季の草花をモチーフとしながらも必ずしも季節感にとらわれないデザインの小袖があらわれた。〈草花文様四つ替小袖〉［図3］は身頃に春の梅、夏の藤、秋の楓、冬の雪持笹を割り当てた四替のデザインで、小袖のなかに四季のモチーフが画然と配されている。

さらに桃山時代の小袖には四季の自然が旺盛に取り込まれいく。〈菊に芦水鳥文様繡箔（能装束）〉［図4］のように段替の構成のなかで、早春と秋が対比されたり、あるいは一領の小袖のなかに梅、桜、たんぽぽ、薄、紅葉、雪持柳など四季の草花が渾然と配されるデザインもみられる。近接的な視点で草花をとらえながら、文様は単純化されて平明な表現となり、写実にこだわらない配色で彩られた。その文様には、季節感を大切にする情趣的な美しさよりも、色とかたちにうったえる感覚的な美への嗜好がうかがえる。

吉祥の洲浜

桃山時代の小袖には、〈春草と桐文様肩裾小袖〉［図1］や〈松鶴亀に草花文様肩裾小袖〉［図2］のように、肩と裾にだけ文様を置いた肩裾《かたすそ》小袖もみられる。しかも肩と裾の文様を置く場が洲浜形に区切られていることが少なくない。中世以降、小袖の文様に洲浜をあらわす例はいくつかあり、例えば〈春日権現験記絵〉巻七の開蓮房尼の庵室の場面で簾の下でうたた寝をする少女は、肩裾に洲浜形を置いた小袖を着ている［挿図7］。この文様が雲形ではなく、洲浜形であることは腰明の部分に波の文様を描き、洲浜のなかに貝を散らしていることから明らかである。洲浜の文様は

挿図7　春日権現験記絵（宮内庁三の丸尚蔵館）（部分）

すでに平安時代に成立しているが、以来洲浜は祝いのシンボルや聖なるイメージとしてさまざまな器物を飾り、描かれ、造形化されてきた。

小袖の洲浜形もそれ自体が聖なる場をつくりだし、そのなかには吉祥的な文様が表現された。松、竹、梅、橘、桐、そして鶴や亀、これらのモチーフは不老長生などのシンボルとなる常磐の文様である。季節をこえて咲き匂う草花、これもまた常世のイメージへとつながっていく。春夏秋冬、季節感やそのうつろいを大切にし、四季折々の草花を文様として身にまとうことで情緒的気分を楽しんできた日本人ではあるが、いっぽうで春と秋、あるいは四季の花を同時に咲かせることでこの世ならぬ美しさをつくりだした。桃山時代の小袖には肩裾の洲浜形ばかりでなく、片身替や段替などの意匠構成のなかにも、この世ならぬ四季の花咲く美の理想郷が表現されている。

三　武将のニューモード

陣羽織に綺羅をつくす

下剋上の戦国の世を生き抜いた桃山時代の武将たちは、伝統に拘泥せずに自らを装った。桃山時代には当世具足《とうせいぐそく》と呼ばれる新たな形式の甲冑が着用された。それはまた、陣羽織《じんばおり》や具足下着《ぐそくしたぎ》といった新しい武装の衣服を生むことになる。武装は武士の晴れ姿、敵に負けじと見栄の張りどころでもある。武将たちは陣羽織に綺羅を尽くし、具足のしたに着る下着をもなおざりにしなかった。伝統にこだわらない陣羽織には、南蛮人から手に入れた異国の織物を贅沢に使い、さらに敵を圧し、味方の目印にもなるような奇抜な意匠が求められた。そこには桃山武将の美学が貫かれている。

陣羽織に好まれた織物としては、まずラシャをあげなければならない。ラシャは、ポルトガル人によって初めて日本に紹介されたヨーロッパの毛織物である。厚手で防水・防寒性に優れ、また緋色・黒色・黄色など色彩が鮮やかであったため、武将たちは陣羽織にラシャを好んで用いた。ポルトガル人がもたらしたラシャは貿易の商品というよりも、彼らが交易や布教を円滑にはかるために大名へプレゼントした贈答品であった。南蛮渡りのラシャを身につけるということは、実用性を重んじる以上に、大名たちのステイタス・シンボルとなったのである。

ラシャの陣羽織は、猩々緋《しょうじょうひ》と呼ばれる赤色をはじめ、黄色や黒、紺などラシャならではの鮮やかな色合いを組合わせた、人の目を引く奇抜なデザインこそが身上であった。例えば上杉謙信所用と伝える〈羅紗袖替《ラシャそでがわり》陣羽織〉［図22］は、紺と緋色のラシャが袖替となったデザインで、日本の衣服の特徴である直線裁断を巧く採り入れている。しかも裏地

挿図8　ペルシャ絨毯
（ルガノ　ティッセン・ボルネミッサ財団）

挿図9　華文刺縫陣羽織
文様描起し　岩崎雅美氏による

には中国製の緞子《どんす》を付け、ひるがえった裾から萌葱の緞子がのぞく。ラシャの光を吸込むような質感と緞子の艶やかな光沢が対照の妙をみせる美しい陣羽織である。

絨毯《じゅうたん》を着た秀吉

豊臣秀吉はペルシャ絨毯を陣羽織に仕立てかえてしまった。秀吉の所用と伝えられる〈鳥獣文様綴織《つづれおり》陣羽織〉［図20］は、金銀が織り込まれた絹製の豪華な綴織でできている。その文様は獅子が動物を襲う図だ。この種の文様はペルシアの伝統的な文様であり、この絹綴《きぬつづれ》はペルシアの宮廷で使われた高級絨毯に他ならない［挿図8］。獅子が獲物に襲いかかる勇猛な姿は陣羽織の文様にうってつけであった。舶来の貴重な絨毯を断ち切って陣羽織に仕立ててしまう、それは時の権力者である秀吉だからこそ可能な贅沢である。

秀吉が舶来の染織品を陣羽織に仕立て替えた例は他にもある。福岡県の嘉穂町に伝えられる〈華文刺縫《かもんさしぬい》陣羽織〉［図21］は、天正十五年（一五八七）に秀吉が筑前の秋月氏を攻略した折に、秀吉が功績のあった大隅町の人へ嘉賞として与えたものという。白木綿にインド・イスラム色の濃い文様［挿図9］をキルティングした生地は、もともとインドでつくられたベッドカバーのような南蛮渡りの布であったと考えられている。絨毯やベッドカバーをも陣羽織に仕立て替えてしまう発想、常識にとらわれない大胆さこそが桃山時代の武将たちのモードであった。

南蛮へのあこがれ

大航海時代の波にのって海の彼方からやってきたポルトガル人、その姿は南蛮屏風にとらえられている。大きな帆船から積荷を降ろす船員や街をゆくカピタンの一行。彼らは帽子をかぶり、長袖の上衣にチョッキを着て、だぶついたズボンをはく［挿図10］。もっとも、カピタンや船員たちが寄港地から離れることはほとんどなく、こうした南蛮人の異装を当時の人びとが目の当たりにする機会は少なかった。むしろ日本人が多く出会ったのはポルトガルの宣教師たちである。彼らは布教のために全国をまわり、領地内での布教の許しを得るために大名へ南蛮の珍しい品々を贈った。南蛮趣味はまずは武将の間にひろまっていく。信長の南蛮趣味はよく知られるところであり、キリスト教を禁止した秀吉も南蛮の文物には目がなかった。天正十八年（一五九〇）にヨーロッパから帰国した遣欧少年使節一行は、翌年秀吉に謁見するため正装したポルトガル商人十三人を従え、威儀を正して京都に入った。聚楽第で接見した秀吉はポルトガル商人たちの美装に驚き、「ヨーロッパの人々に比ぶれば日本人は乞食の如し。然く遠方より来たりて尚華やかにして美しき服装をなすとは驚くべきことなり」といったという。正装のポルトガル人を目の当たりにした京都

挿図10　南蛮屛風（南蛮文化館）（部分）

挿図11　牡丹唐草文様具足下着（土佐山内家宝物資料館）

挿図12　華葉文様胴服（上杉神社）（部分）

の人びとのあいだに南蛮趣味が流行りだした。宣教師のルイス・フロイスは、「京都でポルトガルの衣服、もしくは（他の）何物かを持っていなければ人と思われぬようになった」とその熱狂ぶりを伝えている。その余波は次第に広がった。

土佐藩主二代目の山内忠義（一五九二～一六六四）が着たという〈牡丹唐草文様具足下着《ぐそくしたぎ》〉［図24、挿図11］がおもしろい。その細長い袖の形は、日本のきものとはまったく違う。袖口にボタンをつけ、ボタンホールを開け、襟も襟元の詰まった立襟《たちえり》で、いかにも西洋風なのである。その襟には奇妙なびらびらの襟飾りが縫い付けられている。おそらくこれはポルトガル人の間で流行していた襞襟《ひだえり》をまねたものであろう。だが、この服は西洋からの舶来品ではない。生地の牡丹唐草の文様が織だされた緞子《どんす》は中国製である。いわば南蛮もどきの衣服である。

ヨーロッパで流行した織物文様が武将の衣服を飾ることもあった。上杉景勝に仕え、家老として手腕をふるった武将直江兼続《なおえかねつぐ》（一五六〇～一六一九）の所用と伝えられる〈花葉《かよう》文様胴服〉［図23］は、いわゆる「ザクロ文」の織物である。ザクロ文は組紐を思わせる曲線を立涌風に組み合わせ、その枠組のなかに、複雑な形状の花文を入れた文様で、もともとはザクロの実をあらわしていたが、次第に形式化した文様になった［挿図12］。一五、六世紀のイタリアで僧侶の法衣、貴族や富豪の衣服、室内装飾の織物などに愛用されたルネサンス期を代表する文様で、ビロードやダマスクに多くみられる。この胴服の場合、生地はダマスクで、日本風にいえば緞子である。緞子は中国でも元時代以来織られているのでザクロ文も十分に模織できたであろう。この時代の染織品には、一見、ヨーロッパ製とみられる意匠の織物も、案外中国製のものがある。この胴服のザクロ文も中国で模されたものである。が、たとえ中国製であっても武将たちの南蛮へのあこがれを物語るものといえよう。

武将のおしゃれ着

桃山武将たちが愛用した衣服の一つに胴服《どうぶく》がある。胴服はもともと戦陣で具足のうえからはおったが、豊臣秀吉の時代には日常にも着るようになったとジョアン・ロドリーゲスが『日本教会史』のなかで述べている。事実、秀吉が文禄元年（一五九二）九月六日付けで、肥前名護屋から夫人のおねに宛てた手紙には「又そでなしどうふくむやうにて候、そでなしは、ぐそくのときばかりよく候」とあり、具足には袖なしの胴服を着て、日常は袖付きの胴服が好まれたようで、小袖のうえからはおったので羽織とも呼ばれた。日常に着た胴服は陣羽織のような武張ったデザインから離れておしゃれを楽しむことができた。

天正十八年（一五九〇）に南部信直の臣下が秀吉から拝領したという〈桐矢襖《きりやぶすま》文様胴服〉［図12］など、桃山時代には胴服においても辻が花染の優れたデザインがみられるようになる。その後、慶長六－七年（一六〇一－一二）ごろに徳川家康から石見銀山の山師吉岡隼人に下賜された〈銀杏葉に雪輪文様胴服〉［図13］、同八年（一六〇三）にやはり家康から石見銀山の山師安原伝兵衛に下賜された〈丁子文様胴服〉［図14］などがあり、また尾張徳川家に伝来した〈葵紋葵葉文様羽織〉［図15］など、背中いっぱいに躍動する文様を巧みな絞り染の技術で染め上げた辻が花染には共通した造形感覚がうかがえる。

ところで、京都の呉服商雁金屋《かりがねや》が受注を控えた慶長七年の『御染地之帳』［図16］には、家康の注文分として「御地むらさきにあふひ《葵》を一は《葉》二はつゝちらしてあふひの中あさき《浅葱》ひわ《鶸》しろ《白》に一はつゝかへてきせわけにあふひ大からに」とあり、〈葵紋葵葉文様羽織〉を髣髴とさせる染物がつくられ、またこれとは別に家康分として「御とうふく」つまり胴服の注文もある。この染物台帳には家康のほか、二代将軍秀忠、秀忠夫人、北政所、淀殿などが注文主に名を連ね、二百件近い小袖等の注文が記されており、慶長七年前後の文様染の流行ぶりがうかがえる。武将たちの胴服も、そのいくつかは雁金屋でつくられたのであろう。

四　浮世の彩絢―江戸時代前期の小袖―

慶長小袖の登場

慶長三年（一五九八）に秀吉が没し、やがて権力は徳川家康の手中に落ちた。慶長八年（一六〇三）、家康は江戸の地に幕府を開き、京には二条城を築いて西日本支配の拠点とした。京都でも元和から寛永（一六一五〜一六四三）にかけて着実に江戸幕府の秩序が浸透していった。

そうした世情のなかで服装をとりまく状況も変化した。桃山時代に最盛期を迎えた辻が花染と繡箔は、やがて両者が融合するかたちで、新たな様式へと展開していく。しかし、そこから生まれた小袖はまったく様相を異にしていた。いわゆる慶長小袖だ。それは新たな時代の訪れを告げている。

桃山時代の小袖には、肩裾、段替、片身替のように左右対称の一定の枠のなかに文様を入れて配置するデザインがしばしばみられた。これは中世以来の伝統的な意匠構成であったが、慶長小袖は〈染分桜花に松鶴文様小袖〉［図38、挿図13］や〈染分小手毬に松楓文様小袖〉［図39］のように規矩にはまったかたちを大胆に破り、動きのあるデザインを生んだ。慶長小袖は、地を黒・赤・白の三色で複雑な区画に染め分けることが多く、それぞれの区画に合わせて草花などの文様を小さく繡い添え、細かな文様の金箔を摺り詰めた。明朗な桃山小袖の俤は消え、豪華ではあるが重い色調となり、また全体に動きがあるが沈静な気分が漂う。

挿図13　染分桜花に松鶴文様小袖（鐘紡株式会社）

慶長小袖がそれ以前の小袖と異なる点は他にもあった。それまで小袖の生地といえば、練貫《ねりぬき》が主であった。練貫は緯糸《ぬきいと》に練糸、経糸《たていと》に生糸をもちいた張りのある平織の絹である。これに対して、慶長小袖の生地は紗綾《さや》や綸子《りんず》が多い。紗綾や綸子は当時、中国から輸入されていた絹織物で、日本でも織り始められたばかりの新しい織物であった。紗綾も綸子も後練りの柔らかな風合いをもち、練貫に比べて身体に馴染む素材である。柔らかな素材は、小袖を着たときのシルエットに変化を与え、ひいては小袖のデザインに影響を及ぼした。慶長小袖の動きのあるデザインはそこから生まれたと言えるだろう。

慶長十五年（一六一〇）の賛をもつ〈稲葉忠次郎夫人像〉［図30］は段の雲形のなかに細かな文様をいれた小袖を着ている。あるいは元和元年（一六一五）、大坂城の落城とともに自害した淀殿、その像と伝える〈伝淀殿像〉［図31］にも段に丸文を散らした細かな文様の打掛が描かれている。京都の呉服商雁金屋に伝わった注文書をみれば、例えば慶長十九年（一六一四）の『徳川秀忠大奥老女呉服注文書』に徳川秀忠夫人や松平忠直の小袖について「いかにもいかにもこがらに」という記述があり、細かな文様の小袖が誂えられている。慶長後半から元和にかけて武家のあいだに細かな文様が流行ったのだ。こうした細かな文様は慶長小袖とも共通する。当時、摺箔や刺繍の細かな文様や鹿の子絞りで地を埋めた小袖を「地なし」と呼んだ。京都の遊女たちのあいだでも遊里が島原へ移る寛永十八年（一六四一）以前、すなわち六条三筋町の頃には太夫が地なしの小袖を着ていたという。

慶長小袖が流行したのは、桃山時代末から江戸時代前期にかけてである。絞りや摺箔や刺繍をふんだんに使った慶長小袖には、桃山時代の残照をみることができよう。しかし、細かな文様や重い色調には移り変わる時代が反映され、左右対称性を破った動きのあるデザインには新たな息吹が感じられる。

打敷になった小袖

慶長小袖が流行した江戸時代初期の小袖遺品は極めて少ない。世に慶長裂と称する小袖の断片は少なくないが、小袖全体のデザインがわかる遺品となれば稀少である。しかも製作年が明確にわかる慶長小袖はない。これは小袖全般にいえることだが、製作年を入れることなどしないのが普通だ。
だが、日本には衣服を打敷に仕立て直して寺院へ奉納するという習慣があった。打敷は寺院堂内の仏前の卓に掛けて荘厳する布であるが、自らの安穏を祈り、あるいは死者の供養のために愛用の小袖を打敷に仕立て替えて奉納することがあった。この時に、裏地に奉納者の名前や寄進の年月日などの銘文を書きそえる場合が少なくない。この銘文が小袖の使用年代や着用者の身分を知るうえで重要な情報となる。

京都大徳寺の真珠庵には、いまも江戸時代に奉納された小袖直しの打敷が大切に伝えられている。そのなかに江戸

挿図14　棚に草花文様打敷（真珠庵）

時代初期から前期にかかる小袖直しの打敷が何枚かあり、銘文をともなうものも含まれている。

　これらの打敷はいずれも正方形に近い形状をなし、四辺に小袖の身頃をとり回して額縁風の縁をつくり、中央の鏡部分に袖・襟・衽を接ぎ合わせている［挿図14］。一領の小袖を最大限に活かして打敷に仕立て直しているので、逆に打敷からもとの小袖を復元することができる。そうすれば小袖のデザインが一目でわかる。幸いにも現在はコンピュータの技術が進歩しているので、コンピュータ・グラフィックによって小袖の姿を復元してみた［図41・42・52・53・66参考図］。小袖に戻すにあたって、欠失している部分は現存する類似の部分から類推して補ったが、ほぼもとの小袖の形状とデザインが再現できた。これによって、江戸時代前期の小袖の様相がより具体的にみえてくる。

　元和六年（一六二〇）銘の〈棚に草花文様打敷〉［図41］は、もとが紅白の片身替の小袖であり、身頃の左右で紅色と白色を対比させた大胆な片身替は桃山時代の典型的をみせるが、刺繡による文様表現は細かくなり、雲形や丸文の絞りには黒色が目立つなど慶長小袖と共通する特色が認められ、江戸時代へと移りゆく過渡的な要素がうかがえる。

　寛永十六年（一六三九）銘の〈葡萄に網干丸文様打敷〉［図53］は、もとが背に葡萄をのびやかにあらわし、裾に網干と円文を重ねた文様の小袖であった。葡萄をあらわす絞りの技法には、いまだ桃山時代の辻が花染の余韻が残されているが、小袖は袖幅がすでに三十センチにも広がっており、桃山時代の小袖とは形状が違っている。

　他にも銘文はないが、元和、寛永頃の小袖とみられる打敷がある。〈丸文散し草花文様打敷〉［図52］は、紫の綸子地に金の摺箔と刺繡による草花文様をあらわし、刺繡や鹿の子絞りの丸文を散らしている。摺箔や刺繡の文様は細かく、また袖幅も二四センチ余りで桃山時代の小袖と比べてもそれほど広がっていないことから元和頃の小袖であろう。また、〈縞に鉄線文様打敷〉［図42］は、もとが黒と紅の染め分けの縞に、細かな文様がびっしりと繡われた華やかな意匠の小袖であった。縞はよろけ縞風で、刺繡は細かく繡い詰め、繡糸は次第に裏にも回りはじめ、また金糸が目立つ。もとの袖幅も三十センチ近くある。寛永期に入っての小袖であろう。

　真珠庵の打敷には、〈棚に草花文様打敷〉や〈立涌に鉄線文様打敷〉のように色調、技法面で慶長小袖に共通するものもあれば、〈丸文散し草花文様打敷〉のように散し文様や色調に慶長小袖との違いがみられるが、技法面ではやはり慶長小袖に通じ、この時代の特色を示すものもある。いっぽうで〈葡萄に網干丸文様打敷〉は慶長小袖とはまったく趣を異にし、肩から裾にかけて置かれた大柄の文様は、十七世紀後半に流行する寛文小袖に通じるデザインである。こうした大柄の小袖は寛永頃の風俗画にもみられるところであり、この時代の一面を伝える小袖であることに違いはない。

挿図15　阿国かぶき図屛風（京都国立博物館）（部分）

挿図16　「茶屋遊び」歌舞伎図巻（徳川美術館）（部分）

絵にあらわれたモード

慶長、元和、寛永期は、戦国の乱世が終息し、天下泰平の世へとむかいはじめた時代である。しかし、人びとが望んだ泰平の世も徳川幕府による支配体制に呑み込まれていく。もはや武辺ひとつで成り上がれる時代は去ったのだ。閉塞感のつのる時代のなかで、若者たちは未来の夢を失い、現実に反抗し、過去を憧憬した。その鬱屈した精神がかぶき者を生んだ。彼らは人目を驚かす異類異形の姿となって巷を横行した。折しも慶長八年（一六〇三）、かぶき者の姿に扮した阿国がかぶき踊りでデビューし、京中の評判になった［挿図15］。阿国をまねる遊女たちもでて、舞台が設けられた北野神社の境内や鴨川五条橋詰、四条河原は賑わった。かぶき踊りはしばしば禁中にも出入りして、公家たちにもてはやされた。宮廷内を大脇差を差し、かぶき者のなりをして高歌放吟する若公家が闊歩したという。

しかし、体制に反抗するかぶき者やそれを助長する遊女かぶきを幕府が放置するわけもない。元和年中には四条河原が幕府公認の唯一の遊興地として限定され、京中にあふれていた奔放なエネルギーはそのなかに閉じこめられた。寛永年間になると、遊女かぶきも禁止され、寛永十七年（一六四〇）には六条三筋町の傾城町が廃され、島原へうつされて遊女は遊里へ囲いこまれていく。人びとの遊楽の場は、次第に野外から室内に移った。

この時代に描かれた風俗画は、都の景観をとらえた洛中洛外図をひとつの核として、東山や四条河原の遊楽に視点をしぼったもの、かぶき踊りをテーマとしたもの、さらには遊里で享楽にふける人びとを描いた遊楽図などがあらわれた。

〈歌舞伎図巻〉［図46］の舞台では華美な衣裳に身をつつんだ踊り子が舞い踊る。踊り子は四条河原で名の知れた釆女、彼女もまた阿国の追随者だ。釆女は「茶屋遊び」で異装のかぶき者に扮し［挿図16］、「かねきき」では橋が身頃いっぱいにかかる大胆な小袖を腰に巻き［挿図17］、「して」では斜め段替の派手な小袖で舞う。見物の若者のなかには、「茶屋遊び」の釆女が扮するかぶき者とおなじように、袖無しの胴着姿の者がいる。舞台と物見客とが呼応し、やがて新しいモードが生まれていく。

遊楽の場が野外から遊里へと移るにしたがって、風俗画も邸内の遊楽をテーマにするようになる。右隻に野外の宴や市中の賑わいをとらえながらも、左隻に楼閣内で遊興にふける人びとの姿を描きだした〈遊楽図屏風（相応寺屏風）〉［図47］は、その早い例とされる。ここに描かれているのは現実の世界ではない。この世の悦楽の理想郷だ。しかし、この華麗な理想郷に遊ぶ人びとにこそ最先端のモードが反映しているといえよう。右隻の右上、賑やかに宴を楽しむ一団のなかに、大きな水車文様の小袖を着て背をむけてすわる若衆がいる［挿図18］。その視線を追えば、右手に扇をもって舞をまう遊女がいる。縞や鹿の子とともに肩の大きな車の文様が印象的だ。左隻の楼閣内、二階の縁側でカルタに興ずる若衆の背には見事な大橋がかかっている［挿図19］。男客たちの、特に若衆たちが大柄で派手な小袖を着ている。こうした若衆や遊女のファッションが次代へと受け継がれていくのである。

新出の〈邸内遊楽図屏風〉［図48］も見逃せない。室内では遊女たちが貝覆いをして遊んでいる。そのグループのな

挿図17　「かねきき」歌舞伎図巻（徳川美術館）（部分）

挿図18　水車文様の小袖　相応寺屏風（徳川美術館）（部分）

挿図19　橋文様の小袖　相応寺屏風（徳川美術館）（部分）

かに袖替《そでがわり》のデザインの小袖を着る女がいる[挿図20]。他にもこの屏風のなかには袖替の小袖を着た男女が何人かいる。袖と襟だけを別の文様や生地に替えたのであろう。この〈邸内遊楽図屏風〉や〈遊楽図屏風（相応寺屏風）〉をみていると、小袖の袖幅がそれ以前よりも広がっていることに気づく。桃山時代の小袖が二十センチ強の狭い袖幅であったことを思うと、大きな変化だ。真珠庵の打敷でも寛永期の二例の袖幅は三十センチほどもあった。しかも寛永十六年（一六三九）銘の〈葡萄に網干《あぼし》丸文様打敷〉は、小袖の両袖の生地が別の綸子である。もとの小袖の文様は背から袖へと連続するので、これは袖替ではないが、両袖に別の生地を使用する実例があるのだ。一反の着尺から小袖をつくるのは常識であろうが、常識をやぶることで新しいファッションが生まれることもある。

一代の衣裳狂い

江戸時代前期のファッション界に大きな影響を与えた女性がいた。東福門院《とうふくもんいん》和子（一六〇七〜七八）である。徳川二代将軍秀忠の娘に生まれた和子は公武の調整役として元和六年（一六二〇）に後水尾帝へ入内した。

その東福門院の呉服御用を務めたのが雁金屋である。雁金屋は近江浅井家の家臣が興した呉服商といわれ、浅井家の三姉妹である淀殿（豊臣秀吉側室）、常高院（京極高次正室）、崇源院（徳川秀忠正室）の贔屓により発展した。

東福門院もその母の崇源院の代からの顧客であったのだ。東福門院は、すでに元和九年（一六二三）には多数の小袖を発注しているが、東福門院が亡くなる直前の延宝六年（一六七八）には半年間で小袖九十九領・帷子九十六領にも及ぶ注文をしている。その延宝六年の『女院御所様御用御呉服諸色調上申代付之御帳』や、これをさかのぼる万治四年（一六六一）の『御畫帳』[図84]や寛文三年（一六六三）の『御絵帳』[図85]は東福門院関係の注文を知るうえで欠くことのできない資料である。特に『御畫帳』など一連の衣裳図案帳には、七百図近くにものぼる小袖の文様がスケッチされていて、具体的にその図柄を知ることができる[図84、85]。そこには大柄の文様が右の身頃に片寄せて描かれた図が多くみられる。片身を覆い尽くさんばかりの大きな菊花[挿図21]、左袖から右袖へと架けられた橋[挿図22]、これは寛永の風俗画に描かれた小袖のデザインそのものではないか。かつて遊女や若衆たちが得意げに着ていた小袖のデザインがいまは女院御所の小袖に取り込まれている。背に躍動する文様のなかには大胆にデフォルメされた文字がみられるし、菊花のデザインも多い。こうした文様が鹿の子絞りや金糸繍などで豪華に表現されたのである。享保十九年（一七三四）刊の『本朝世事談綺』には女院御所での好みが世間でもてはやされたという。事実、延宝二年（一六七四）には『御所雛形』と題される小袖雛形本が出版されており、その序文に「遠くも近くも都鄙に渡りて人の衣服を見るに、此模様の風流は御所かたにしくはなし」と評価されている。あるいは貞享三年（一六八六）刊の『諸国御ひいなかた』では「御所方呉服染様の事」の項目が設けられており、御所スタイルとでもいうべきものが確立

挿図20　袖替の小袖　邸内遊楽図屏風（部分）

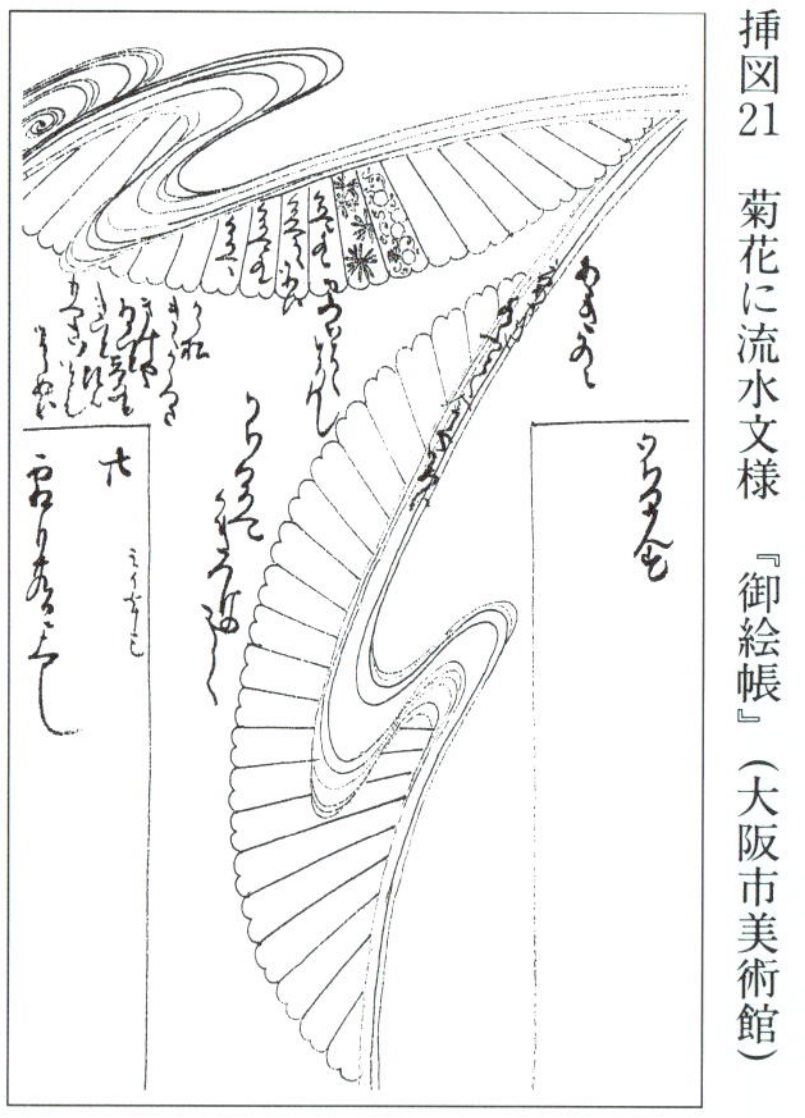

挿図21　菊花に流水文様　『御絵帳』（大阪市美術館）

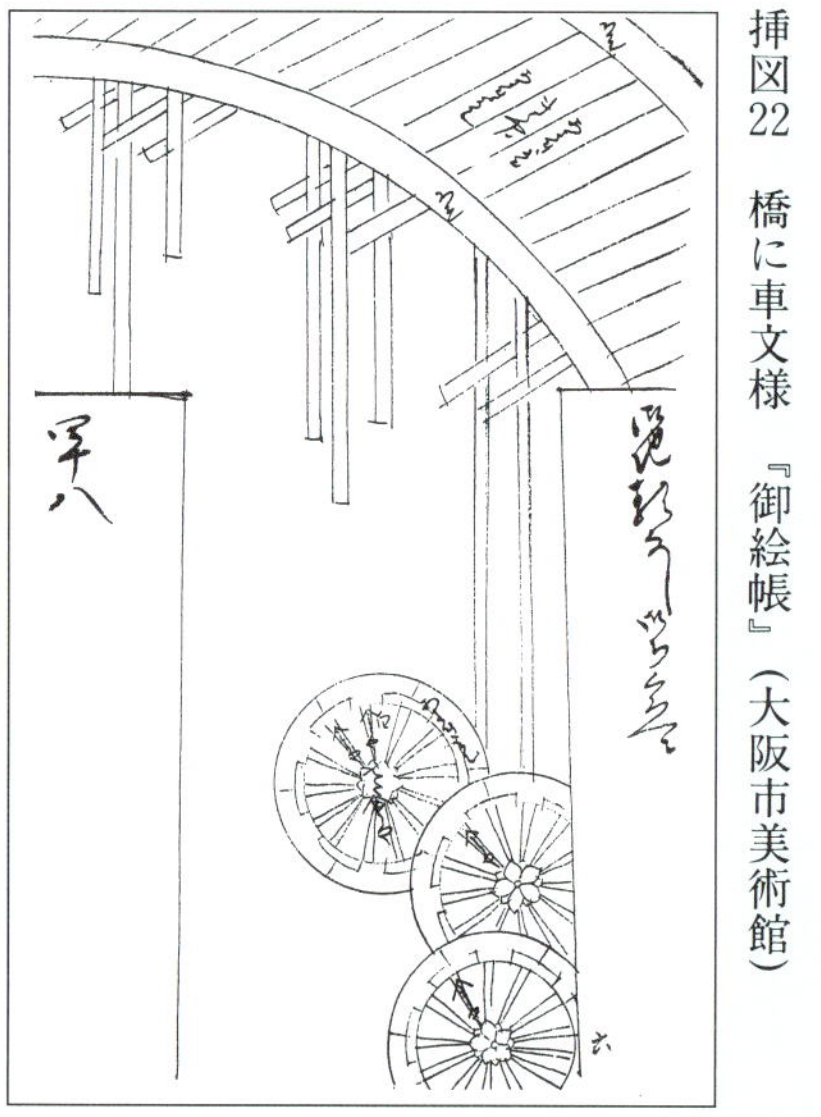

挿図22　橋に車文様　『御絵帳』（大阪市美術館）

していた。
一代の衣裳狂いとまでいわれた東福門院、彼女は若衆や遊女が気取った大胆奇抜なデザインを女院御所の小袖に取り込みながら、新たなモードの担い手として登場してくる町人たちに橋渡しをしたのである。

寛文小袖へ

寛文六年（一六六六）に刊行、さらに翌年に改訂された小袖雛形本『御ひいなかた』［図86］には、雁金屋の『御畫帳』や『御絵帳』に通じる、小袖の肩から裾に弧を描くように配された大胆な図柄が多く掲載されている。寛文期（一六六一～七二）前後に流行したこのような文様の小袖を寛文小袖と呼ぶ。小袖雛形本は小袖文様を集成した版本で、雁金屋の『御絵帳』のように特定の注文主の控えではなく、不特定多数の人びとを対象にした文様見本である。出版というかたちで最新の小袖文様が紹介され、そこから流行がひろまっていく、いわば現在のファッション誌のような役割を果たしたのである。その早い例が『御ひいなかた』であった。

『御ひいなかた』をみれば、寛文小袖の文様は花鳥ばかりでなく、器物や文字なども積極的に意匠化されている。例えば、背に笠、裾に橋の上に立つ鷺を描いた「かさゝぎのもやう」は、笠と鷺で「かささぎ」と洒落て、七夕の鵲《かささぎ》の橋を暗示し、それは百人一首にもとられた大伴家持の歌「かささぎの渡せる橋に置く霜の白きをみれば夜ぞふけにける」などの文芸的な連想へと及ぶ。また、御簾に額の中に「夕霧」の文字を配して『源氏物語』を暗示したり、紅葉に「龍田」の文字を組み合わせて能因法師の「あらし吹くみむろの山のもみぢ場はたつたの川の錦なりけり」を意匠化したものなど、古典文学の一場面や有名な和歌を連想させるような文字を意匠化する。あるいは、寛永期の若衆の小袖にも見られるような「大はしに水のもよう」や「くるま」のように橋や車輪を大胆に配置したものも少なくない。また、「きくにしゅろ」［挿図23］は菊花と棕櫚の葉を重ねたかたちのおもしろさをみせようとし、この一図に類似した〈菊に棕櫚文様帷子〉［図63、挿図24］も伝わっている。『御ひいながた』にみられる文様は、古典文学、謡曲、故事、諺など広範なテーマを扱いながらも、表現を物や文字に置き換えることで、即物的で、わかりやすくなっている。

闊達で奔放な気分をみなぎらせる寛文小袖は、寛永期の若衆や遊女が着た大胆な文様をもとに、女院御所へと受け継がれるなかで王朝的な気分なども結びつき洗練されながら、新たなモードの担い手となろうとする新興の町人たちに受け入れられていった。

『御ひいなかた』をみると、一部に茶屋染、本茶屋染、紺屋染、伊達染、太夫染、ゆかた染、さらさ染、しもふり染など染めを主体とした小袖があらわれている。しかし現存する寛文小袖は絞り染と刺繍の文様で華やかに彩られ、

挿図23　「きくにしゅろ」『御ひいながた』

挿図24　菊に棕櫚文様帷子（京都国立博物館）

金糸を綴じ付けたまばゆいばかりの刺繍や、絞り染も手間のかかる鹿子絞りが好んで用いられるなど豪奢な小袖が少なくない。雁金屋の注文帳や衣裳図案帳の場合は、圧倒的に鹿の子と金糸繍が多く、これに絞りが加わっていた。寛文小袖はこうした女院御所の好みを受け継いで、重厚な加飾のものも少なからずあり、やがて次世代のいわゆる元禄小袖へとつながっていくのである。

挿図25　菊に流水文字文様小袖（京都国立博物館）

五　華から粋へ——江戸時代中期から後期の小袖——

美服の奢り

貞享五年（一六八八）刊の『日本永代蔵』に「昔の長者絶ゆれば、新長者の見え渡り、繁昌は次第勝りなり」というように、新興の商人たちが繁栄するさなか、財力にあかせて豪華な小袖に身を包む女たちは、衣裳美を競い美服の花を咲かせた。『武野燭談』によれば、江戸浅草の豪商石川六兵衛の妻が京へのぼって難波屋十右衛門の妻と衣裳競べをおこない、緋綸子に洛中の図を刺繍した難波屋の妻に対して、六兵衛の妻は黒羽二重に南天の染小袖ながら「南天の実に珊瑚珠を磨らせて、悉く縫付けさせたる底至りに、難波屋が負けじ」となり、六兵衛の妻に軍配があがったという。

小袖が奢侈化するのに対して、すでに天和三年（一六八三）の禁令で女の衣類に「金紗、縫、惣鹿子」が禁じられたが、貞享三年（一六八六）刊の西鶴の浮世草子『本朝二十不孝』にあるように「御法度は表向は守り内證鹿子類様々調へ」という有り様で、一向に質素にはならなかった。

十七世紀末から十八世紀はじめにかけて、小袖はまさに美服と呼ぶにふさわしく、光沢の美しい白綸子地に鹿の子絞りと金糸をふんだんにもちいた豪奢な趣をしめす。〈菊に流水文字文様小袖〉［図72、挿図25］に代表されるように、文様は寛文小袖の流れを汲みながら、左袖から右裾へ逆C字の配置で構成されるが、寛文小袖ほど左脇の余白を大きくとらず、むしろ寛文小袖で右寄りに配されていた文様がどんどんと左脇に押し寄せてくるかのような旺盛さをみせる。

鹿の子の文様は、一粒一粒を手で絞る本格的な結《ゆい》鹿の子に代わって、型紙で鹿の子文様を摺った後に鹿の子の目をひとつずつ突き出してそれらしくみせかけた打ち出し鹿の子がしばしばみられるようになった。打ち出し鹿の子は鹿の子絞りの手間を省いたもので、『本朝世事談綺』によれば、太夫鹿の子とも呼ばれ、貞享の頃に京都西洞院四条の藤屋喜左衛門が始めたという。元禄五年（一六九二）刊の『女重宝記』には「下京そめのうちだしかのこ今見ればはや

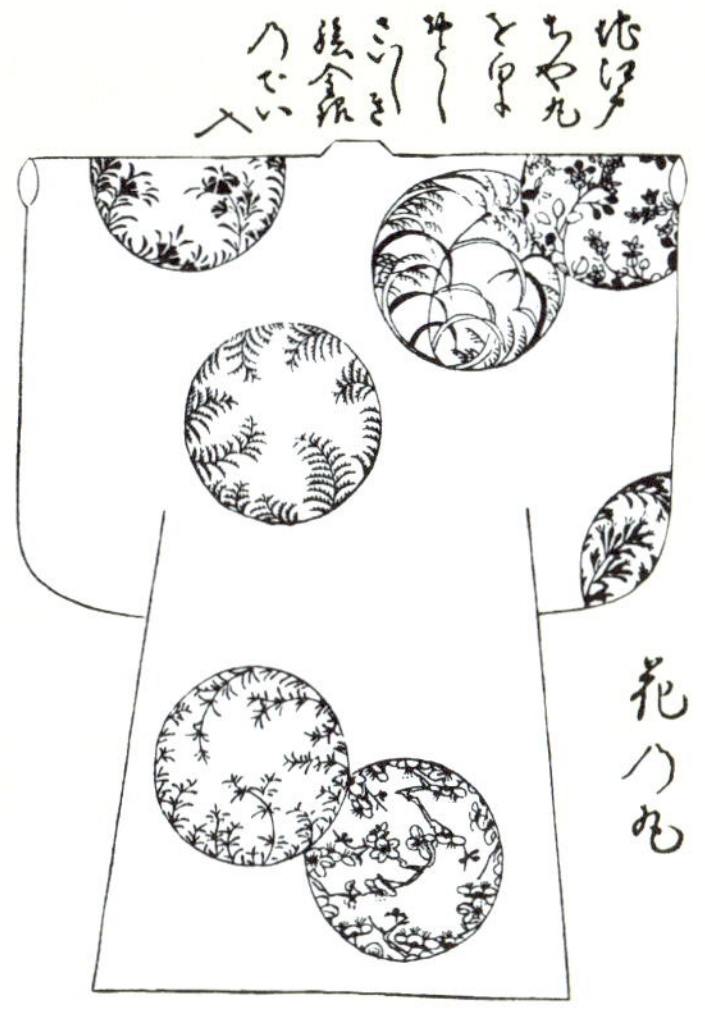

挿図26「花の丸」『友禅ひいなかた』

挿図27「駒とめて」『余情ひなかた』

ふるめかしく初心なり」とあるから、打ち出し鹿の子も元禄には流行遅れとなったようであるが、実際にはその後も続けられた。

この頃には豪奢な美服に贅を尽くすいっぽうで、染物への好みがはっきりとあらわれてきた。天和三年の禁令を反映して、翌年に江戸で刊行された『新板当風御ひいなかた』の序文には「世上に惣鹿子金子縫入の衣服すたり近き頃よりものずきかわり成ほど軽きを本とす」とある。あるいは貞享二年（一六八五）に京都で刊行された『今用御ひいなかた』［図87］には序文に「往昔《そのかみ》ふるめかしき絵紋縫薄《えもんぬいはく》をはぶきて　いまように改《あらため》」とあり、目録に「縫薄いらず染様の事」の一項目を加えている。この時期には染主体の軽快な小袖が好まれるようになった。今回コンピュータ・グラフィックで小袖に復元した〈雪輪に梅鶯文様打敷《うちしき》〉［図66］は、この時期の遺例である。小袖はいよいよ染めの時代を迎えようとしている。

友禅染の流行

こうした時代の動きのなかから友禅染が登場する。友禅染が流行の兆しをみせるのは、貞享の頃である。そのきっかけをつくったのが扇絵で名の知られた宮崎友禅である。友禅が描く扇絵は、西鶴の浮世草子にも登場するほど有名であり、誰もが欲しがる人気商品であった。そのネームバリューを利用し、時流にかなった扇絵師友禅のデザインを小袖の文様に応用したのが友禅染である。貞享四年（一六八七）刊の『源氏ひなかた』には「扇のみか小袖にもはやる友禅染」とみえ、扇とともに小袖に友禅文様の流行ったことがうかがえる。翌年には友禅の名を冠した『友禅ひいなかた』［図105］も刊行された。その序文には「上は日のめもしらぬおく方　下はとろ（泥）ふむ　女のわらはにいたるまで」友禅風になったという。今日でいえば、ファッション誌にあたる雛形本《ひながたぼん》、その序文のいささか誇大な宣伝がいっそう流行をうながしていく。雛形本をメディアとして、友禅染は瞬く間に一流のファッションとなった。

友禅のデザインは『友禅ひいなかた』がいうところの「古風の賤しからぬを含みて、今様の香車《きゃしゃ》なる物数寄《ものずき》にかなった伝統と当世の好みが調和したものであった。「古風の賤しからぬ」とは古典のもつ風雅な趣であり、「今様の香車なる物数寄」は当世風の華やいだ美しさを指すのであろう。友禅のデザインが流行した当初、人気が高かったのは花の丸尽しであった［挿図26］。しかし、元禄五年（一六九二）の『女重宝記』にはもはや友禅の丸尽しがふるめかしくなったという。同年に友禅は自ら『余情ひなかた』［挿図27］を刊行した。その序に「ここにやつかれ年ごろ書あつめたるひなかたを　ある人懇望せられ侍るに　しいていなみがたく梓にけがし」とあるように、友禅のデザインがまったく廃れてしまったわけではない。その後に出版された小袖雛形本にも友禅染はしばしば登場している。しかし、友禅染は次第に友禅のデザインよりもそれを表現した染色法を指すようになった。例えば、正徳四年（一七一四）刊の

挿図28　糊糸目　賀茂競馬文様小袖（部分）（京都国立博物館）

挿図29　光琳梅『正徳ひな形』

『雛形祇園林《ひながたぎおんばやし》』では百四十四図中の五十五図が友禅染で、そのなかに「ゆふせん色さし」とか「ゆふせんぼかし入」など明らかに染色法を指したものが含まれている。

友禅染の糊伏せによって防染する技術は新開発というわけではない。しかし、『友禅ひいなかた』の凡例には「絵の具水にいりておちず　何絹にかきても和也《やわらか》」「紅絹《もみ》のうへにはえのぐしみてかかれざるを今新に絵の具を以て書也」とあるように新しい技術の開発もあった。友禅染は筆で絵の具を塗るように文様を彩った。岩絵の具のような粒子の粗い顔料では仕上がりがこわばった感じになり、しなやかな絹の風合いが台無しになるし、水に浸かれば色が落ちてしまう。友禅染はその欠点を克服した。友禅染の絵の具は藍蠟の青、生臙脂の赤、雌黄の黄の三色を基本に、各色を合わせて紫、緑、橙色をつくり、黒や鼠色は墨や松煙から得た。これら絵の具に豆汁を混ぜるか、あるいは染める部分に豆汁を刷毛で引くかして、加熱しながら色を挿すと、豆汁のタンパク分が凝固して絵の具が染着する。こうした方法で糸目糊を置いた細かな部分［挿図28］に筆で彩色してゆくと、絹の風合いを失わず、色落ちもしない。これこそが友禅染の新案であった。

友禅染が登場するにあたっては、江戸時代前期に日本へ大量に輸入されたインド更紗が影響したと思われる。寛永十五年（一六三八）刊の『毛吹草』は山城畿内で商われたものとして「紗羅染《しゃむろぞめ》」がみられる。シャムロはタイ国であり、シャムロゾメはタイ風のインド更紗をいう。やがて京都では小袖に更紗を染めるようになった。寛文七年（一六六七）刊の『御ひいなかた』には「さらさそめ」、貞享四年（一六八四）刊の『源氏ひなかた』にも「しゃ室染」と「さらさ染」がみえる。もちろん本場の更紗とは原材料や染色法を異にするが、本場の更紗をまねようとする努力が日本独自の更紗の染色法を生み、これが友禅染の誕生へとつながったのではないだろうか。安永七年（一七七八）の『更紗便覧』によれば、日本でおこなわれた更紗染は絵の具など友禅染と共通した点が少なくない。

また、友禅染の生地には縮緬《ちりめん》が好んでもちいられた。『女鏡秘伝書』に「縮緬もしなやかにふりのよきものなり、これもしわよらず、染めようさまざまあるべし」とあり、十七世紀後半にさまざまな文様染がおこなわれるようになると、優れた染色効果をもつ縮緬の需要が伸びてくる。とりわけは色挿しやぼかしの微妙な色合いを特色とした友禅染と縮緬とは相性がよかった。縮緬には凸凹のしぼがある。そのしぼの乱反射が染料の色に深みをあたえ、友禅染の美しさを引き出した。

光琳文様と白上り

十八世紀になると、光琳の画風を写した光琳文様が精彩を放った。正徳三年（一七一三）刊の『正徳ひいなかた』［図117］には御所風の紋所に「かうりんきり」を入れたものがあり、傾城風の小袖にも「かうりんのきり」「かうりん

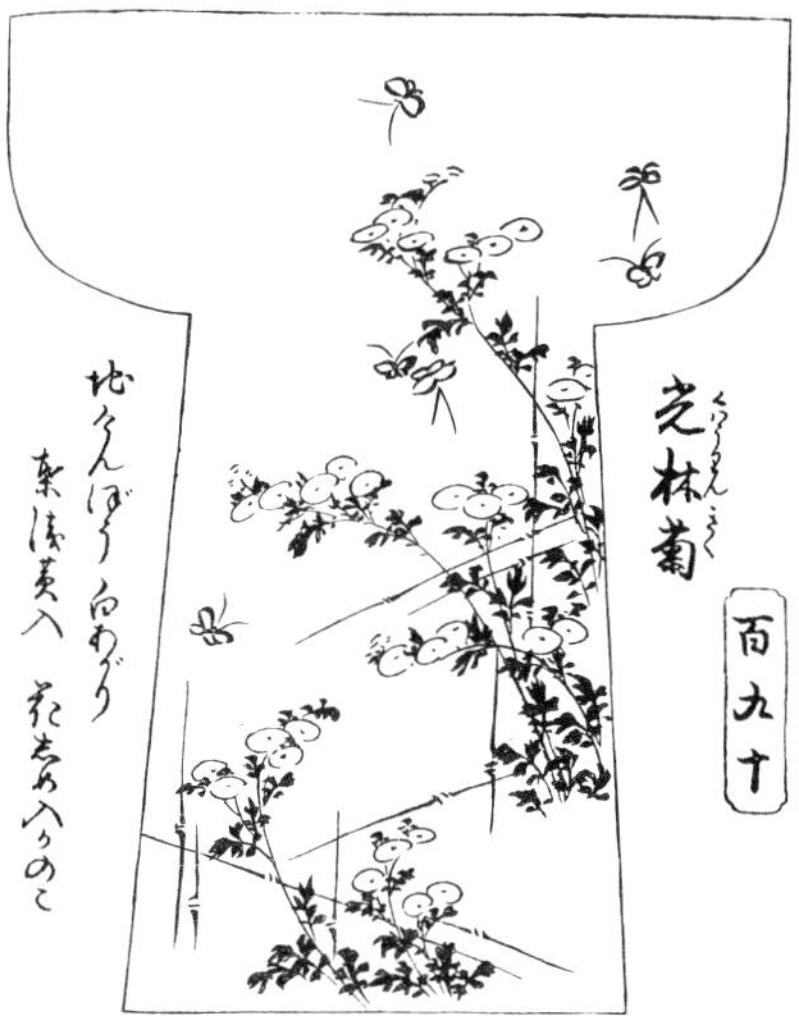

挿図30　白上り『雛形染色の山』

挿図31　雲と湊取りに楓文様小袖（部分）

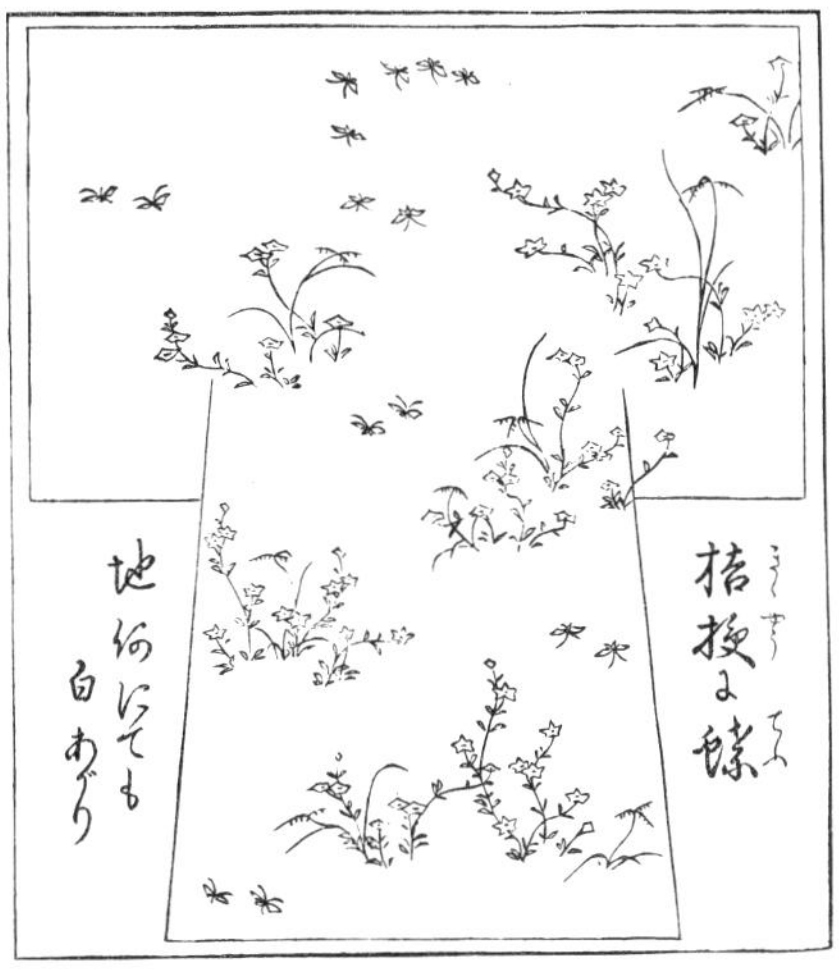

挿図32「桔梗に蝶」『雛形接穂櫻』

梅」［挿図29］がみられる。翌年に刊行された『雛形祇園林』［図118］でも「珖琳梅」が二例あり、さらに正徳五年の『当風美女ひなかた』［図119］は全巻が光琳風の文様で占められている。

光琳文様は、いうまでもなく元禄から正徳にかけて活躍した絵師尾形光琳（一六五八〜一七一六）にちなんだ文様である。光琳の生家は東福門院《とうふくもんいん》の御用をつとめて当代のモードを生みだした、あの雁金屋である。呉服商に生まれた光琳は、幼い頃から小袖の図案に親しんできた。光琳が二十一歳の時に雁金屋は東福門院という最大の顧客を失い、やがて没落するが、光琳は幼い頃からの素養を活かして装飾性豊かな画風を完成させた。光琳は小袖の図案にも関心を示し、江戸深川の豪商冬木五郎右衛門の妻のために小袖に秋草を描き、あるいは元禄十二年（一六九九）刊の『好色文伝授』に「白繻子、いよいよすみ絵の松の、光琳に書せ申し候」とあるように、自ら小袖に絵筆をとったが、光琳文様の流行は、むしろ光琳の没後に拍車がかかり、その画風をまねた小袖雛形本が次々と刊行されるようになった。

光琳の単純化されつつもふくよかで鷹揚とした画風は、小袖の文様にした場合に友禅染のような細やかな色挿しではなかなか感じがでない。そのために『正徳ひいなかた』では「かうりん梅中色こん入　梅の中の座す、竹ニくろの小色入木ハこん」とか「かうりんのきり　こんの染入」というように光琳文様は色数をおさえて表現されている。また享保十七年（一七三二）刊の「当流光林新模様」と記された『雛形染色《ひいながたそめいろ》の山』［図120］では「白上り」［挿図30］としたものがしばしばみられる。白上り、あるいは白上げと呼ばれる表現法は、糊置き防染によって文様の部分を白く上げる技法である。白い文様を際立たせるため、地の色は必然的に濃い色になり、憲法（黒茶色）や花色、茶色などが多くなる。

光琳文様が小袖雛形本にたくさん登場するのに比して、現存する光琳文様の小袖は少ない。その代表例が〈湊取りに秋草千鳥文様小袖（屏風貼り）〉［図106］である。これはもと打敷であったものを屏風貼りに仕立てており、旧打敷の裏地の墨書から元文五年（一七四〇）年に寄進されたことが明らかである。大きな三角形を配した湊取《みなとど》りに千鳥を白く絞り抜き、桔梗や菊はべったりとした色挿しと墨で仕上げている。新出の〈雲と湊取りに楓文様小袖〉［図109］も技法や文様表現が類似する。この小袖では湊取りに白上げで千鳥や梅、桔梗などの光琳文様をあらわし［挿図31］、立木文様の楓は友禅染にしているが、この友禅染も細やかな色挿しや糸目糊ではない。あるいは鹿の子絞りによって光琳菊を表現した〈菊文様小袖〉［図110］も、白上り同様の効果をみせる。光琳文様の流行が比較的色彩の数が少なくても印象的な効果を発揮する白上りの魅力を引き出したともいえよう。

江戸モードへ

十八世紀半ばになると、たっぷりとした大柄の光琳文様は影を潜め、例えば延享四年（一七四七）刊の『当流模様

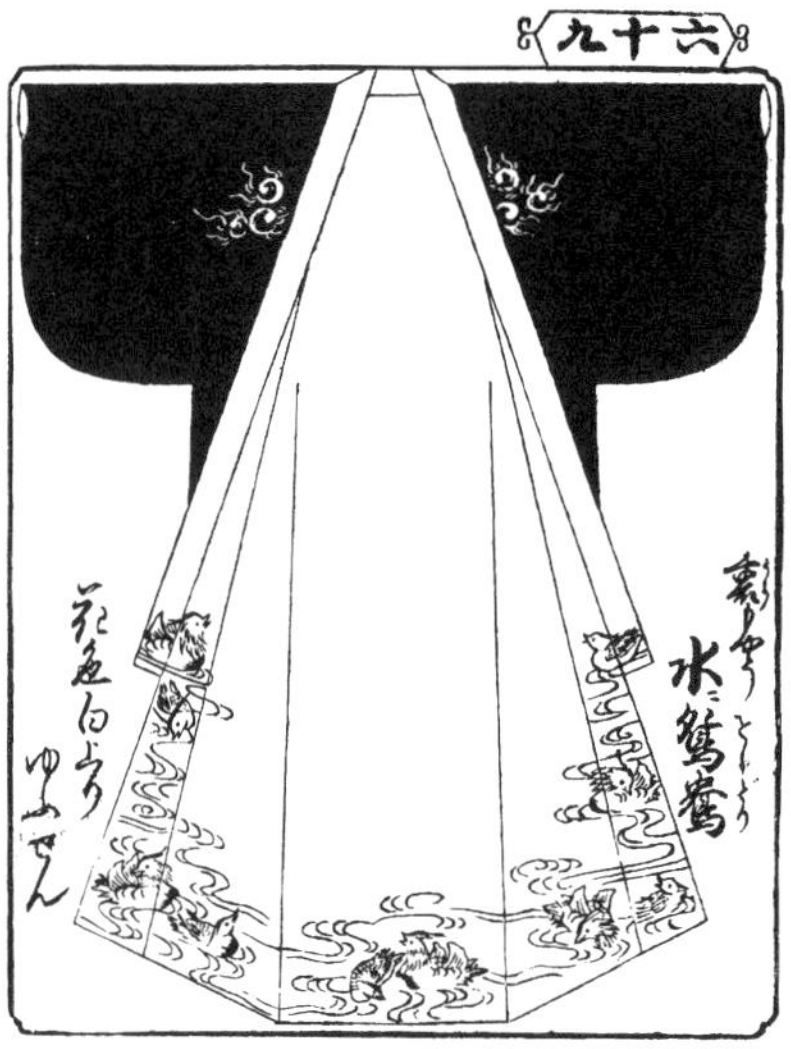

挿図33「裏模様　水に鴛鴦」『雛形袖の山』

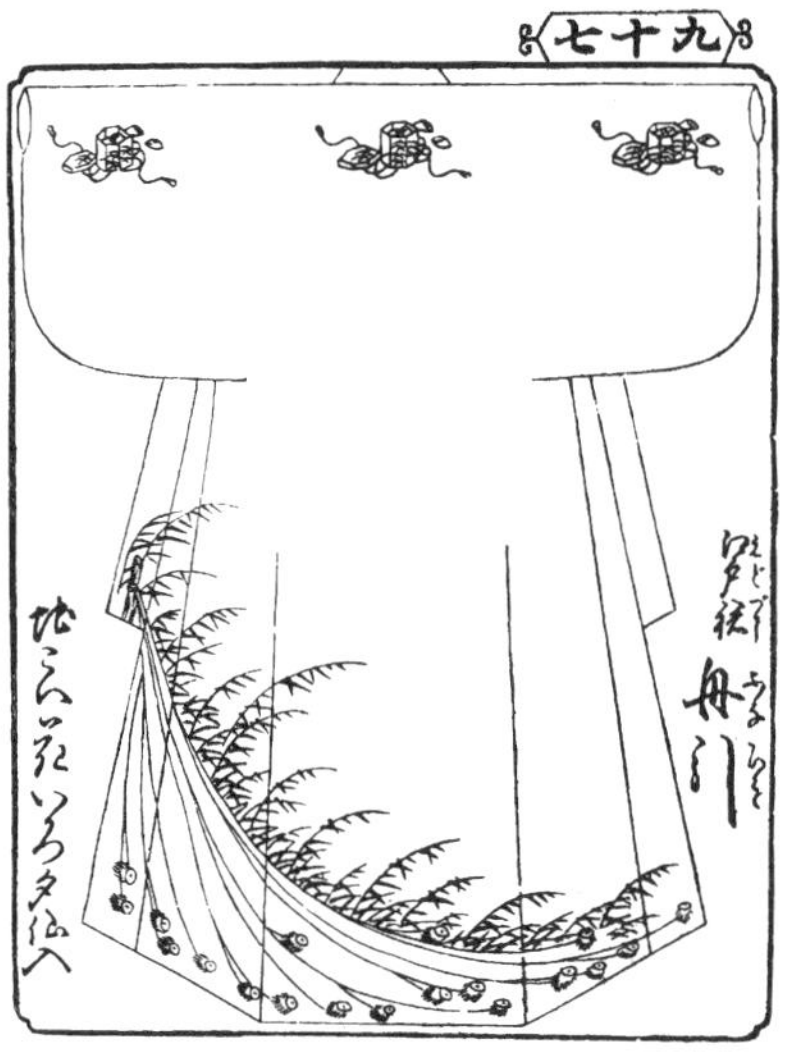

挿図34「江戸褄　舟引」『雛形袖の山』

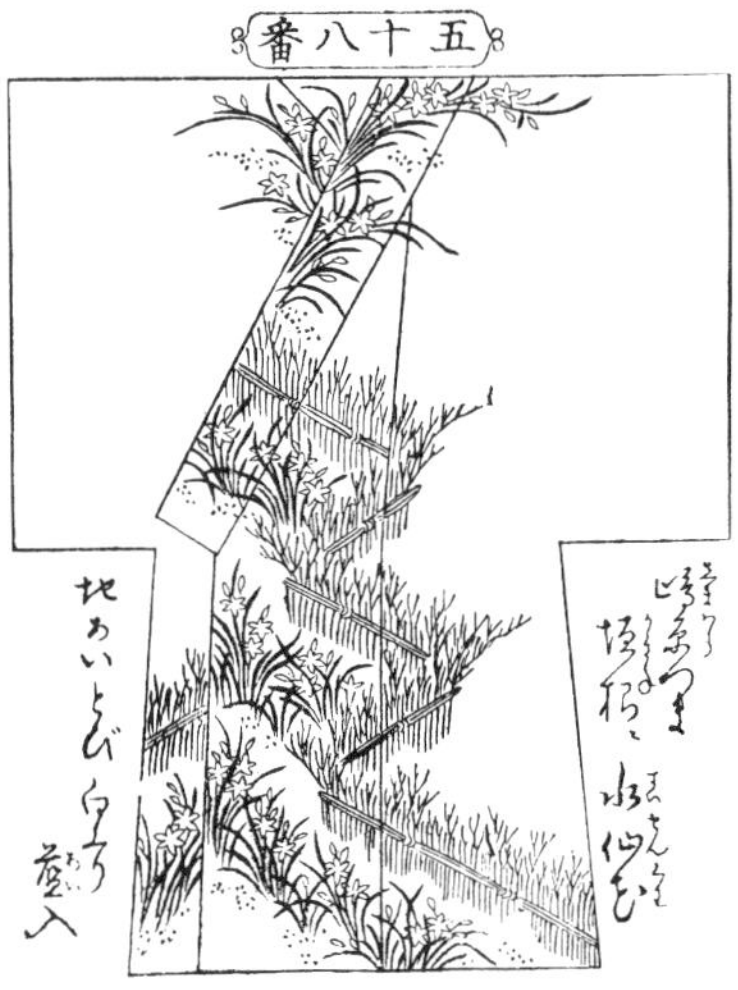

挿図35「嶋原つま　垣根に水仙花」『新雛形曙桜』

雛形都《ひいながたみやこ》の春』［図121］や宝暦八年（一七五八）刊の『雛形接穂櫻《ひいながたつぎほざくら》』［図122］のように、小振りの文様が一単位となって散らされるようなデザインが多くなり、これを主に「白上り」で表現した［挿図32］。「白上り縫入り」といって、白上りに刺繍を加えることもあったが、刺繍も華やかなものではなく、わずかに彩りを添える程度におさえ、白上げの線も細く、全体に瀟洒な趣を呈した。基本的には濃い地色に文様を白く上げる、いわば単色美の世界が展開するのである。これは友禅染のもつはんなりとした色彩美の世界とは対照的である。

この白上りの瀟洒なスタイルは、宝暦（一七五一～六三）前後に顕著になる。その意味で十八世紀半ばという時期は、小袖の転換期であった。それはモードの主流が京から江戸へ移行することを意味する。明和（一七六四～七二）の頃に京にきた江戸の狂歌師二鐘亭半山《にしょうていはんざん》は『見た京物語』で「花の都は二百前にて、今は花の田舎たり」と言った。それは京よりも江戸の文化を誇りとする江戸っ子の自負のあらわれだ。明和二年（一七六五）刊の『絵本江戸紫』には「口紅粉の色濃はいやしきものなり　桃のはなの紅は梅のはなの紅よりおとれるがごとし」とか「鴉の黒きも已か生れつきなればはづかしき事にあらず　おしろいの白きをかりて鷺のまねをせんとするははづかしき心ばへならんか」といい、京風のこってりとした化粧よりも薄化粧を良しとする。こうしたあっさりとしたものを好む、いわゆる「粋」に通じる江戸風の美意識が白上りの文様にもみてとれる。

小袖のモードの変化は、幕府の度重なる贅沢禁止令が影響したのも事実であろう。派手な文様が影をひそめると、底至《そこいた》りなどと呼んで、人目に立たないところに贅を尽くすことが新たなモードとなった。裏文様などはその最たるものである。裏文様はすでに宝暦七年（一七五七）の『雛形袖《ひいながたそで》の山』［挿図33］にみられるが、この頃から文様は裾へ集中する傾向を示し、天明・寛政期にかけて襟先から褄・裾に文様を置く江戸褄《えどづま》［挿図34］などが主流になっていく。江戸褄に対して、京都から起こったとされるのが島原褄《しまばらづま》だ。襟の上部から褄・裾にかけて文様を置く島原褄は、安永十年（一七八一）刊の『新雛形曙桜《しんひいながたあけぼのざくら》』［図131、挿図35］に例をみる。そして寛政十二年（一八〇〇）に京都と大坂の版元が共同で出版した『新雛形千歳袖《しんひいながたちとせそで》』［図132］では江戸褄が主流になっている。寛政から享和ごろに祇園の芸妓を描くなどして活躍した祇園井特《ぎおんせいとく》、その美人画［図134～136］にみられるように、地味な色の小袖に島原褄か江戸褄をあっさりと白上りにする小袖は、まさに当時の京都の流行をとらえている。十八世紀後半、京と江戸の美意識が拮抗しながらも、都のモードは江戸風へと傾倒していった。

（京都国立博物館　工芸室長）

花洛《みやこ》のモード

きものの時代

Kyoto Style

Trends in 16th-19th Century Kimono

図版/Plates

第一章

絢爛と花開く

―桃山時代のモード―

桃山時代には織田信長、豊臣秀吉によって、群雄間の争乱に終止符が打たれ、都にも平和が訪れた。この時代は黄金の時代ともいわれる。金銀の産出量が急増し、聚楽第や伏見城の豪華さに象徴されるように、桃山文化は金銀の光彩を放った。服飾にも明るく華やかな傾向があらわれ、時代の気分を反映したモードとして定着してゆく。天下統一の気運がみなぎるエネルギッシュで開放的な時代をむかえ、桃山のモードは絢爛と花開いた。

武将たちは伝統に拘泥せずに新形式の陣羽織《じんばおり》や胴服《どうぶく》に綺羅《きら》を尽くし、女も負けじと錦繍《きんしゅう》に身を包んだ。覇者たちを彩ったのは唐織《からおり》・繍箔《ぬいはく》・辻《つじ》が花染《はなぞめ》など当時最高の技術が駆使された華麗な衣服であった。また、海の向こうからは西洋の目新しい衣服や染織品がもたらされ、京都では南蛮趣味がおおいに流行った。

1　◎　春草と桐文様肩裾《かたすそ》小袖　一領　宇良神社

（部分）

2 ◎ 松鶴亀に草花文様肩裾《かたすそ》小袖 一領 泉大津市立織編館

3 ◎ 草花文様四つ替小袖　一領　京都国立博物館

4 ◎ 菊に芦水鳥文様繍箔《ぬいはく》（能装束）

一領　東京国立博物館

（部分）

5 ◎ 菊折枝文様小袖　一領　林原美術館

（部分）

6
雪持ち橘文様小袖　一領

（部分）

7
立涌に桐文様打敷《うちしき》　一枚　高台寺

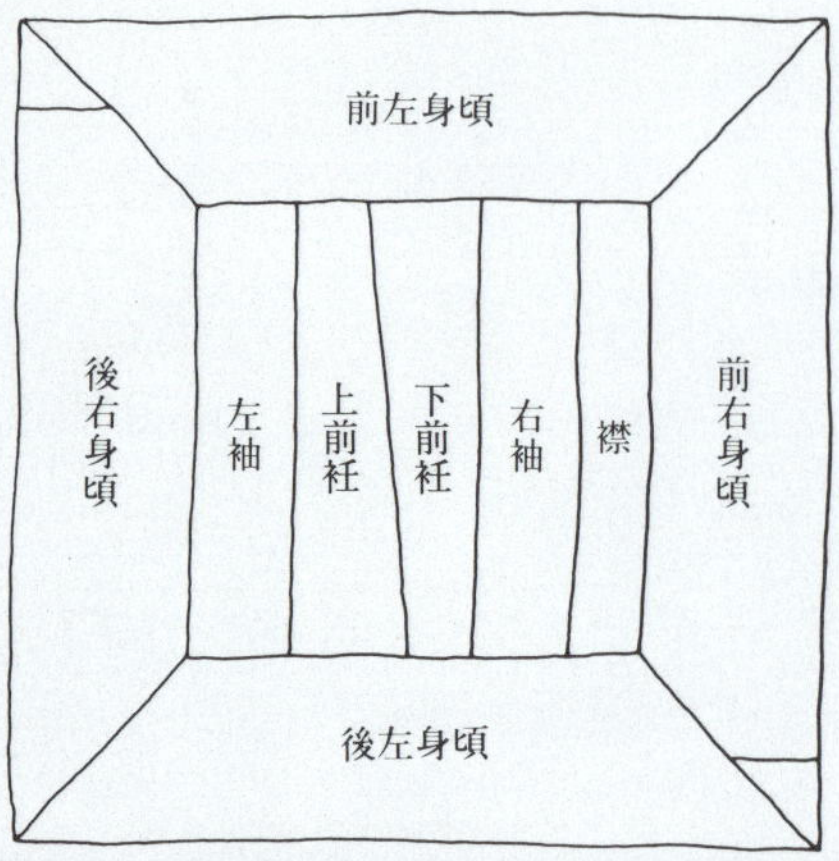

（打敷図解）

（参考図）復元小袖

8

段に桜樹文様打敷《うちしき》　一枚　高台寺

（打敷図解）

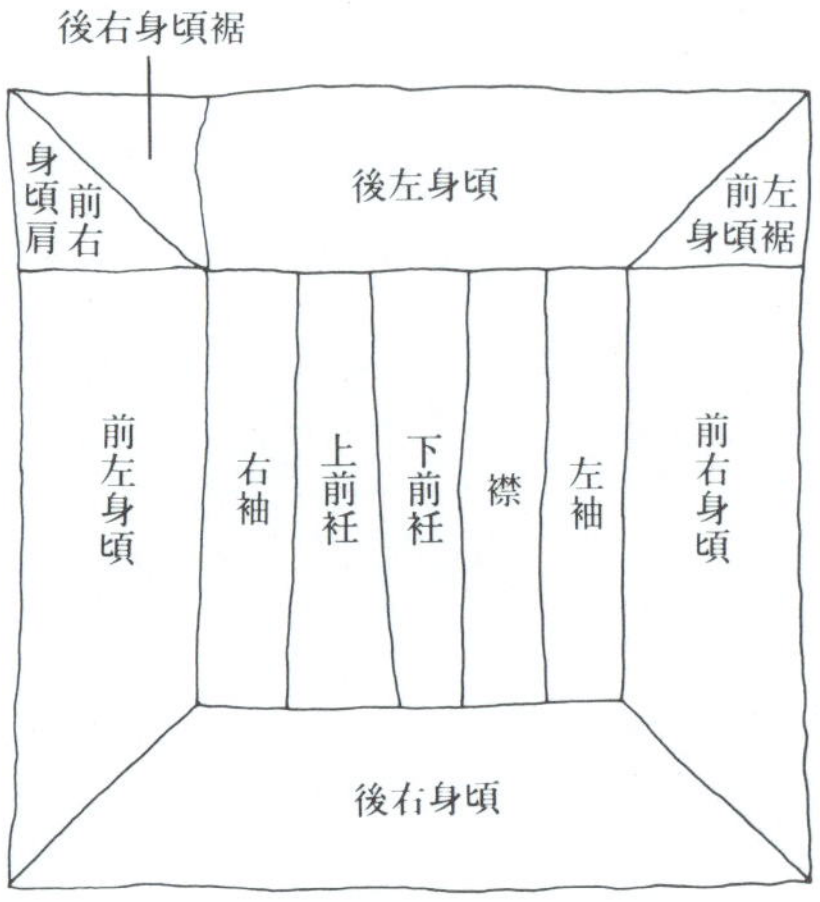

（参考図）復元小袖

9

桐菊紋蒔絵衣《い》桁《こう》　一基　細見美術財団

（部分）

10 ◎ 亀甲花菱文様打《うち》掛《かけ》　一領　高台寺

11

亀甲檜垣に藤文様小袖　一領　京都国立博物館

参考図／旧打敷

（打敷図解）

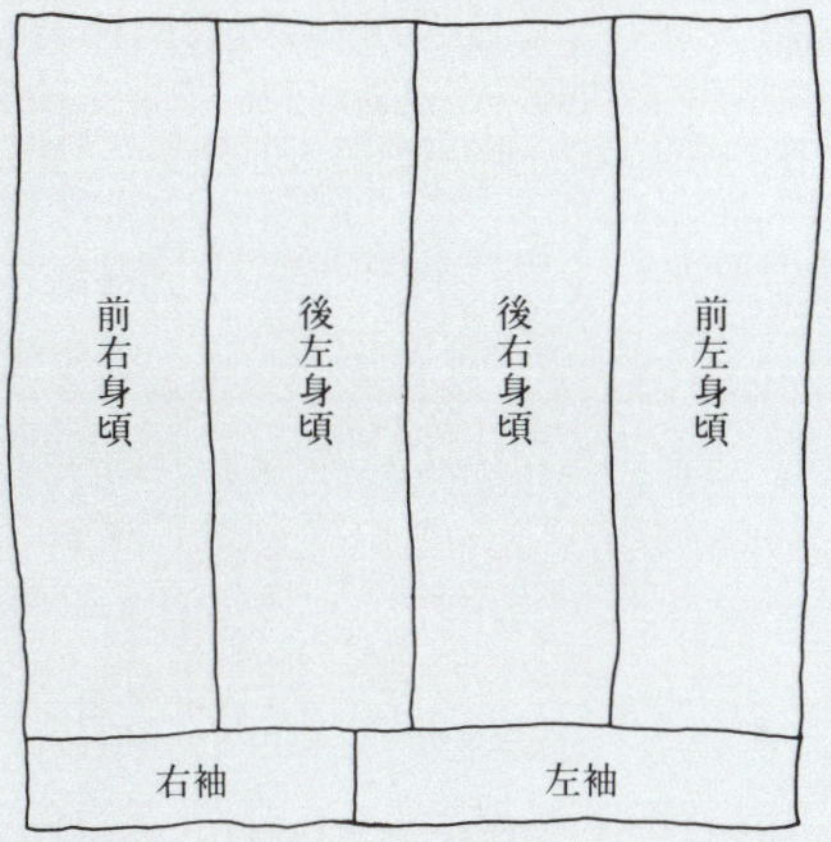

12 ◎ 桐矢襖文様胴服《どうぶく》　一領　京都国立博物館

（部分）

13 ◎ 銀杏《いちょう》葉に雪輪文様胴服《どうぶく》　一領　東京国立博物館

（部分）

14 ◎ 丁子《ちょうじ》文様胴服《どうふく》　一領　清水寺

15 葵紋葵葉文様羽《は》織《おり》 一領 徳川美術館

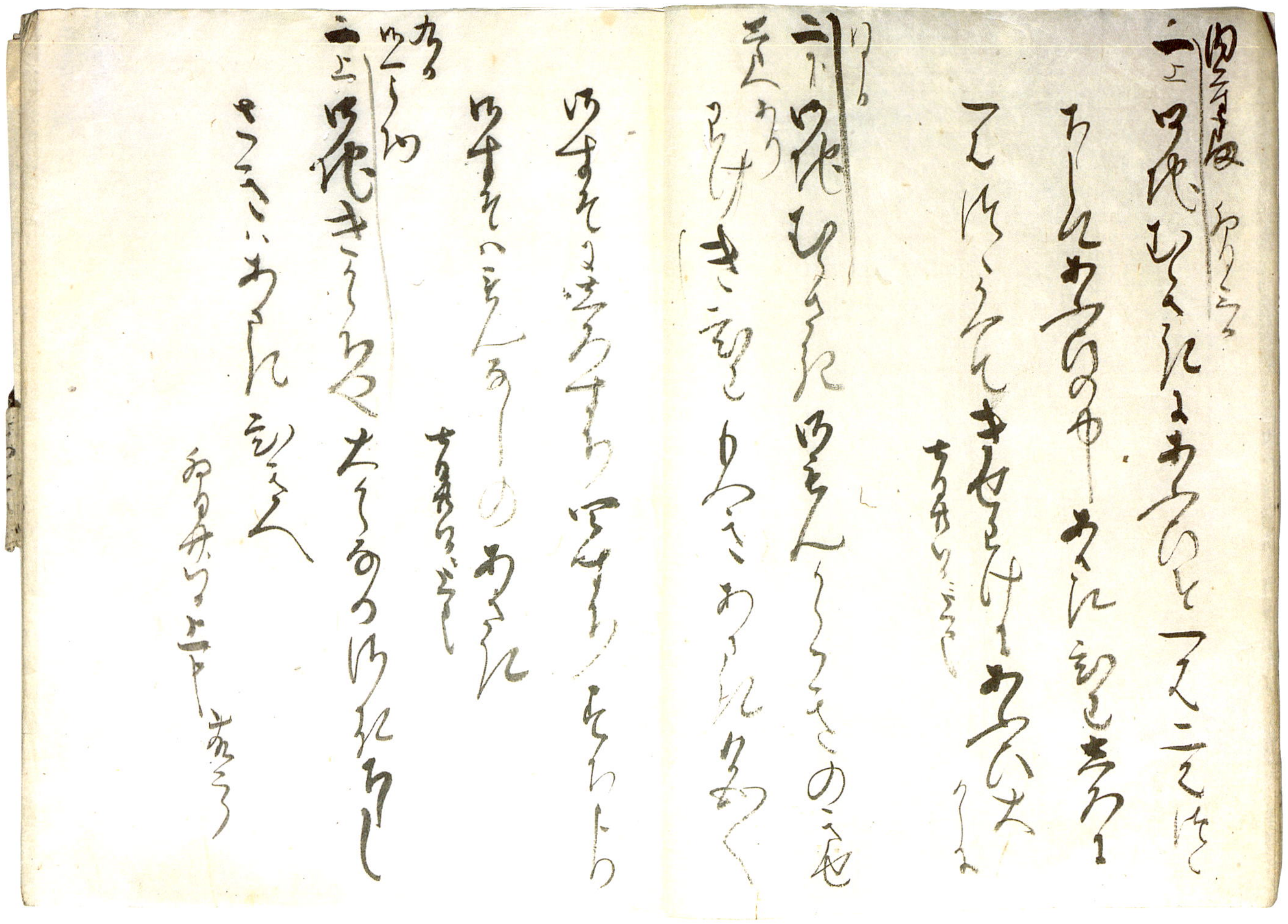

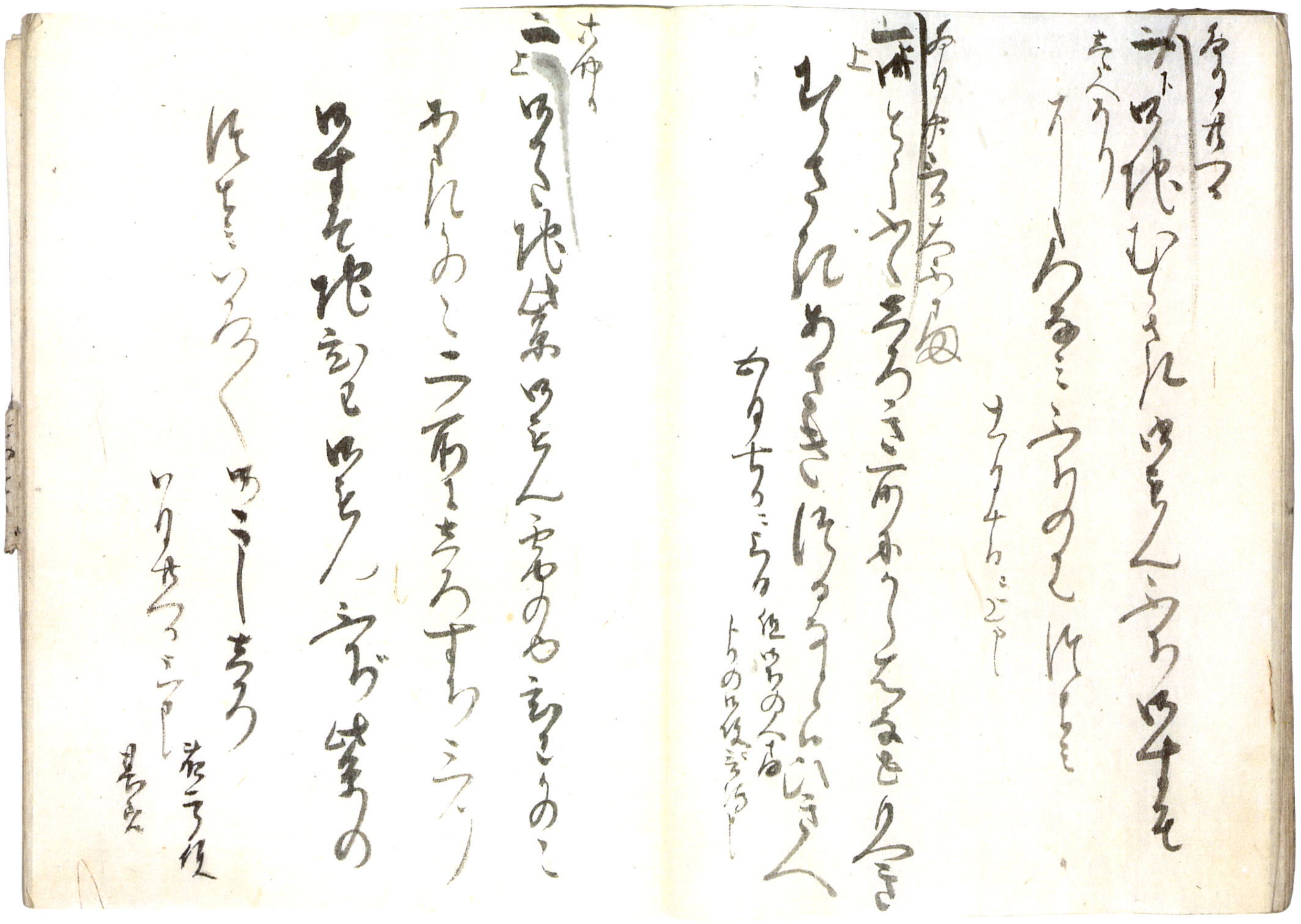

16 ◎ 御《おん》染《そめ》地《じ》之《の》帳《ちょう》　一冊　文化庁

17　葵紋散し文様小袖　一領　徳川美術館

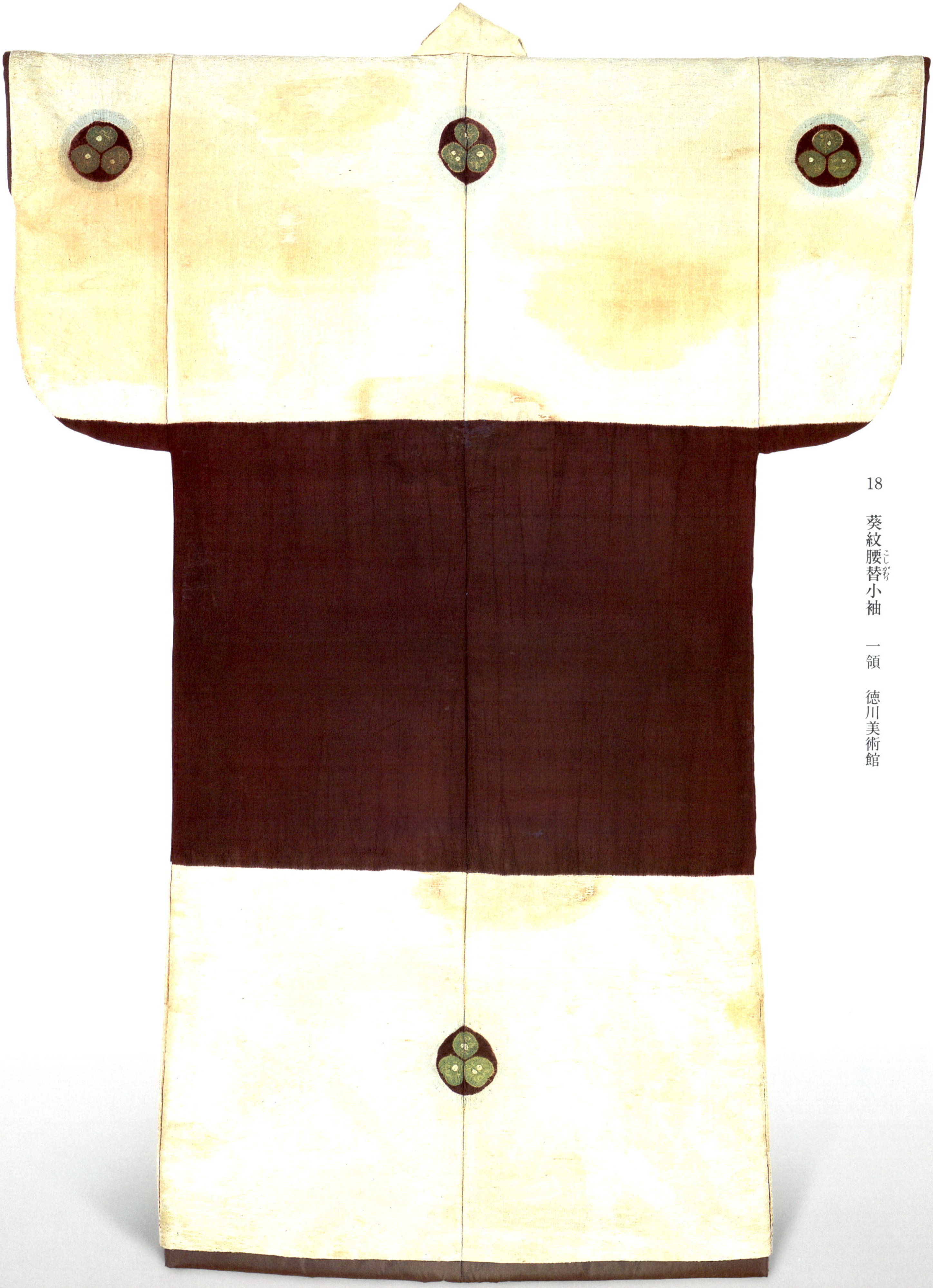

18 葵紋腰替《こしがわり》小袖　一領　徳川美術館

19

雪持ち柳文様胴服《どうぶく》　一領

20 ◎ 鳥獣文様陣《じん》羽《ば》織《おり》 一領 高台寺

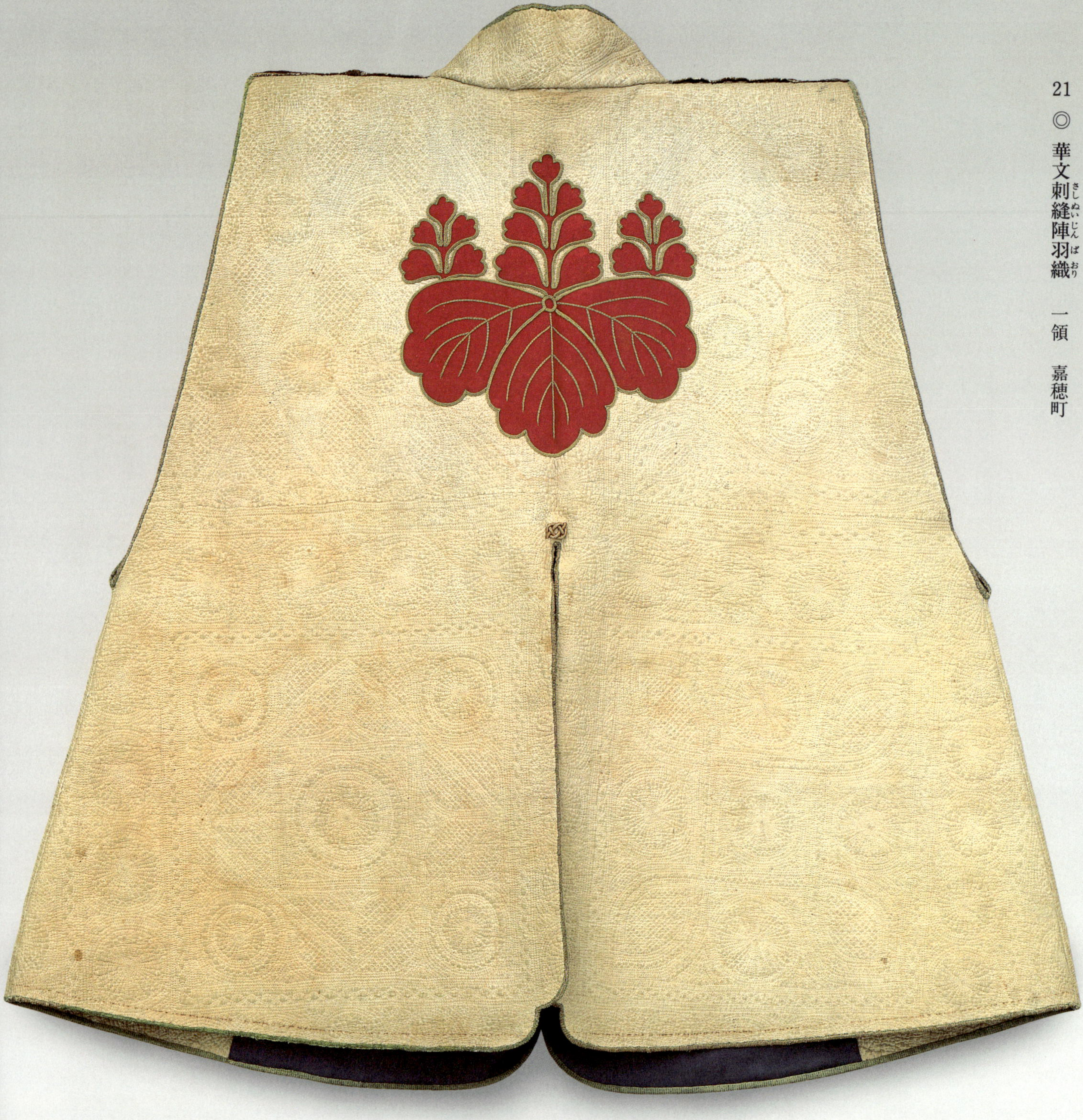

21 ◎ 華文刺縫《さしぬい》陣羽織《じんばおり》 一領 嘉穂町

22 ◎ 羅《ら》紗《しゃ》袖《そで》替《がわり》陣《じん》羽《ば》織《おり》 一領 上杉神社

23 ◎ 花葉文様胴服《かようもんようどうぶく》 一領 上杉神社

24
牡丹唐草文様具《ぐ》足《そく》下《した》着《ぎ》　土佐山内家宝物資料館

第二章

描かれた桃山モード

―肖像画と洛中洛外図―

桃山時代の武将やその夫人を描いた肖像画からは、当時の服装がよくうかがえる。武士の公服は直垂《ひたたれ》や素襖《すおう》から肩衣袴《かたぎぬばかま》へ変り、その下に小袖《こそで》を着用し、夫人たちは小袖をかさねた打掛《うちかけ》姿や腰《こし》巻《まき》姿である。それは儀礼の装いであった。

いっぽう、洛中洛外図には都の人びとの日常が活写され、雑踏の賑わいが聞こえてきそうだ。繁華な町通りには髪結や小袖屋、瀬戸物屋などいろいろな店がならび、路上には物売りや物見遊山の女たち、騎馬の武士、南蛮人などさまざまな人びとが行き交う。女たちは色とりどりの小袖に身をつつみ、男のなかにも小袖の着流しがいる。

儀礼と日常、そのどちらにも登場する小袖はすでにモードの中心であった。

25 ◎ 武田信玄像　一幅　成慶院

（部分）

26 ◎ 足利義輝像　一幅　国立歴史民俗博物館

（部分）

27 細川昭元夫人像 一幅 龍安寺

（部分）

28 ◎ 浅井長政夫人像　一幅　持明院

（部分）

27（部分）

28（部分）

29 ◎ 婦人像 一幅 大和文華館

30
稲葉忠次郎夫人像　一幅　雑華院

（部分）

31 伝淀殿像　一幅　奈良県立美術館

（部分）

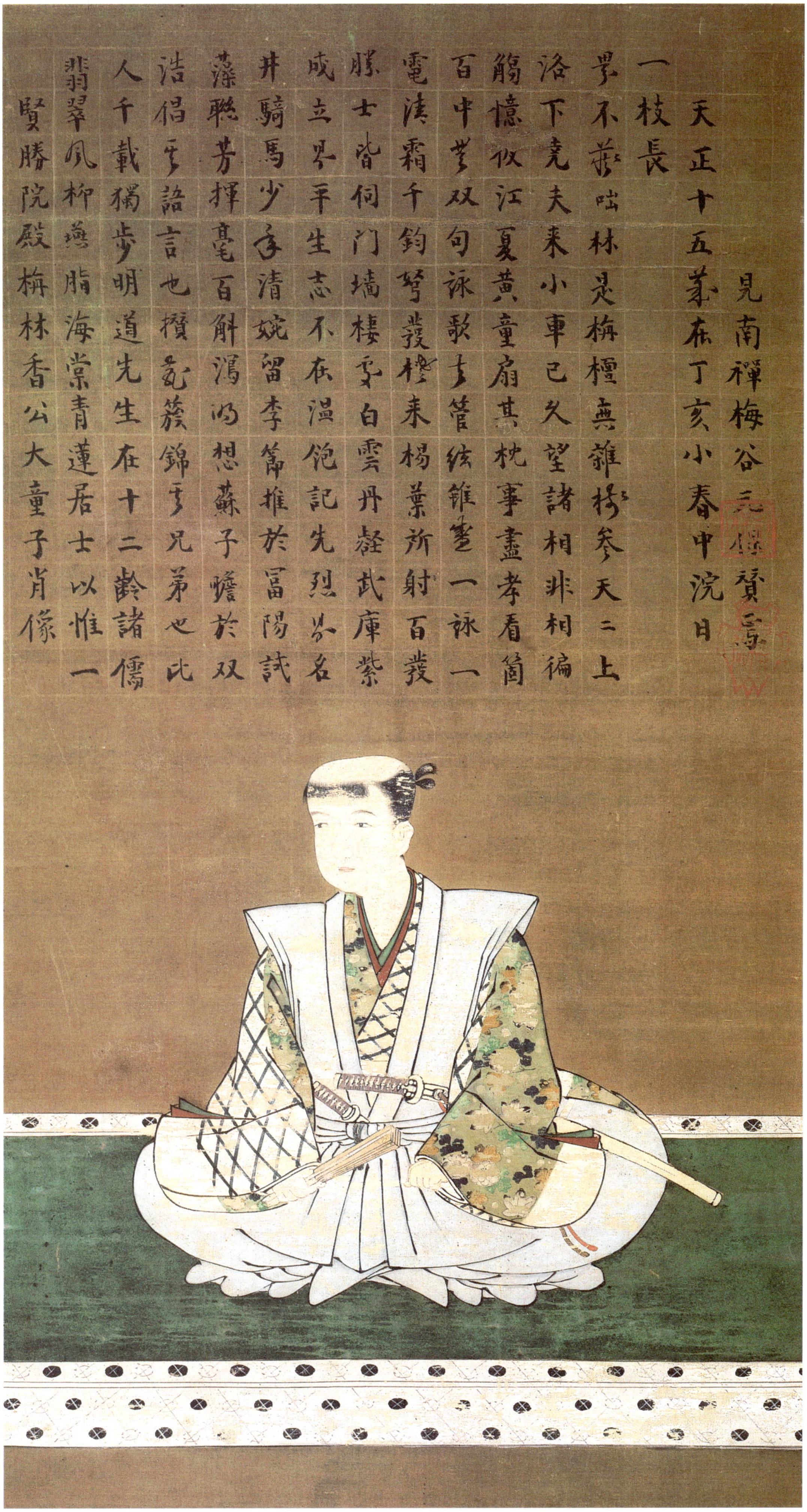

32 ◎ 細川蓮丸像 一幅 聴松院

33

太鼓打ち童子像　一幅

（部分）

34
洛中洛外図屛風　六曲一双　福岡市博物館

右隻

左隻

34 左隻(部分)

34 左隻(部分)

34 左隻(部分)

34 左隻(部分)

第三章

残照の美

——慶長小袖——

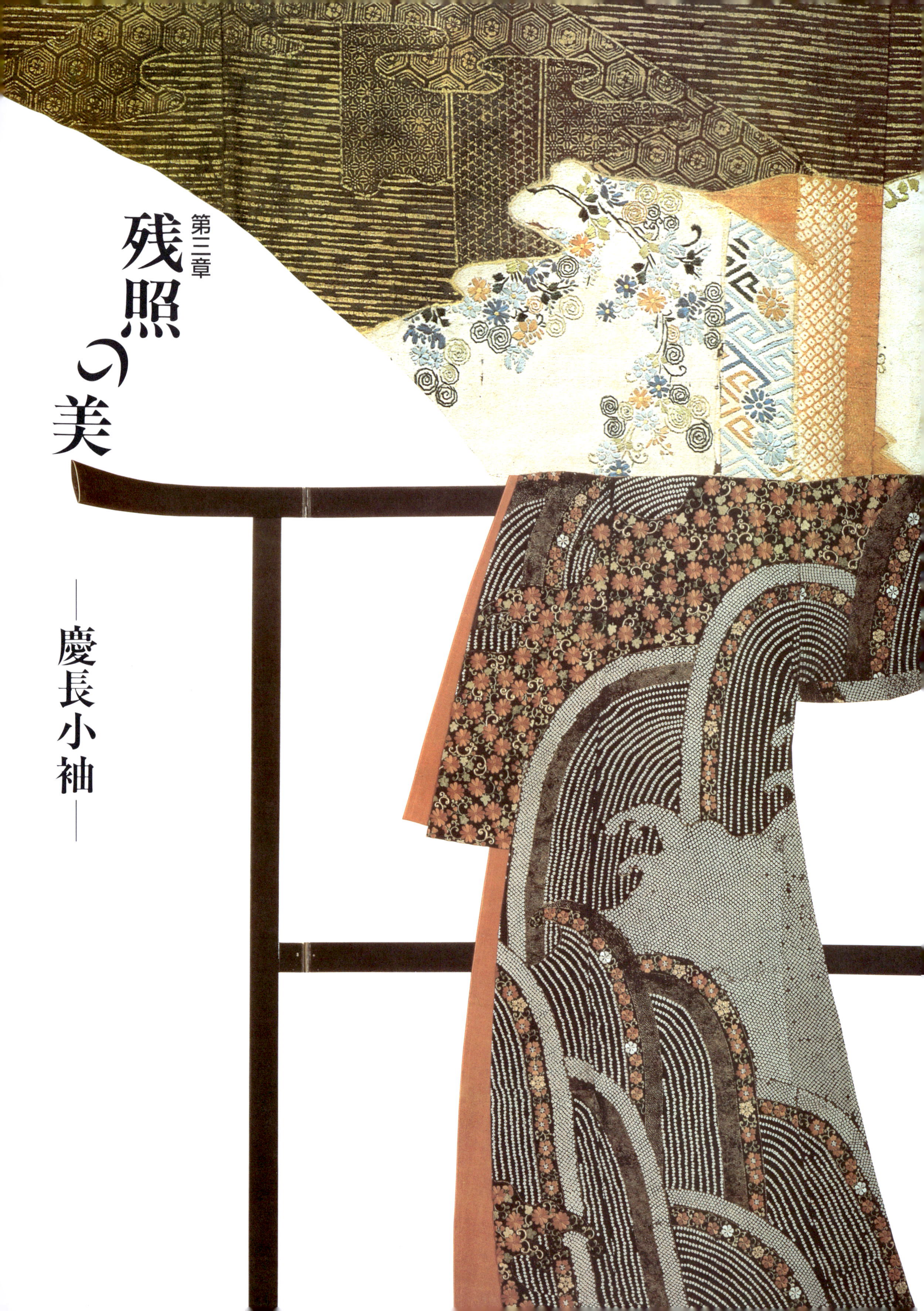

慶長三年（一五九八）に秀吉が没し、やがて権力は徳川家康の手中に落ちた。慶長八年（一六〇三）、家康は都から遠くはなれた江戸の地に幕府を開き、京には二条城を築いて西日本支配の拠点とした。京都では反江戸の気運が醸成されつつも、元和から寛永（一六一五〜四三）にかけて着実に江戸幕府の秩序が滲透していった。

そうした世情のなかで服装をとりまく状況も変化した。桃山時代の明るくおおらかな気分をしめす服飾のあとを受けながらも、文様は細かくなり、金の摺箔《すりはく》もふんだんに使われて豪華ではあるが、全体には暗く重い色調をしめす小袖が登場する。いわゆる慶長《けいちょう》小袖《こそで》だ。それは桃山小袖の残照であるとともに、新たな時代の到来を告げている。

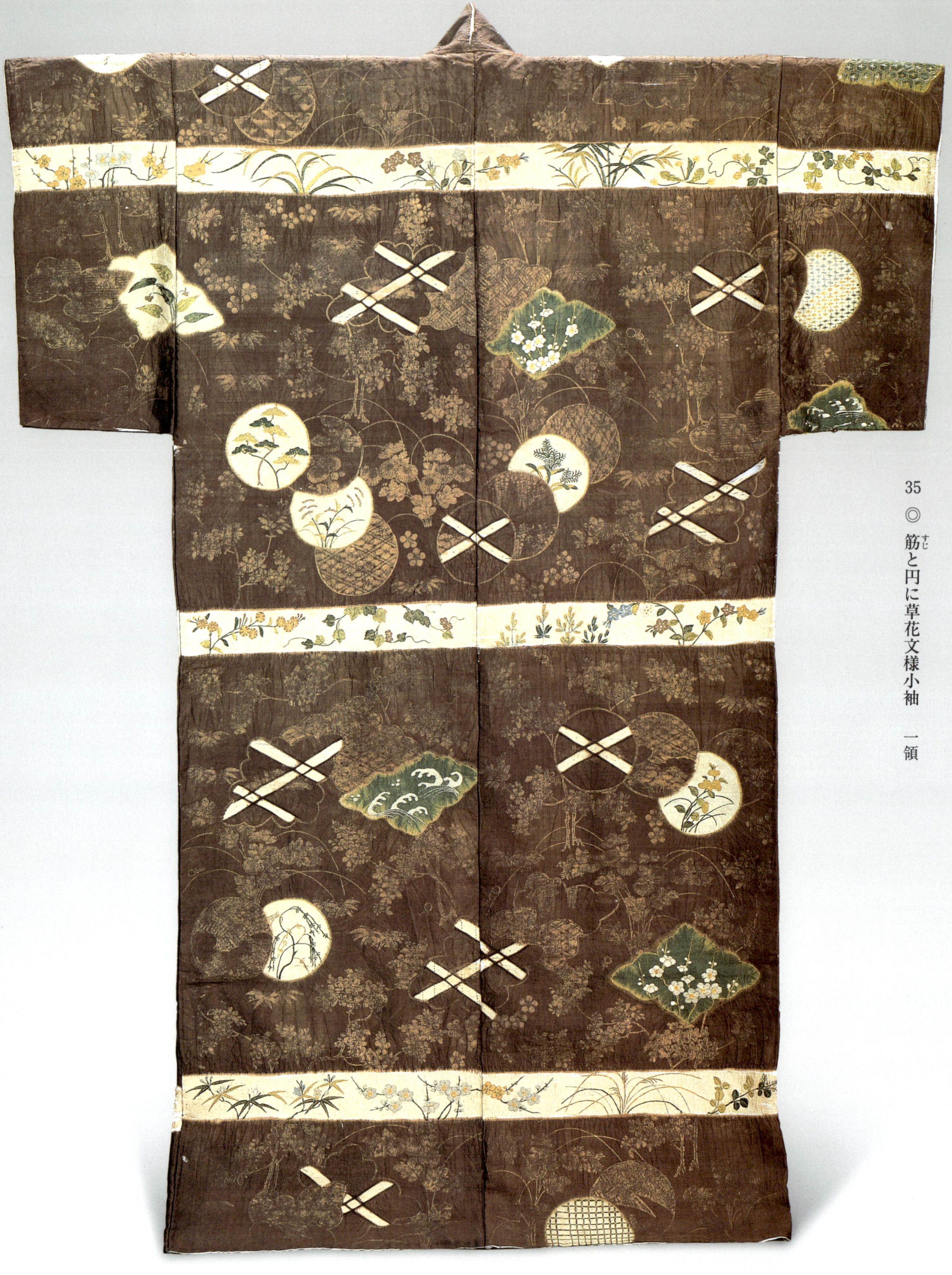

35 ◎ 筋《すじ》と円に草花文様小袖　一領

36 ◎ 山に桜円文散し繡箔《ぬいはく》（能装束）　一領　林原美術館

37 ◎ 染分《そめわけ》松皮菱《まつかわびし》取《ど》り文様小袖　一領　京都国立博物館

（部分）

38 ◎ 染分《そめわけ》桜花に松鶴文様小袖　一領　鐘紡株式会社

（部分）

39

◎ 染《そめ》分《わけ》小《こ》手《で》毬《まり》に松楓文様小袖　一領

40

染分《そめわけ》熨斗《のし》に草花文様小袖　一領　鐘紡株式会社

41

棚に草花文様打敷《うちしき》　一枚　真珠庵

（部分）

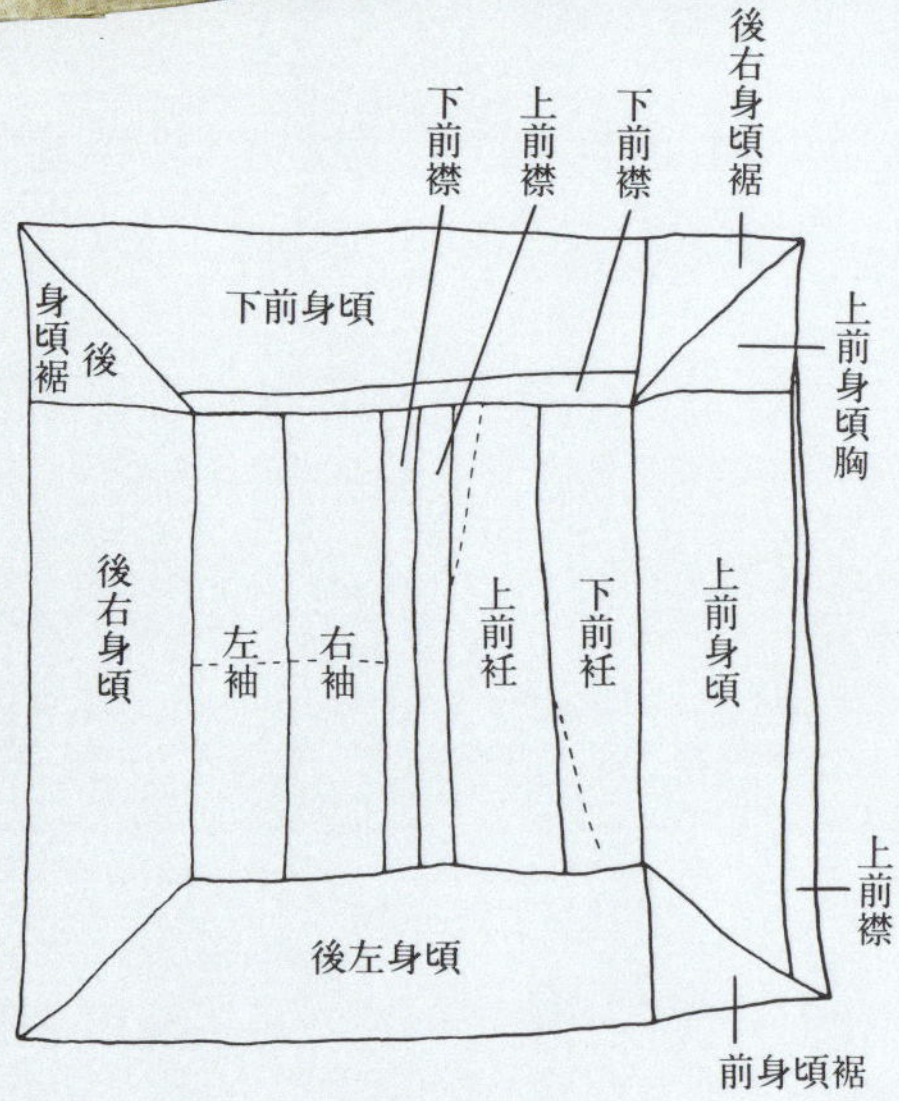

（打敷図解）

参考図／復元小袖（コンピュータ・グラフィック）

42
縞に鉄線唐草文様打敷《うちしき》　一枚　真珠庵

（部分）

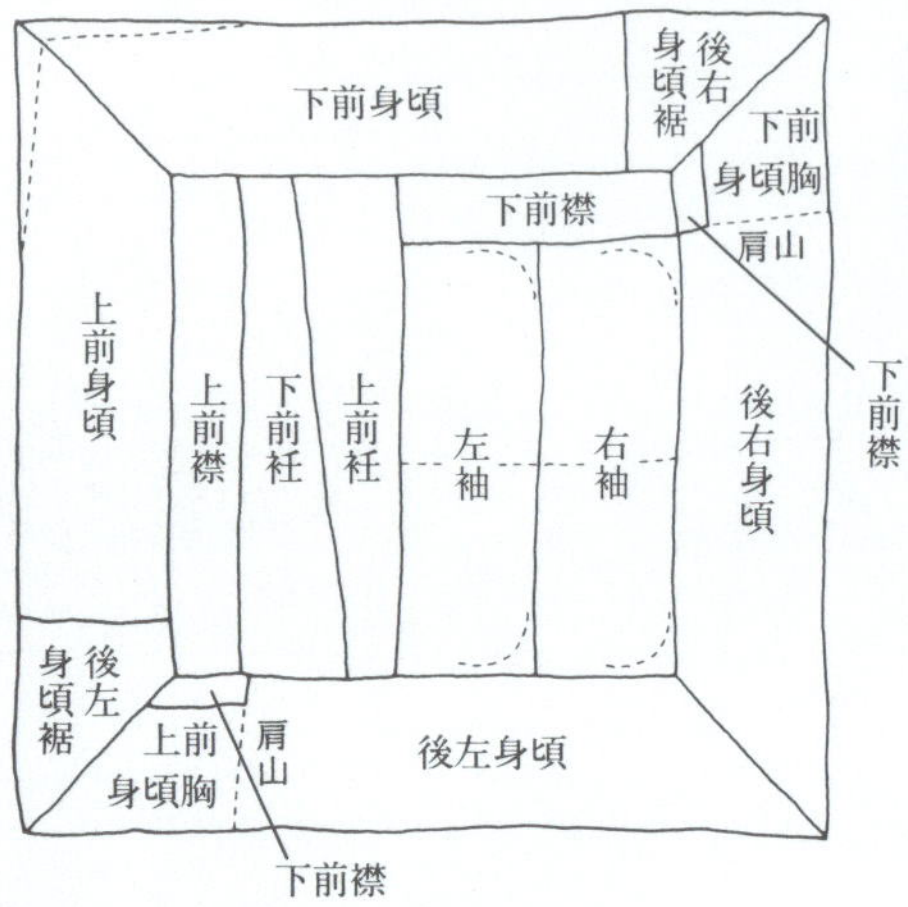

（打敷図解）

参考図／復元小袖（コンピュータ・グラフィック）

43 斜取り破《やれ》垣《がき》文様小袖（屏風貼り） 一隻 国立歴史民俗博物館

44 草花滝文様小袖（屏風貼り） 一隻 国立歴史民俗博物館

44（部分）

45
三龍胆《みつりんどう》車《ぐるま》に草花文様振袖　一領　法隆寺

第四章

浮世の彩絢

―かぶきと遊里―

徳川家康が政権の座につき、竣工成ったばかりの二条城において権威確立の祝典をくりひろげた慶長八年(一六〇三)、時を同じくして出雲のおくにがかぶき踊りでデビューした。異類異形の出立ちは、新政権による秩序社会の体制に反発するかぶき者の支持を得て京の巷にひろがり、さらに遊女かぶきが人気を呼んだ。

しかし、遊女の演じるかぶきは幕府の秩序を乱すものとして禁止され、遊女は遊里に囲いこまれていく。乱世から和平へ、憂世から浮世へと複雑な世情にあって、刹那的な現世の歓楽に身を委ねようとする人びとの視線は、野外のかぶきおどりから遊里の室内へと向かった。慶長、元和、寛永、それはまさにかぶき者と遊女たちがファッション・リーダーとなった時代である。

46 ○ 歌舞伎図巻　下巻　一巻　徳川美術館

かねきき

して

茶屋遊び

46 かねきき（部分）

46 茶屋遊び（部分）

47 ◎ 遊楽図屛風（相応寺屛風） 八曲一双 徳川美術館

右隻

左隻

47 右隻（部分）

48
邸内遊楽図屏風　六曲一隻

48
（部分）

48
（部分）

48（部分）

48（部分）

49 ◎ 縄のれん図屏風 二曲一隻 アルカンシェール美術財団

（部分）

50
誰が袖図屏風（部分）

50
誰《た》が袖《そで》図屏風　六曲一双　根津美術館

右隻

左隻

51
洲浜取りに貝尽し文様小袖　一領　メトロポリタン美術館

（部分）

52

丸文散し草花文様打敷《うちしき》　一枚　真珠庵

（部分）

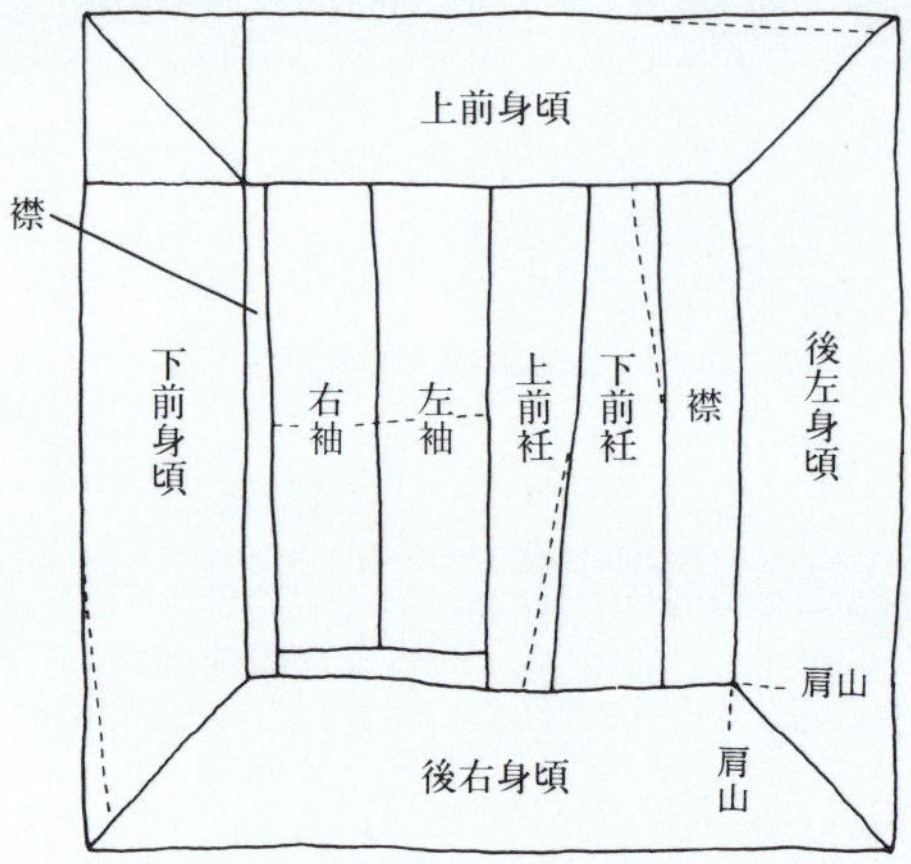

（打敷図解）

参考図／復元小袖（コンピュータ・グラフィック）

復元プロセス（前）

1

2

3

4

5

6

7

8

9

復元プロセス（後）

1

2

3

4

5

53

葡萄に網干丸文様打敷《うちしき》　一枚　真珠庵

（部分）

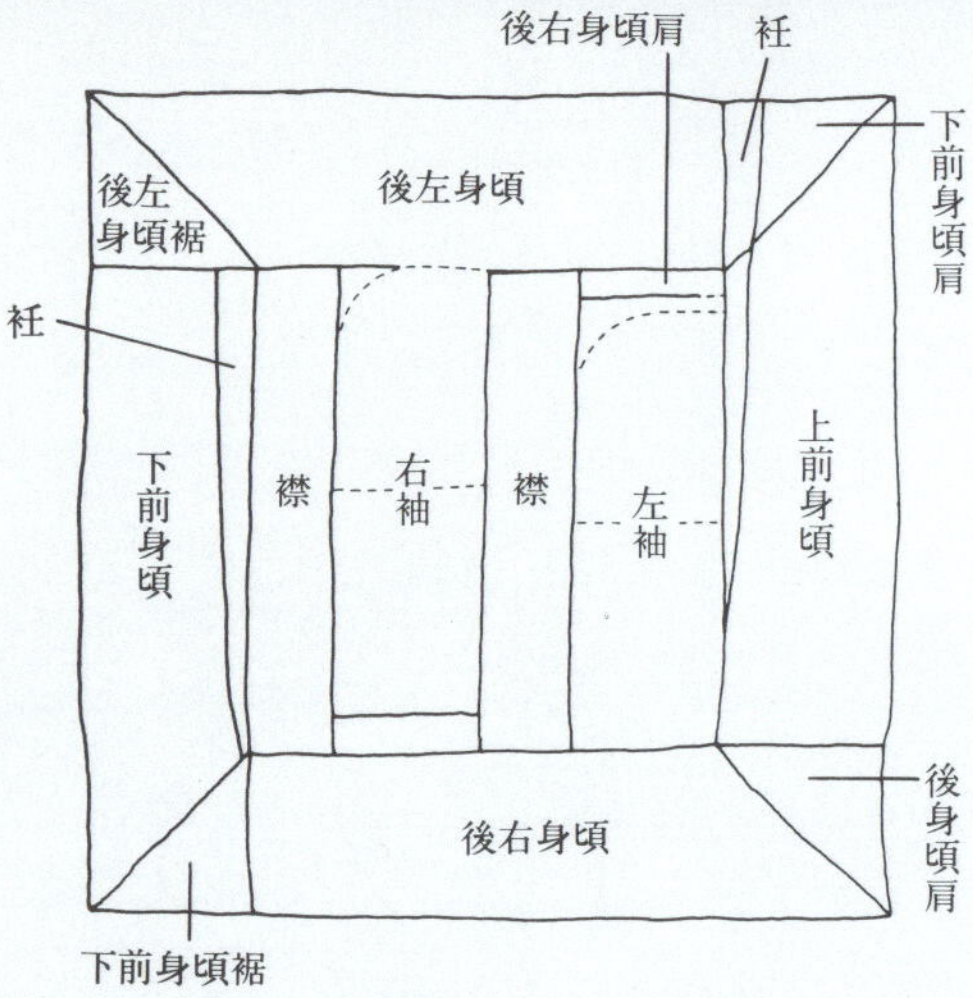

（打敷図解）

参考図／復元小袖（コンピュータ・グラフィック）

復元プロセス（後）

1

2

3

4

5

54
松藤に屛風文様小袖　一領

55 ◎ 雪輪に梅文様帯　一条　仙台市博物館

56 ◎ 桔梗散し文様帯　一条　仙台市博物館

57 ◎ 縞に花鳥文様帯　一条　仙台市博物館

58 ◎ 藍黒雲形文様帯　一条　仙台市博物館

59
牡丹唐草蒔絵伏籠《ふせご》　一基　京都国立博物館

60
木瓜紋蒔絵阿古陀香炉《あこだこうろ》　一箇　京都国立博物館

61 鉄線唐草蒔絵衣桁《いこう》 一基

（部分）

第五章

美服の奢り

―寛文・元禄小袖―

江戸開府から百年。この間に幕藩体制が完成し、農村の生産力は著しく増加して商品経済の発展をうながし、都市に繁栄をもたらせた。商業都市として進展する大坂、大消費都市となった江戸に対して、京都は伝統と文化を拠りどころに手工業を育て、織りや染めの「京」ブランドを誕生させて、ファッションの発信地となった。

かつてかぶき者が気取った大胆奇抜なデザインは、かぶき者の時代が終わると、女たちの小袖に取り込まれ、洗練され、様式化されて寛文《かんぶん》小袖《こそで》を完成させる。一代の衣裳狂いともいうべき東《とう》福門院《ふくもんいん》、その御用を務めた呉服商雁金屋《かりがねや》の衣裳図案帳には、寛文スタイルの小袖文様が写されている。寛文小袖は公家と町衆が培った寛永文化の名残りのなかで、新たな文化の担い手として登場する町人たちに受け入れられていく。

そして、泰平元禄。新興町人が繁栄するさなか、財力にあかせて豪華な小袖に身を包む女たちは、衣裳美を競い美服の花を咲かせた。

62

竹に栗鼠《りす》梅文様振袖　一領　鐘紡株式会社

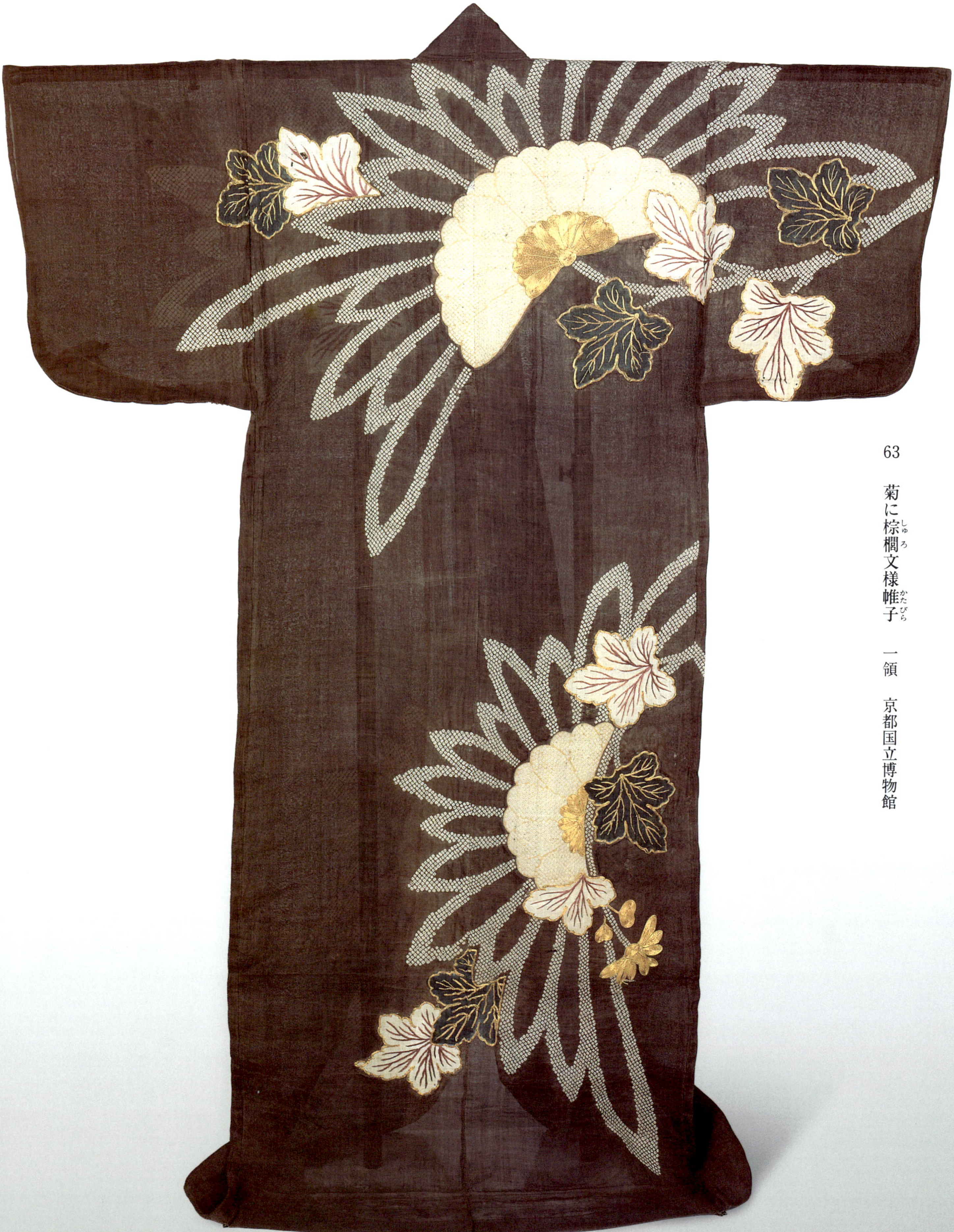

63
菊に棕櫚《しゅろ》文様帷子《かたびら》　一領　京都国立博物館

（部分）

64
楽器に菊文字文様小袖　一領　鐘紡株式会社

65
花丸文様小袖　一領　東京国立博物館

66

雪輪に梅鶯文様打敷《うちしき》　一枚　真珠庵

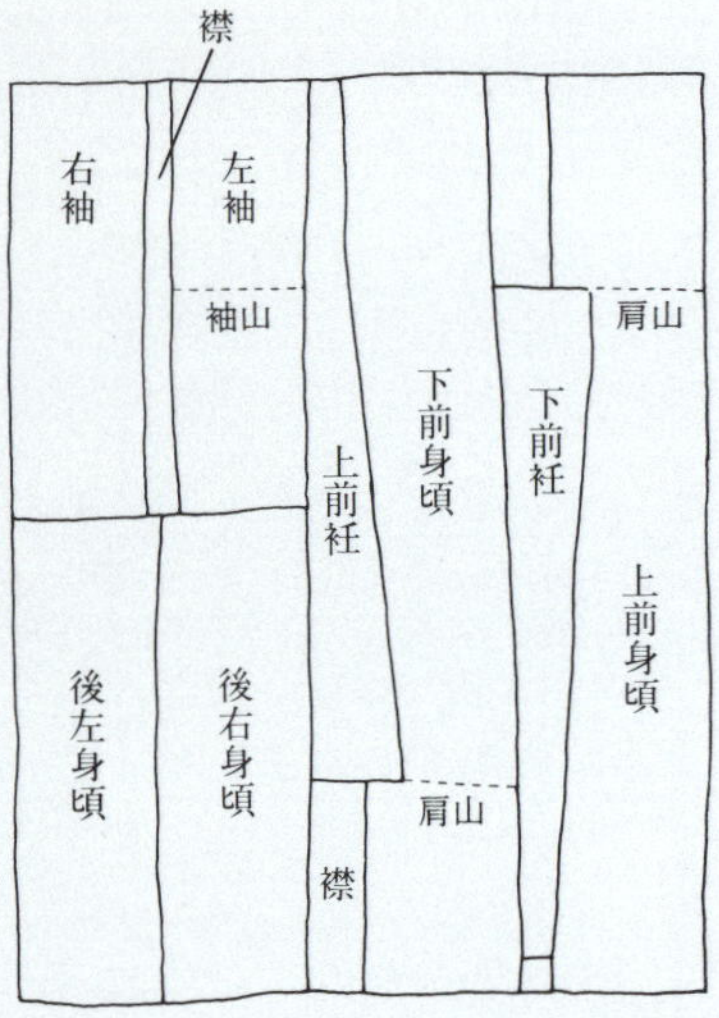

（打敷図解）

（部分）

参考図／復元小袖（コンピュータ・グラフィック）

67

梅に円窓文様小袖　一領　鐘紡株式会社

68
松藤文様小袖　一領　東京国立博物館

69

御簾《みす》に松鶴文様小袖　一領

70
竹垣に橘文様小袖　一領　フィラデルフィア美術館

71

菊に流水文様小袖　一領

（部分）

72
菊に流水文字文様小袖　一領　京都国立博物館

（部分）

73

波に松原文字文様帷子《かたびら》　一領　遠山記念館

74

籬《まがき》に花丸文様小袖　一領　京都丸紅株式会社

75

梅樹に鳥兜《とりかぶと》文様小袖　一領　大手前大学

（部分）

76

竹垣に梅文字文様単衣《ひとえ》　一領　遠山記念館

77

桜《さくら》筏《いかだ》文様帯　一条　奈良県立美術館

78
都《と》鄙《ひ》図巻　住吉《すみよし》具慶《ぐけい》筆　一巻　興福院

（部分）

（部分）

（部分）

78（部分）

78（部分）

78（部分）

78（部分）

78（部分）

79 洛中洛外図巻　住吉《すみよし》具慶《ぐけい》筆　一巻　東京国立博物館

（部分）

（部分）

79（部分）

79（部分）

79（部分）

79（部分）

79（部分）

79（部分）

80 八千代太夫像　一幅　角屋保存会

（部分）

81
小藤《こふじ》像　一幅　角屋保存会

（部分）

82 舞妓図 一幅 大和文華館

(部分)

83
小袖雛《ひな》形《がた》図巻　一巻　奈良県立美術館

84 ◎ 万治四年御畫帳　一冊　大阪市立美術館

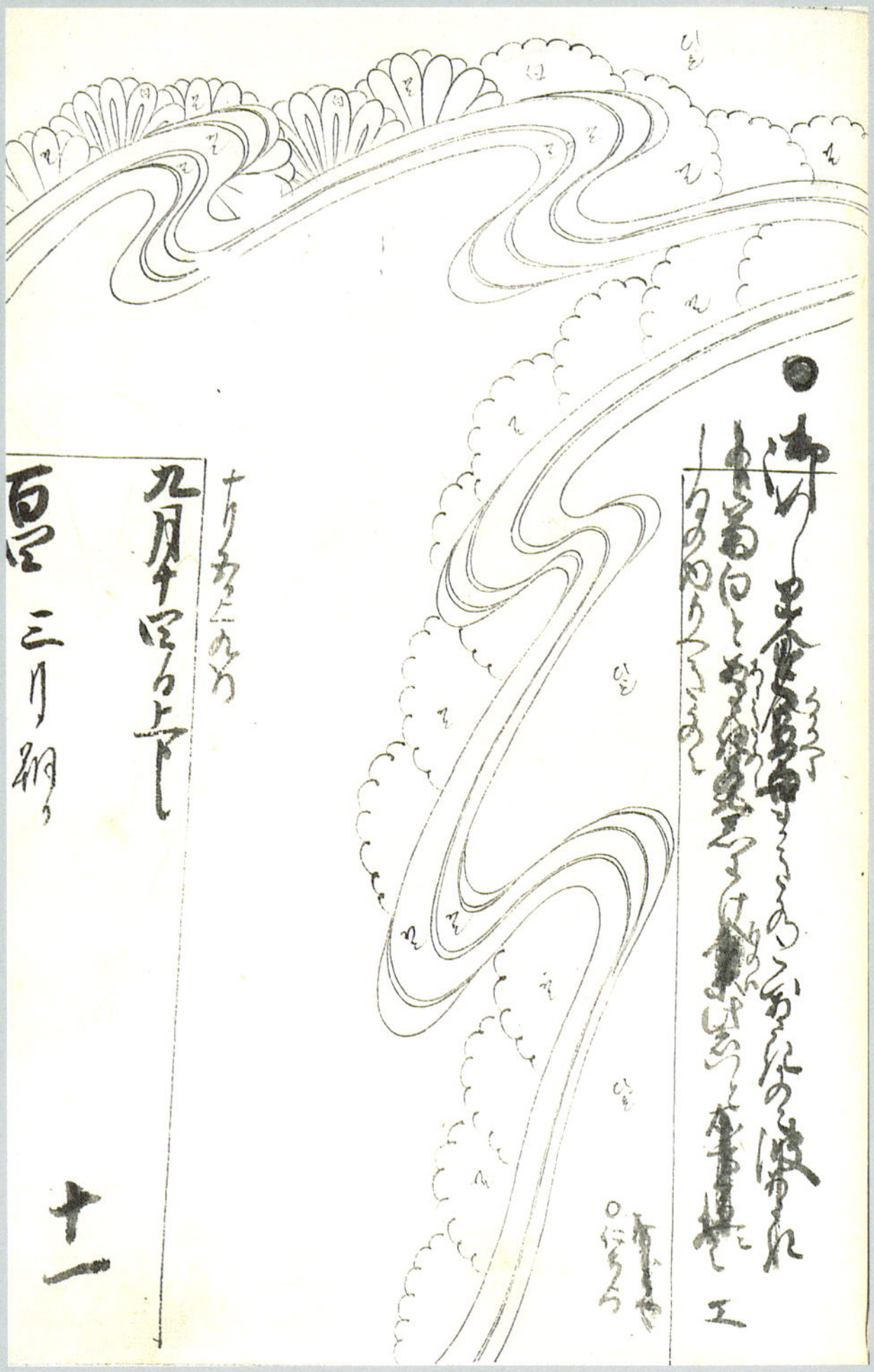

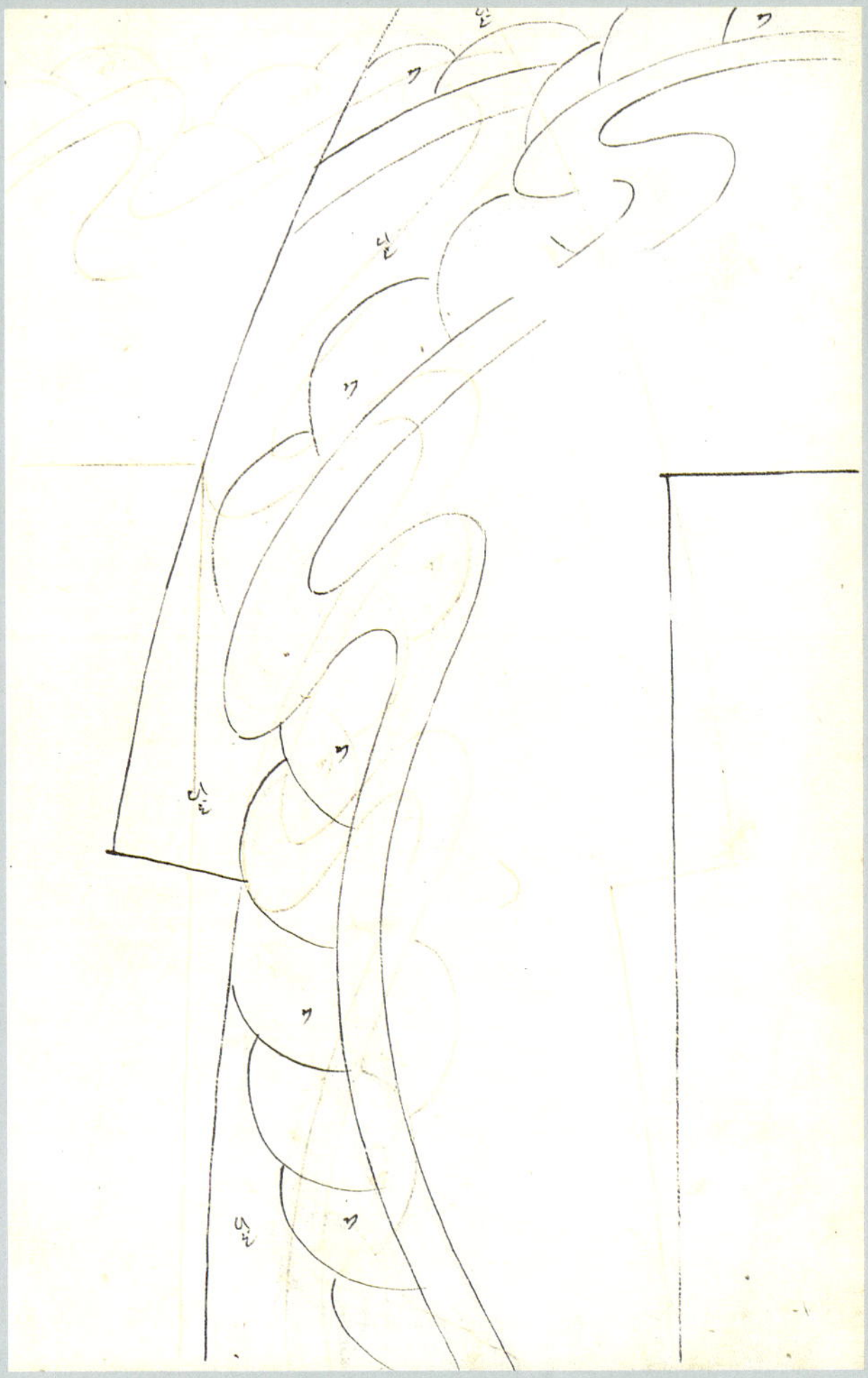

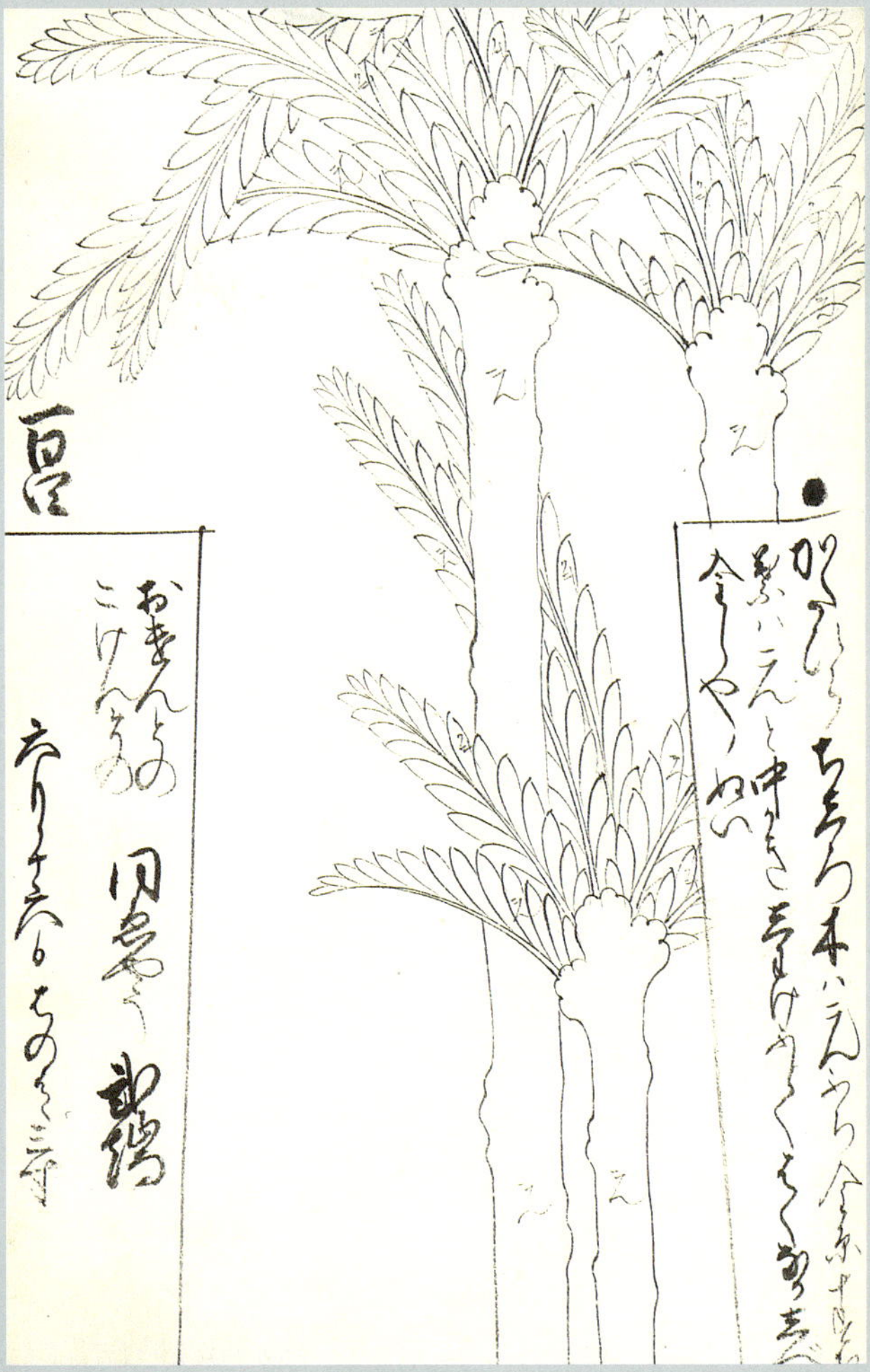

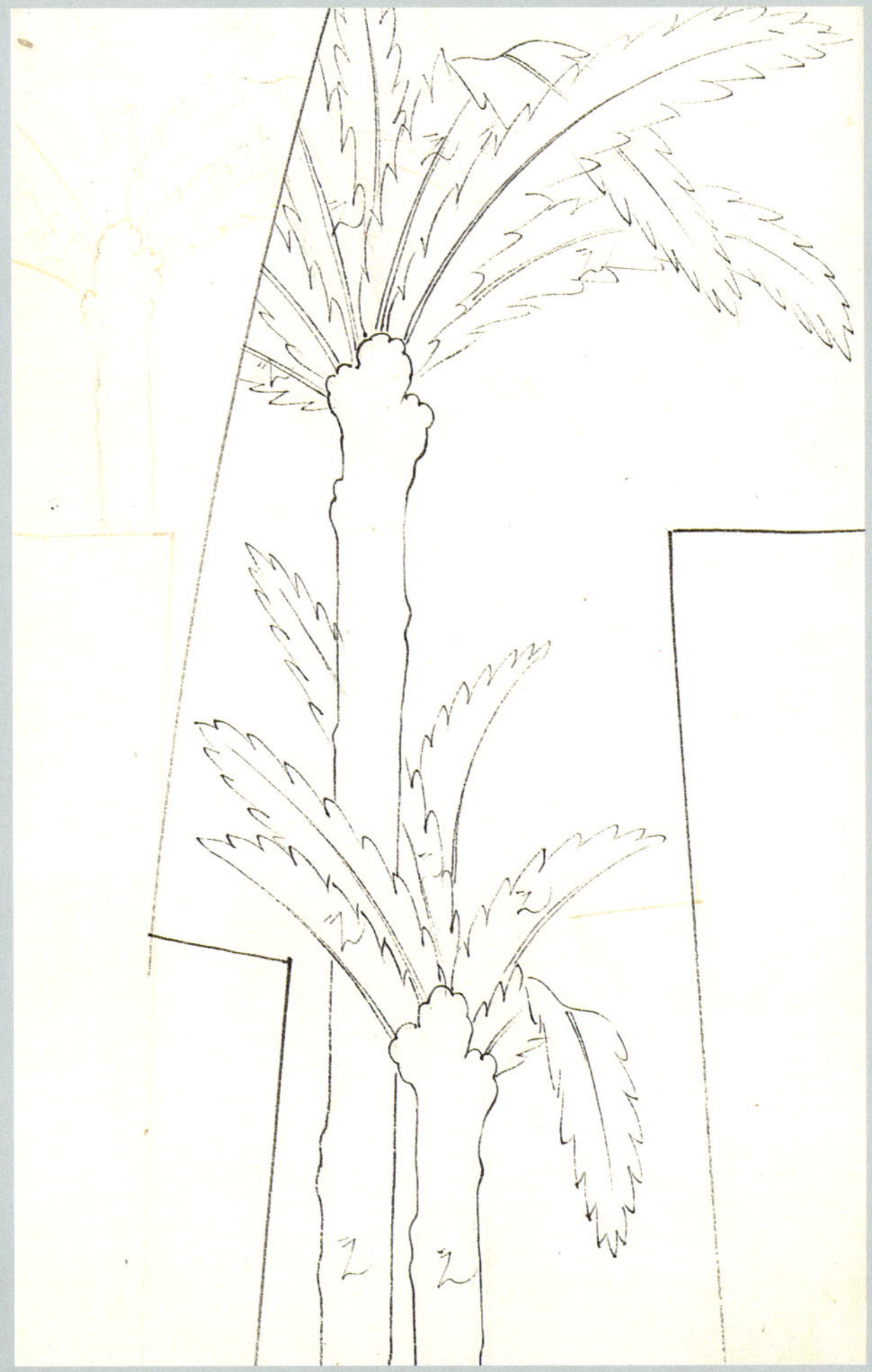

85 ◎ 寛文三年御絵帳 一冊 大阪市立美術館

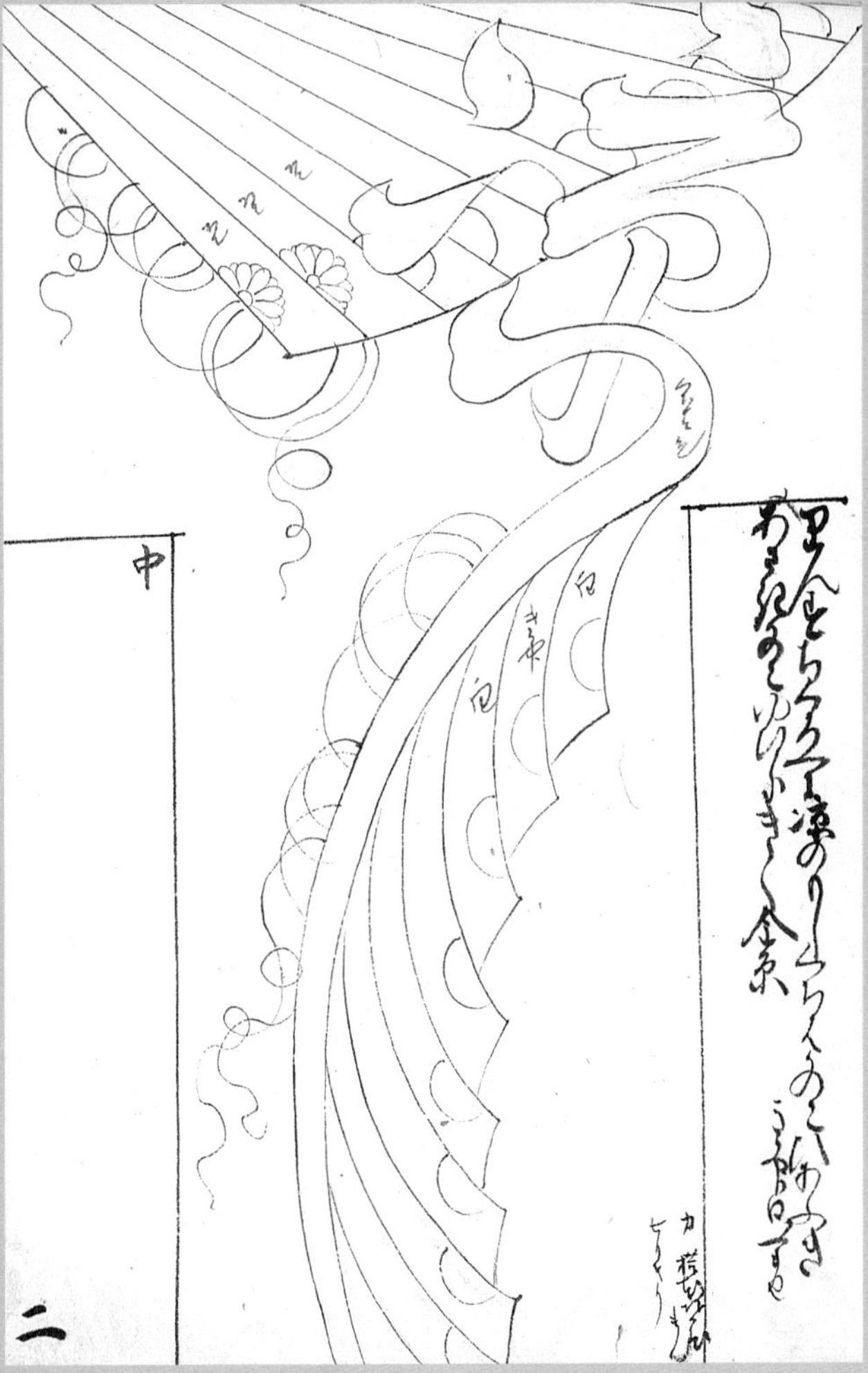
中
二

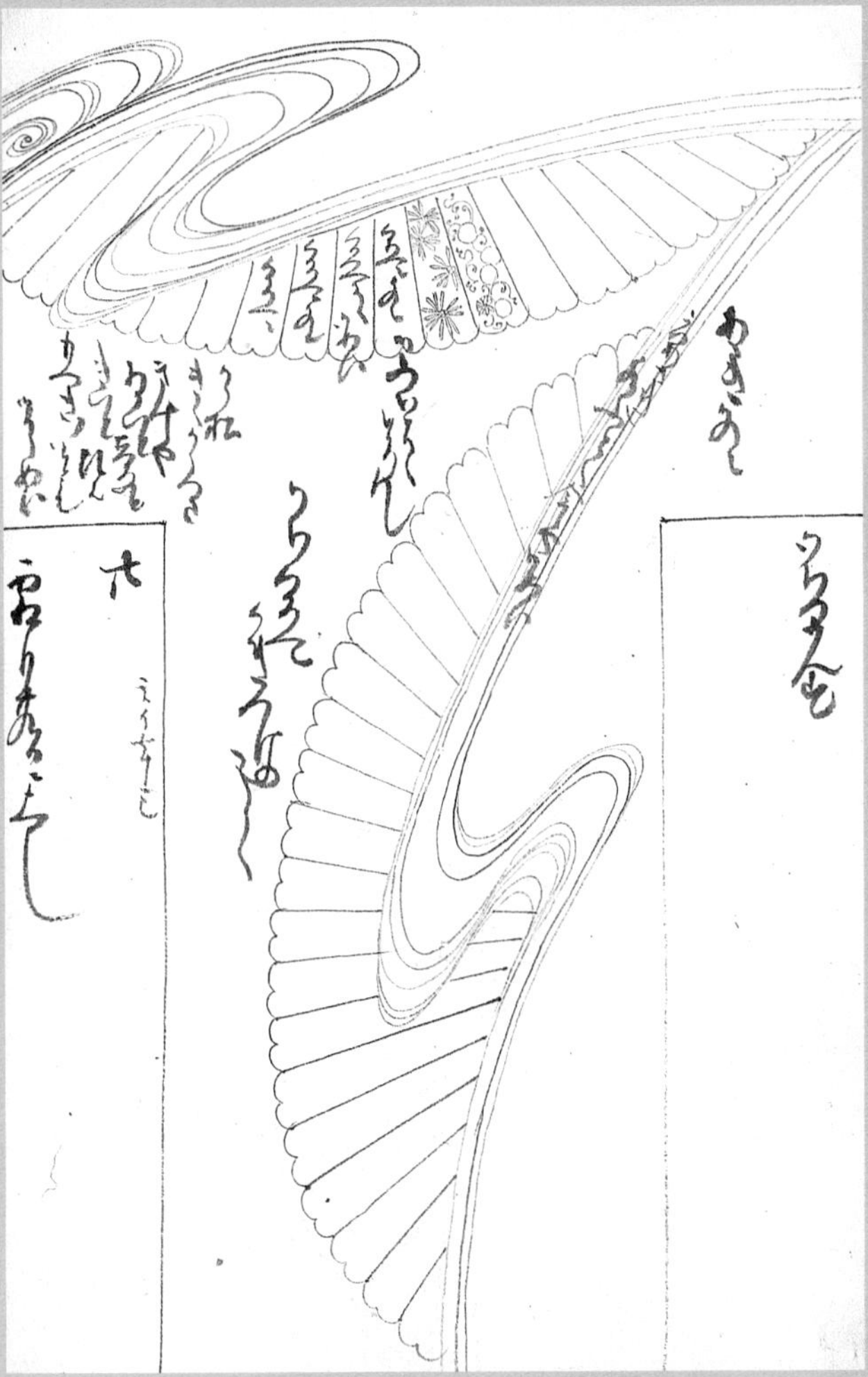

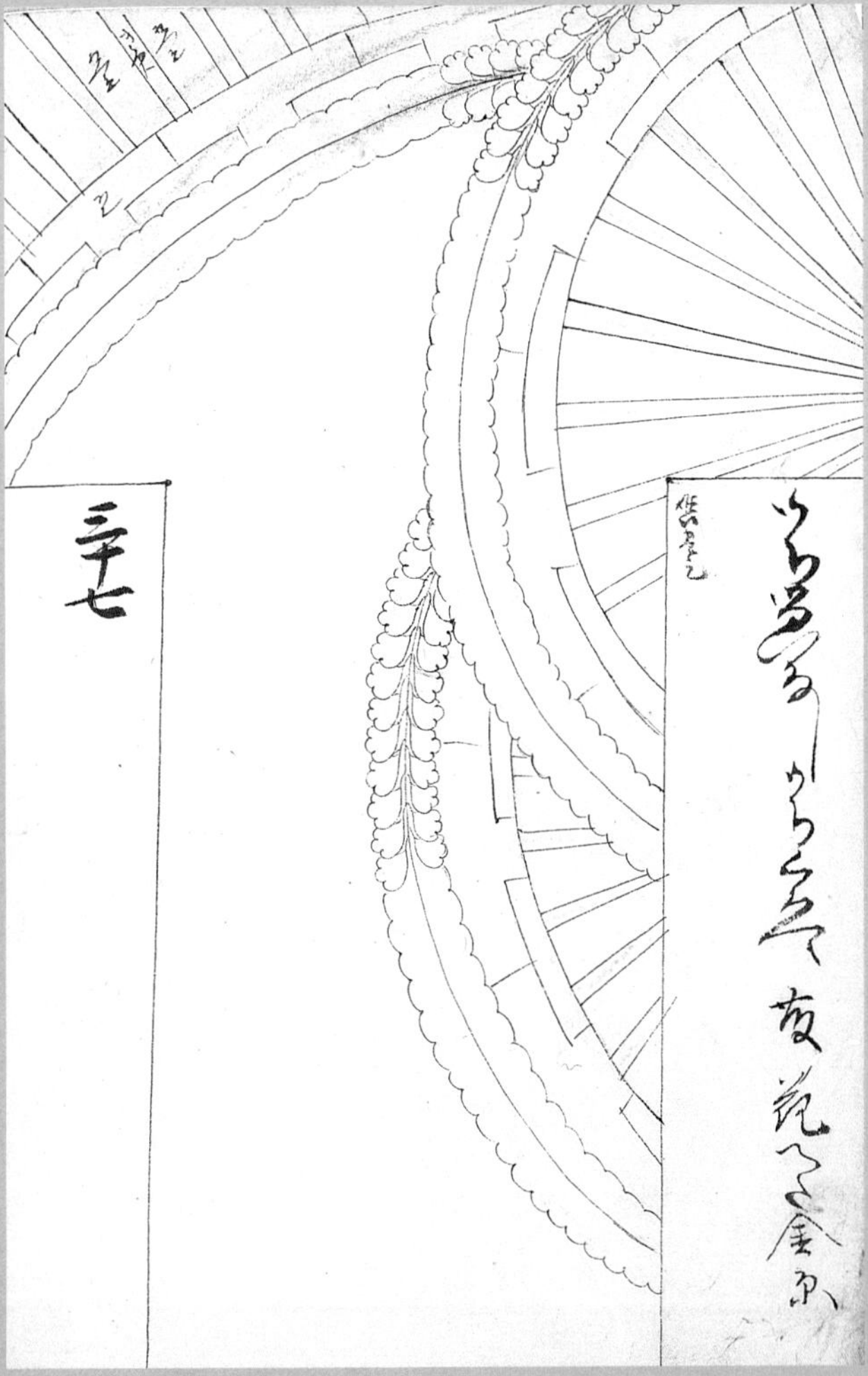
三十七

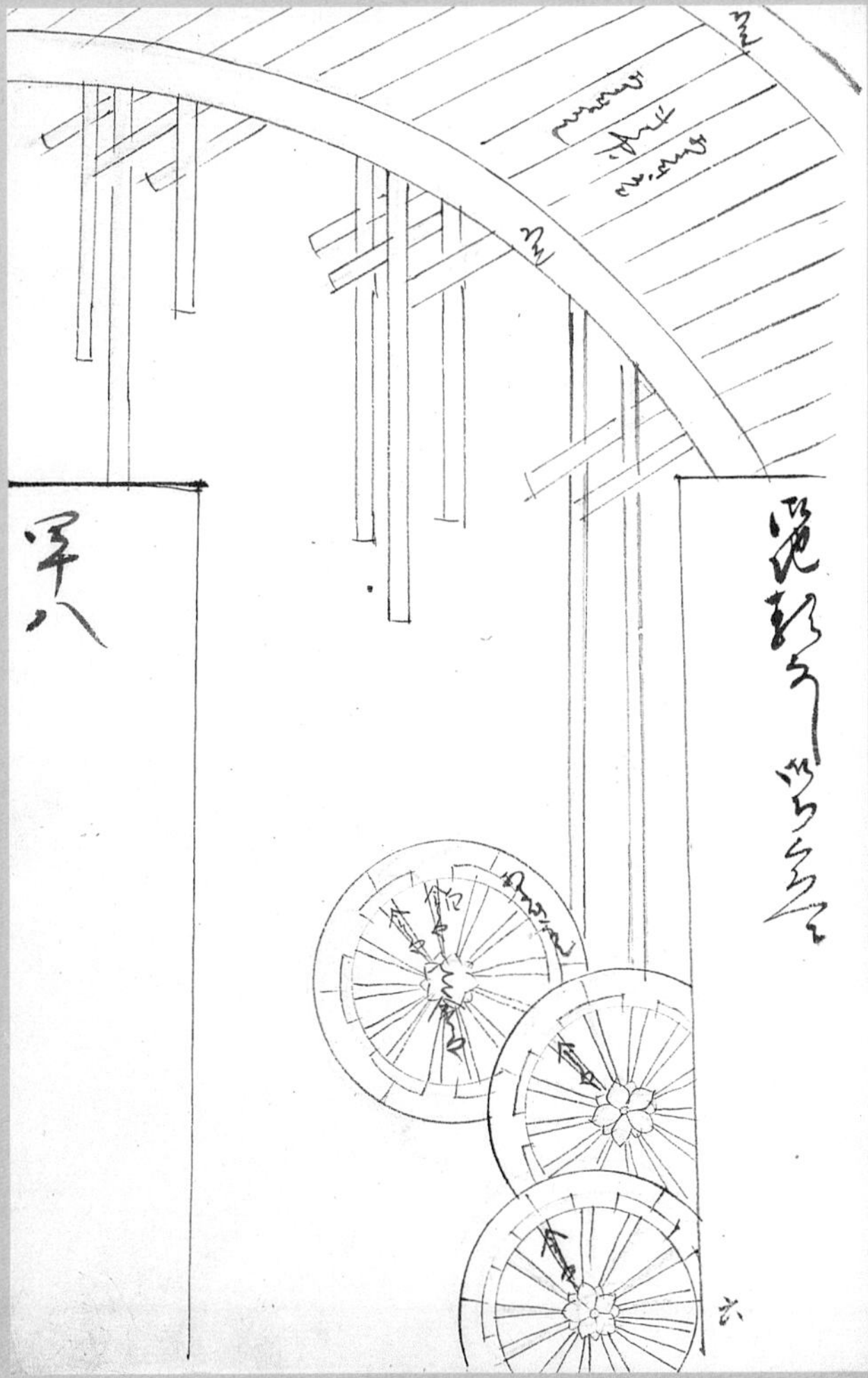

86
御ひいなかた　上、下巻　二冊　東京国立博物館

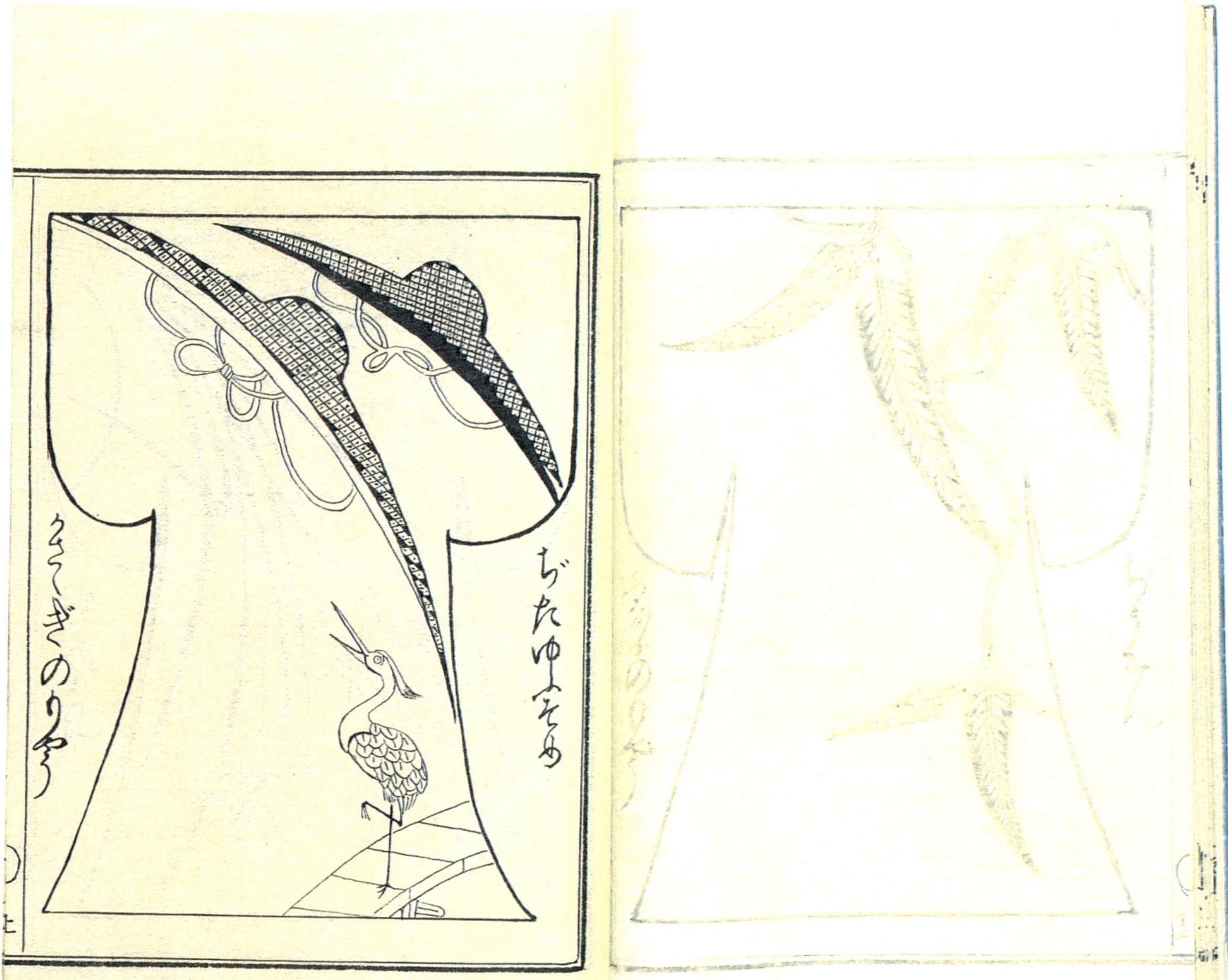

87
今用《いまよう》御ひいなかた　春、夏巻　二冊　高田装束研究所

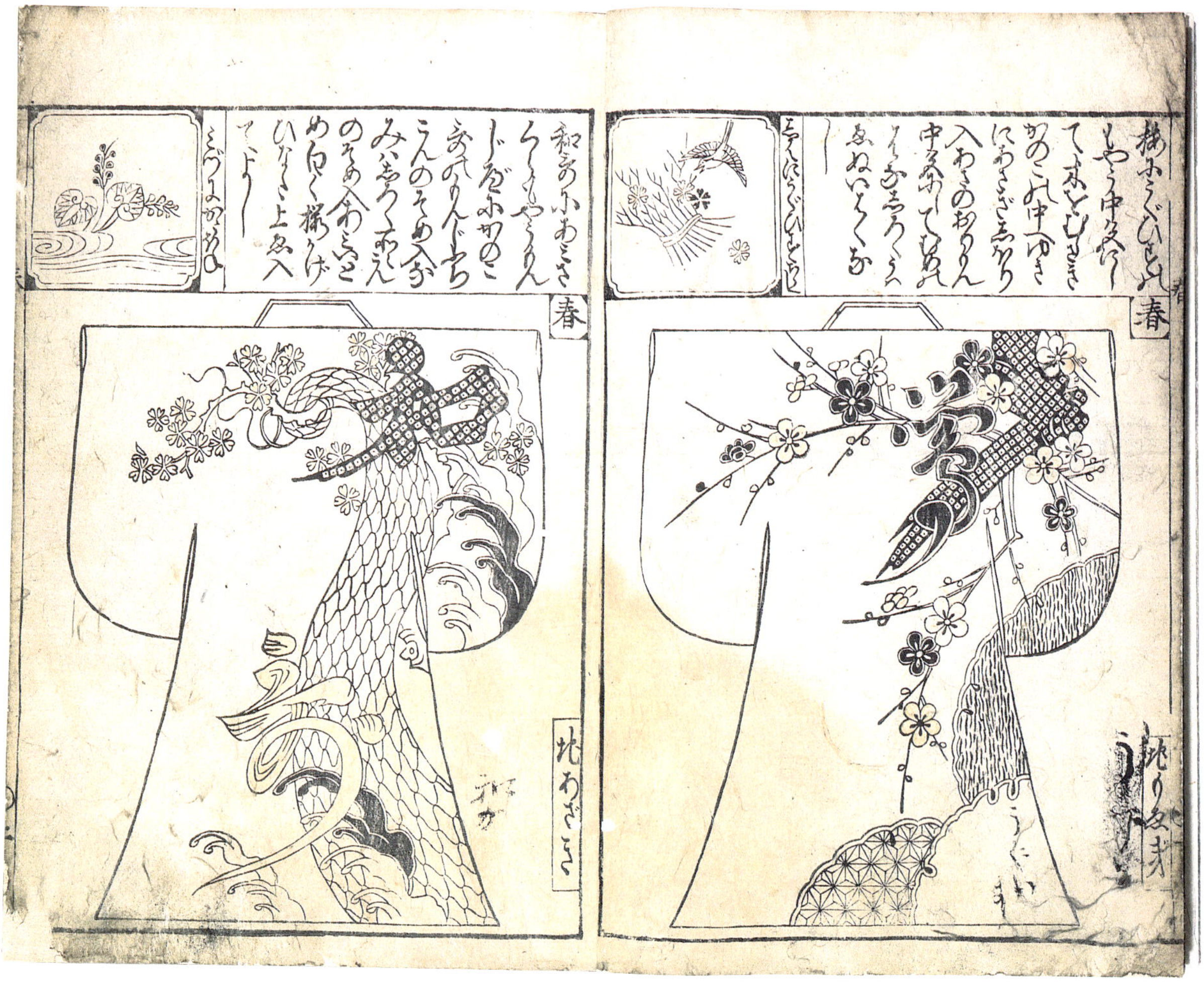

88
小倉山《おぐらやま》百種《ひゃくしゅ》雛形《ひながた》　一冊　共立女子大学図書館

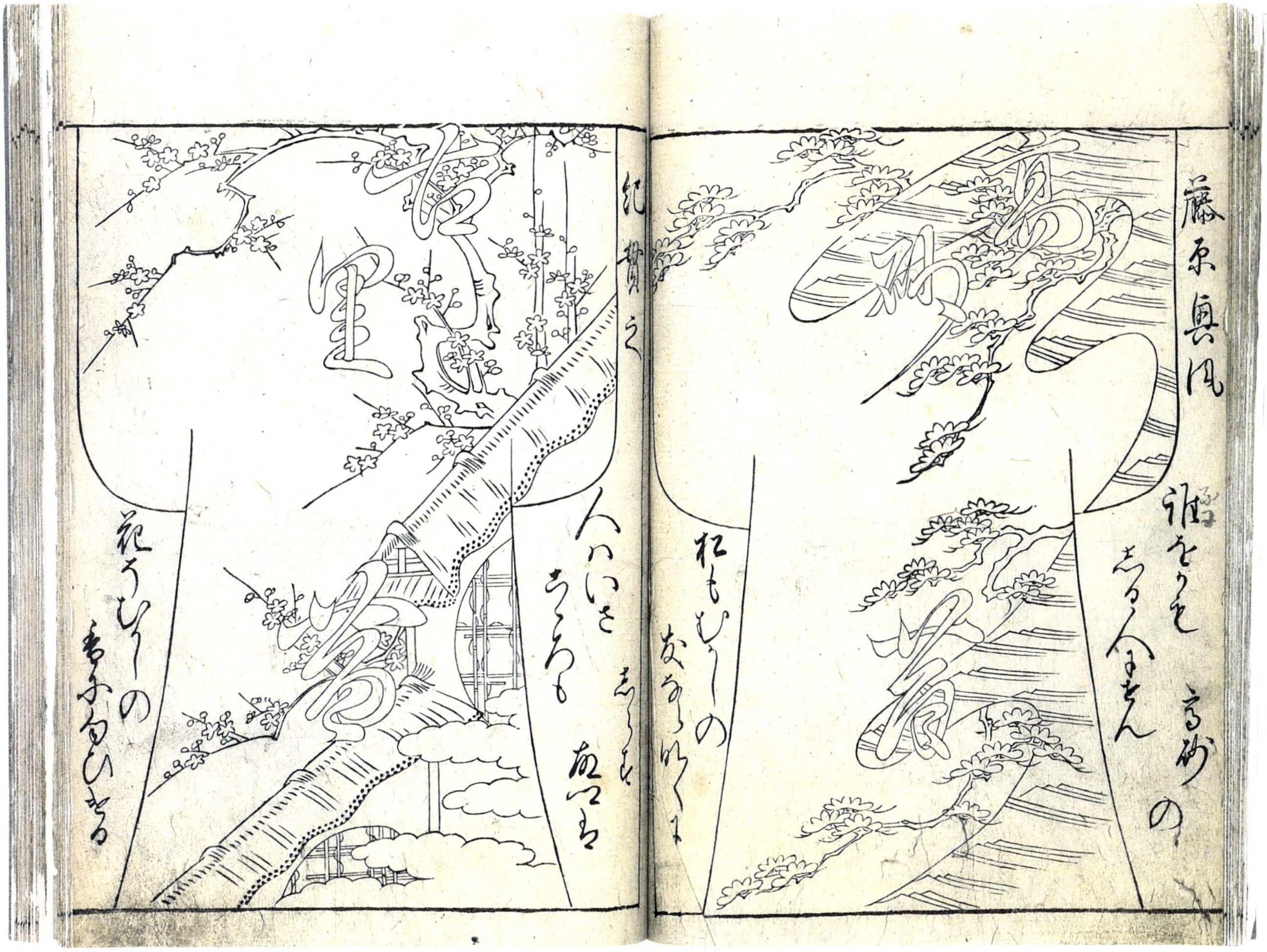

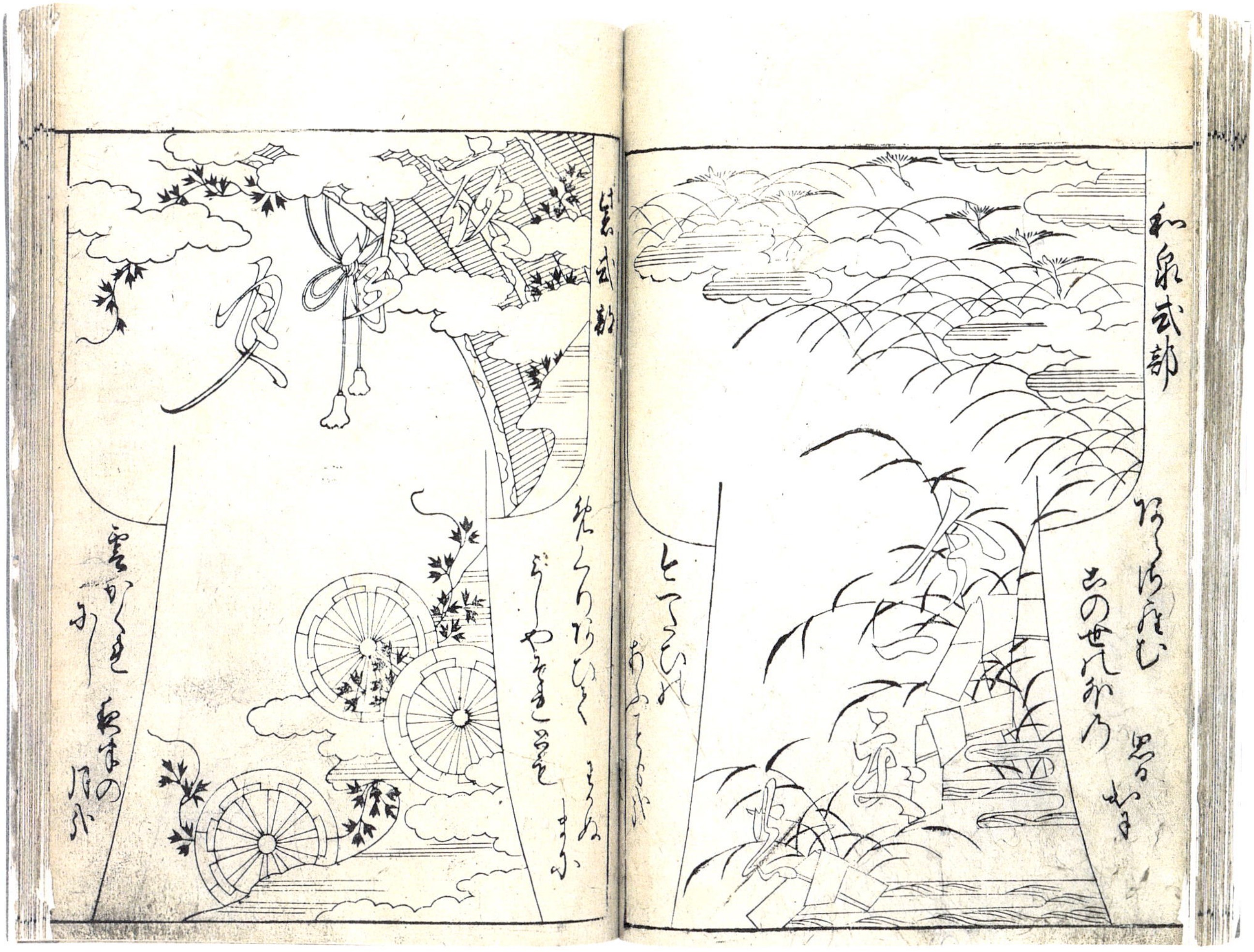

第六章

今様の華奢

―友禅染―

十七世紀末、西鶴の浮世草子にも登場する友禅《ゆうぜん》の扇は、当世のはやり物として名を馳せた。友禅は知恩院門前に居を構えた扇屋である。彼の描く絵は「古風《こふう》の賤《いや》しからぬをふくみて、今様《いまよう》の香車《きやしや》なる物数寄《ものずき》にかなひ」たいへんに評判がよく、そのデザインを女物の小袖に友禅染として用いたところ、ますます人気を得た。しかし、元禄五年（一六九二）の『女重宝記《おんなちようほうき》』には、もはや友禅染の丸づくしがふるめかしいという。はやり物の運命だ。

友禅のデザインから出発した友禅染は、技法面でも新技術を考案し、友禅染といえば、糸目糊《いとめのり》を置いた細かな部分に筆で多彩な色を插す独自の染色法を指すまでになった。その優れた染色技法は末永く小袖を飾ることになる。重厚な刺繡や鹿の子絞りよりも染主体の軽快な小袖が好まれだした十七世紀末から十八世紀前半、小袖はいよいよ染めの時代をむかえる。

89

蛇籠《じゃかご》に桜樹文様小袖　一領　鐘紡株式会社

（部分）

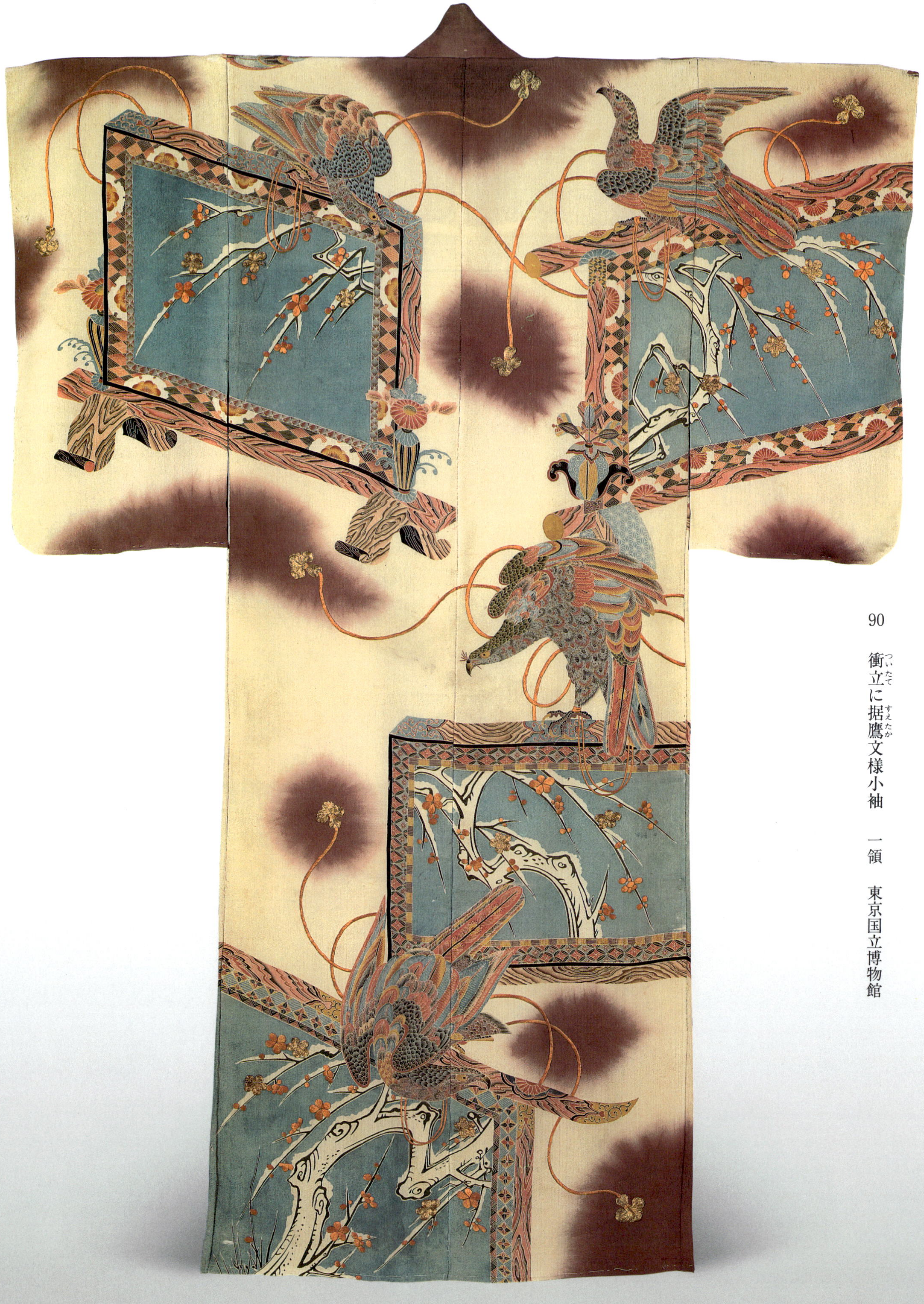

90
衝《つい》立《たて》に据鷹《すえたか》文様小袖　一領　東京国立博物館

（部分）

91 桜樹に文字文様小袖　一領　鐘紡株式会社

（部分）

92

流水に山吹文字文様小袖　一領　田畑コレクション

93
草花に滝楓文様小袖　一領　鐘紡株式会社

94 賀茂競《くらべ》馬《うま》文様小袖 一領 京都国立博物館

（部分）

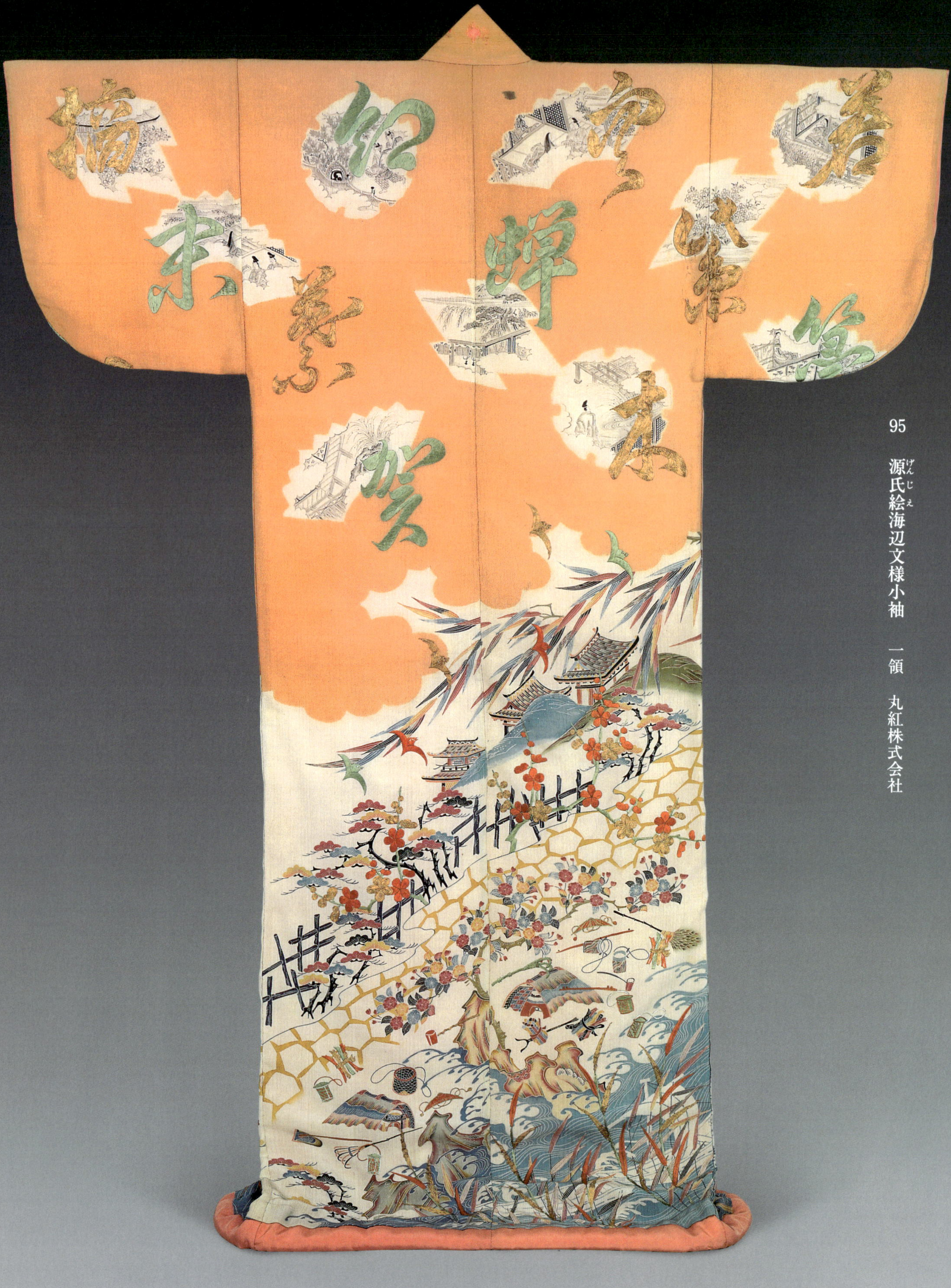

95
源氏《げんじ》絵《え》海辺文様小袖　一領　丸紅株式会社

96

帆に杜若《かきつばた》文様帷子《かたびら》　一領　京都国立博物館

97

梅に箙《えびら》文様帷子《かたびら》　一領　京都国立博物館

98　唐山水文様小袖　一領　東京国立博物館

（部分）

99 貝合せ文様打掛《うちかけ》　一領　京都国立博物館

100

段に木賊《とくさ》花《はな》兎《うさぎ》文様小袖　一領　京都国立博物館

（部分）

（部分）

101

◎ 束《たば》ね熨斗《のし》文様振袖　一領　友禅史会

（部分）

102

七夕《たなばた》文様帷子《かたびら》　一領　京都国立博物館

（部分）

103
山霧に百合《ゆり》文様単衣《ひとえ》
一領　田畑コレクション

（部分）

104

菊蝶に段幕文様小袖　一領　黒川古文化研究所

104（部分）

105 友禅ひいなかた　三、四巻　二冊　三井文庫

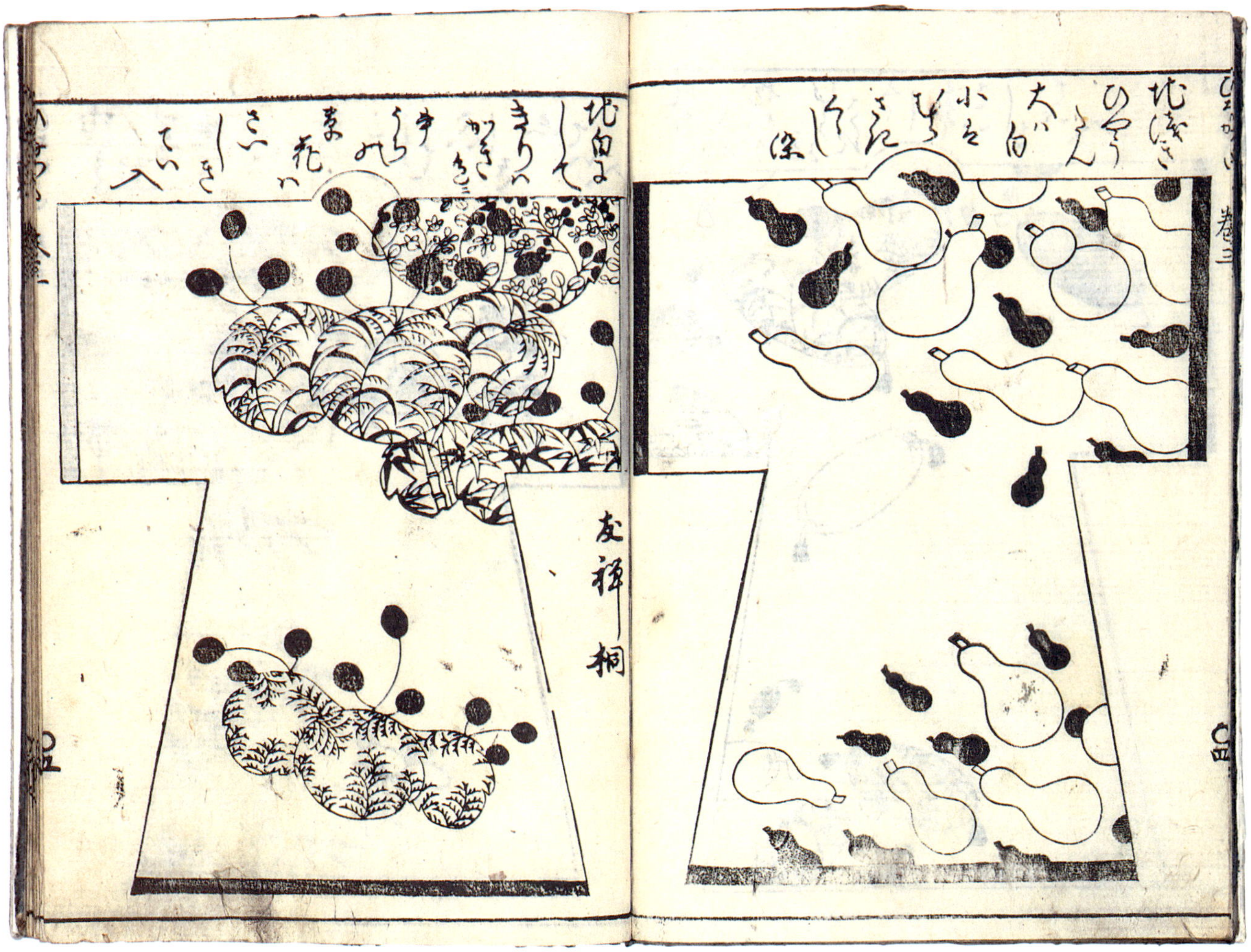

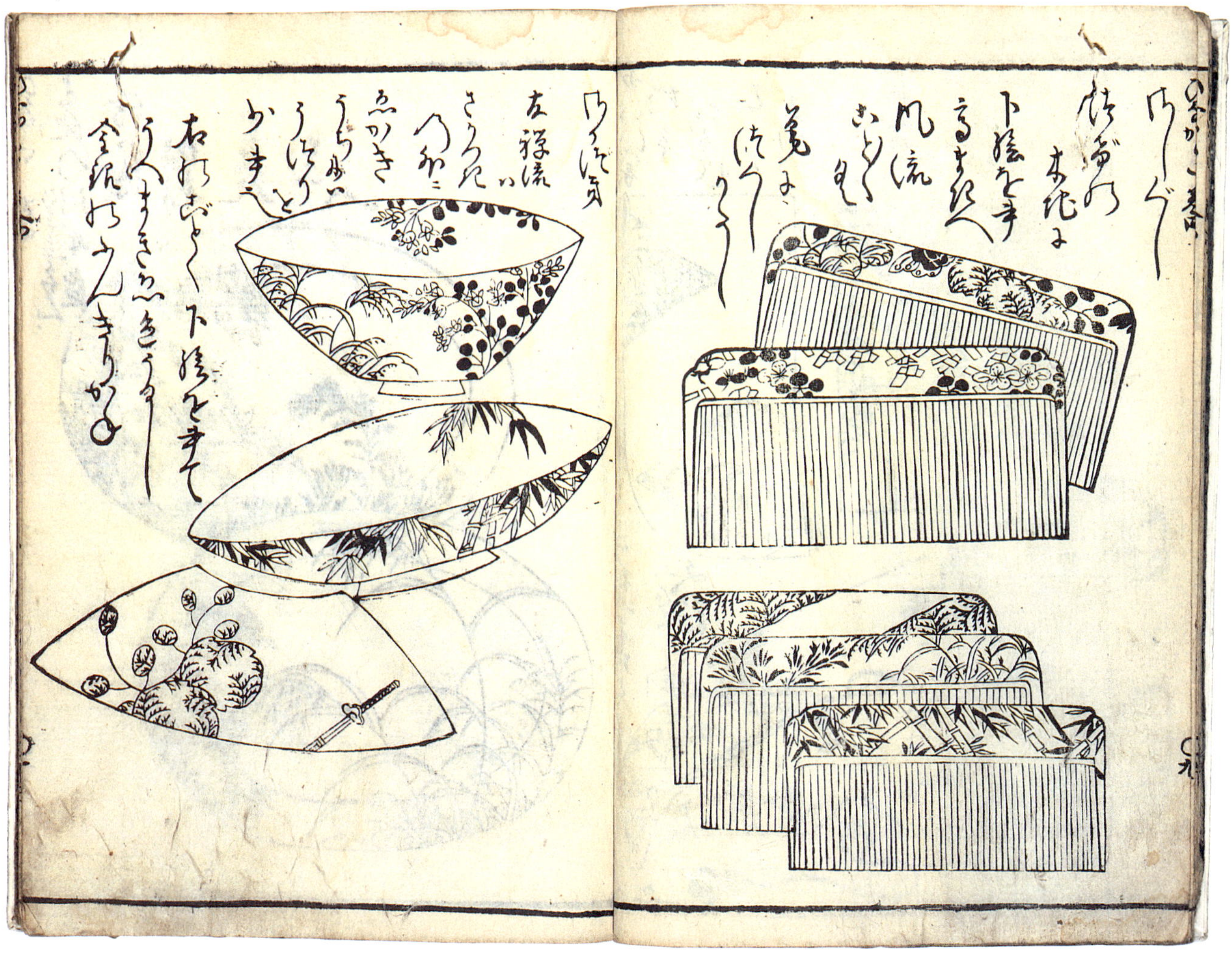

第七章 華から粋へ I

—光琳文様と白上り—

十八世紀には、光琳《こうりん》の画風を写した光琳文様が精彩をはなった。呉服商雁金屋《かりがねや》の次男に生まれた光琳ではあるが、光琳自身は家業よりも画業にいそしんだ。その装飾性に富む画風がこんどは小袖のデザインに影響を与えたのである。光琳の死後、正徳から享保（一七一一〜三五）にかけて光琳文様はつぎつぎと小袖雛形本《ひいながたぼん》に登場するようになった。

しかし、享保の改革によって世相の秩序是正がおこなわれると、小袖も地味になり、濃色に白く文様をあらわした白上《しろあが》りのように色彩をおさえたものがあらわれた。だがそれは倹約のためだけではない。白上りは、江戸風の「粋《いき》」に通じる瀟洒《しょうしゃ》な美を好む意識のあらわれである。時代の好みは確実に移りかわった。

106

湊《みなと》取《ど》りに秋草千鳥文様小袖（屏風貼り）
雲取りに流水紅葉秋草文様小袖（屏風貼り）

一隻　国立歴史民俗博物館

107

罌子《けし》に千鳥文様小袖　一領　福岡市博物館

108

梅樹に扇面散し文様小袖　一領　奈良県立美術館

109

雲と湊《みなと》取《ど》りに楓文様小袖　一領　京都国立博物館

110

菊文様小袖　一領　鐘紡株式会社

111

湊《みなと》取《と》りに梅菊文様小袖　一領　京都国立博物館

112
梅樹に雪景文字文様小袖　一領　京都国立博物館

113

近江八景文様帷子《かたびら》　一領　遠山記念館

114

葛屋《くずや》に蝶萩文様小袖　一領

115
柱時計美人図　西《にし》川《かわ》祐《すけ》信《のぶ》筆　一幅　東京国立博物館

婦女納涼図（部分）

116
婦女納涼図　西川祐信《にしかわすけのぶ》筆　一幅　東京国立博物館

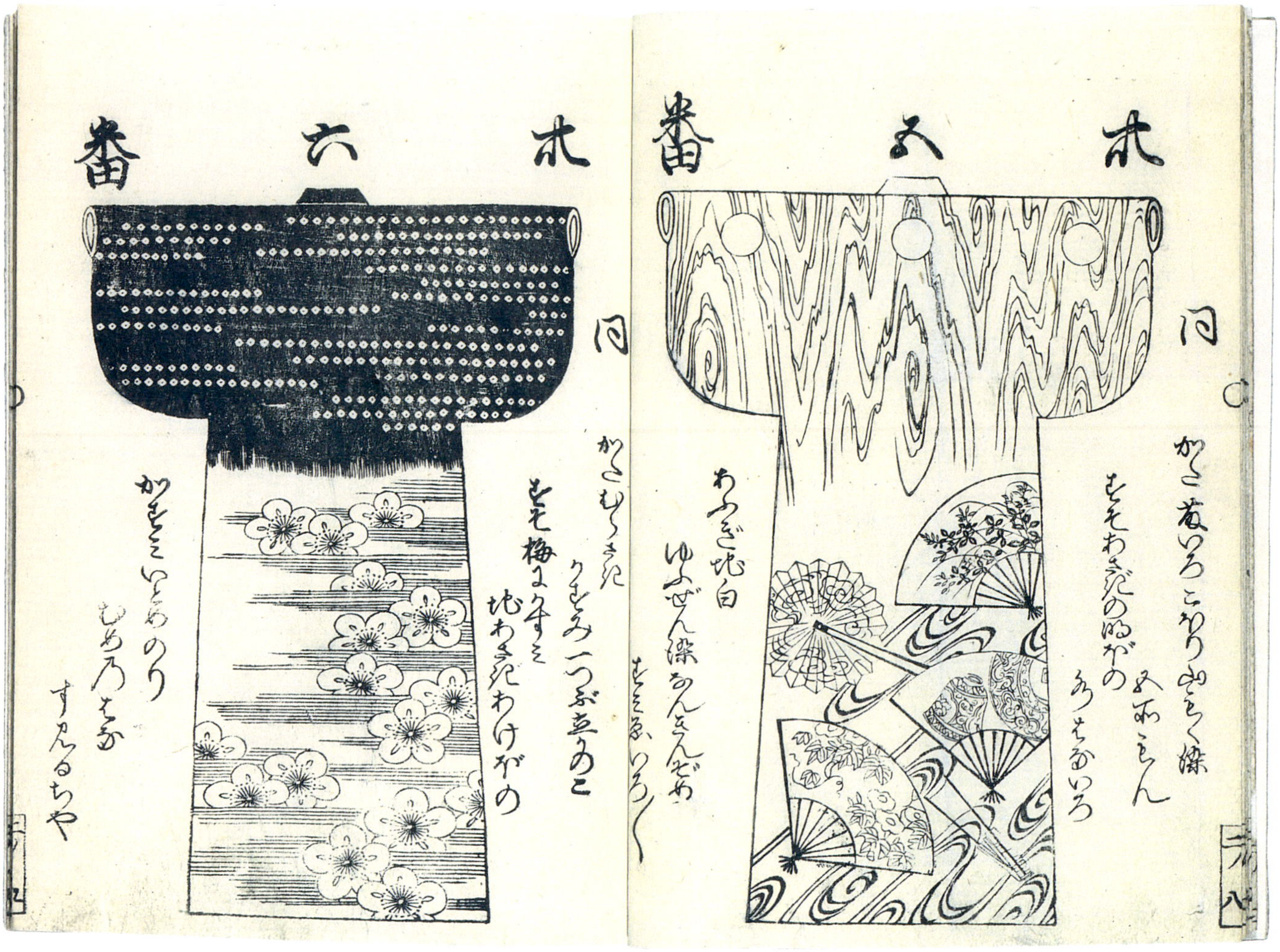

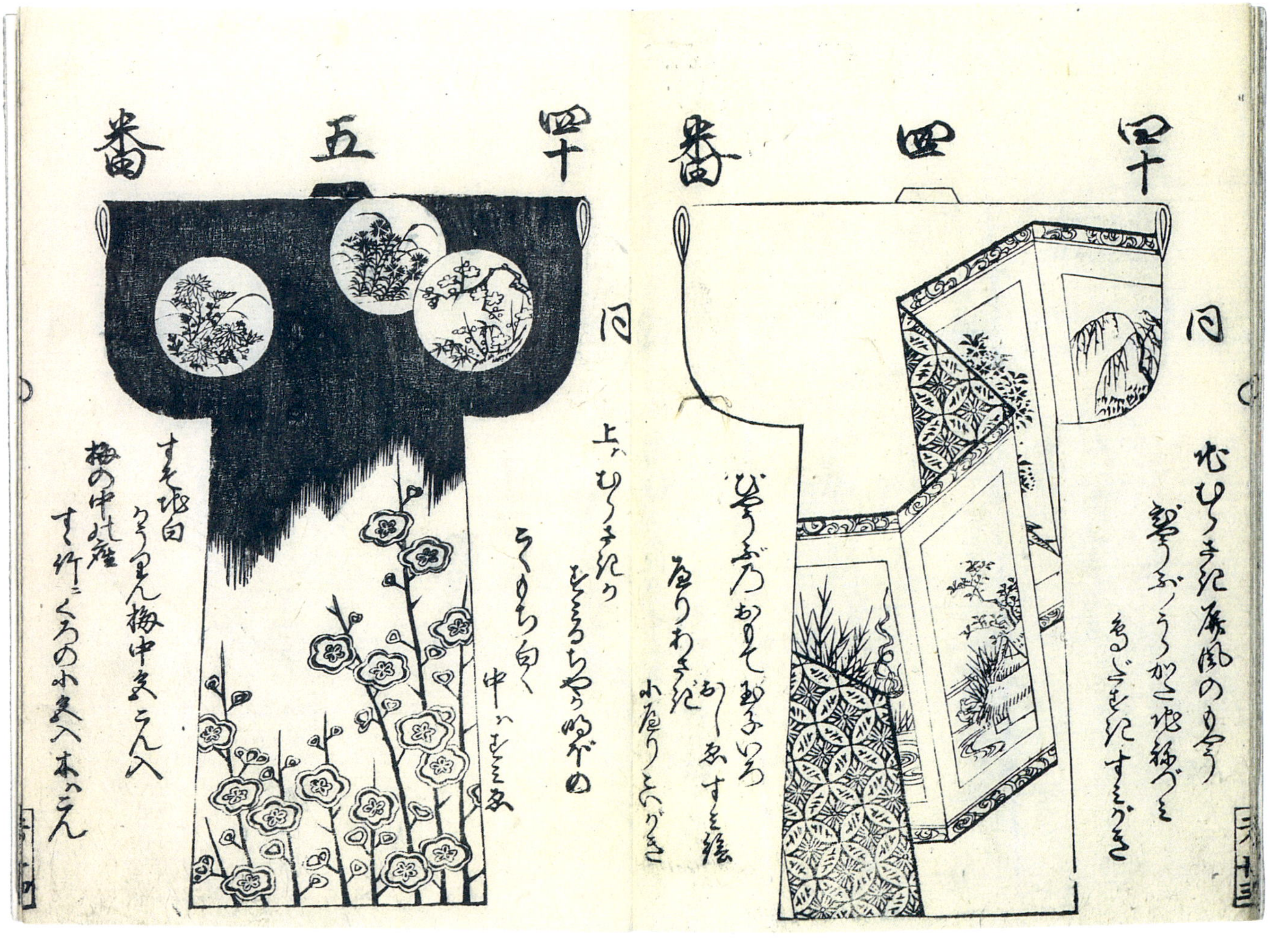

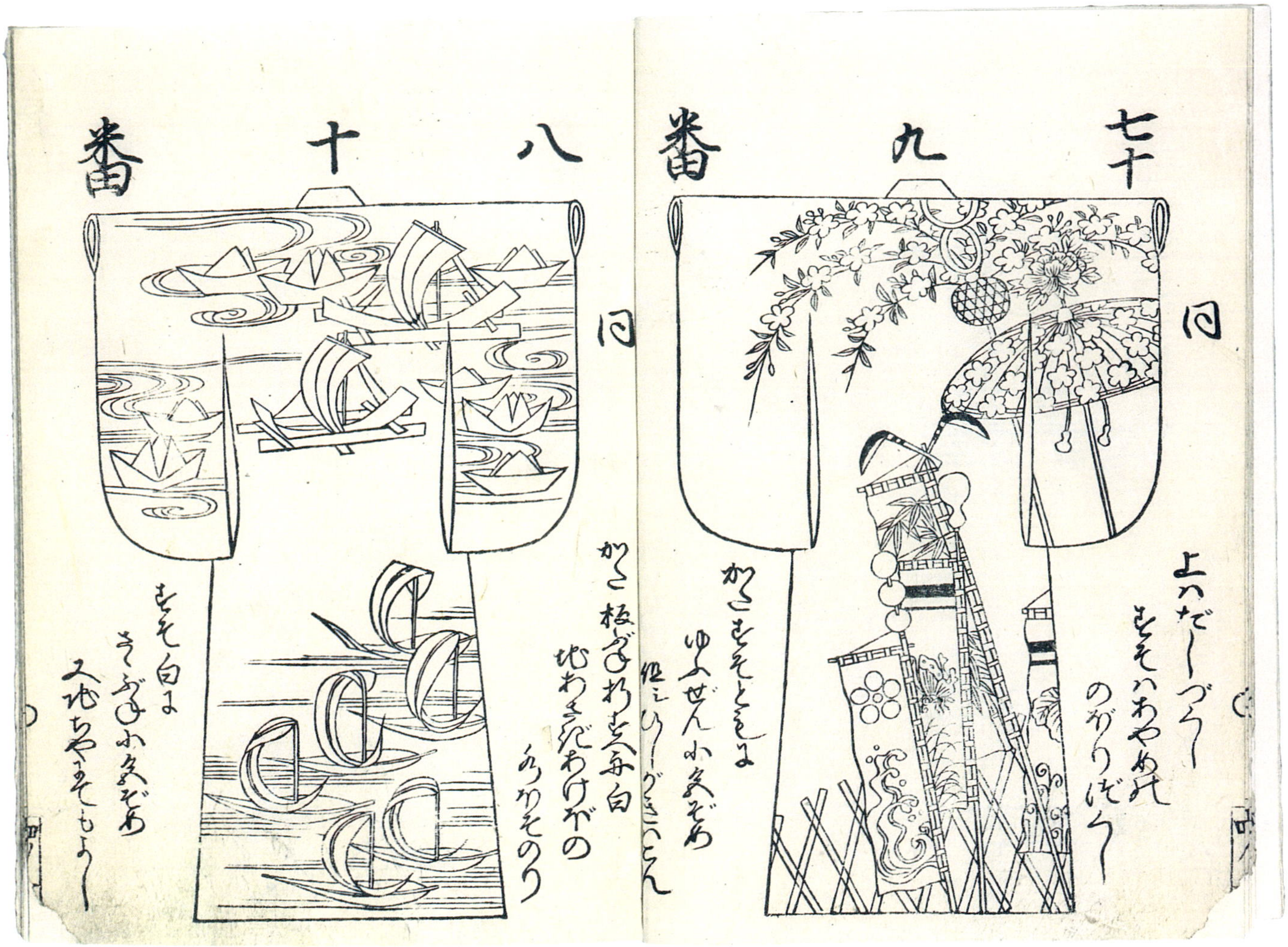
七十九番
同
八十番
同

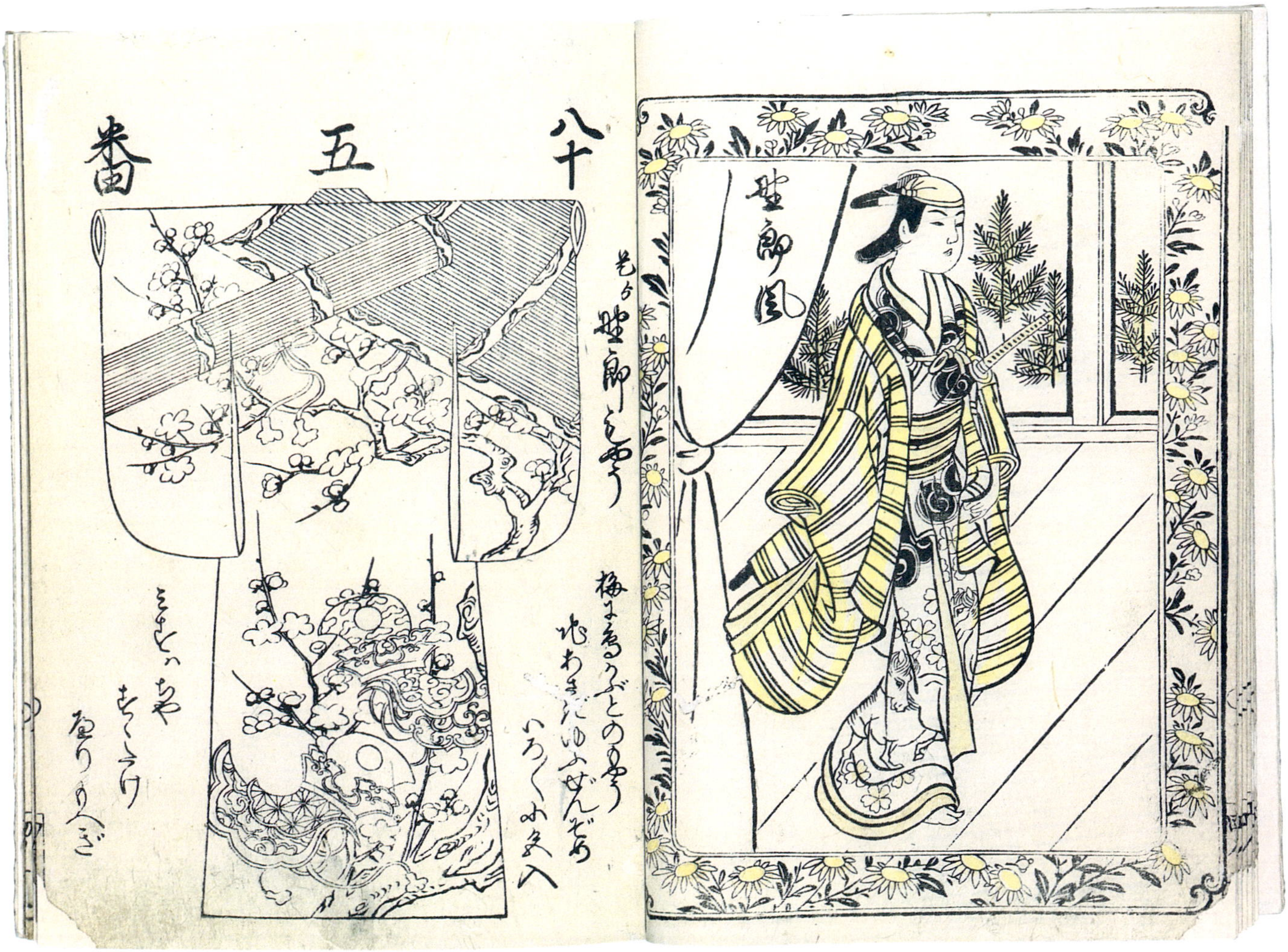
八十五番

雛《ひな》形《かた》祇《ぎ》園《おん》林《ばやし》　一冊　共立女子大学図書館

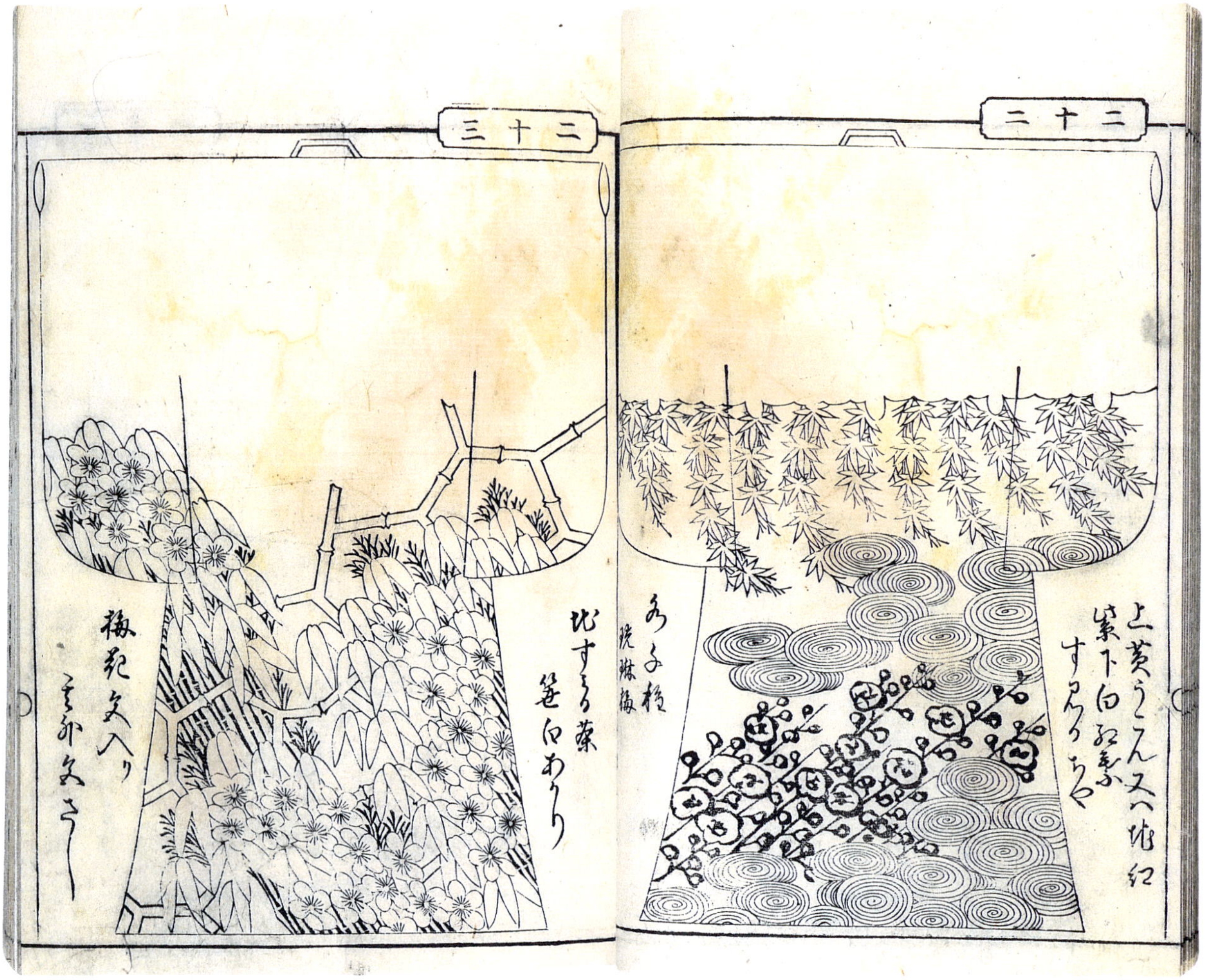

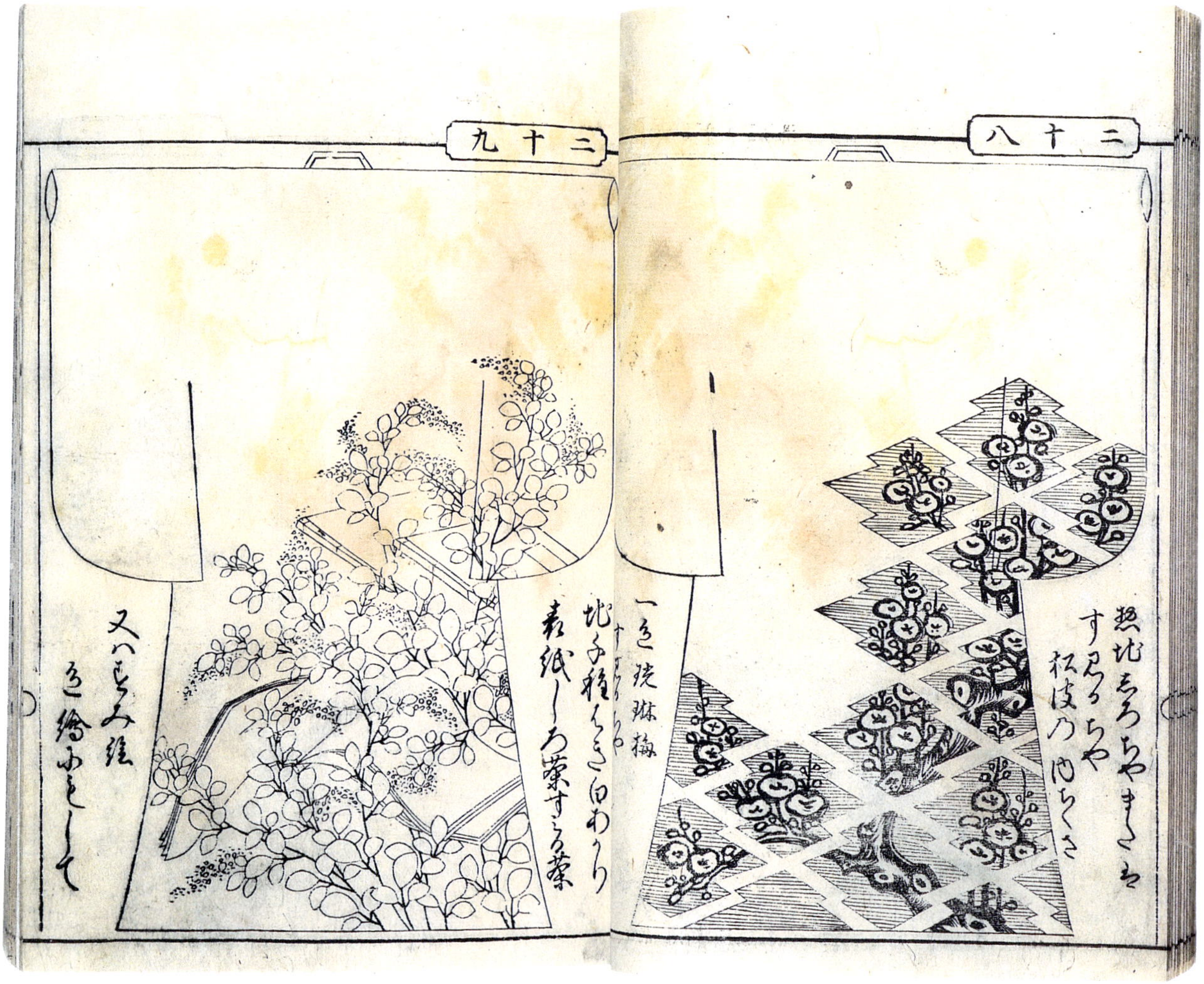

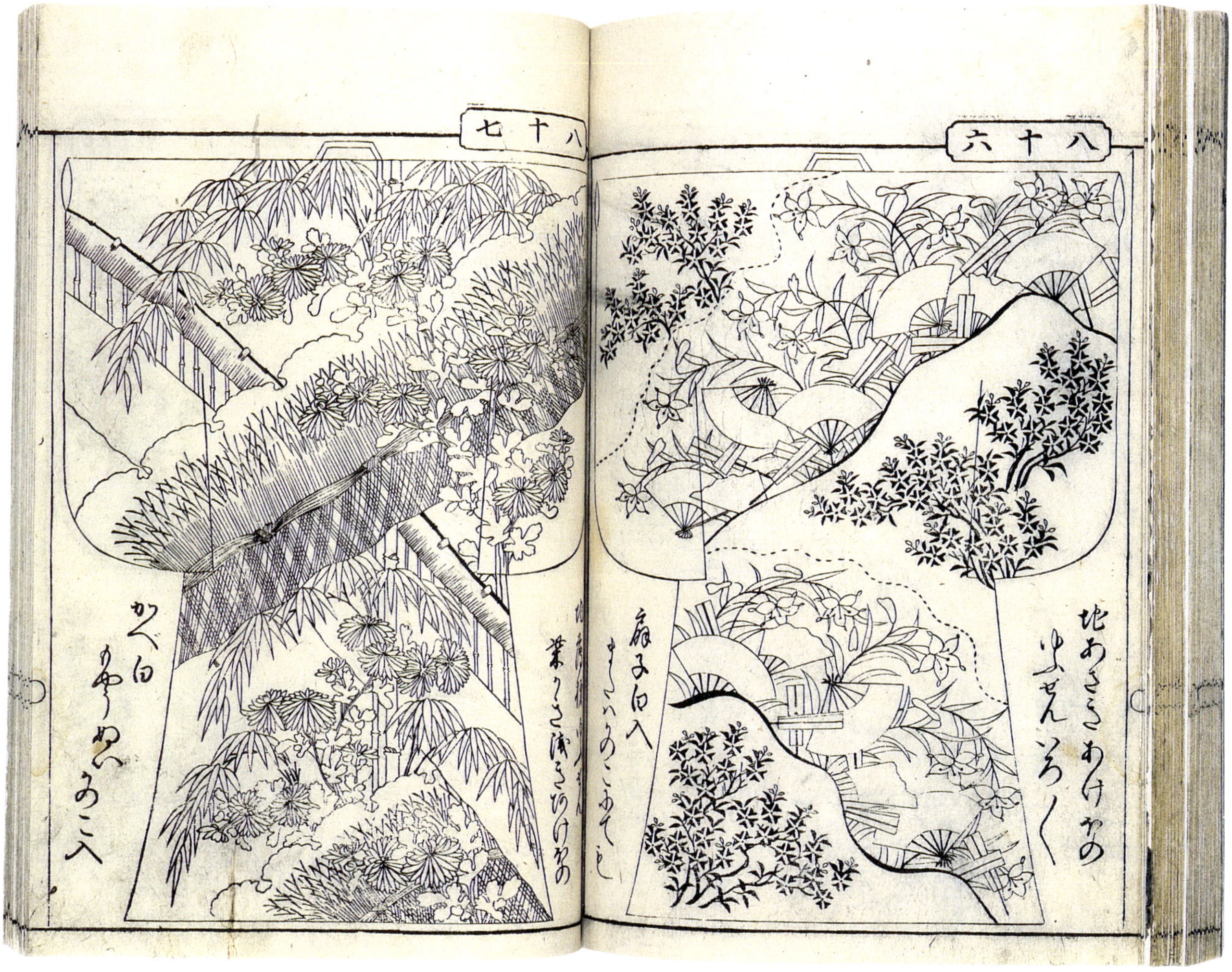
八十六
八十七

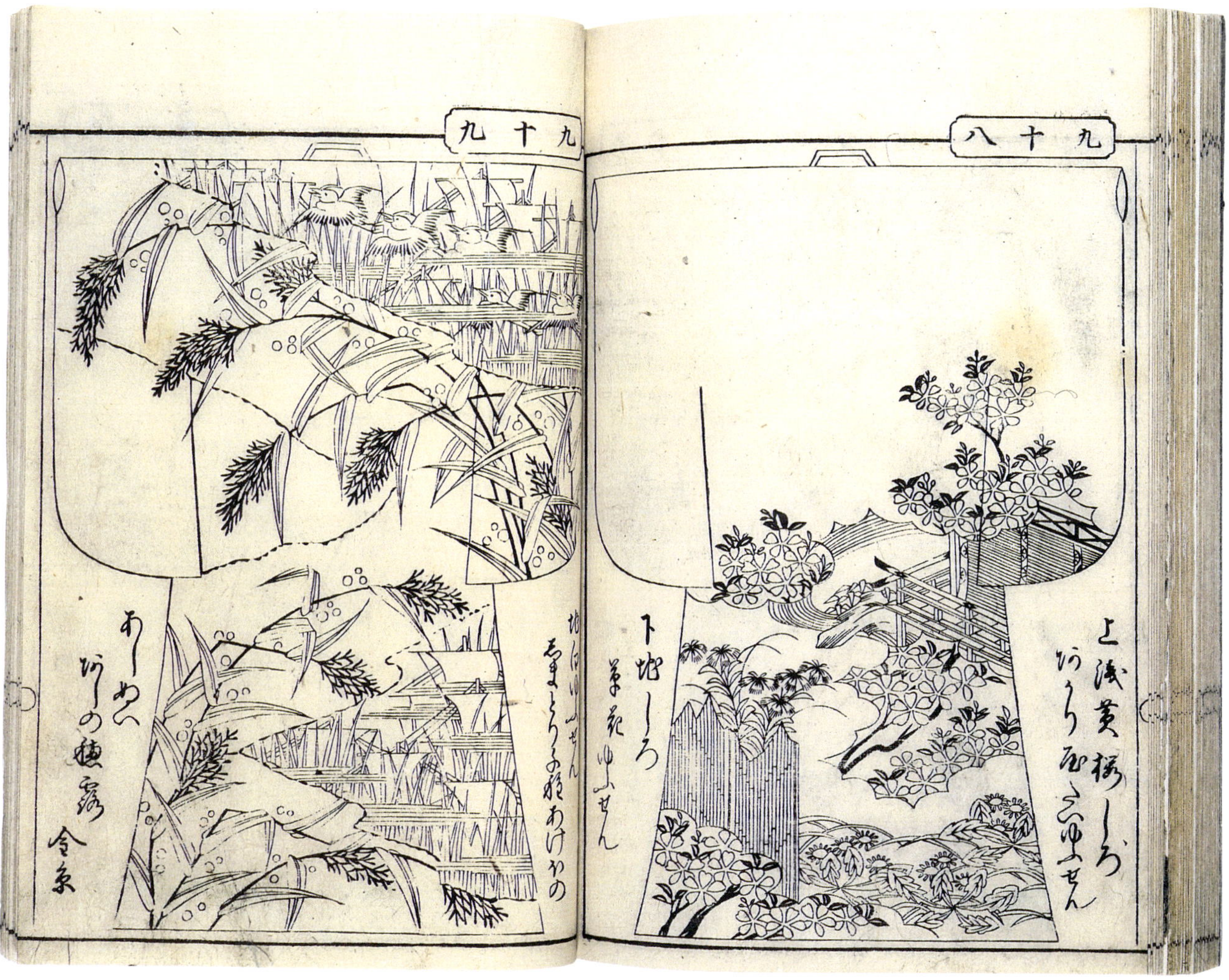
九十八
下地しろ
草花ゆふせん
九十九

119

当風美女ひなかた　下巻　一冊　田畑コレクション

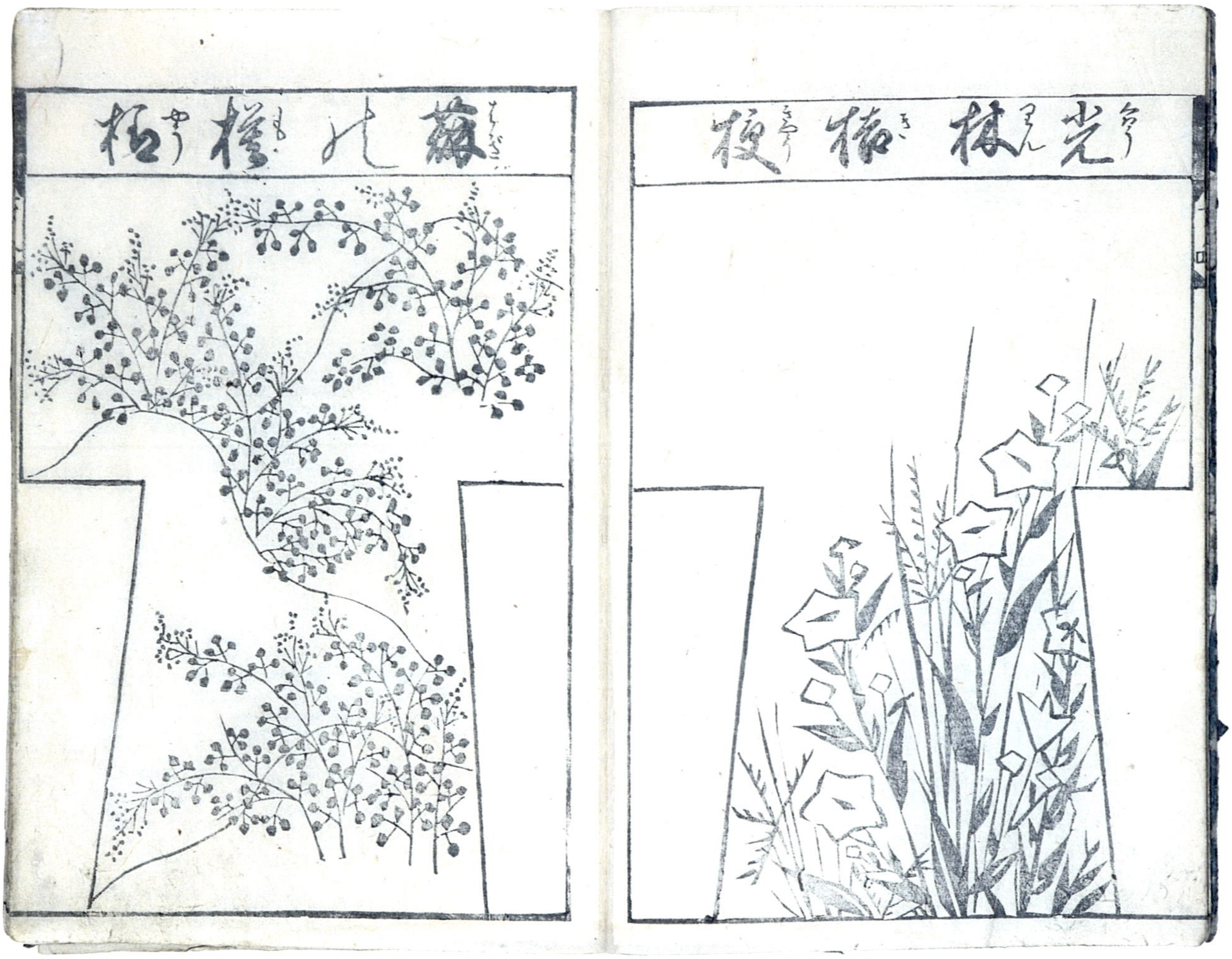

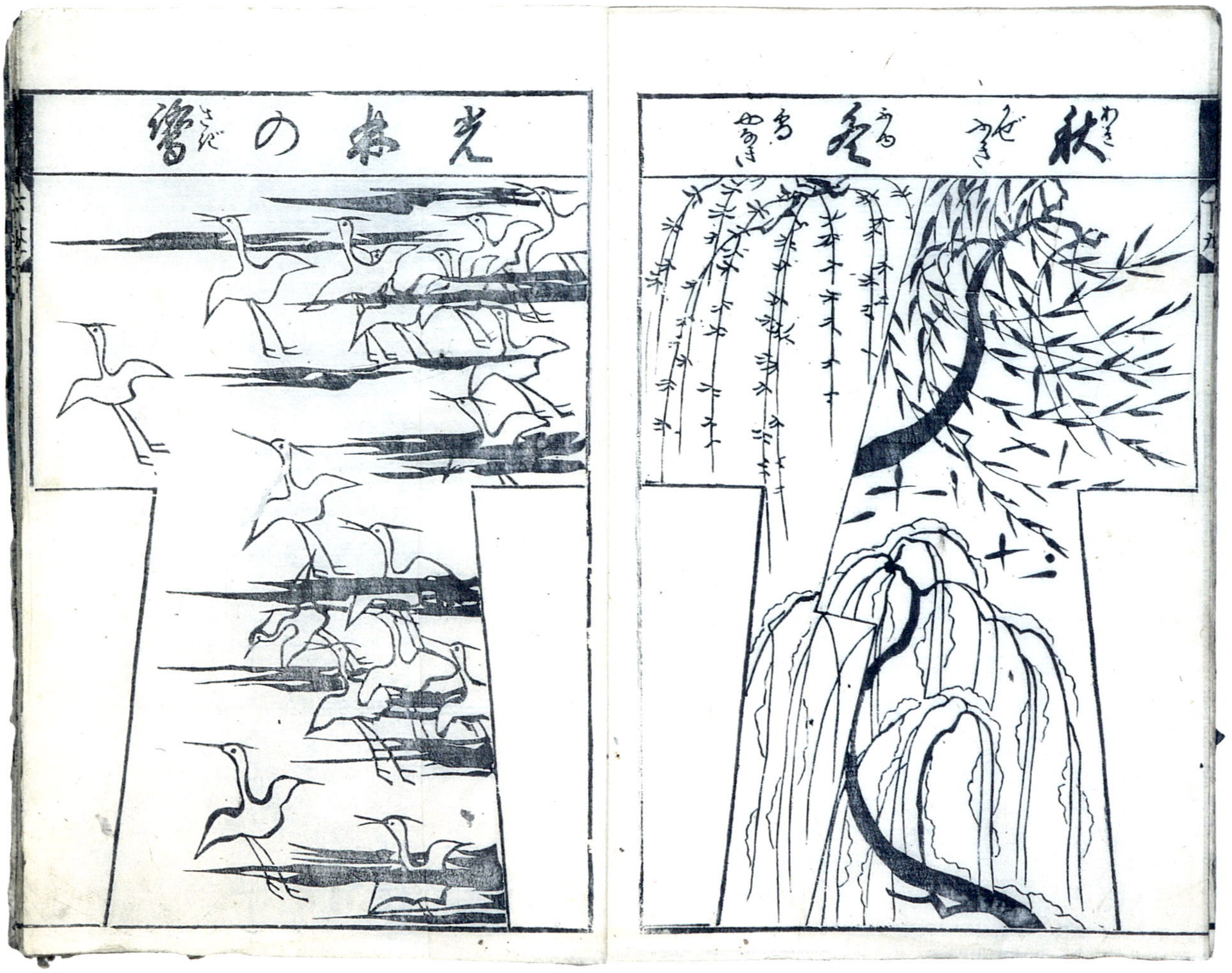

雛形染色《そめいろ》の山《やま》　中巻　一冊　三井文庫

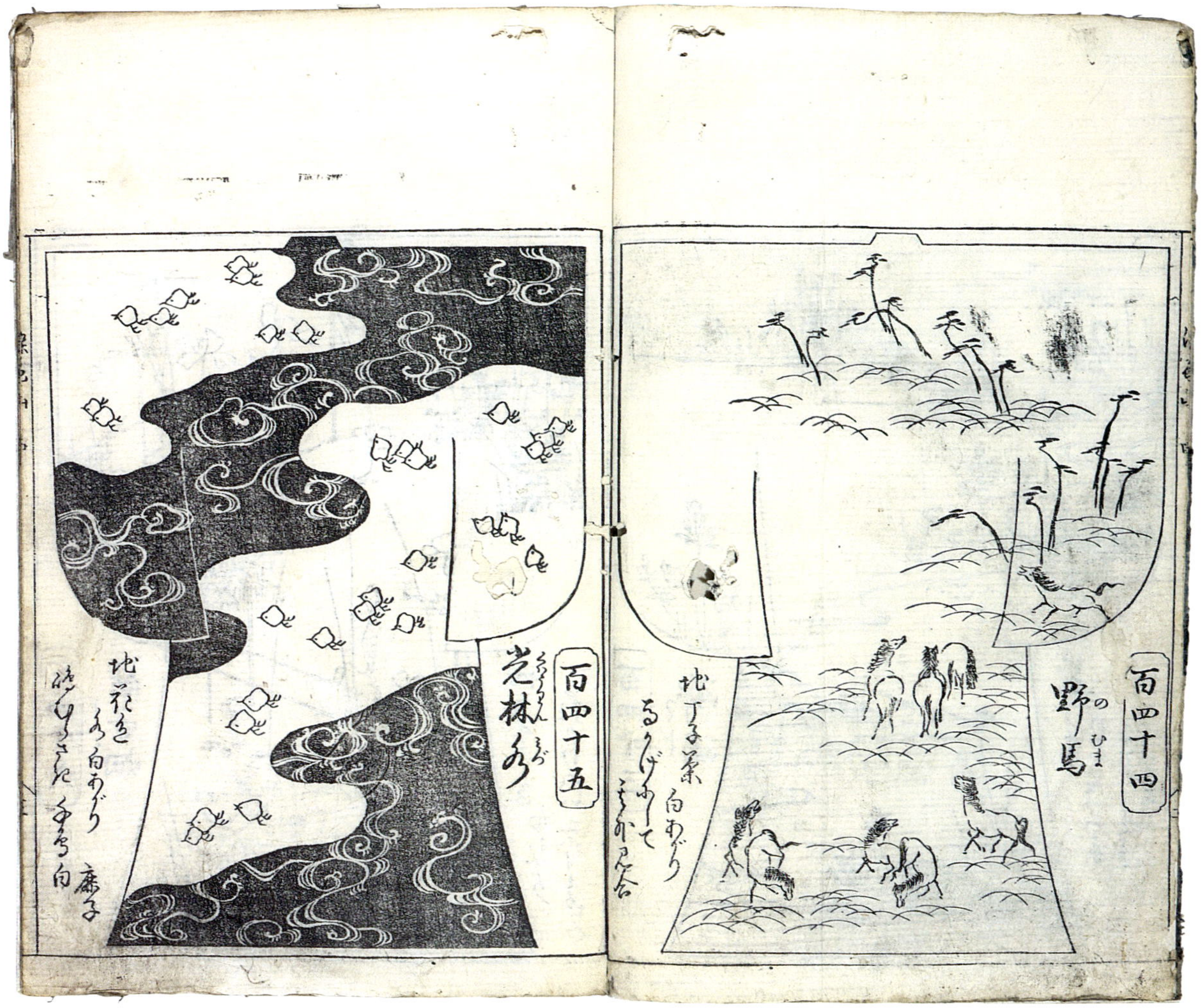

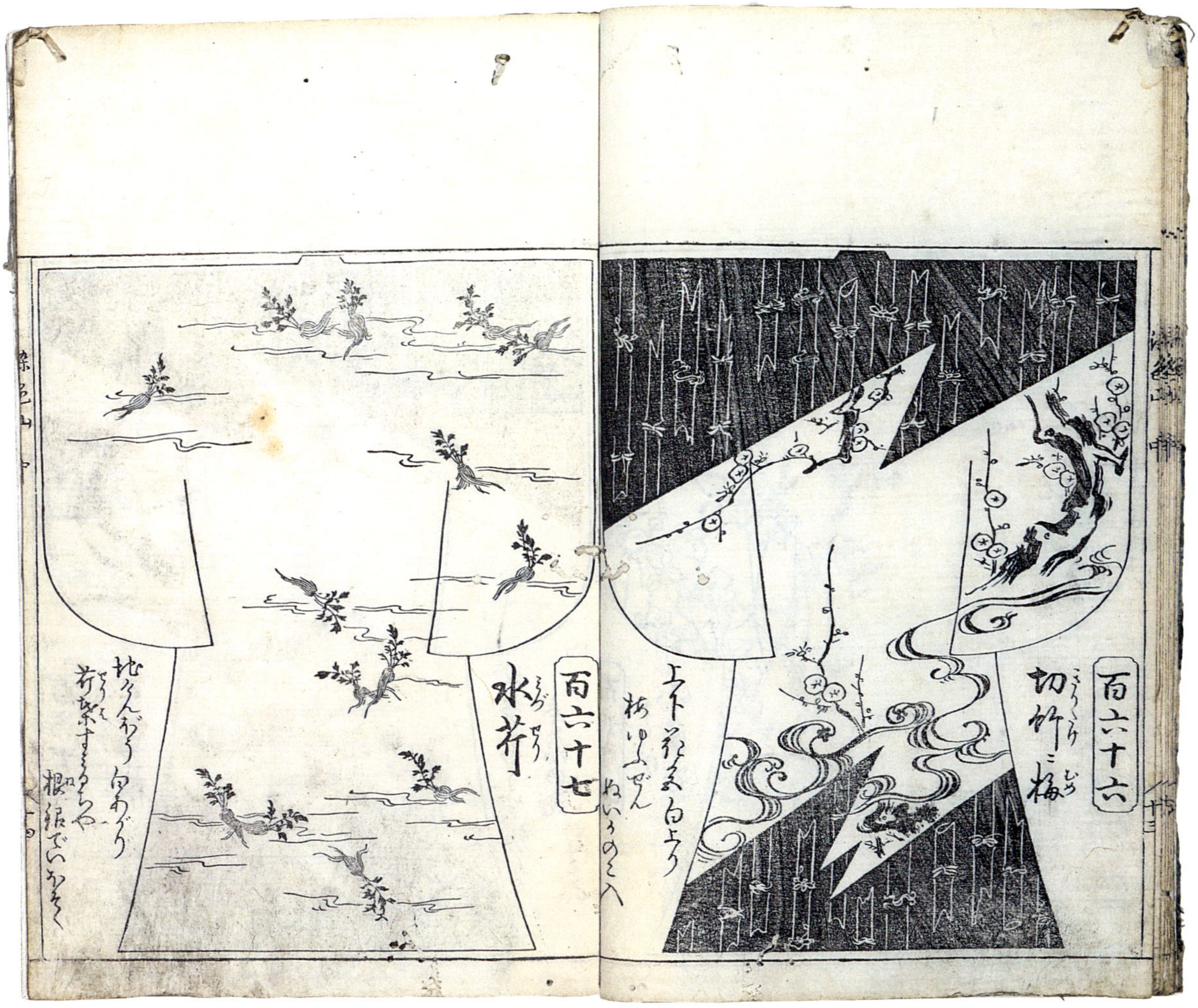

121
当流模様雛形《ひながた》都の春　下巻　一冊　三井文庫

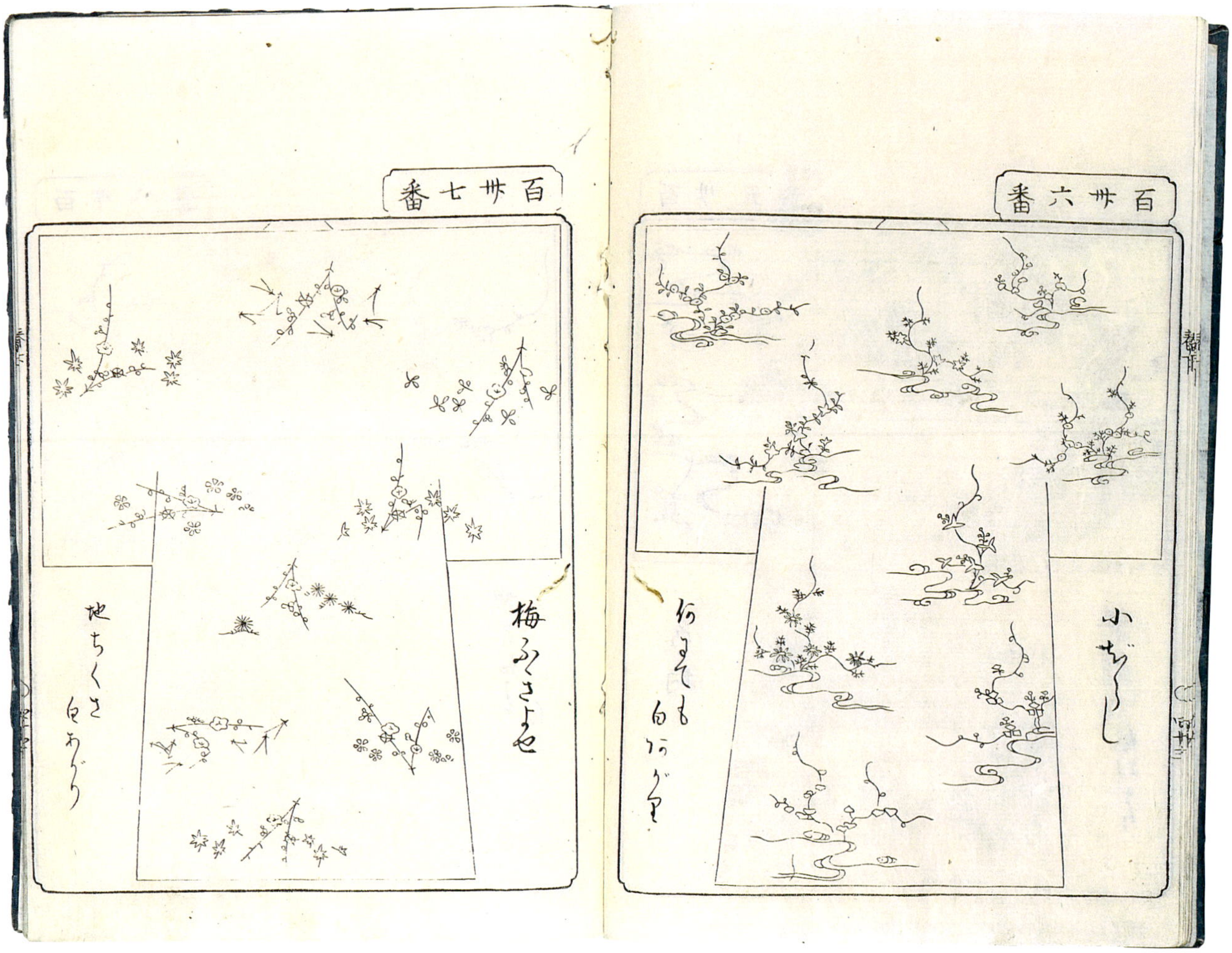
百卅六番
百卅七番

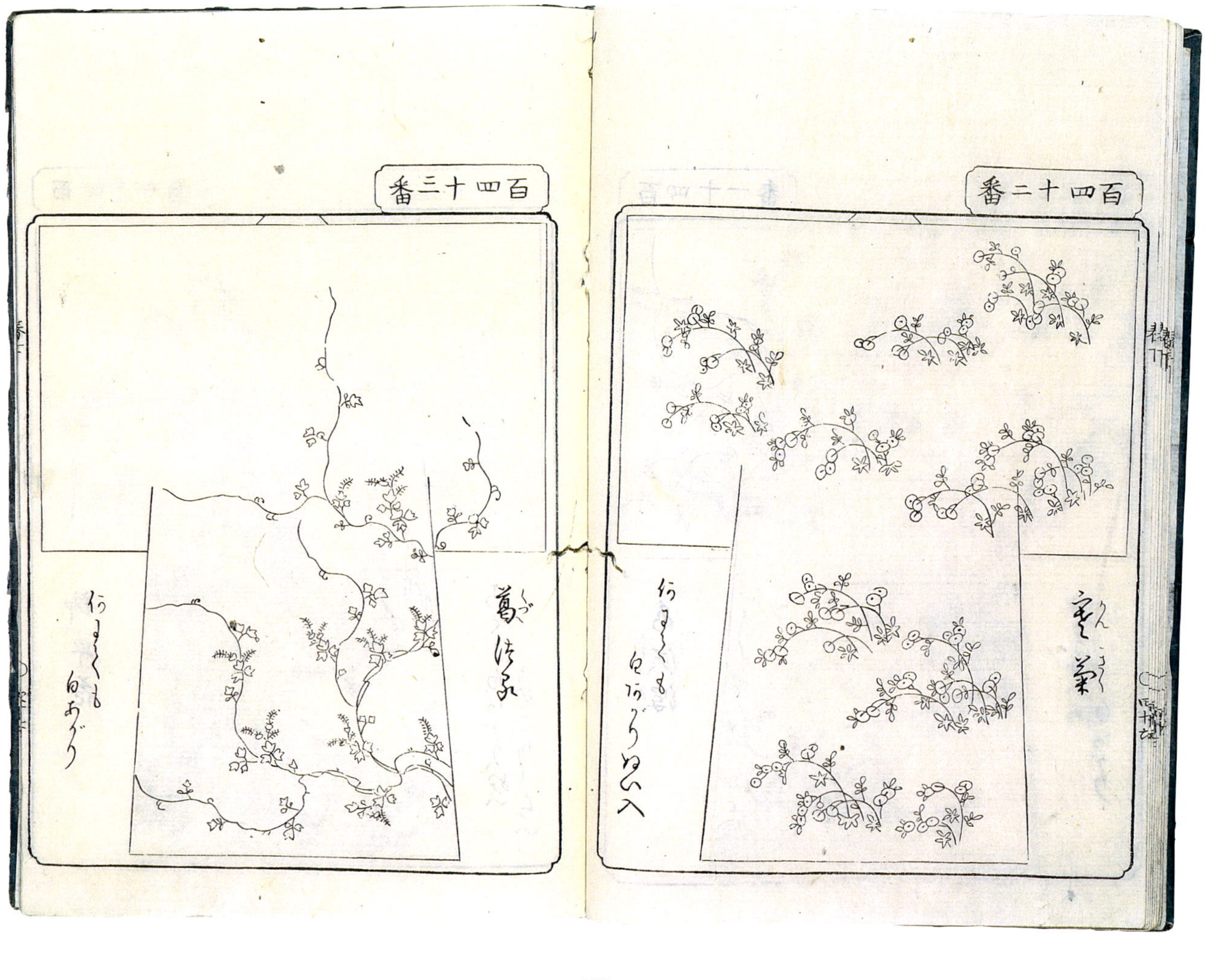
百四十二番
百四十三番

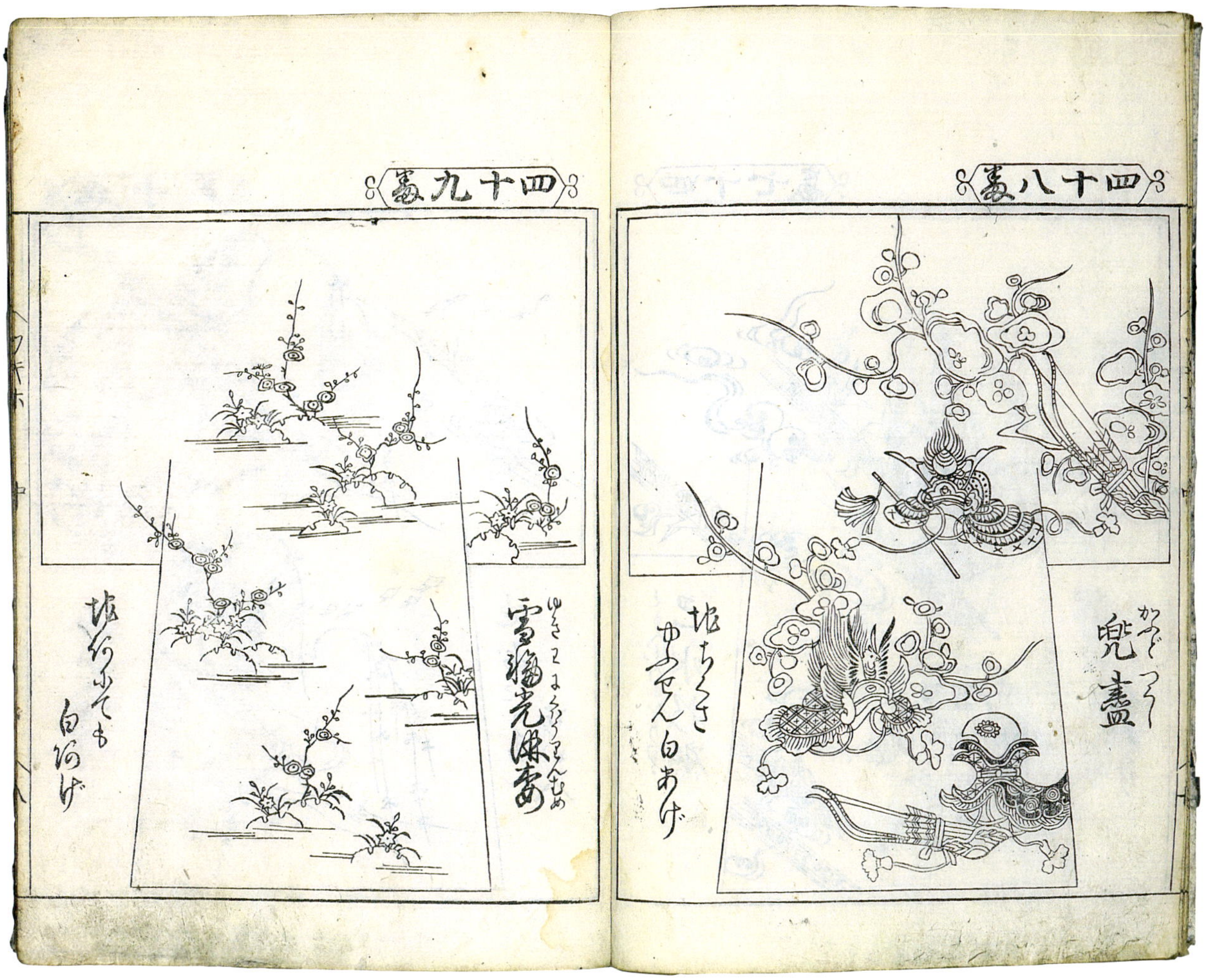

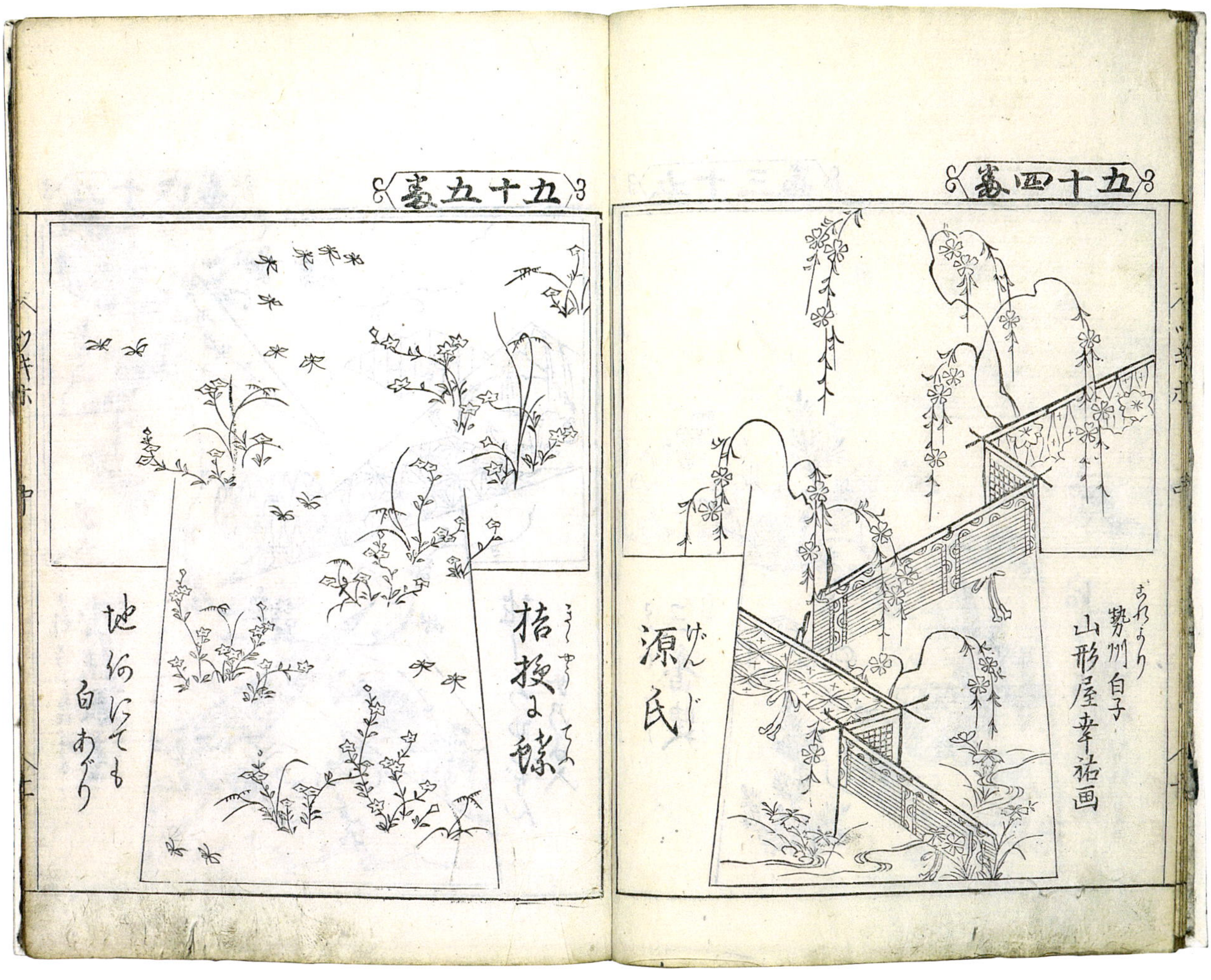

122

雛形接《つぎ》穂《ほ》桜《ざくら》　中巻　一冊　三井文庫

第八章

華から粋へ II

―褄・裾文様―

　十八世紀後半以降、小袖の文様は、褄《つま》文様などの局部的な配置となって、ついには裾《すそ》文様や裏裾回《うらすそま》りに文様を置いた裏文様も出現した。幕府の度重なる贅沢禁止令によって、派手な文様は影をひそめ、人目に立たないところに贅《ぜい》を尽くすようになる。それを江戸の言葉で底至《そこいた》りという。

　すでに江戸に芽生えた美意識は、明和のころ、京にきた江戸の狂歌師二鐘亭半山《にしょうていはんざん》をして「花の都は二百前にて、今は花の田舎たり」と言わしめた。こってりとおしろいをつける京風に対して、江戸は薄化粧。京の派手な島原褄《しまばらづま》に対して、ひかえめな江戸褄《えどづま》。京と江戸の美意識が拮抗しながらも、都のモードは江戸風へと傾倒していく。

123

流水に草花文様小袖　一領

124

菊花に几帳《きちょう》文様小袖　一領　鐘紡株式会社

125

曳舟《ひきふね》文様小袖　一領　京都丸紅株式会社

126
柳に燕文様小袖　一領　遠山記念館

127

薬玉《くすだま》文様単衣《ひとえ》　一領　奈良県立美術館

128
松に千鳥文様小袖　一領

（部分）

129
波に千鳥文様小袖　一領　京都国立博物館

130

蝶に蒲公英《たんぽぽ》文様小袖　一領　鐘紡株式会社

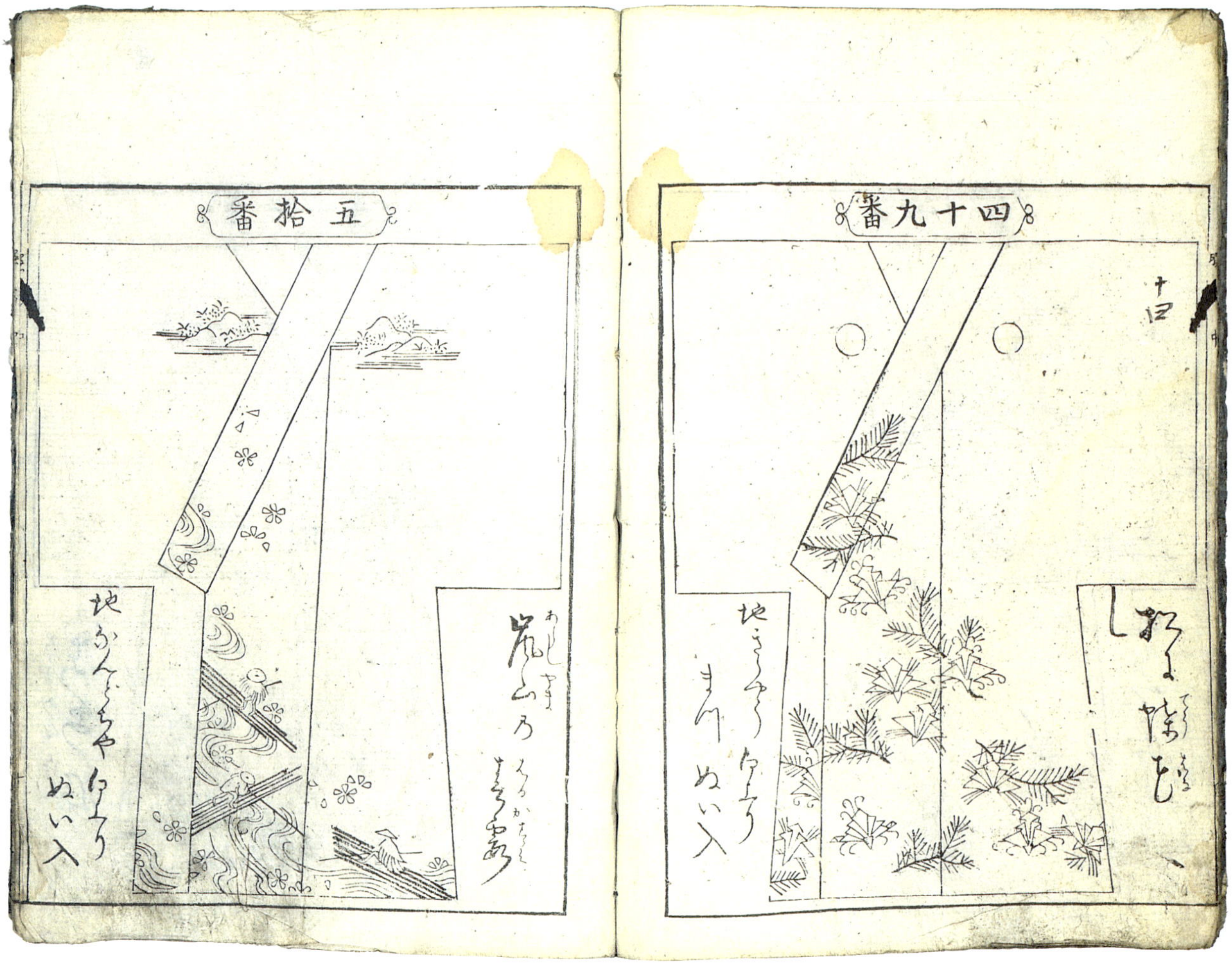
五拾番
四十九番

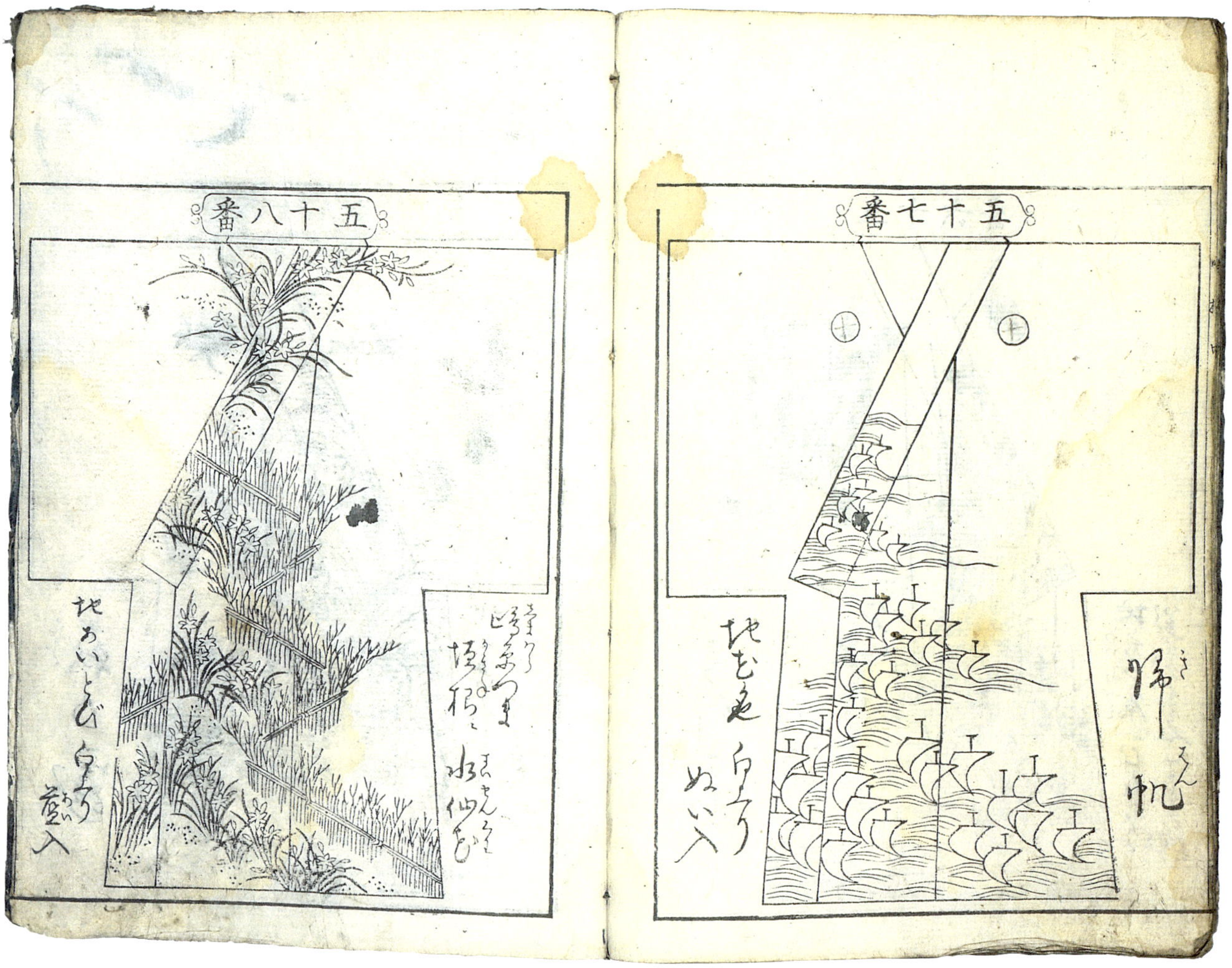
五十八番
五十七番

132
新《しん》雛形《ひいながた》千歳《ちとせ》袖《そで》　上巻　一冊　三井文庫

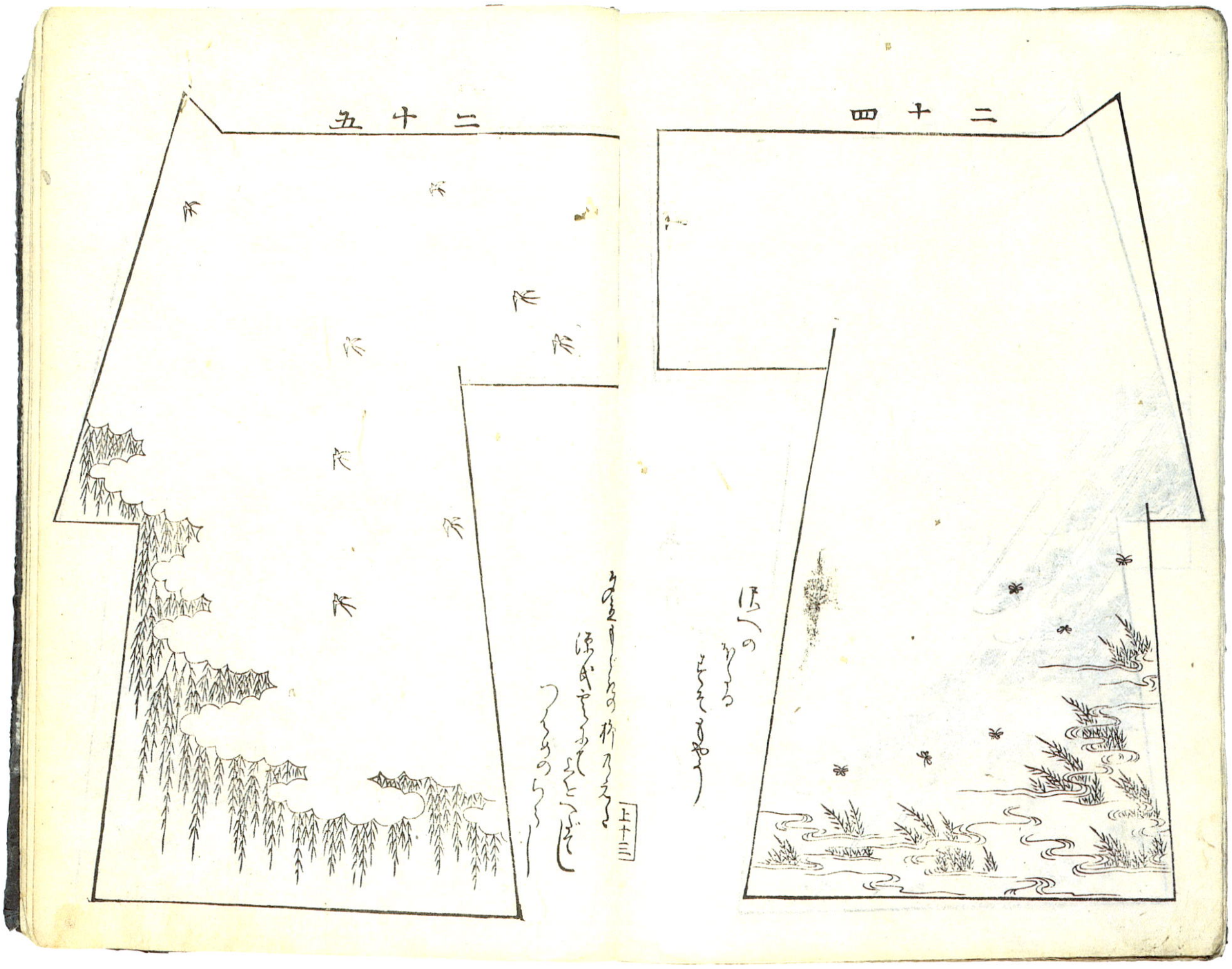

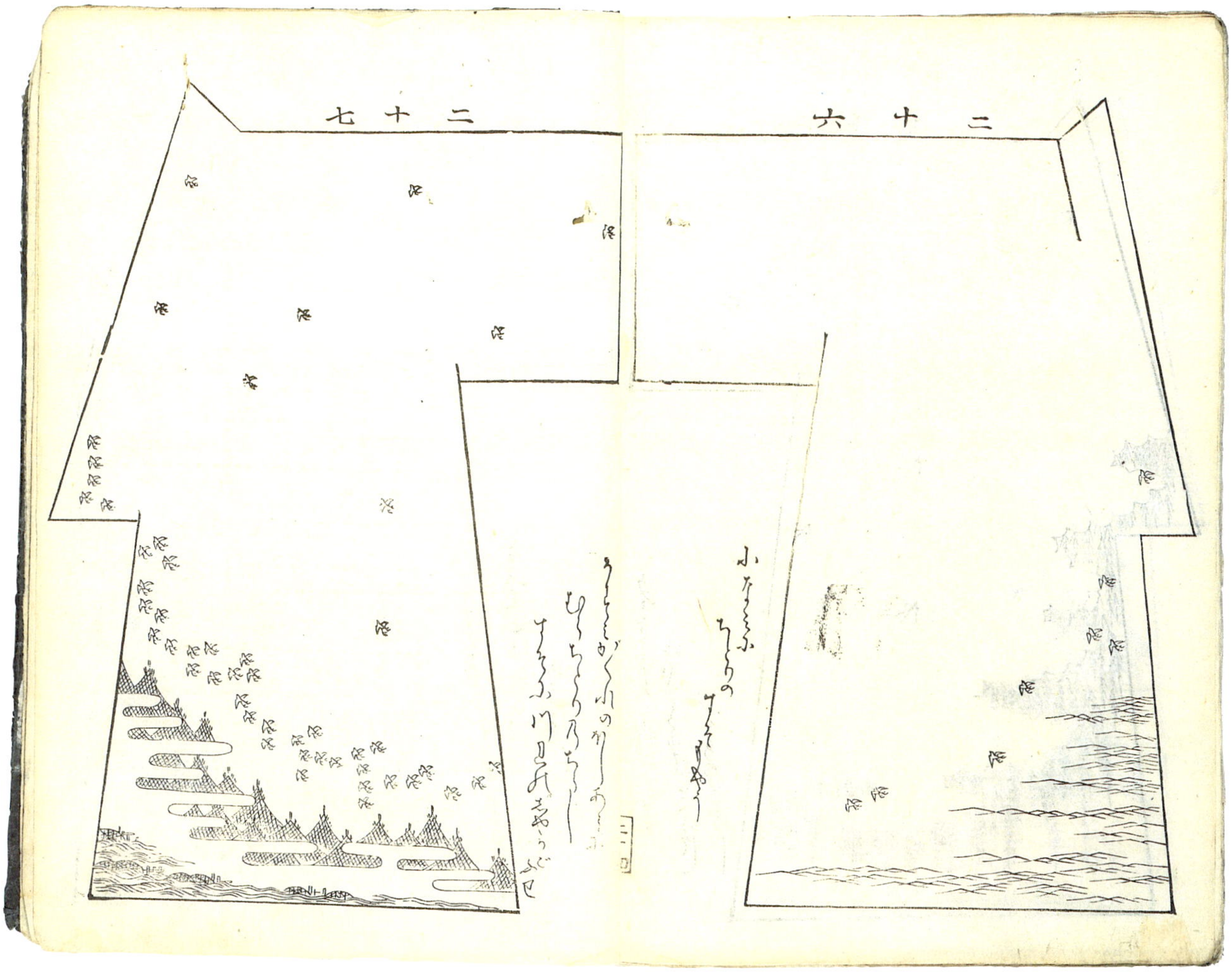

133

美人図　白井《しらい》直賢《なおかた》筆　一幅　黒川古文化研究所

134

美人図　祇園《ぎおん》井特《せいとく》筆　一幅　福岡市博物館

135 美人図 祇園井特《ぎおんせいとく》筆 一幅 角屋保存会

136
美人図　祇園井特《ぎおんせいとく》筆　一幅　奈良県立美術館

137

扇美人図　三畠上龍《みはたじょうりゅう》筆　一幅　京都府立総合資料館（京都文化博物館管理）

138
鼈甲《べっこう》櫛《くし》・笄《こうがい》　一組　田村資料館

139
黒《くろ》鼈甲《べっこう》櫛《くし》・笄《こうがい》　一組　田村資料館

140

四季花鳥飾り鼈甲《べっこう》髪挿物　一揃　田村資料館

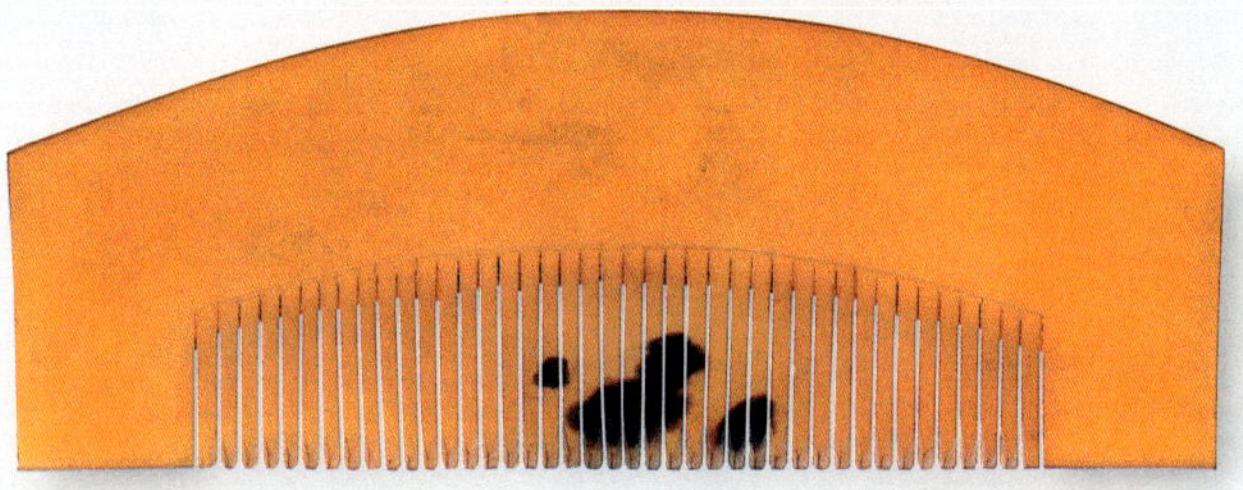

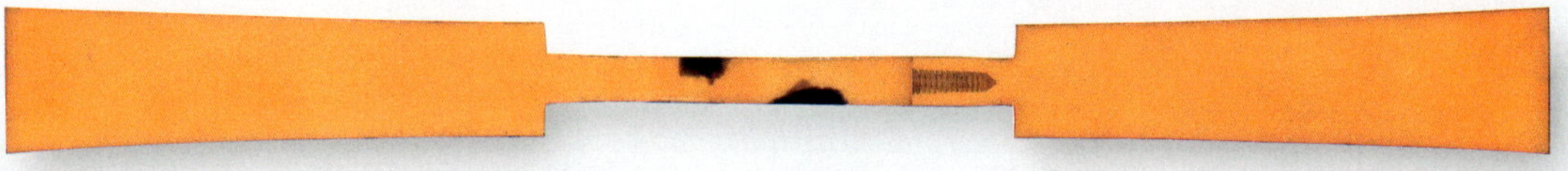

141　河曳舟文様櫛《くし》　一枚　京都国立博物館

143　住吉図櫛《くし》　一枚　京都国立博物館

142　萩に遠眼鏡文様櫛《くし》　一枚　京都国立博物館

145　忍草文様櫛《くし》　一枚　京都国立博物館

144　業平東下り図櫛《くし》　一枚　京都国立博物館

146　御簾人物文様櫛《くし》　一枚　京都国立博物館

147　椿に色紙文様櫛《くし》　一枚　京都国立博物館

148　鳥と草花文様櫛《くし》　一枚　京都国立博物館

149　秋草に鳥文様櫛《くし》　一枚　京都国立博物館

150　桜と扇面散し文様櫛《くし》　一枚　京都国立博物館

151　萩に楓文様笄《こうがい》　一本　京都国立博物館

152　群雲文様笄《こうがい》　一本　京都国立博物館

153　秋草文様笄《こうがい》　一本　京都国立博物館

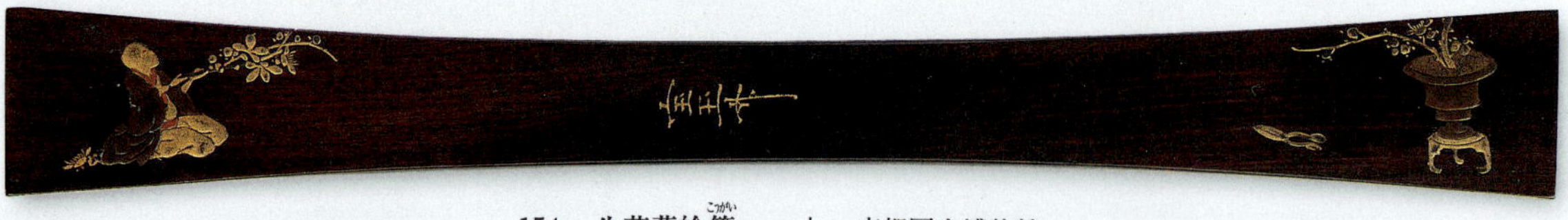

154　生花蒔絵笄《こうがい》　一本　京都国立博物館

155　切金《きりかね》と変り麻の葉蒔絵笄《こうがい》　一本　京都国立博物館

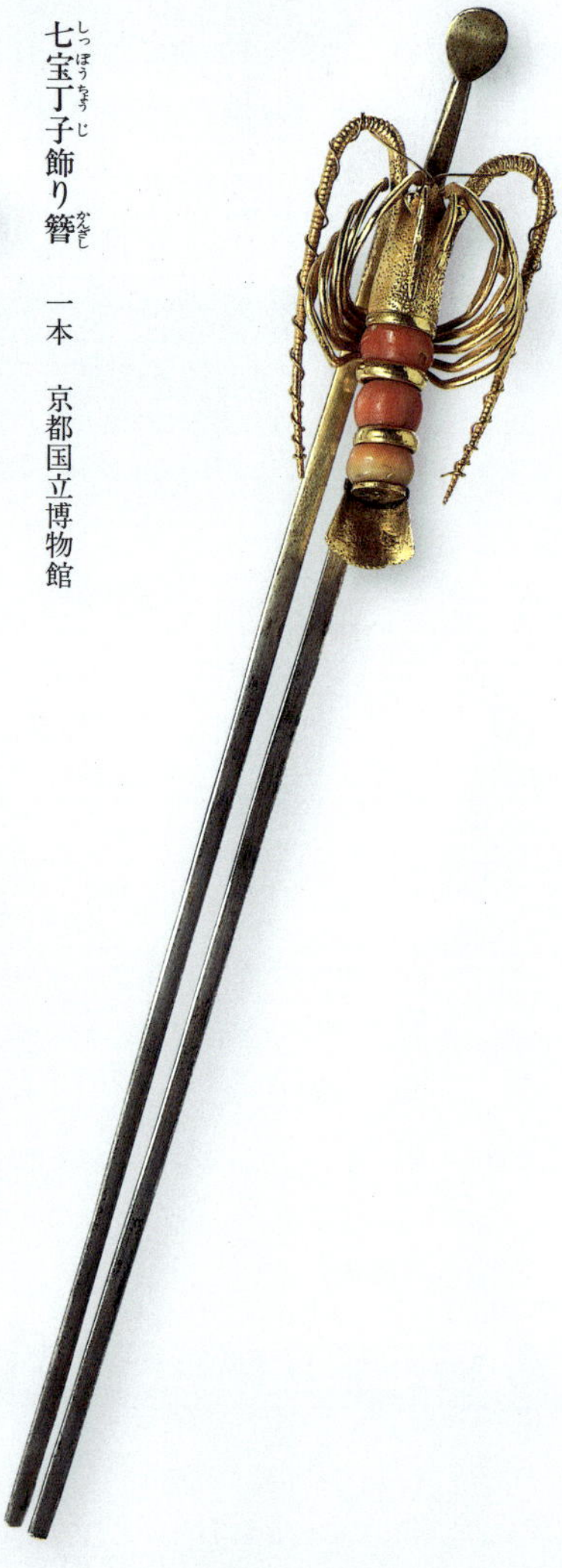

156　海《え》老《び》飾り簪《かんざし》　一本　京都国立博物館

157　七宝《しっぽう》丁子《ちょうじ》飾り簪《かんざし》　一本　京都国立博物館

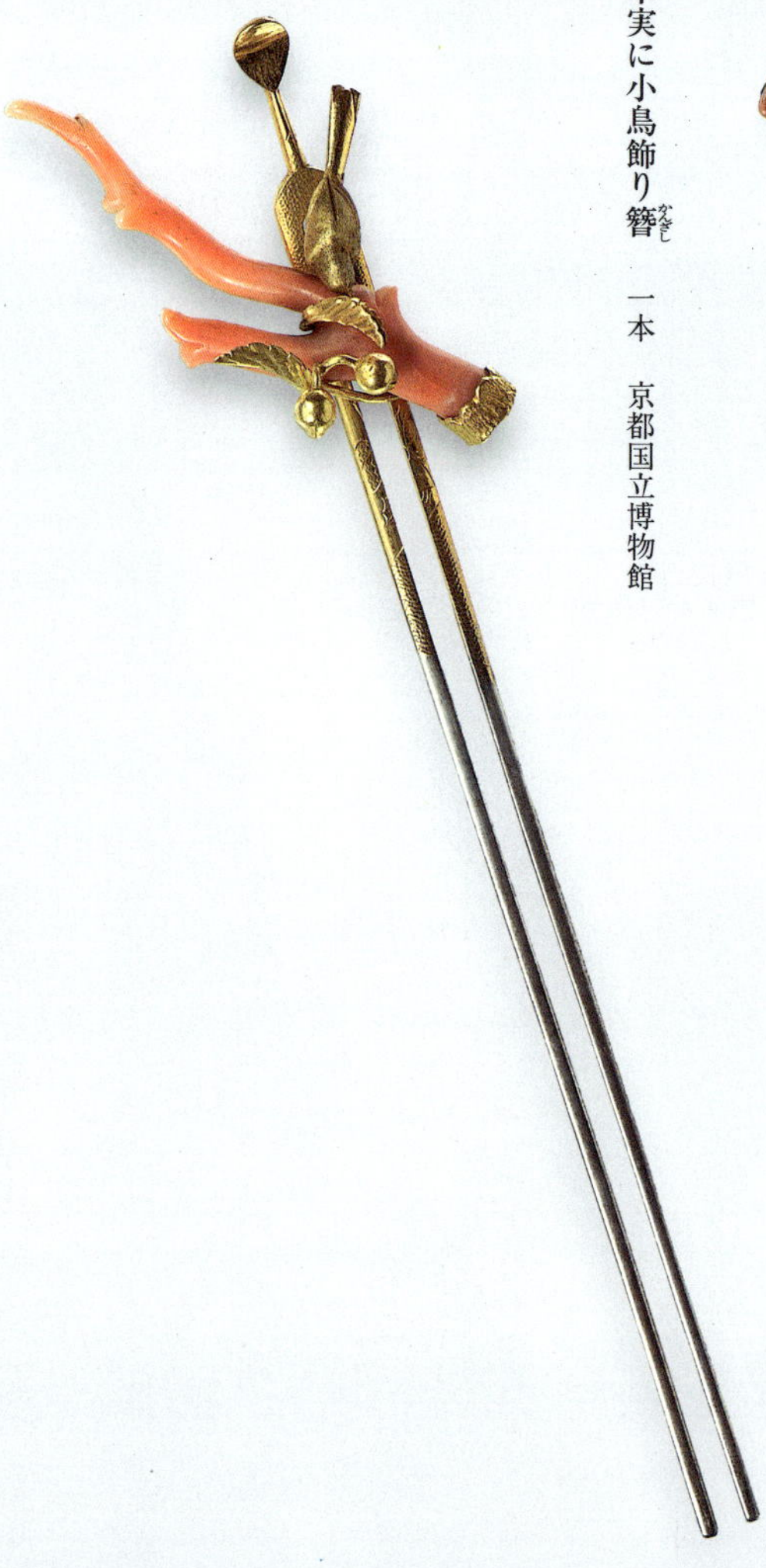

158　木実に小鳥飾り簪《かんざし》　一本　京都国立博物館

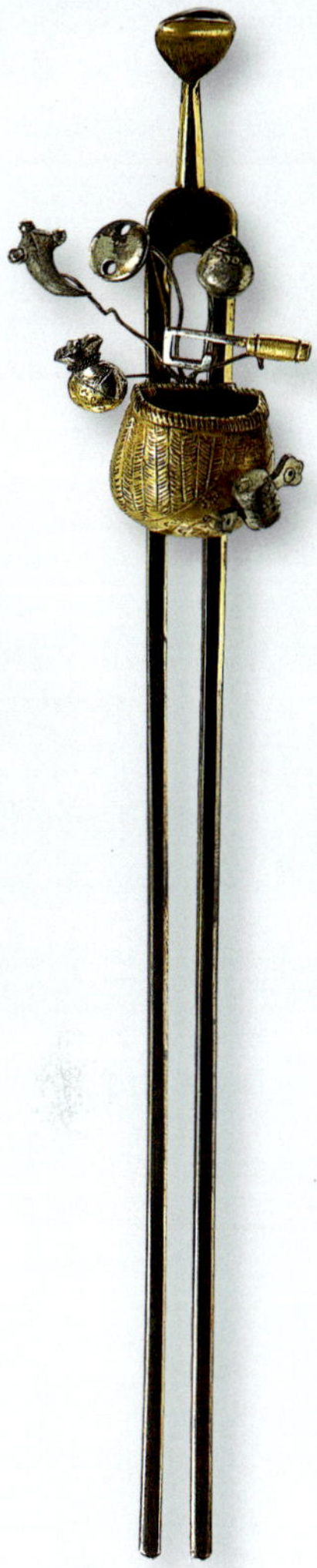

159 籠に宝尽くし飾り簪《かんざし》 一本 京都国立博物館

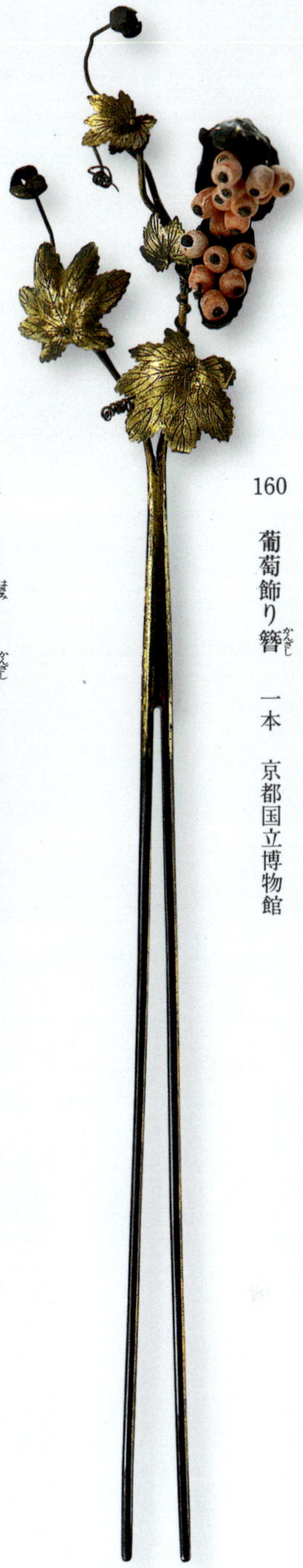

160 葡萄飾り簪《かんざし》 一本 京都国立博物館

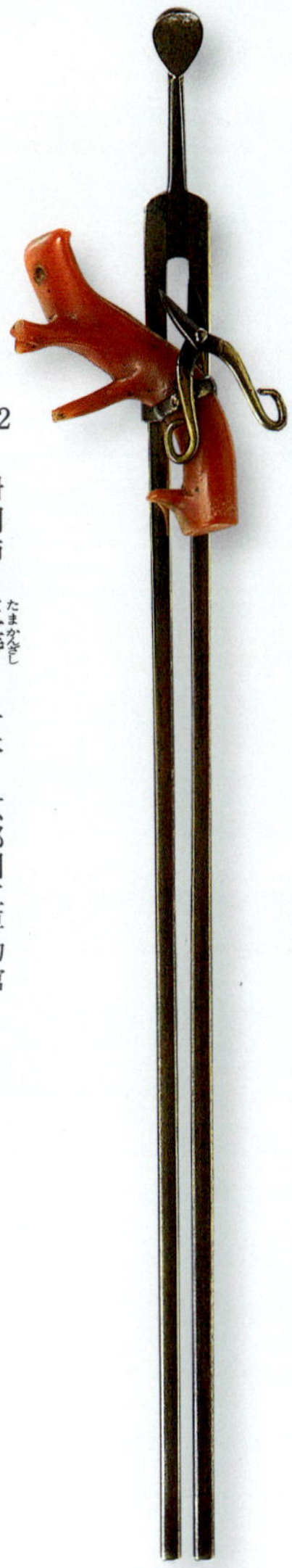

161 枝に鋏《はさみ》飾り簪《かんざし》 一本 京都国立博物館

162 珊瑚飾り玉簪《たまかんざし》 一本 京都国立博物館

163 琥珀飾り玉簪《たまかんざし》 一本 京都国立博物館

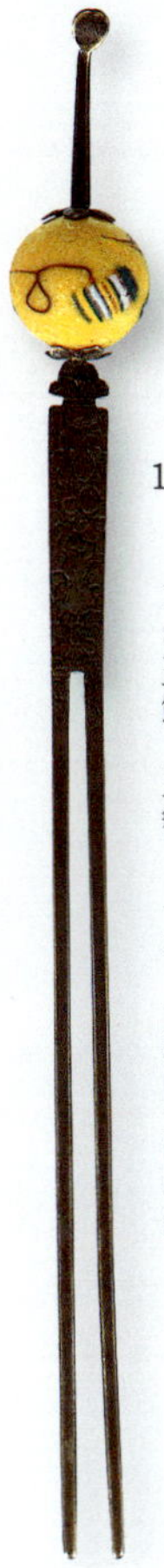

164 トンボ玉飾り玉簪《たまかんざし》 一本 京都国立博物館

165 トンボ玉飾り玉簪《たまかんざし》 一本 京都国立博物館

166 唐草蒔絵貝飾り玉簪《たまかんざし》 一本 京都国立博物館

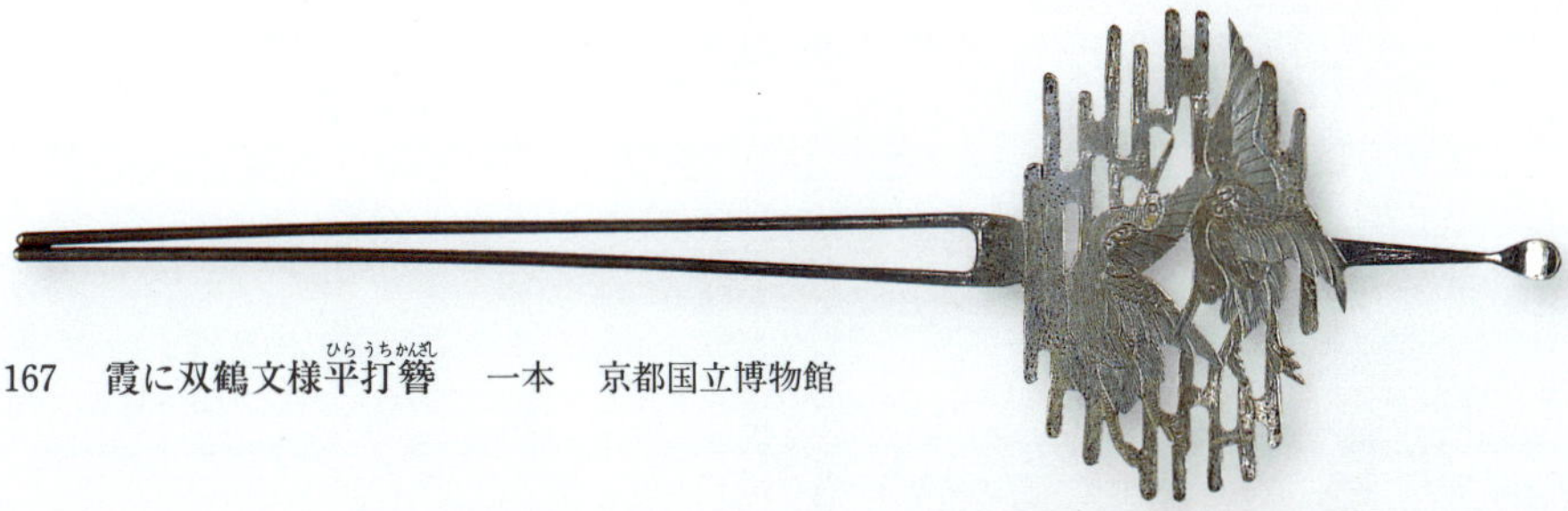

167 霞に双鶴文様平打簪《ひらうちかんざし》 一本 京都国立博物館

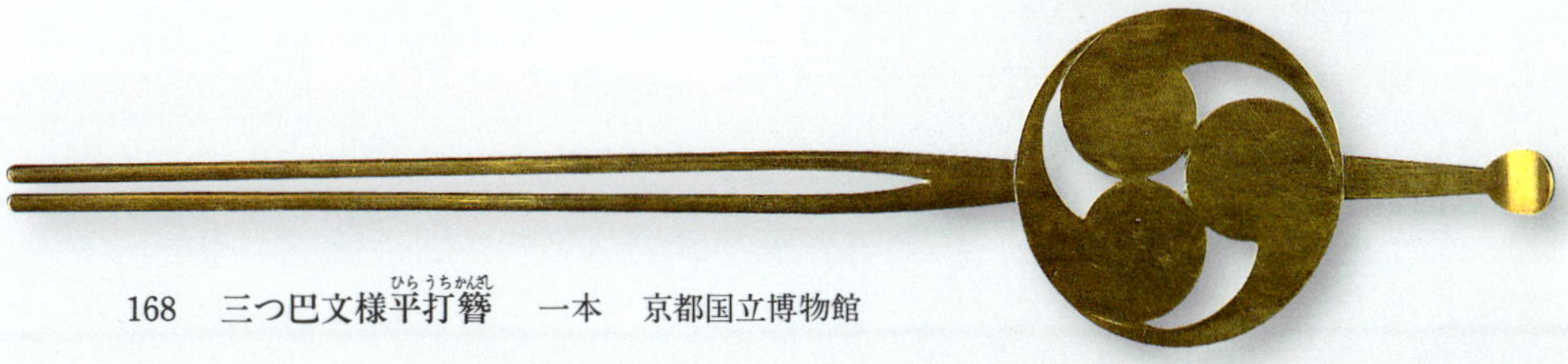

168 三つ巴文様平打簪《ひらうちかんざし》 一本 京都国立博物館

第九章

町家の贅沢

―婚礼衣装と京鹿の子―

「呉服所の惣領娘《そうりょうむすめ》、身代《しんだい》半分入てのこしらへ、時代蒔絵《まきえ》の手道具に、小袖は手の物とて工手間《こうてま》のかかりし素縫《すぬい》・織紋《おりもん》・地《じ》なし鹿子《かのこ》の美をつくし」とは享保二年（一七一七）に刊行された浮世草子『世《せ》間娘気質《けんむすめかたぎ》』の一節。大店《おおだな》の長女ともなれば、嫁入り道具や婚礼衣装に富をつぎこみ、贅を尽くした。

その花嫁の衣装に欠かせないのが京鹿《きょうか》の子《こ》であった。一粒一粒を手で括《くく》る鹿の子絞りは手間がかかる。ましてや小袖いちめんを絞った総鹿の子は、贅沢の極みである。天和三年（一六八三）の禁令でも総鹿の子はその対象ともなった。その影響もあって一時は衰微した京鹿の子であるが、江戸時代後期には再び裕福な町家の娘の振袖を飾った。

169

水辺に春の花鴛鴦《おしどり》文様振袖　一領　洛東遺芳館

170 柳に桜文様振袖　一領　洛東遺芳館

171

千羽鶴文様小袖　一領　洛東遺芳館

172
雪中藪《やぶ》柑《こう》子《じ》図小袖　一領　洛東遺芳館

173
流水に杜若《かきつばた》文様振袖　一領　鐘紡株式会社

174

松に敷瓦《しきがわら》文様小袖　一領　京都国立博物館

175
巻水に亀文様振袖　一領

（部分）

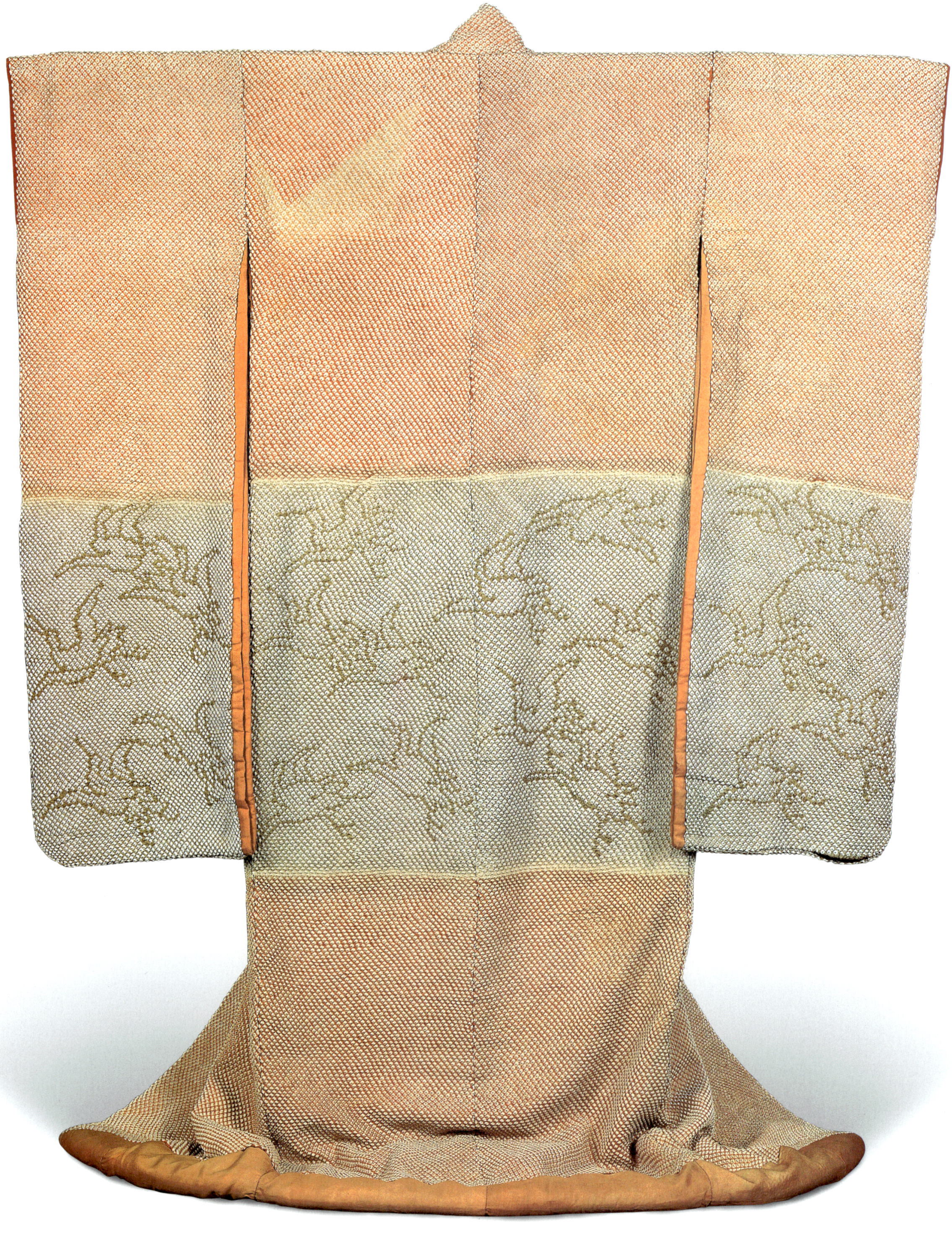

176

腰替り千羽鶴文様振袖　一領　京都国立博物館

177 松竹梅鶴亀飾りびらびら簪《かんざし》　一組　京都国立博物館

178

牡丹飾りびらびら簪《かんざし》　一組　京都国立博物館

179

兜《かぶと》に梅飾りびらびら簪《かんざし》　一組　京都国立博物館

180

松竹梅鶴亀飾りびらびら簪《かんざし》　一組　京都国立博物館

181

浦島飾りびらびら簪《かんざし》　一組　京都国立博物館

第十章 公武の装い

—御所風と御屋敷風—

江戸時代には、宮中でも小袖が着用されるようになる。それに影響を与えたのは二代将軍秀忠の娘和子《まさこ》（東福門院《とうふくもんいん》）の入内《じゅだい》であった。東福門院は一代の衣装狂いともいわれるほど、おびただしい数の小袖を呉服商の雁金屋《かりがねや》に注文している。女院御所での好みが世間でもてはやされるほどであったという。やがて御所好みの小袖は独自のスタイルをつくりだし、武家風と区別された。

江戸時代後期になると、御所風も御屋敷風もそれぞれに類型化していく。御所風は花鳥風月を主題とした古風で優雅な文様をおおらかにあらわし、いっぽう御屋敷風はのちに「御所解《ごしょどき》」と呼ばれるスタイルを確立した。

風

182
鶴に藤文様振袖　一領　京都国立博物館

183

垣に菊芙蓉《ふよう》鶴文様搔取《かいどり》　一領　東京国立博物館

184

岩に牡丹尾長鳥文様搔取《かいどり》　一領　東京国立博物館

185
籬に菊椿燕文様掻取《かいどり》　一領　田村資料館

186

楓に時雨《しぐれ》文字文様帷子《かたびら》　一領

(部分)

187
附《つけ》帯《おび》　一条

188

夜桜に鷺文様帷子《かたびら》　一領　京都国立博物館

189

流水に菊萩文様帷子《かたびら》　一領

190

桜樹文様帷子《かたびら》　一領

191 卍字立涌《たてわく》に花束文様打掛《うちかけ》　一領　仁和寺

192
御所車に鷹草花文様振袖　一領　仁和寺

（部分）

193

滝に鼓皮草花文様振袖　一領　仁和寺

194 流水に花束文様振袖　一領　仁和寺

195

舟に風景草花文様帷子《かたびら》　一領　仁和寺

196 花亀甲《はなきっこう》に七宝《しっぽう》松竹梅飛鶴文様腰巻《こしまき》（部分）

196

花亀甲《はなきっこう》に七宝《しっぽう》松竹梅飛鶴文様腰巻《こしまき》　一領　仁和寺

197

流水に花束文様掛下帯《かけしたおび》

一条　仁和寺

198

竹輪違いに菊蝶文様掛下帯《かけしたおび》

一条　仁和寺

199

ローブ・モンタント　一着　仁和寺

第十一章

雅びの伝統

――公家のスタイル――

公家の服装は平安時代に成立し、その伝統が受け継がれてきた。公家の装束は、寛容な大袖《おおそで》の衣《きぬ》を襲《かさ》ねるところに特色があり、ゆったりとした量感と衣の重なりによる色彩が優雅な美しさを生みだした。

公家の装束では織物が尊ばれ、織の文様は様式化がはかられて、有職織物《ゆうそくおりもの》と呼ばれる独自の世界を創りだした。品格のある色彩と織文様、そこには平安時代からの公家の伝統と誇りが息づいている。

200

御《お》引《ひき》直《のう》衣《し》　三重襷文様　一領　京都国立博物館

201 袍《ほう》 定家立涌《たてわく》文様 一領

202

小直衣《このうし》　飛鶴文様　一領　京都国立博物館

203
小直衣《このうし》　三つ横見菊文様　一領　京都国立博物館

204

狩衣《かりぎぬ》　向い尾長鳥文様　一領

205

道《どう》服《ふく》　菊文様　一領　京都国立博物館

206
鞠《まり》水《すい》干《かん》　松葉菊つなぎ文様　一領　京都国立博物館

207
鞠袴《まりばかま》　淡紅葛布《くずふ》　一腰　京都国立博物館

208

童直衣《わらわのうし》　小葵《こあおい》文様　一領　京都国立博物館

209

指貫《さしぬき》　亀甲浮線綾《ふせんりょう》文様　一腰　京都国立博物館

210

半尻《はんじり》　亀甲に菊折枝文様

一領　京都国立博物館

211

半尻《はんじり》　藤立《たて》涌《わく》文様

一領　京都国立博物館

211（部分）

212 細長《ほそなが》 梅折枝文様 一領 大聖寺

（部分）

213
細長《ほそなが》　松立涌《たてわく》文様　一領　大聖寺

214

光格上皇修学院御幸《ぎょうこう》儀仗《ぎじょう》図絵巻　渡辺広輝筆　三巻

上巻

中巻

下巻

214
上巻（部分）

214
上巻（部分）

上巻（部分）

214 中巻（部分）

214 下巻（部分）

近世の髪形／Hair Fashion Trends

江戸時代の代表的な髪形

髪形は、江戸時代に入って、まず髱の発達にはじまり、それから前髪を出し、次いで鬢が発達した。江戸時代前期から中期にかけては、鬢は顔の左右に張らず、毛髪は後ろに流れ、髱が後ろに大きく突き出していた。髪形のボリュームは後ろにあり、寛文小袖や元禄期の小袖のように背面に中心を置く文様、さらに帯をいかに見せるかといった最新の帯の結び方が相俟って後ろ姿の美を強調した。ところが、江戸時代後期には顔の左右に鬢が張り出し、髱は後退した。髪形は正面性が強調され、櫛やかんざしの髪飾りも発達した。

江戸時代前期　十七世紀の髪形

日本の女性の髪形は、平安から室町時代まで垂髪が続いたが、桃山から江戸時代初期にかけて女かぶきや遊里の女性たちを中心として結髪の風が広まった。初期の結髪は、「唐輪」のように頭上に一束に集めた髪を結んで髷をつくる簡素な髪形からはじまった。

江戸時代中期　十七世紀末〜十八世紀前半

江戸時代中期の髪形は、一般に鬢（顔の両側）はそれほど左右へ張らず、髱（後ろに張り出した部分）が長くのびる。結髪の技術も進歩して、次第に頭頂の髷に興味がもたれて変化を示すようになった。しかし、髪飾りの類はまだ多く用いられていない。

江戸時代中期〜後期　十八世紀後半

江戸時代中期から後期にかけて、結髪の技術が進歩し、髷に関心が払われて、後ろに跳ね上がるような「かもめづと」や「せきれいづと」が流行した。

江戸時代後期　十九世紀

江戸時代後期には、いよいよ手の込んだ結髪がおこなわれ、鬢が大きく張り、櫛や簪なども盛んに飾られるようになった。上方では鬢が後方へふくらみ、髱は丸く引き上げられる。

215
唐輪《からわ》
遊女やかぶき者の間で流行した髪形

兵庫髷

217
島田《しまだ》
若衆髷から起こった髪形。東海道島田の宿の遊女が結い始め、やがて町娘へ広がった。

219
勝山《かつやま》

島田

220
島田《しまだ》
宝暦・明和（一七五一—七二）頃に町屋の娘に流行した髪形。この髪形は鈴木春信の浮世絵によく見られる。

島田

225
奴島田《やっこしまだ》
武家の娘の髪形。高島田とも呼ばれ、根を高めにとったきりっとした姿に特徴がある。

224
勝山《かつやま》
上方の中流以上の町家の娘（十七、八歳くらい）の髪形。

216
御所髷《ごしょまげ》
御所の女官の髪形。御用を努めるときは解いて下げ髪にした。いわゆる「寛文美人画」にもこの髪形は多く見られ、遊女たちもこの髪形を結った。

御所髷

下げ髪

218
両輪《りょうわ》
御殿女中から起こり、町屋の年輩の婦人のあいだに広まった。長い髪を笄にまきつける。

先笄

十七世紀中頃、遊女勝山が始めた髪形。元禄（一六八八―一七〇四）の頃には一般の女性にも広まった。

221
先笄《さっこう》
上方の既婚婦人が結った髪形。両輪と似るが、両輪は髷を根のところから下へ折り曲げ、先笄は逆に上へ折り曲げる。

222
先笄《さっこう》
京風の髪形。町家の若い婦人などが結った。

223
両輪《りょうわ》
上方の町家の母親に多く結われた髪形。

今用御ひいなかた

今用御ひいなかた　春、夏巻　二冊

版本
縦二二・二　横一五・三
江戸時代　貞享二年（一六八五）刊
高田装束研究所

『小袖模様雛形本集成　壱』（昭和四九年　学習研究社刊）の上野佐江子氏の解題によれば、「今様（用）御ひいながた」は上下二巻から成り、上巻に序文と目録四頁・春二〇図・夏二八図、下巻に秋二〇図・冬二〇図・夜物六図・ゆかた四図・奥書が収録されている。しかし、高田装束研究所本はこのうちの目録二頁・春一八図（第六紙が欠失）・夏二八図を伝えるのみである。

すでに解説87で述べたように、当雛形では文様表現の技法として「縫薄」すなわち刺繡と摺箔が姿を消し、染が積極的に採用されている。当雛形が刊行される二年前の天和三年（一六八三）には町方の女の衣装に「金紗（糸）、縫、惣鹿の子」が禁止されており、当雛形の内容はまさにその影響を受けたものと見ることができる。

小袖の意匠は寛文小袖の流れをくみ、大柄で重心の片寄った構成のものが多く、また文様として文字が好んで取り入れられている。各小袖図の上欄の頭書には、文様・色彩・技法の説明ならびに替り紋をあらわす。

文様表現の技法を見ると、天和三年の禁令で惣鹿の子は禁じられたが、鹿の子の人気は依然として根強く、文様の一部に鹿の子が用いられているのを散見する。鹿の子はほとんどが一粒一粒を手で絞った結鹿の子であるが、一例のみ「江戸かのこ」すなわち型鹿の子の例（13）が見られる。鹿の子絞りと並んで多く見られるのが「上絵」という表現である。上絵については具体的な技法としては特定できていないが、顔料系の彩色を指すのではないだろうか。貞享二年と言えば、友禅染が登場する直前であり、すでに糸目（6、16、20）が有効に使われている。糸目は濃い地色に糊置きで白く細い線をあらわしたのに対して、白など淡い色の夏の帷子では柿や紺の細染が多く用いられている。現存作品で言えば、図76の単衣の梅樹に糸目が見られると同時に、その竹垣の表現は柿の細染であろう。

（河上）

【春巻】

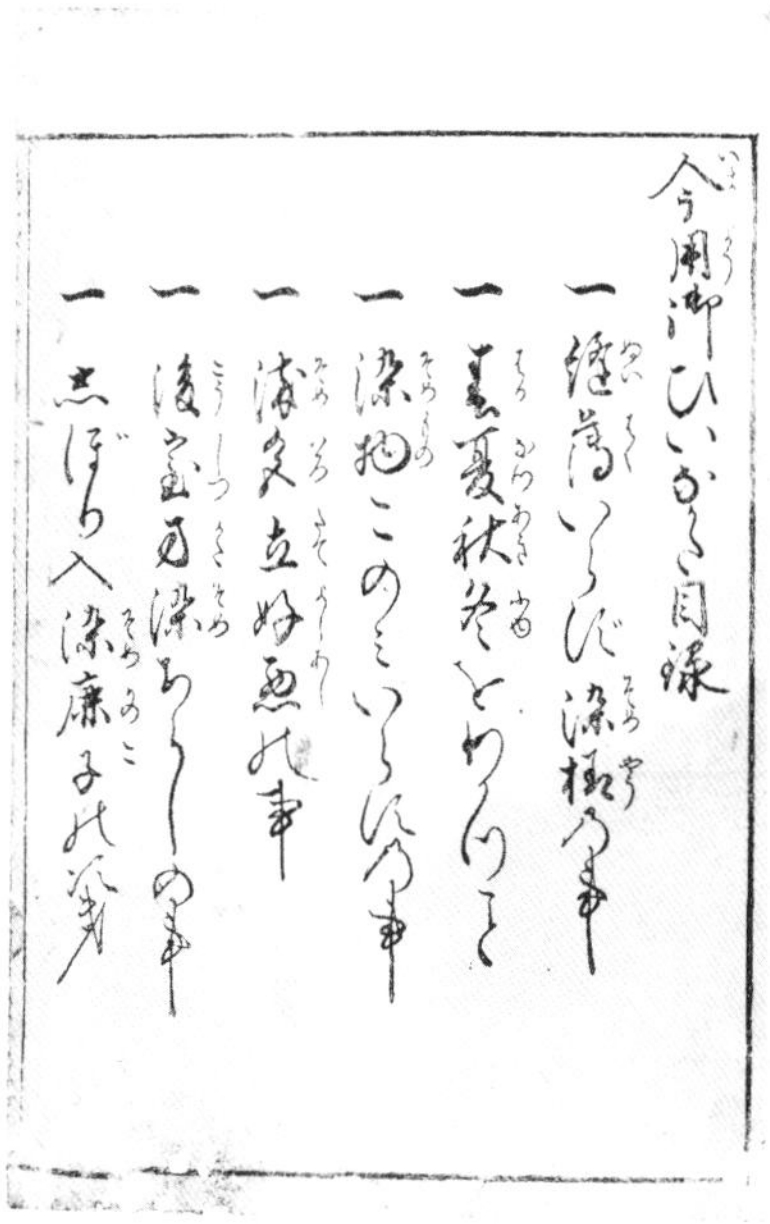

今用《いまよう》御ひいなかた目録

一縫薄《ぬいはく》いらづ染様《そめやう》の事

一春夏秋冬《はるなつあきふゆ》をわかつこと

一染物《そめもの》このミいらすの事

一染色立好悪《そめいろたてよしあし》の事

一後室方染《こうしつかたそめ》ちらしの事

一しぼり入染鹿子《そめかのこ》の次第

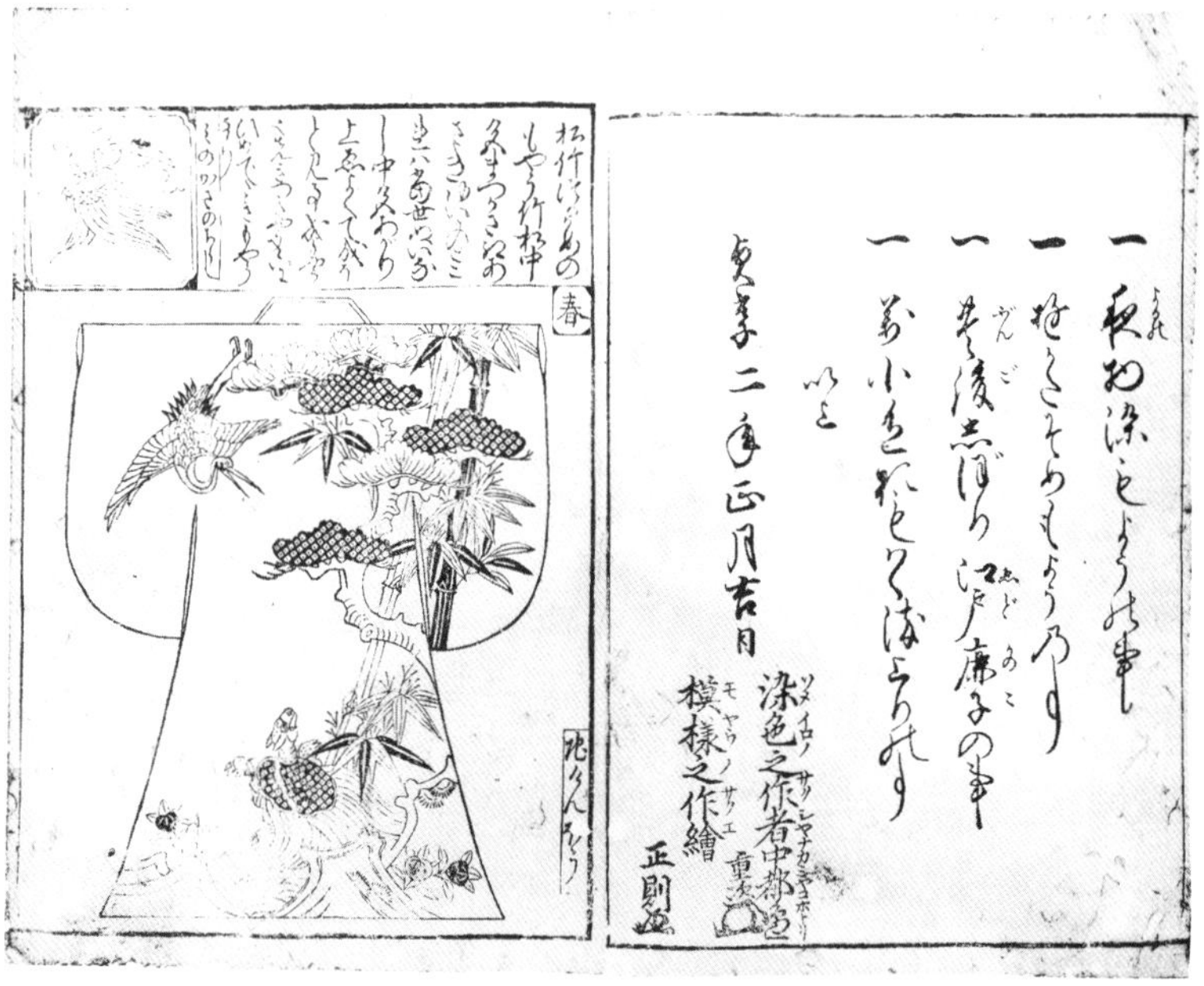

一夜物《よるの》染もようの事

一遊かたそめもようの事

一豊後《ぶんご》しぼり江戸《えど》鹿子《かのこ》の事

一萬小色おもて染上りの事

以上

貞享二年正月吉日

染色之作者中都辺《ソメイロノサクシヤナカミヤコホトリ》

重次（花押）

模様之作繪《モヤウノサクエ》

正則（花押）

1

【春】地けんほう《憲法》

松竹つるかめの
もやう竹松中
色まつかさ紅あ《浅》
さき《葱》ゆい《結》かのこ《鹿子》
れハ当世ぬい《縫》な
し中色あがり
上ゑ《絵》よくて成ほ
と見事成もやう
也えんき《縁起》つきやうをいわ
ひめでたきもやうなり

ミのかさ《蓑笠》のちらし

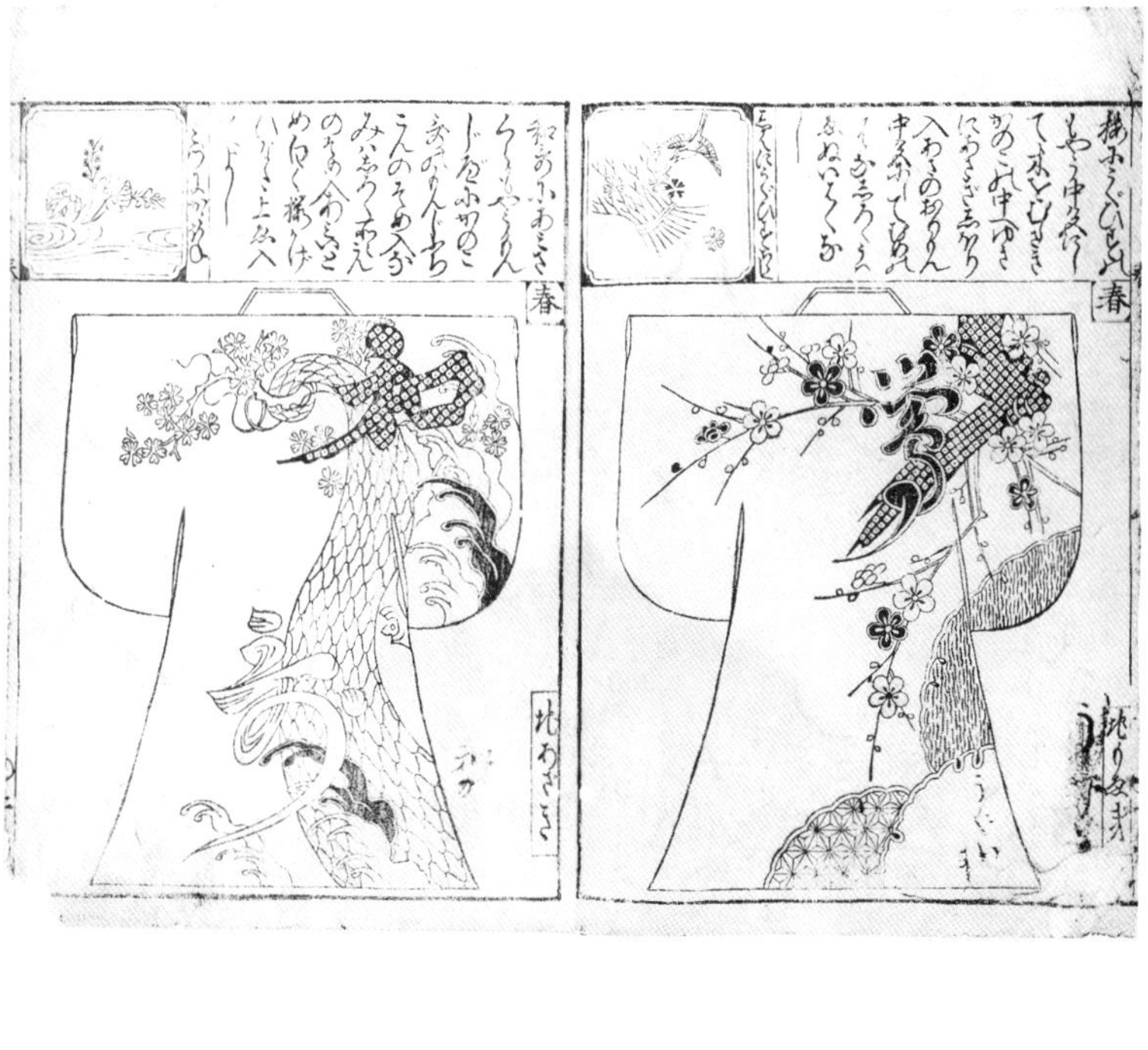

2

【春】地もゑぎ《萌葱》

梅にうぐひす《鶯》の
もやう中色にし
て木をむらさき
かのこ《鹿子》の中へゆき《雪》
にあさぎ《浅葱》しほり《絞》
入あさ《麻》のおり《織》もん《紋》
中色にしてむめ《梅》の
はなしろくうハ《上》
ゑ《絵》ぬい《縫》はく《箔》な
し

しは《柴》にうぐひすちらし

3

【春】地あさき《浅葱》

和哥にあミ《網》さ
くらもやうもん《文》
じ《字》べにかのこ《鹿子》
哥のもんじ《文字》ふち《縁》
こん《紺》のそめ《染》入な
みハしろく所々こん
のそめ入あミ《網》いと《糸》
め白く桜かげ《影》
ひなた《日向》上ゑ《絵》入
てよし

みづにかうほね

4
【春】地たまごいろ《玉子色》
かご《籠》に桐すそ
いなづまもやう
べに《紅》あさき《浅葱》ゆ《結》
いかのこ《鹿子》入もゑぎ《萌葱》
かき《柿》あさき《浅葱》す、《媒》
たけ《竹》いろいろ色
入うハゑ《上絵》入ぢ《地》ね
ずミ《鼠》にもよし
是は当世の
もやうなり

つ、ミ《包》すいせん

5
【春】地あさぎ《浅葱》
やなぎに物本
のもやうへ《紅カ》あさ《浅》
ぎ《葱》ぬい《縫》しぼり《絞》入
やなき《柳》の木あさ《浅》
き《葱》書物内す、《媒》
たけ《竹》ねずミ《鼠》た《玉》
まこ《子》色二いろ《色》取
ませかのこ《鹿子》いら《入》
ずのもやう
なり

たちはな《橘》

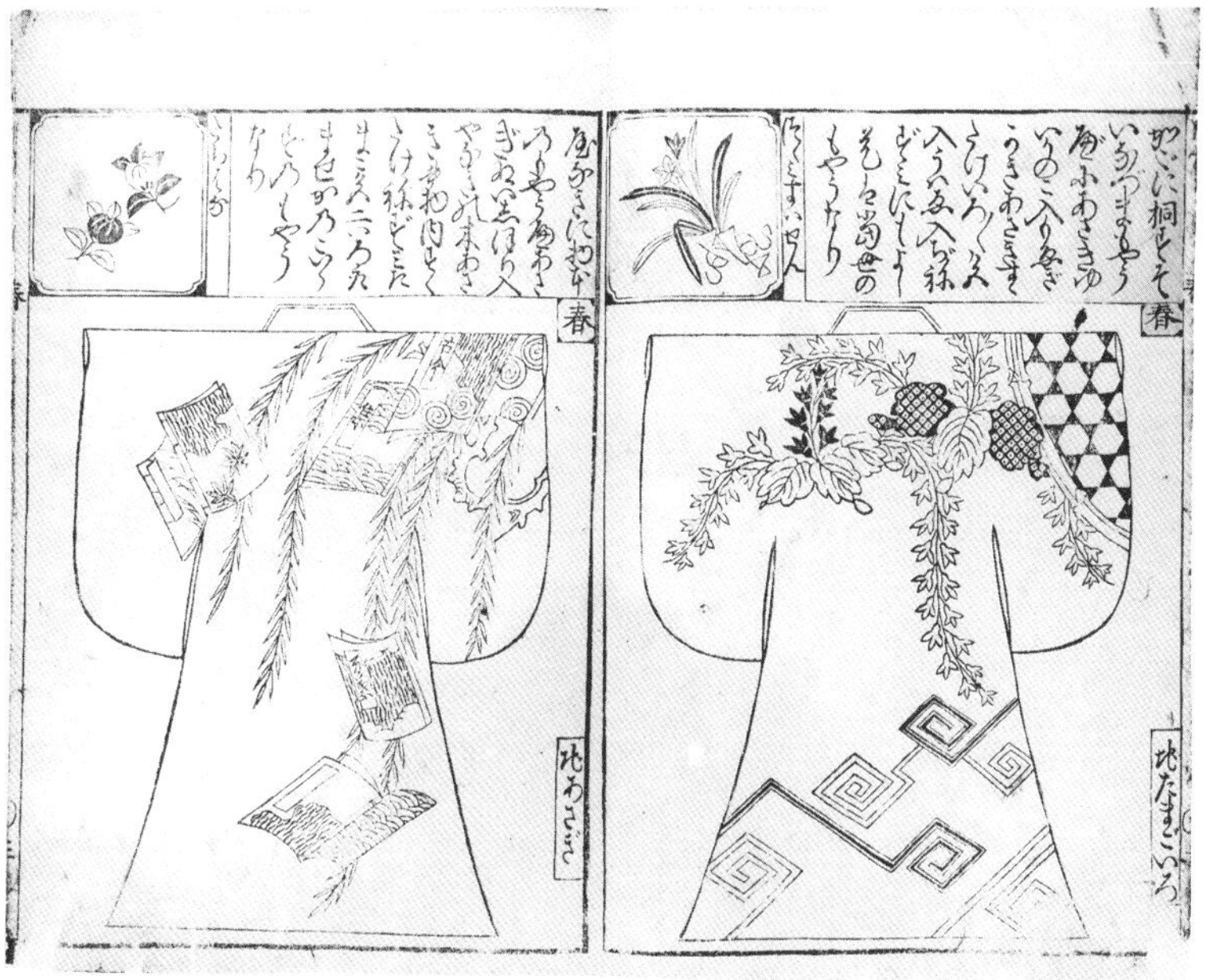

6
【春】地けんぼう《憲法》
水に扇子なか《流》
しもやう紅あさ《浅》
き《葱》むらさき《紫》ゆい《結》
がのこ《鹿子》入水糸め白
くさくら《桜》かきバか
りにして扇子の
内色を入摺もん
を入ながしもやう
見事なり

まくハうり

7
【春】地よしおかそめ《吉岡染》
くりん車のもやう
にそでつ《蘇鉄》紅ゆい《結》
かのこ《鹿子》入そでつ
又かうし中いろ
を入白うハゑ《上絵》入
にきやかにして
当世もやうぢ
をもゑぎ《萌葱》に
しても
よし

くもにかりかね

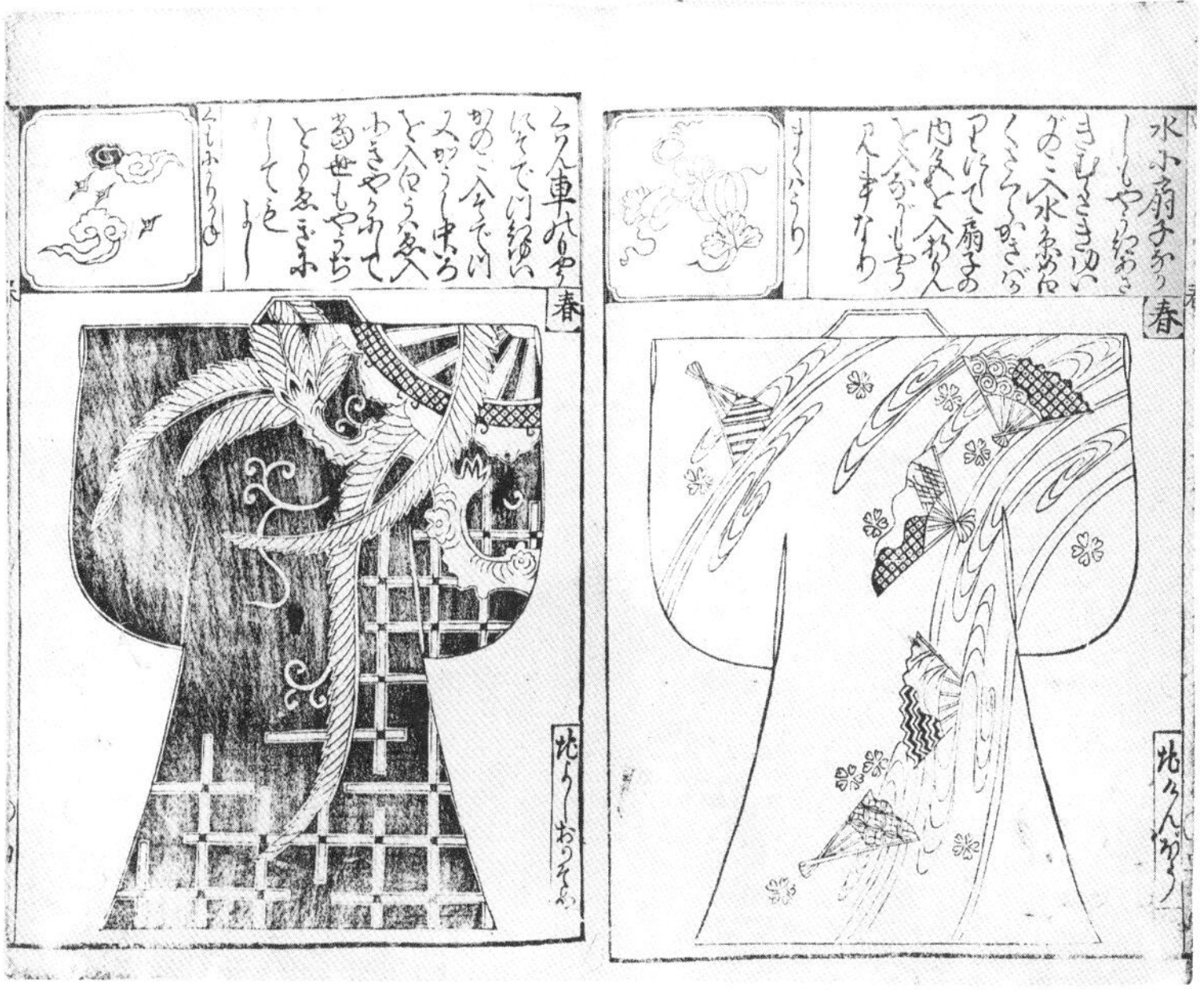

8
【春】地うこん《鬱金》
松のもんじ《文字》くろ
紅ゆ《結》ひがのこ《鹿子》こと《琴》
ハあさき《浅葱》桜の染
入風のもんじ《文字》こん《紺》
の染入惣ゆふち
の内むらさきぬひ《縫》
しぼり《絞》こと《琴》のしらべ《調》
くろ紅引物にして
かげ《影》の桜うハもん《上文》に
こん《紺》にてかくなり

き、やう《桔梗》くさ花

9
【春】もへき《萌葱》桜ニゆき《雪》
地もへぎ桜ニゆき
のもやうふらう《不老》
もん《門》の前もんじ《文字》
紫ゆい《結》かのこ《鹿子》入老
のもんじ中色門
のじあさぎ《浅葱》ゆいか
のこ桜かげ《影》ひな《日向》
た木ハ中いろ
うハゑ《上絵》ニもよし当世
見事成もよう也

かふと《兜》にむめ《梅》

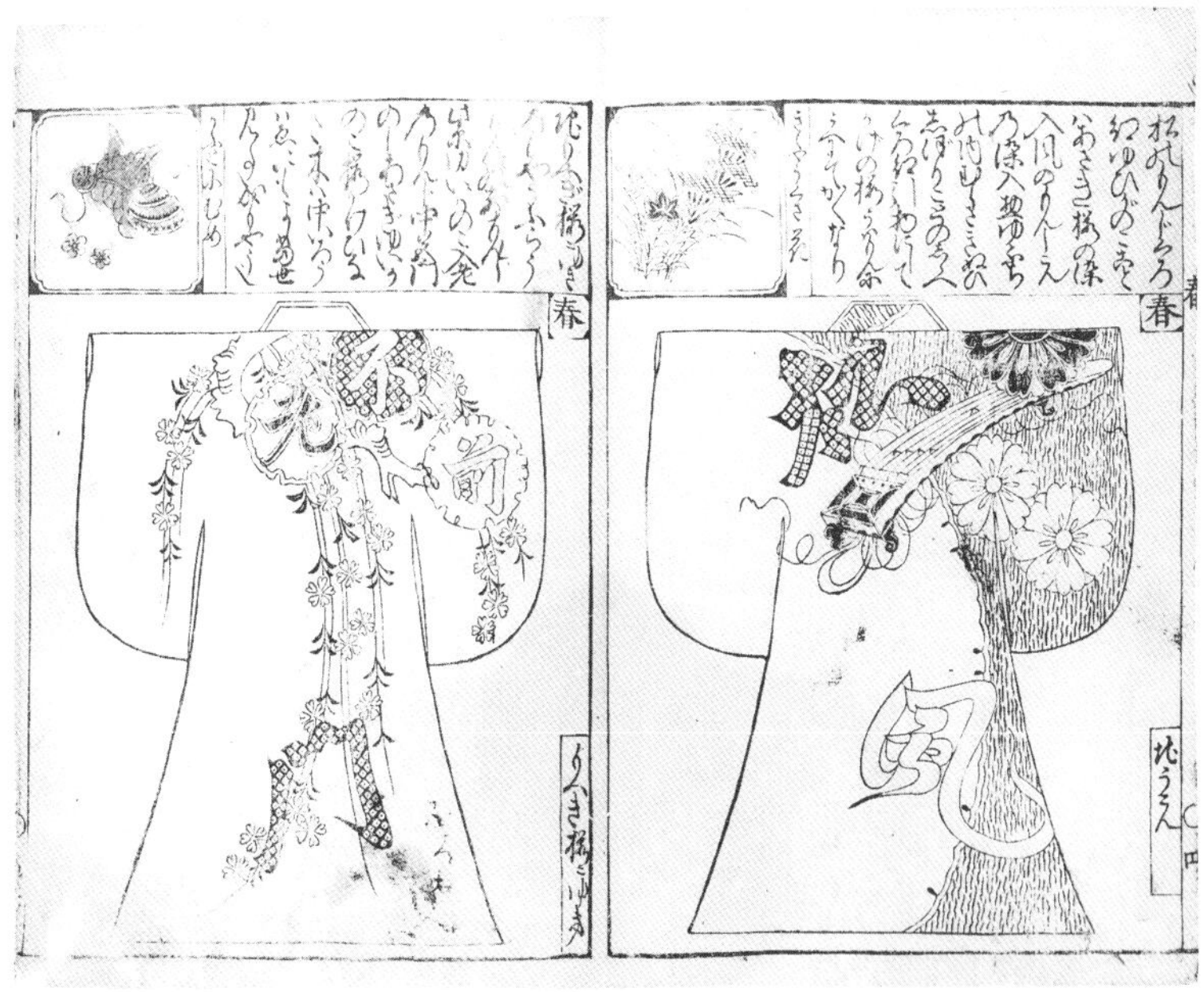

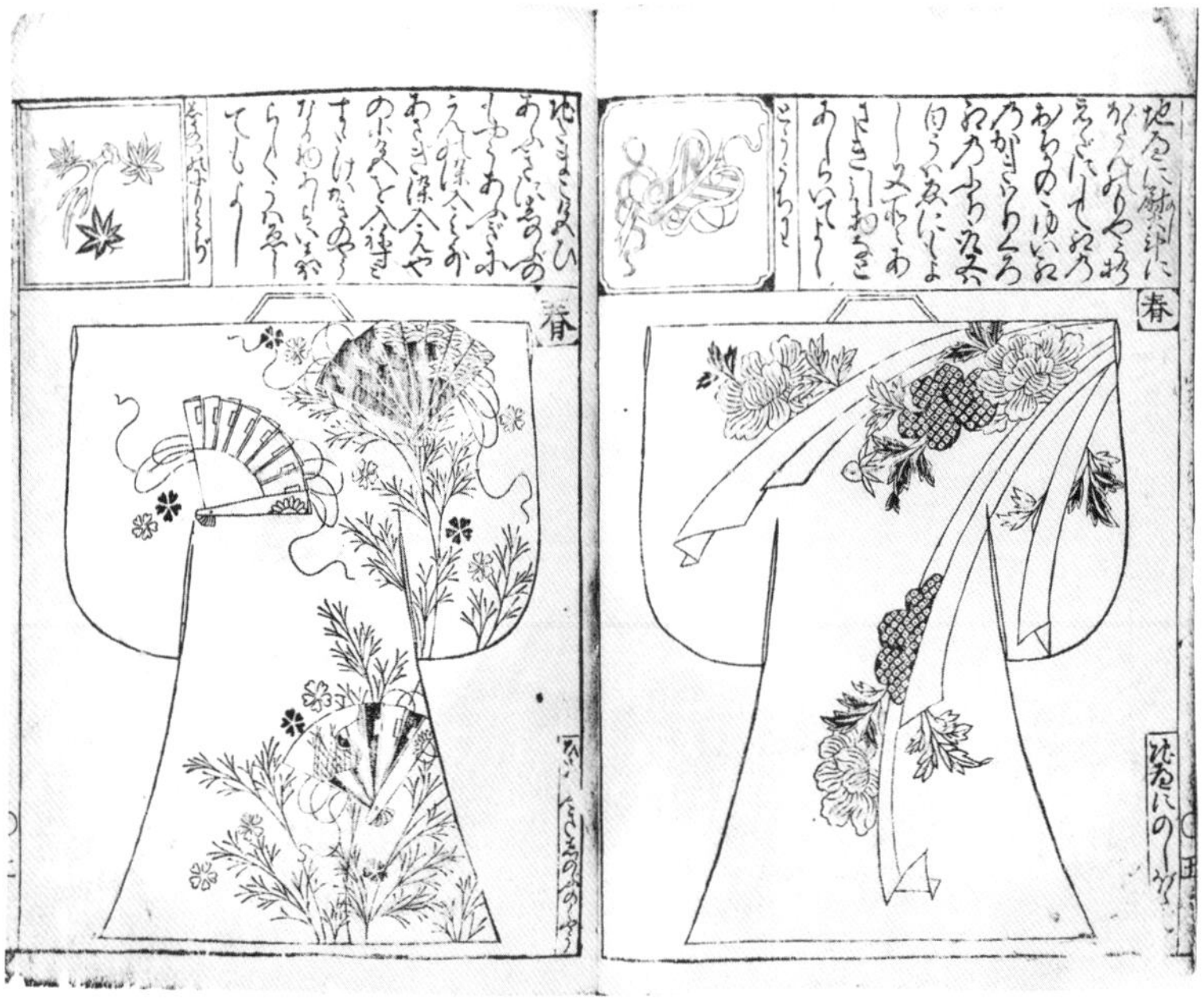

10 【春】地へに《紅》のしほたん《牡丹》

地べに熨斗《のし》に
ほたん《牡丹》のもやう折
えだにして紅の
おち《落》かのこ《鹿子》ゆい紅
のかき《描》はり《割》くろ
紅のふち取又ハ
白うハゑ《上絵》にもよ
し又所々あ《浅》
さき《葱》引物なと
あしらいてよし
とう《唐》うちわ《団扇》

11 【春】ひあふき《檜扇》しのぶ《忍》のもやう

地たまこ《玉子》色ひ《檜》
あふぎ《扇》にしのぶ《忍》の
もやうあふぎに
こん《紺》の染入あミ《網》水
あさぎ《浅葱》染入こんや《紺屋》
の小色を入ねずミ《鼠》
すゝたけ《煤竹》かき《柿》のやう
なる物あしらいしほ
らしくうハゑ《上絵》し
てもよし
しか《鹿》のつの《角》にもミぢ《紅葉》

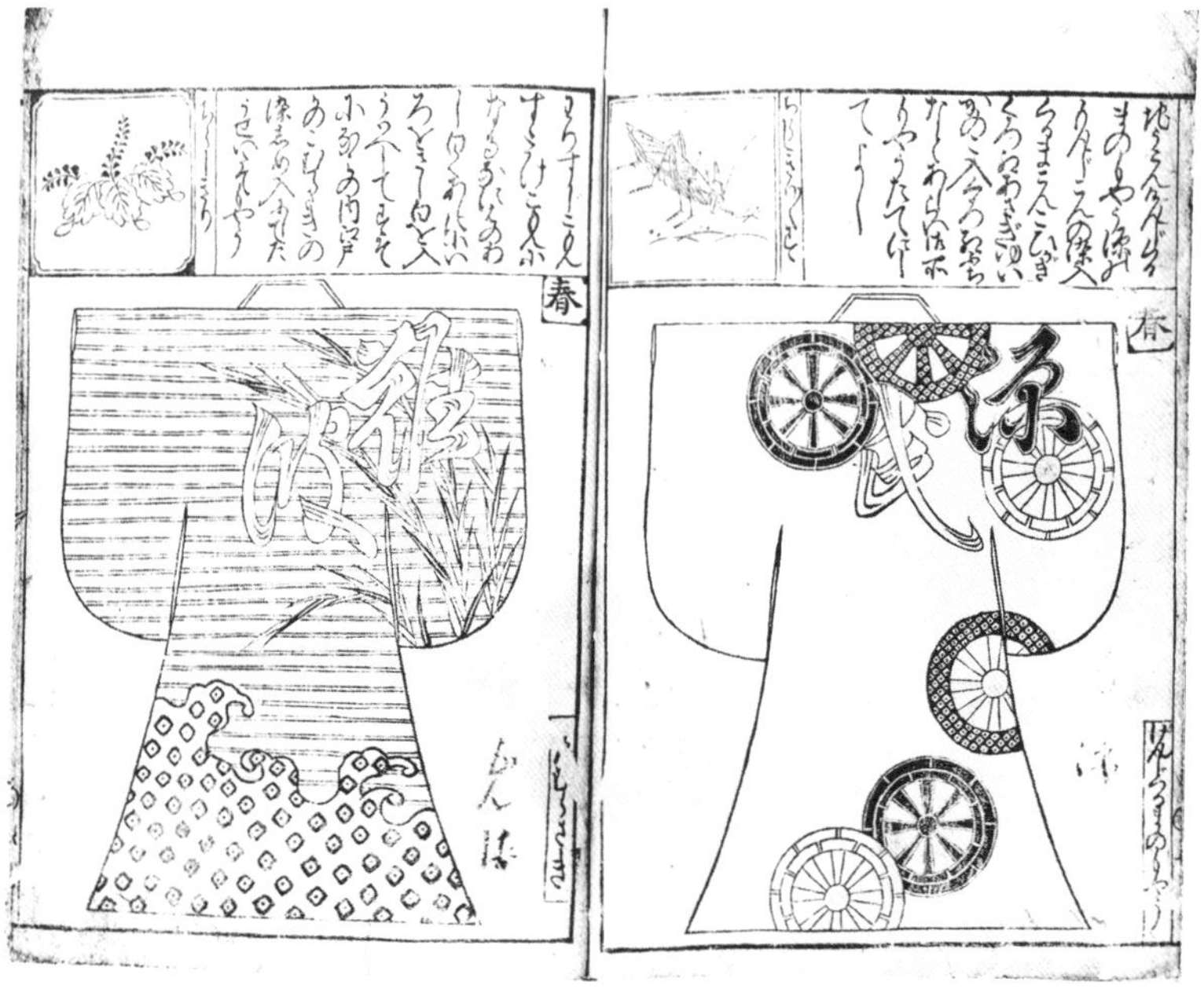

12 【春】げんじ《源氏》くるま《車》のもやう

地うこん《鬱金》けんじくる
まのもやう源の
もんじ《文字》こん《紺》の染入
くるまこんこひがき
くろ紅あさぎ《浅葱》ゆい《結》
かのこ《鹿子》入くろ紅ふち《藤(色)》
なとあしらい御所
もやうたて《伊達》にし
てよし
ちらしきりぎりす

13 【春】地むらさき

わり《割》すじ《筋》こもん《小紋》
すゝたけ《煤竹》こもんに
なるなには《難波》のあ《芦》
し白くあしに小い
ろをさし白を入
うハへ《上絵》してすそ《裾》
になミ《波》の内江戸
かのこ《鹿子》むらさきの
染しめ入にしてた《当》
うせ《世》いたて《伊達》もやう
ちらしきり《桐》

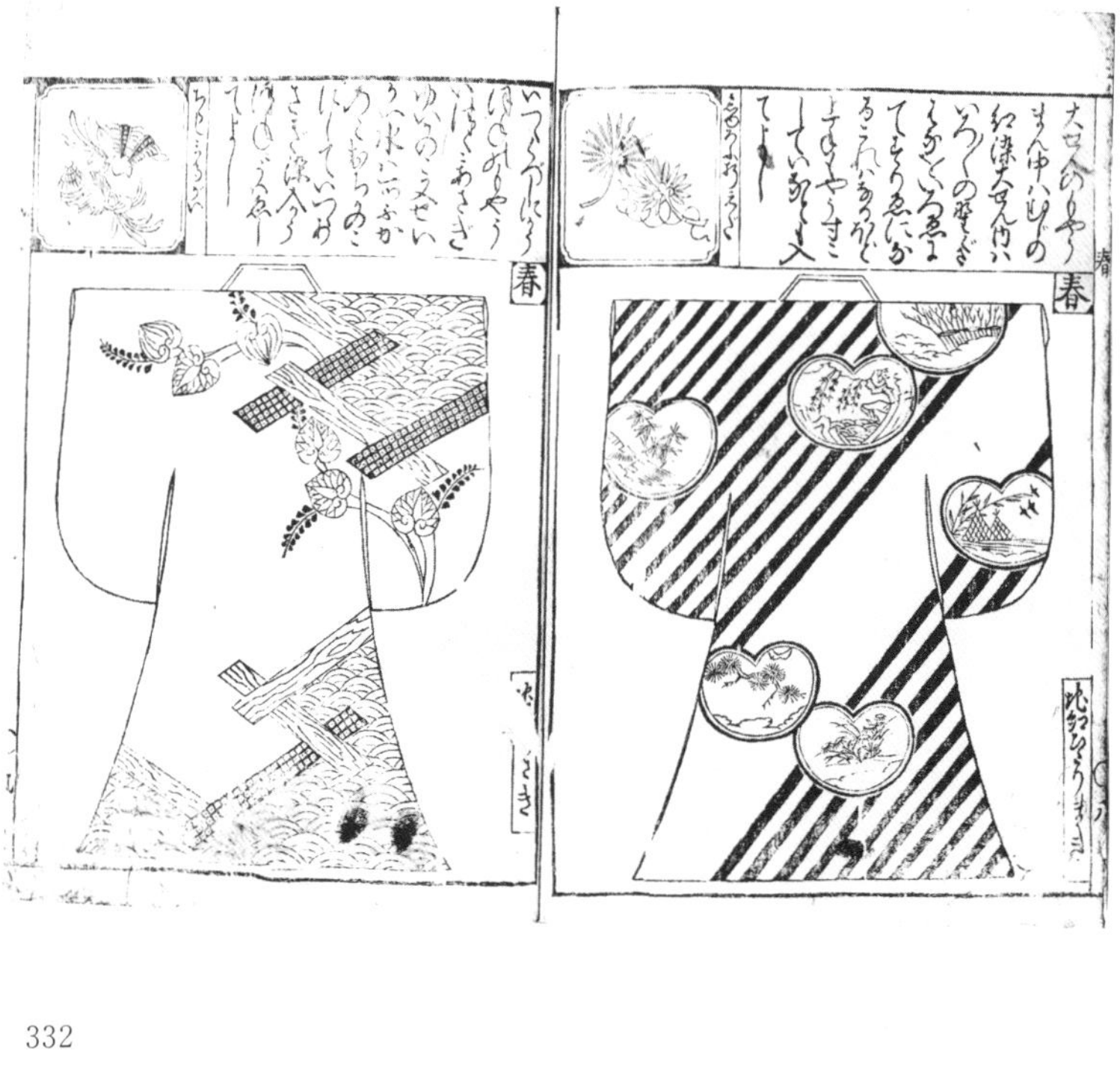

14 【春】地紅ひたり《左》まき《巻》

大せん《(団扇)》のもやう
まん中ハむじ《無地》の
紅染大せん内ハ
いろいろの野ぐさ
はなをいろゑ《色絵》に
てすりゑ《摺絵》にな
るこれハなるほど
上手もやうすこ
してい《泥》なとも入
てよし
しゅろ《棕櫚》ふ折えだ

15 【春】地□□《(むら)》さき

いづゝ《井筒》くづしにかう《河》
ほね《骨》のもやう
いづゝ二あさぎ《浅葱》
ゆい《結》かのこ《鹿子》又せい《青》
かい《海》水ハ一つぶ《粒》か《鹿》
のこ《子》おち《落》かのこ《鹿子》
にしていつゝあ《浅》
さぎ《葱》染入かう
ほね二うハゑ《上絵》し
てよし
ちらしミる《海松》がい《貝》

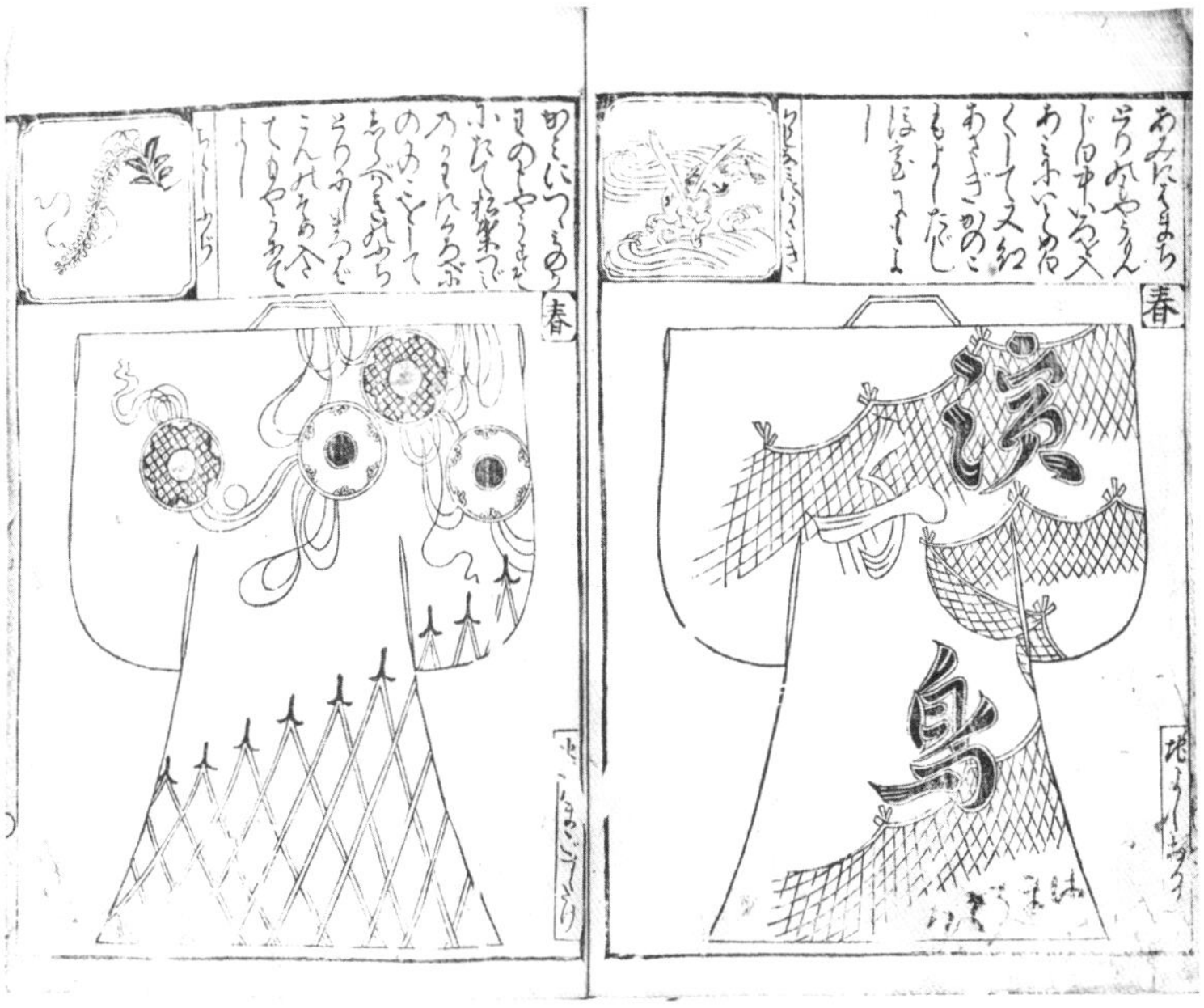

16
【春】 地よしおか
あみ《網》にはまち《浜千》
とり《鳥》のもやうもん《文》
じ《字》白中いろを入
あミ《網》にいとめ《糸目》白
くして又紅
あさぎ《浅葱》かのこ《鹿子》
もよしたゞし
後室にもよし

ちらしなミ《波》にうさき《兎》

17
【春】 地□(た)まごすゝ《媒》たけ《竹》
かミ《上》につゝミ《鼓》のか《革》
わのもやうすそ《裾》
にたて《立》松葉つゞミ
のかわにくろべに《黒紅》
のかのこ《鹿子》をして
しらべ《調》かき《柿》のふち《縁》
とり《取》にしまつば《松葉》
こん《紺》のそめ《染》入た《伊》
て《達》もやうにて
よし

ちらしふぢ《藤》

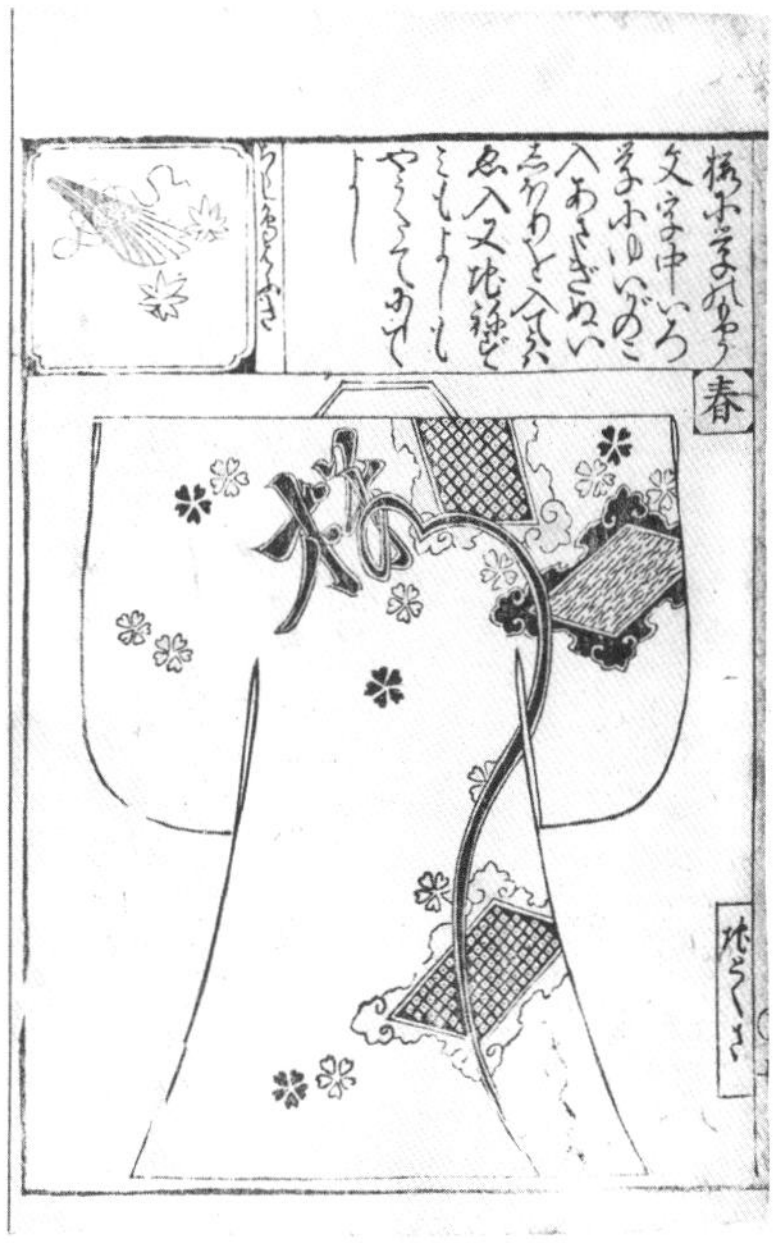

18
【春】 地とくさ《木賊》
桜に学《(額)》のもやう
文字中いろ
学にゆい《結》がのこ《鹿子》
入あさぎ《浅葱》ぬい《縫》
しほり《絞》を入てうハ《上》
ゑ《絵》入又地ねず《鼠》
ミもよしも
やうたて《伊達》にして
よし

ちらし鳥はふき《箒》

【夏巻】

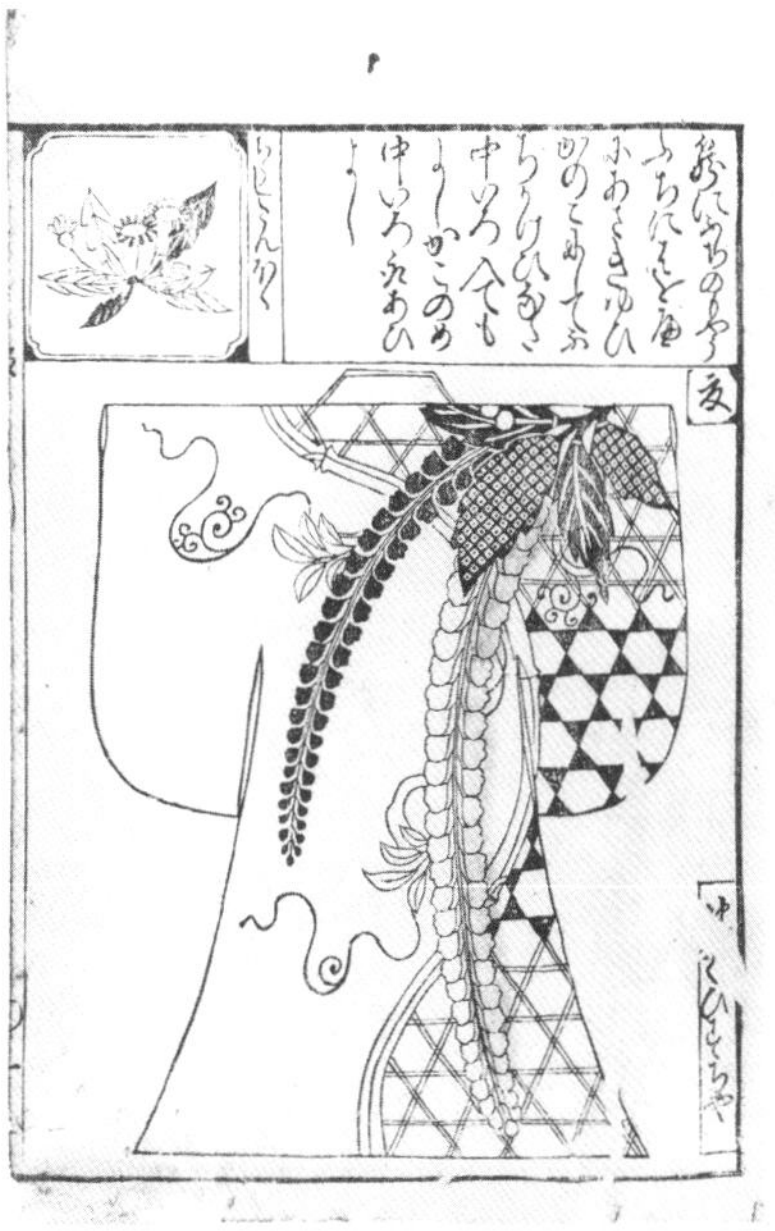

19
【夏】 地□(う)くひすちや
籠にふち《藤》のもやう
ふちは《(波)葉》はをへ《紅》
にあさぎ《浅葱》ゆひ《結》
かのこ《鹿子》にしてふ《藤》
ちかけ《影》ひなた《日向》
中いろ入ても
よしかこ《籠》のめ《目》
中いろ取あひ
よし

ちらしたんぽゝ

20
【夏】 地ちや
籠にす、《鈴》むし《虫》
のもやうもんし《文字》ハ
むらさき《紫》あさき《浅葱》
ゆい《結》かのこ《鹿子》はき《萩》ハ
白あさき入白う《上》
わゐ《絵》にもよし
かこ《籠》ハめ《目》を糸め《目》
にほそく《細》竹こん《紺》
のそめ《染》入なとも
よし

ちらしいん《印》ろう《籠》きん《巾》ちやく《着》

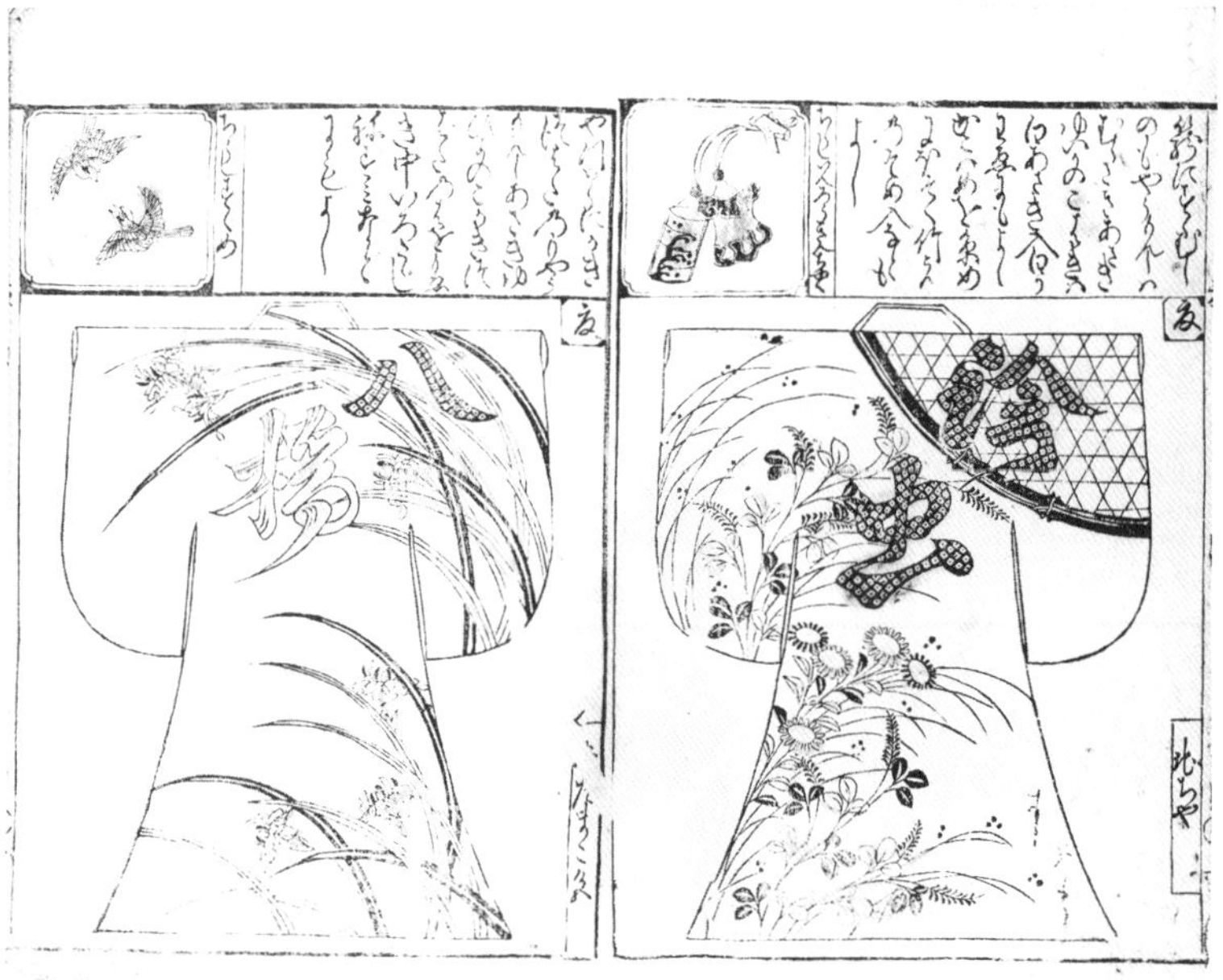

21
【夏】 地たまこ《玉子》色
やつハし《八橋》にかき《杜》
つ《若》はたのもやう
もんし《文字》あさき《浅葱》ゆ《結》
ひかのこ《鹿子》かきつ
はたのは《葉》をもゑ《萌》
き《葱》中いろたゞし
ねずミ《鼠》など
にもよし

ちらしすゞめ《雀》

22
【夏】 地かたひら《帷子》地白
当世かたひら
かた《肩》くも《雲》にす《裾》
そハまく《幕》のもやう
くもにうす《薄》ねず《鼠》
ミ但あひ〳〵に
かり《雁》かね《金》ハ白う《上》
ハゑ《絵》まくハいろ〳〵
のこいろ《小色》を入て
よし

ちらしせうぎ《将棋》のこま《駒》

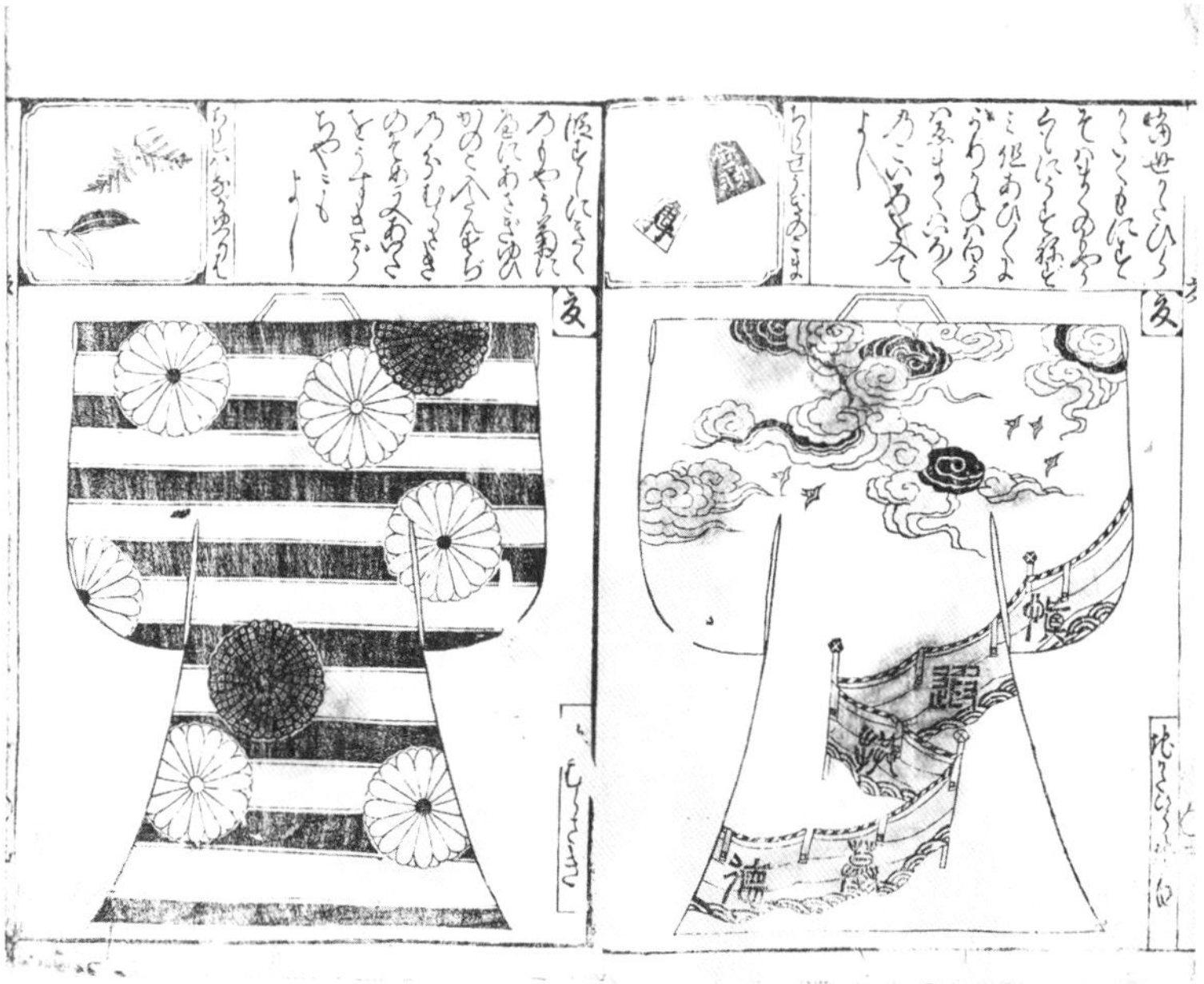

23
【夏】 地むらさき
段すし《筋》にきく《菊》
のもやう菊に
へに《紅》あさぎ《浅葱》ゆひ《結》
かのこ《鹿子》入たん《段》すぢ《筋》
の色むらさき
のそめ《染》又あい《間》た
をうすきがら《唐》
ちや《茶》ニも
よし

ちらしほながゆつりは

24
【夏】 地かたひら《帷子》地白
かささき《鵲》のわた《渡》
せるはし《橋》のもやう
もんし《文字》うす《薄》ねす《鼠》
みまたくま《熊》かへ《谷》
かさ《笠》ハ中いろか《柿》
きのほそ《細》染に
も渡のもんし《文字》
こん《紺》の染入あし《芦》
ハ向日影

ちらしいざり《膝行》まつ《松》

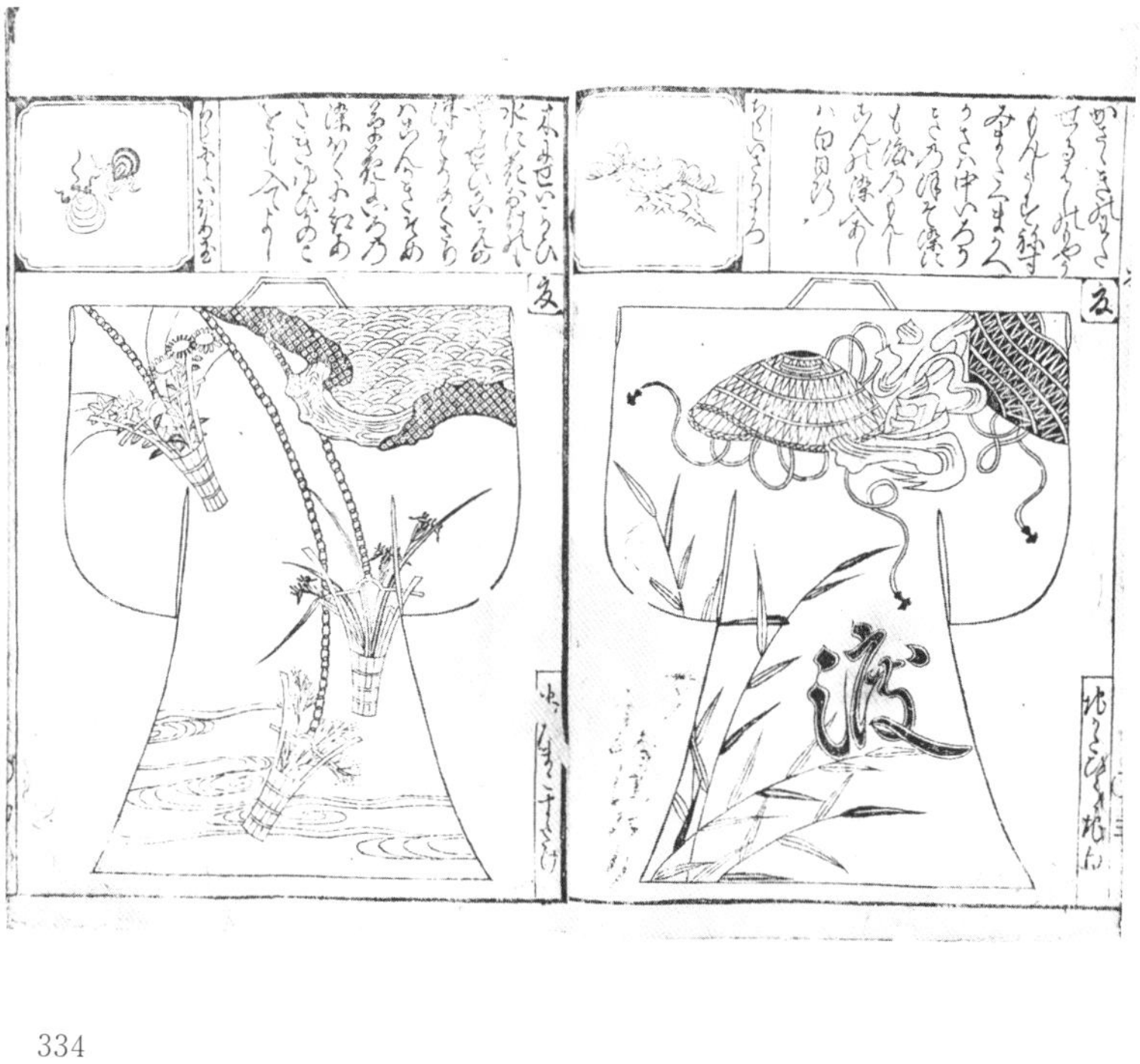

25
【夏】 地たまこ《玉子》す、《媒》たけ《竹》
木にせい《青》かひ《海》
水に花おけ《桶》のも
やうせひ《青》かい《海》こん《紺》の
ほそ《細》そめ《染》くさり《鎖》
ハこん《紺》かき《柿》そめ《染》
草花にいろ《色》の
染ほく《木》に紅あ《浅》
さき《葱》ゆひ《結》かのこ《鹿子》
をも入てよし

ちらしによいほじゆ《如意宝珠》玉

26

【夏】地あひ《藍》と《砥》のちや《茶》
まつ《松》にさか《下》りふ《藤》
しのもやうふち《藤》
に中色を入から《唐》
くさ《草》ハ白うハゑ《上絵》
ふぢ《藤》にかけ《影》をも
とりませてよし
当世にたて《伊達》
もやうなり

ちらしたばこかきつばた《杜若》

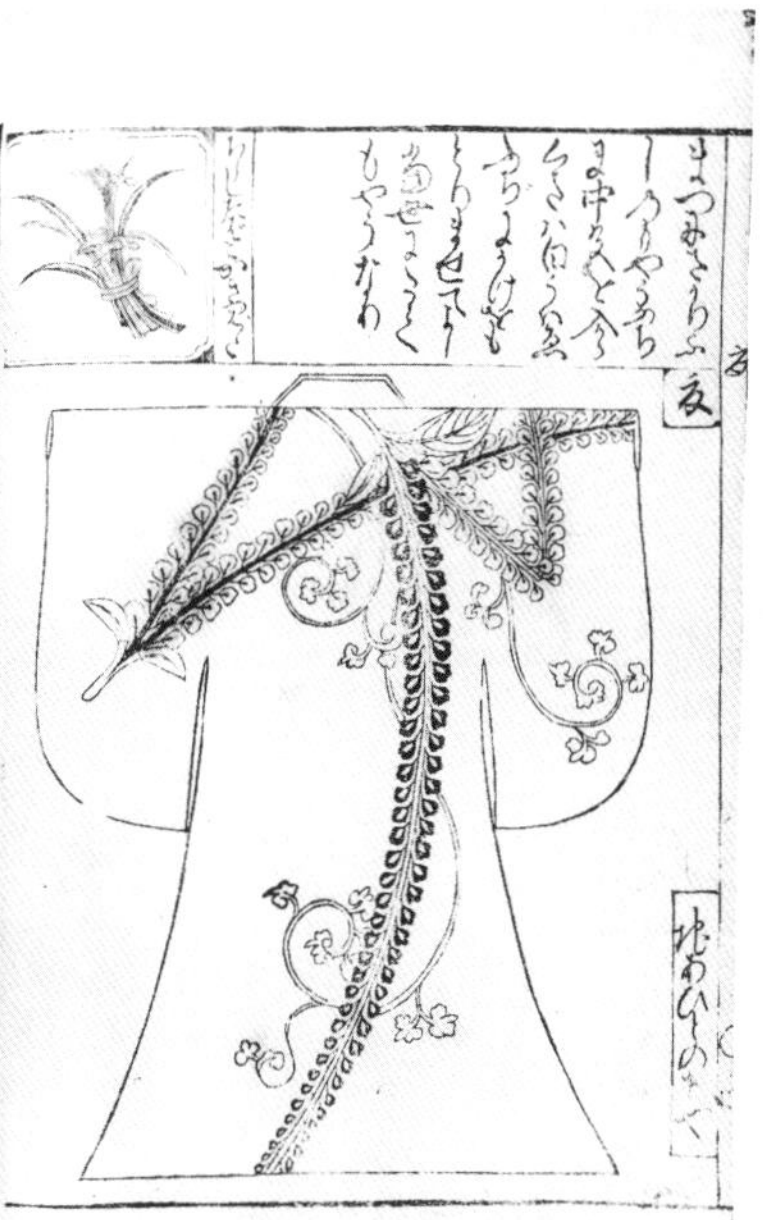

27

【夏】地けんほう《憲法》
ませ《籬》にぶだう《葡萄》の
もやうは《葉》に紅
あさき《浅葱》ゆひ《結》かのこ《鹿子》
を入又中色を
も取ませぶ《葡》
だ《萄》うハしろく
うハゑ《上絵》にも
よし

ちらしはねはこいた《羽子板》

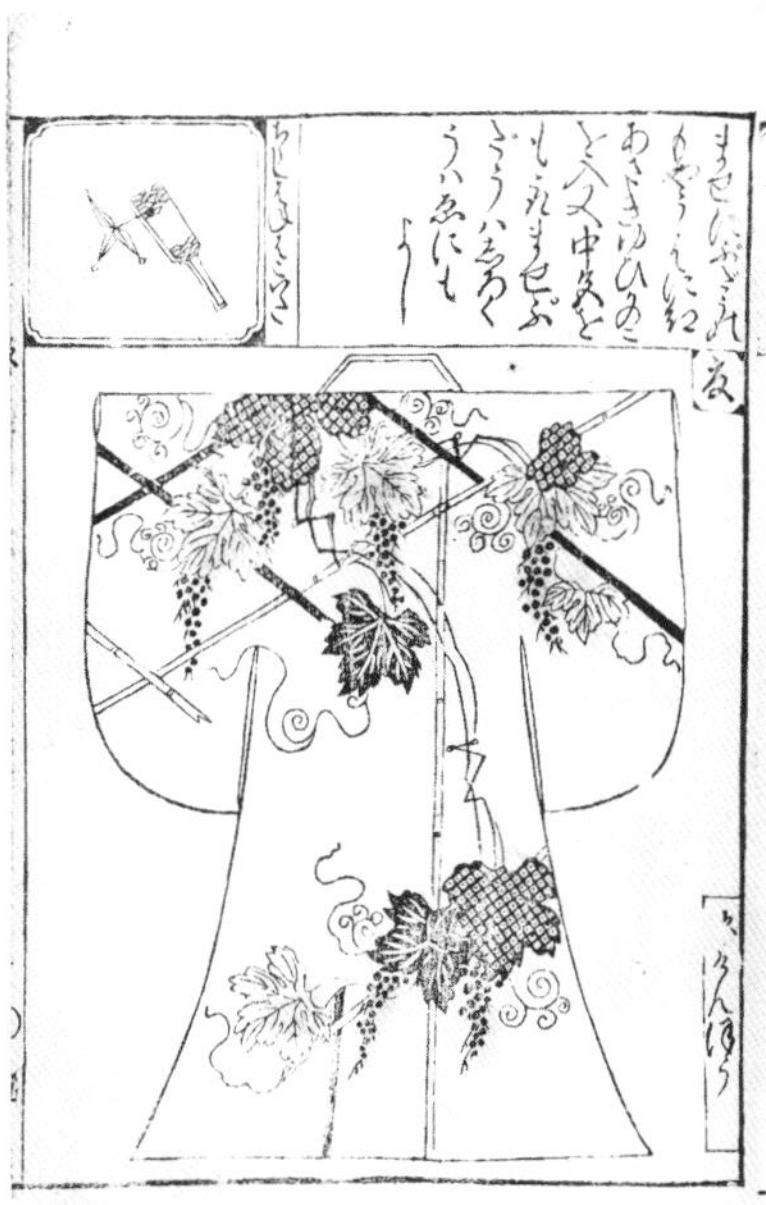

28

【夏】かたひら《帷子》地しろ
ふね《舟》にゆひ《結》し《柴》
ばのもやうふね
のもんじ《文字》くろ《黒》べ《紅》に
かのこ《鹿子》しばのは《葉》
をこん《紺》と中か《柿》
きとのほそ《細》染
さくら《桜》をもゑ《萌》
ぎ《葱》にもよし

ちらしゑび《海老》

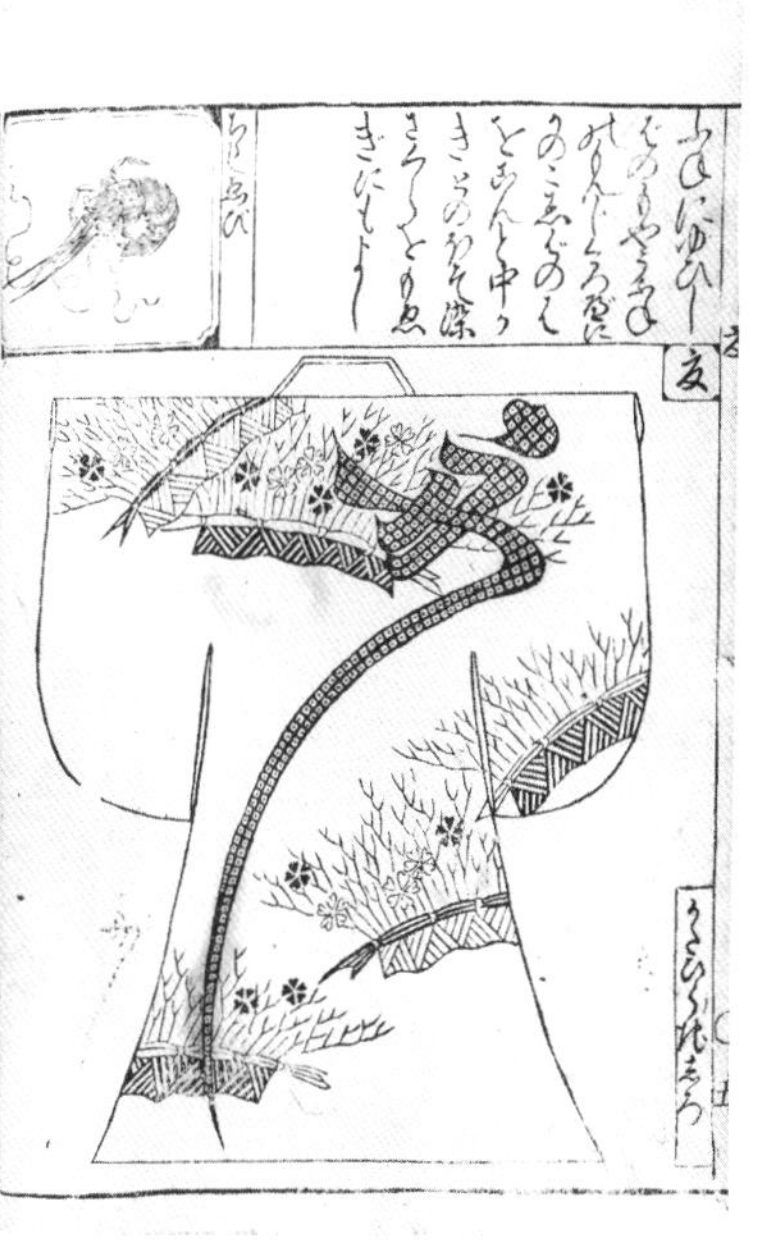

29

【夏】かたひら《帷子》地白
花のもんじ《文字》に竹
えんのもやう竹
ハ中色うす《薄》かき《柿》
の色ニしてさゝ《笹》ハ
かき《柿》とこん《紺》とのほ《細》
そ染によし花
のもんじハかのこ《鹿子》
になりとも見
あハせにして
よし

ちらしくまさゝ

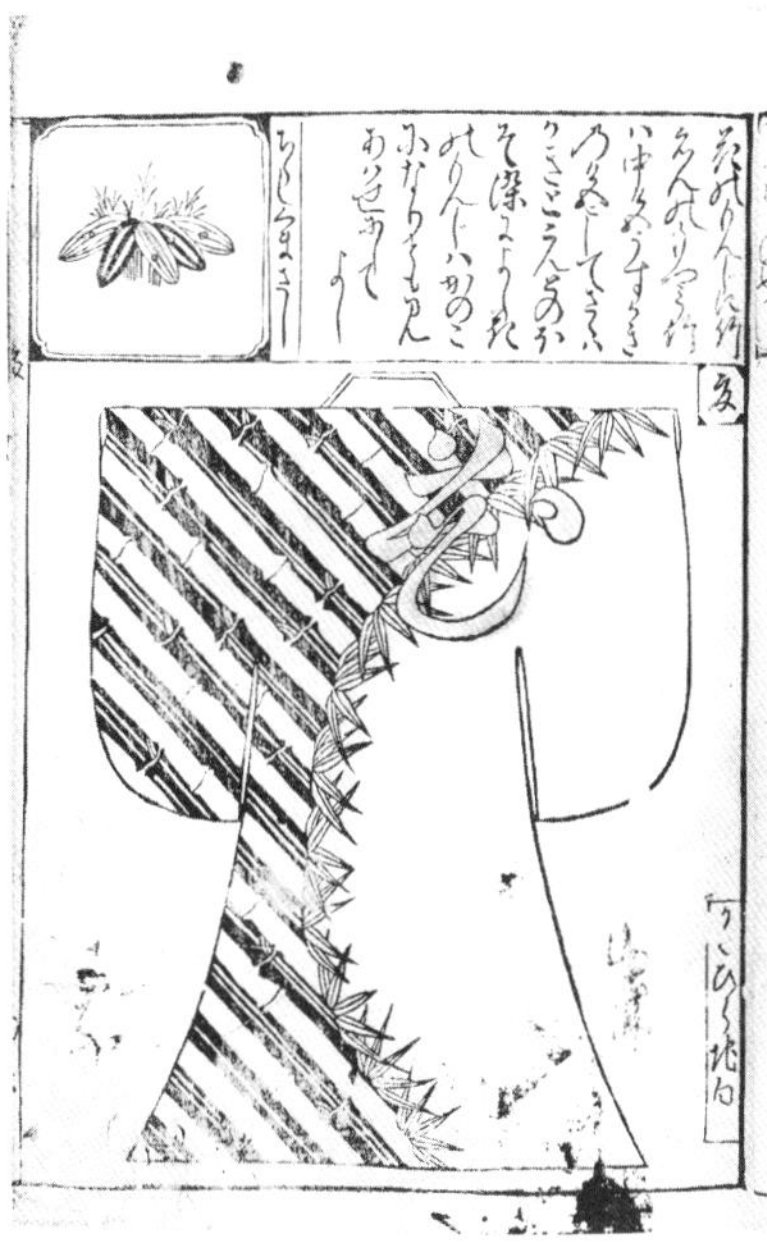

30

【夏】地とくさ《木賊》
なミ《波》の丸にか
きつばた《杜若》にはし《橋》
のもやうなミ
に中色入かのこ《鹿子》
はし紅あさき《浅葱》
入白うハゑ《上絵》にも
よしもやうか
るくして
よし

ちらししよ《書》物

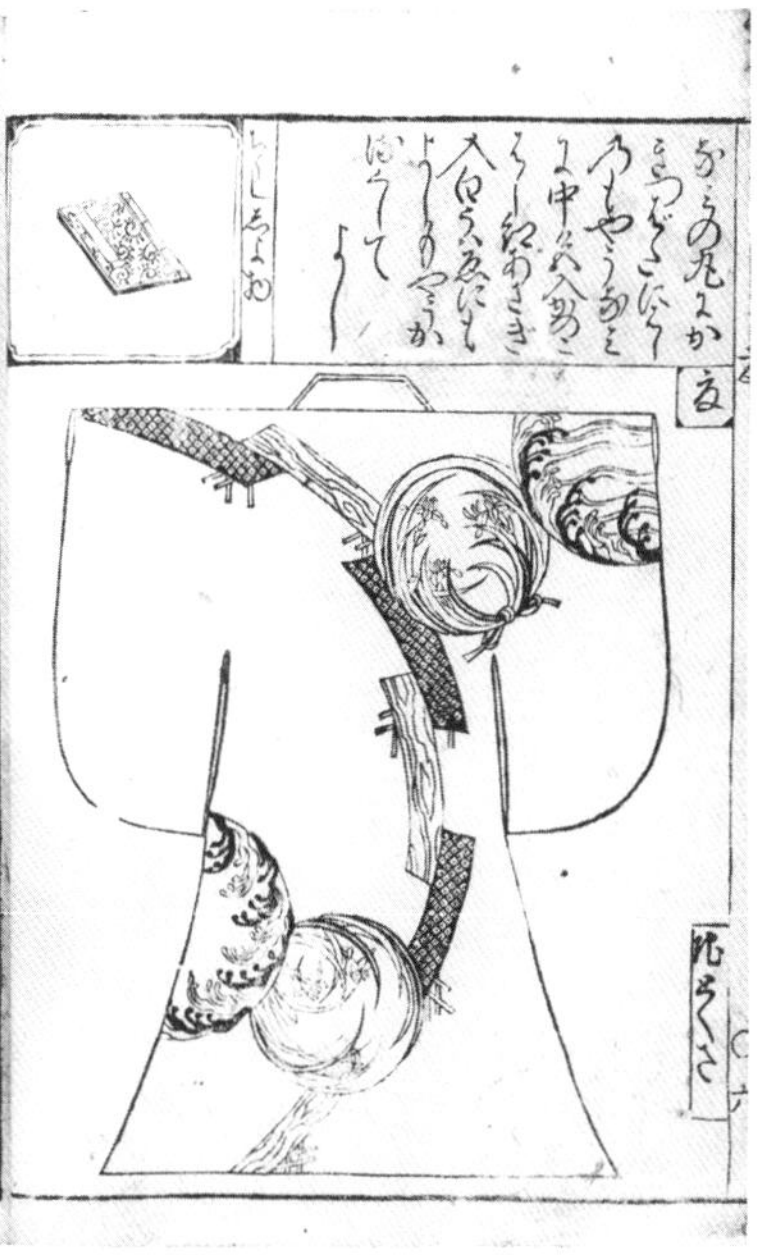

31

【夏】地うこん《鬱金》
ほらの貝にお《緒》
ふさ《総》のもやうかい
にくろ《黒》べ《紅》に浅
きゆひ《結》かのこ《鹿子》
をハこん《紺》なと
の染入にもま
たハ白にもよし
たて《伊達》もやう也

ちらしさ、ふね

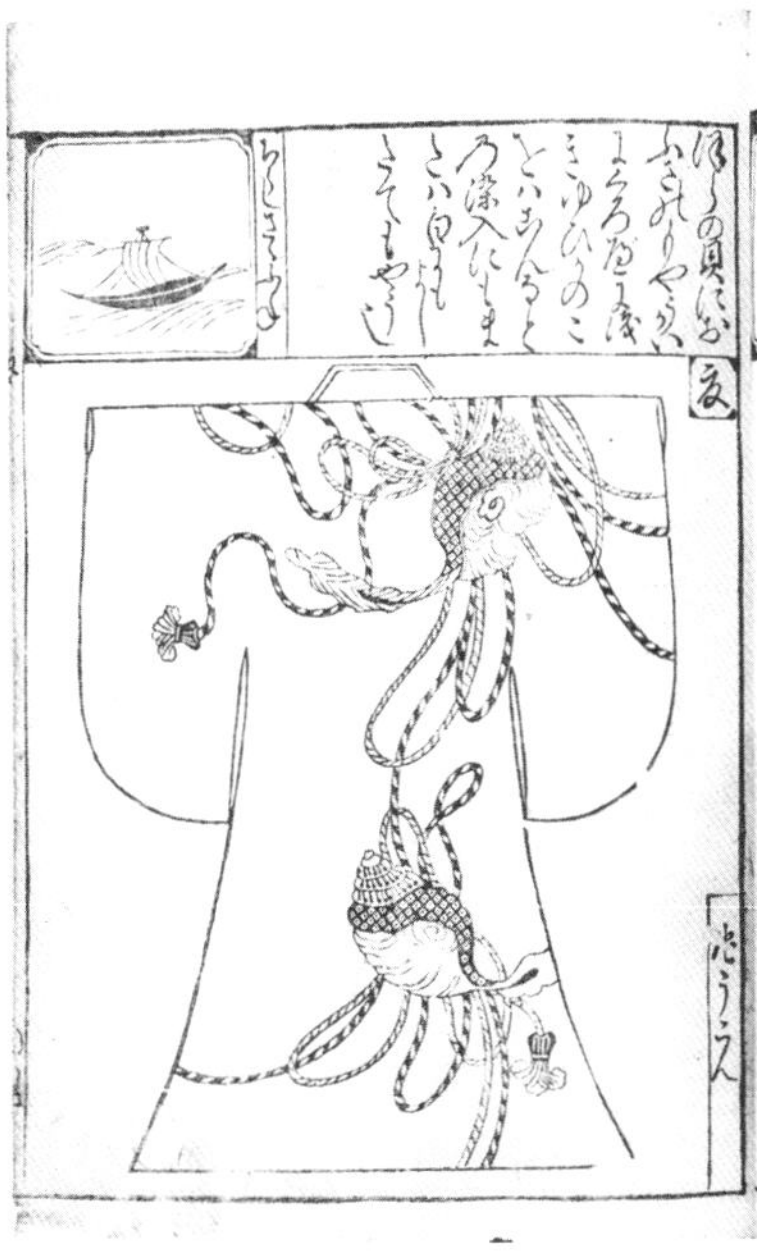

32 【夏】地うくひすぢや
ほふわう《鳳凰》のもん《文》
じ《字》にきり《桐》のも
やうほふ《鳳》の字
を紅かのこ《鹿子》わう《凰》
の字を中
いろ花白中
色にしてよし
たて《伊達》もやう也

ちらしミやうが《茗荷》

33 【夏】地きゝやう《桔梗》かたひら《帷子》
ほとゝきす《時鳥》の
もんじ《文字》ニ籠すゝ《薄》
きのもやう
時の字を紅
のかのこ《鹿子》鳥の
字うすかき《薄柿》こん《紺》
のふち《縁》取すゝ《薄》
きをこん《紺》のほ《細》
そそめ《染》ニして
よし

ちらしさゝふゑ

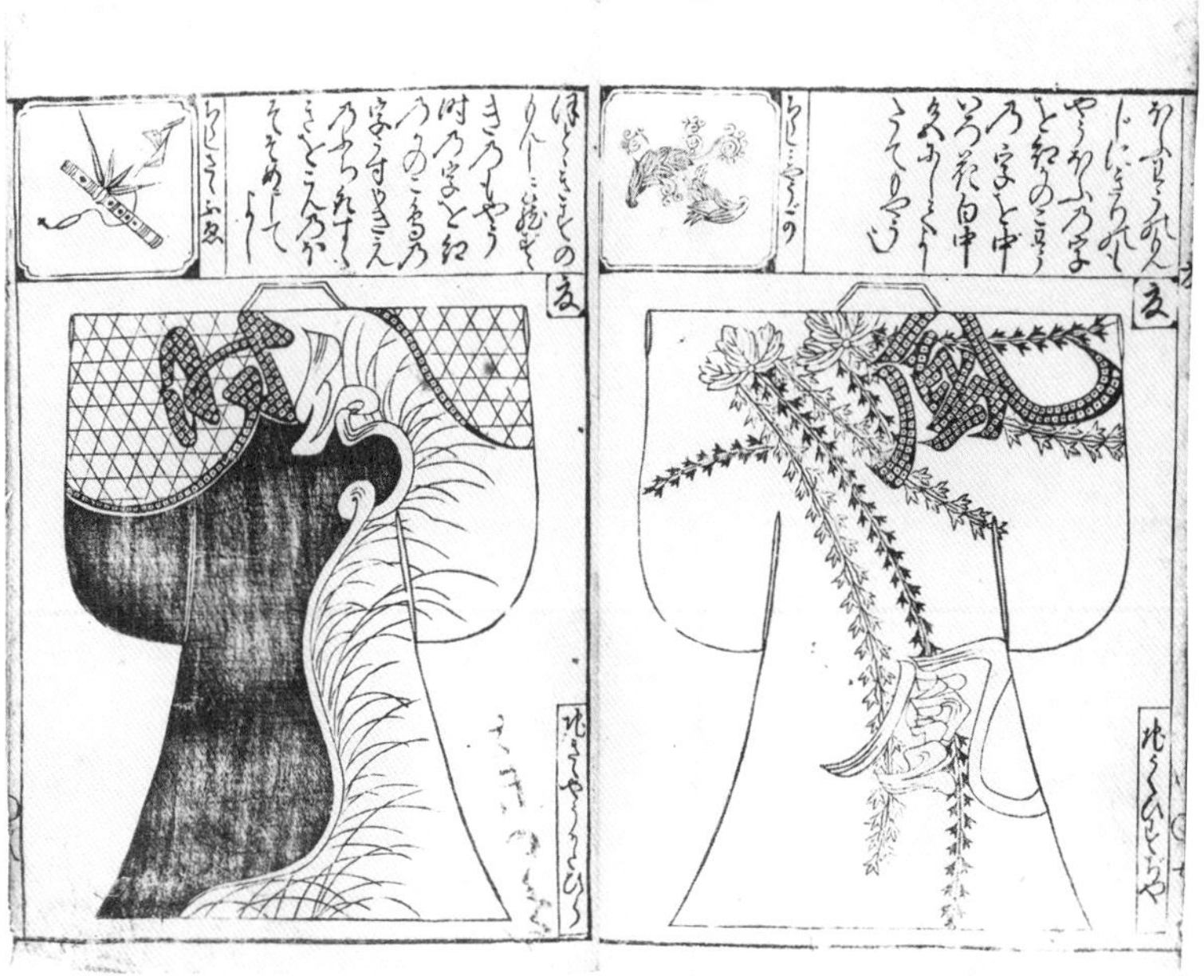

34 【夏】地あひみるちや《藍海松茶》
花いかた《筏》に桜
なかし《流》のもやう
いかた《筏》に紅あさ《浅》
ぎ《葱》かのこ《鹿子》入白う《上》
ハゑ《絵》またハ中
いろにもよし
桜白く水も
ほそく《細》なかし《流》
もやう

ちらしちとり《千鳥》

35 【夏】かたひら《帷子》うすねずミ《薄鼠》
くるくるにさいわい
の見じ字の
もやうくるくる
こん《紺》こいがき《濃柿》
のほそそめ《細染》もんじ《文字》
にきゝやう《桔梗》を入
てよし

ちらしくまかへかさ《熊谷笠》

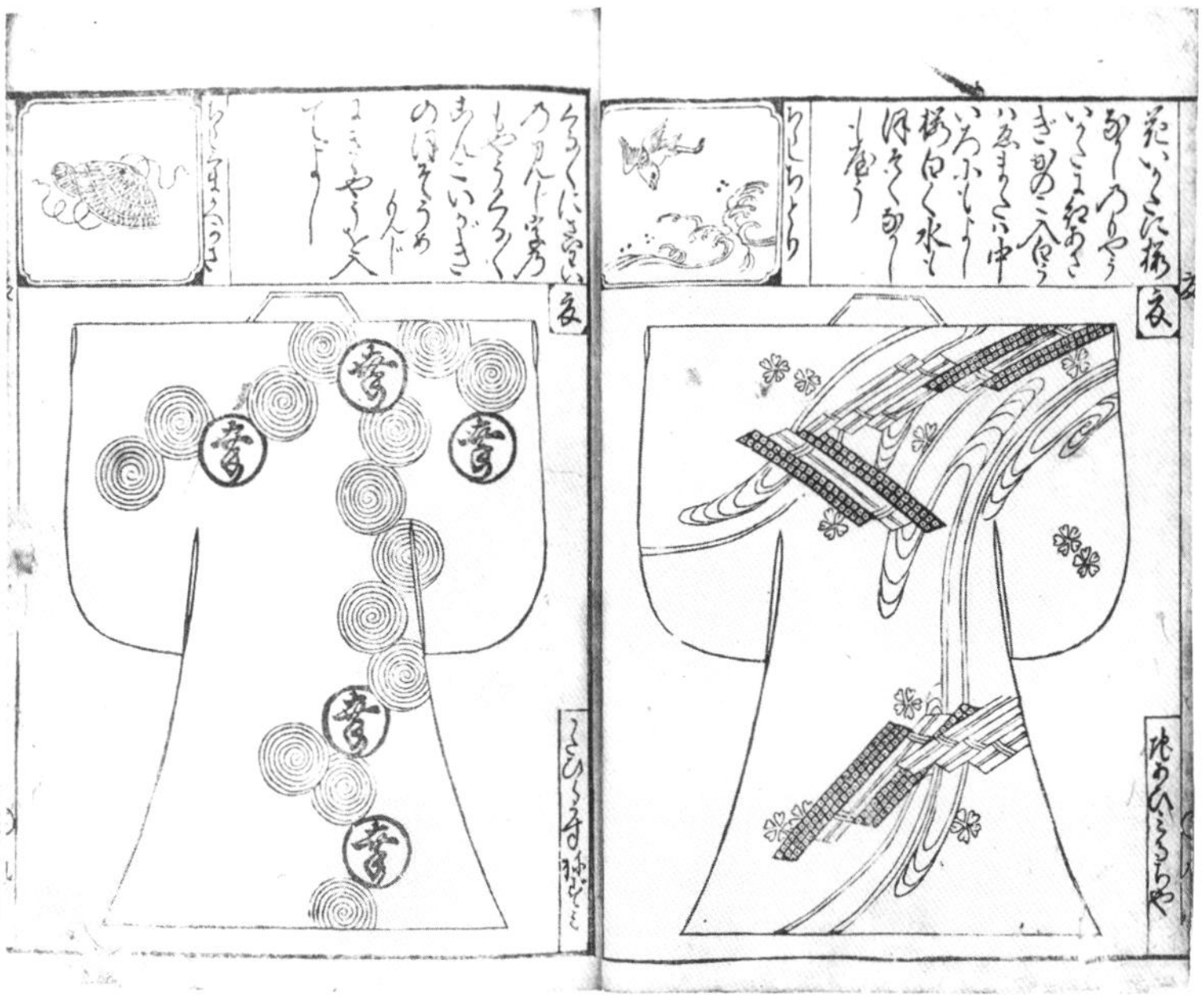

36 【夏】地けんぼう《憲法》
しゆろ《棕櫚》ふから《唐》
くさ《草》のもやう
からくさハ中色
白しゆろ《棕櫚》うのは《葉》
は紅あさき《浅葱》
しぼり《絞》入但中
色をも白を
もとりませて
よし

ちらし水くるま

37 【夏】かたひら《帷子》地白こもん《小紋》入
高砂のもんし《文字》
にくわほうき《桑箒》
のもやうもん《文》
しに《字》ひわくち《鶸朽》
ばかのこ《葉鹿子》入ほうき
ハあさきまつ《浅葱松》
はされかき《葉晒柿》
こもん《小紋》にして
よし

ちらしことのしらべ《琴調》

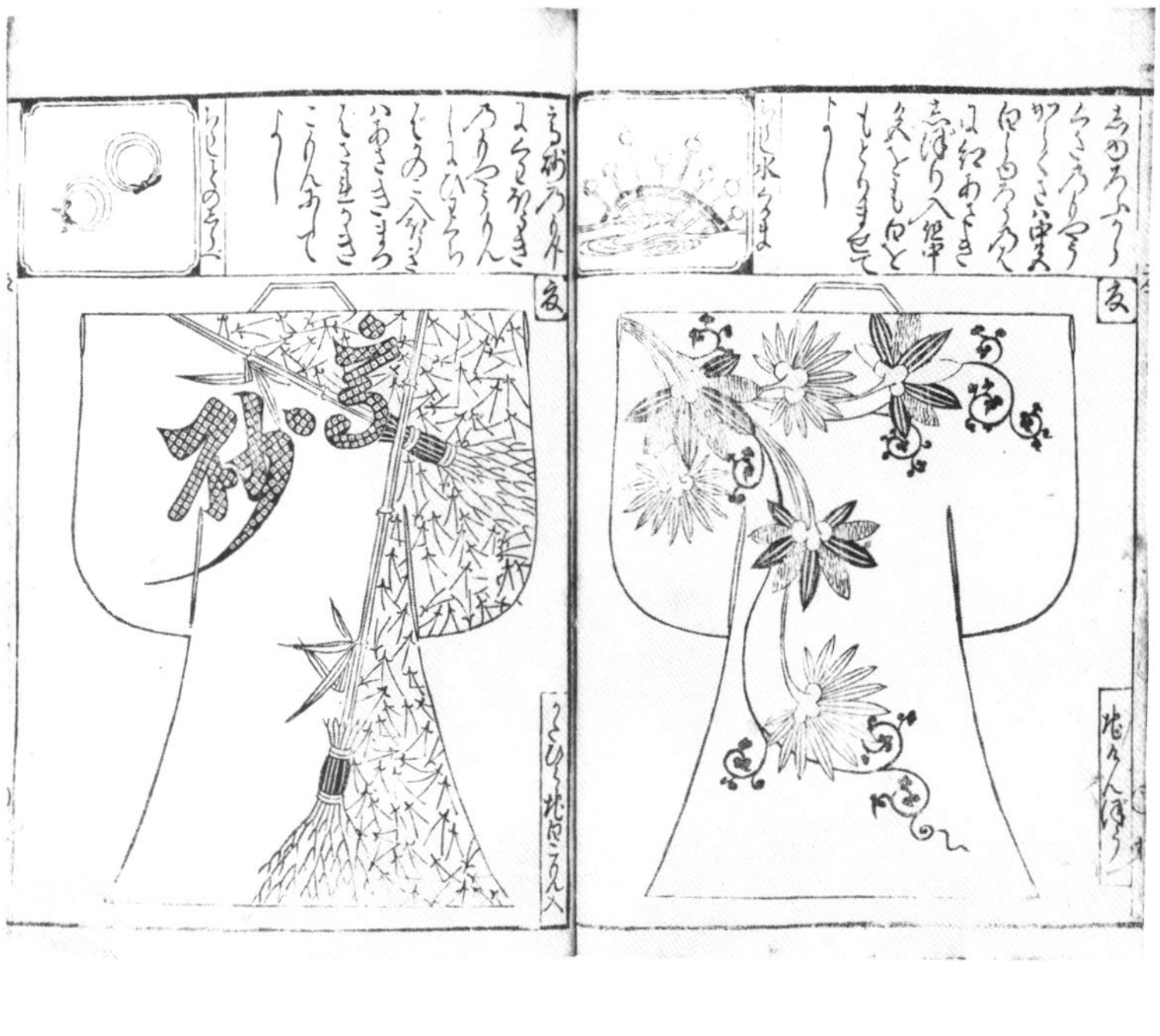

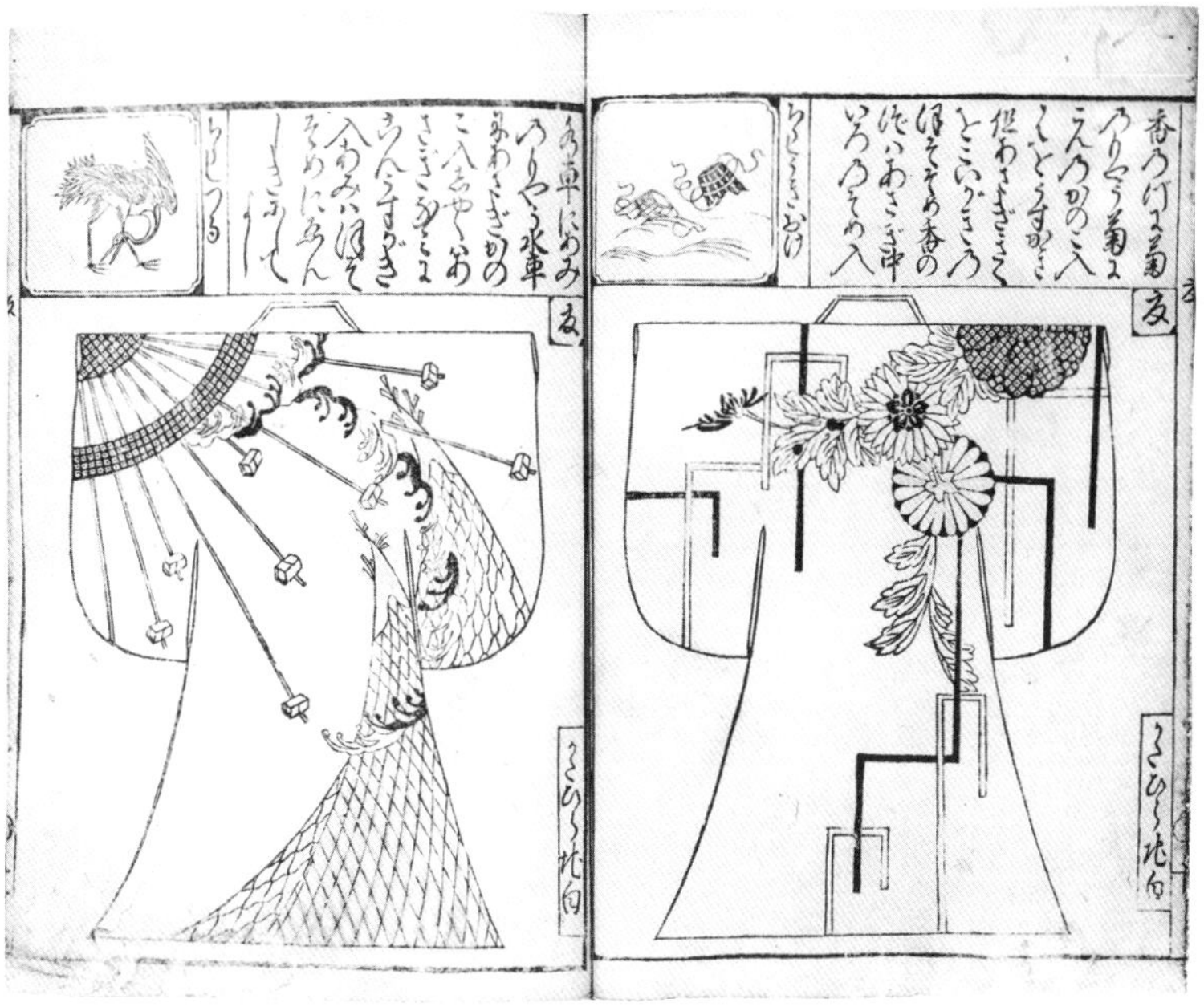

38
【夏】かたひら《帷子》地白
香のず《図》に菊
のもやう菊に
こん《紺》のかのこ《鹿子》入
は《葉》をうすかき《薄柿》
但あさぎ《浅葱》きく
をこいがき《濃柿》の
ほそそめ《細染》香の
ず《図》ハあさぎ《浅葱》中
いろのそめ《染》入
ちらしうきおけ《浮桶》

39
【夏】かたひら《帷子》地白
水車にあみ《網》
のもやう水車
にあさぎ《浅葱》かの《鹿》
こ《子》入しやく《杓》ハあ
さぎなミ《波》に
こん《紺》うすがき《薄柿》
入あみハほそ《細》
そめ《染》にゑん《臙》
しき《脂黄》にして
よし
ちらしつる

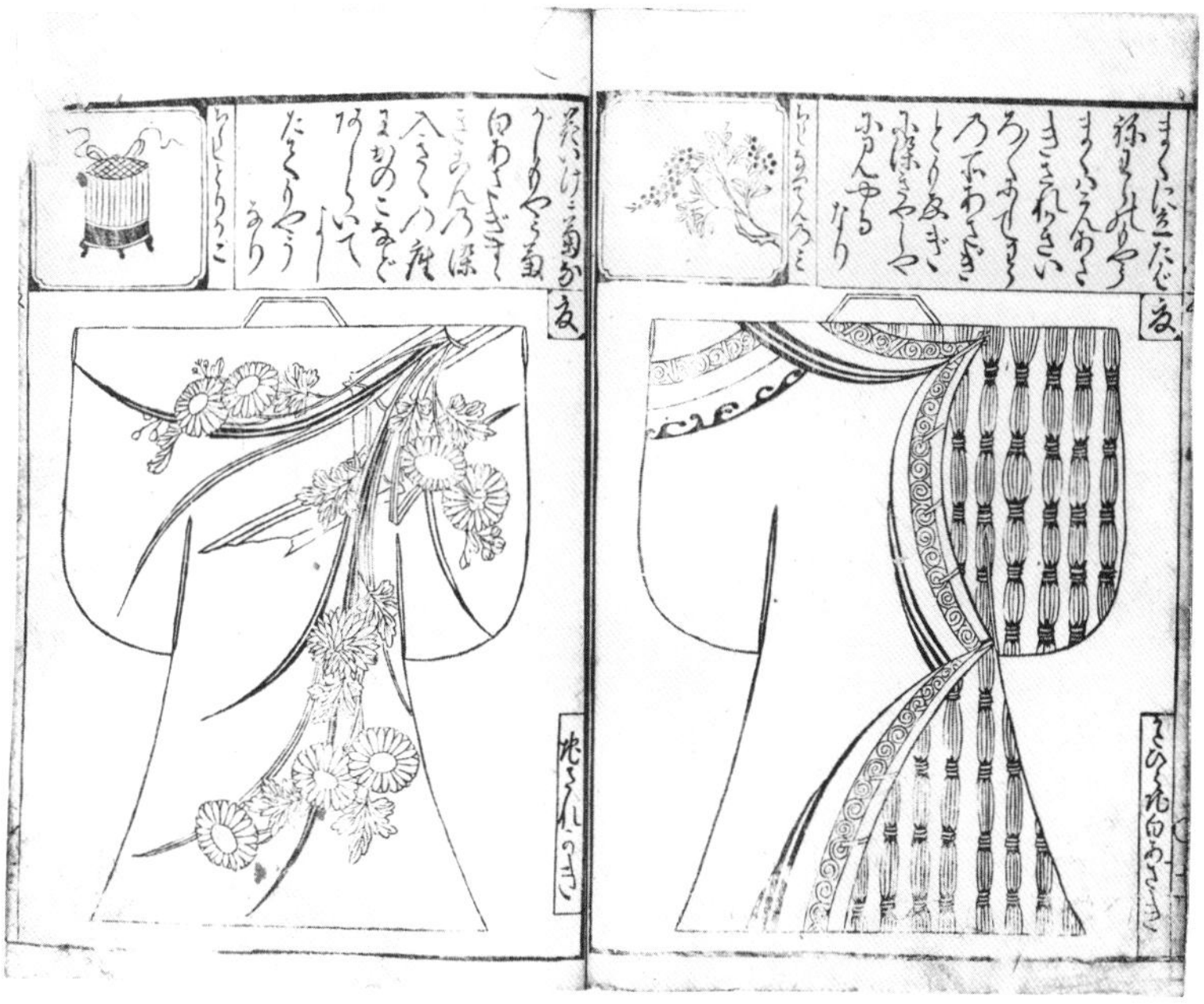

40
【夏】かたひら《帷子》地白あさき《浅葱》
まく《幕》に立たば
ねわら《藁》のもやう
まくハこん《紺》あさ《浅》
き《葱》され《晒》かき《柿》い
ろ〳〵にしてわら
の所あさぎ
ともゑぎ《萌葱》
に染きやしや
に見ゆる
なり
ちらしなんてんのミ

41
【夏】地されかき《晒柿》
花いけ二菊な
がしもやう菊
白あさぎ《浅葱》す《薄》ヽ
きこん《紺》の染
入きく《菊》の座
にかのこ《鹿子》など
あしらいて
よし
たて《伊達》もやう
なり
ちらしとりかこ《鳥籠》

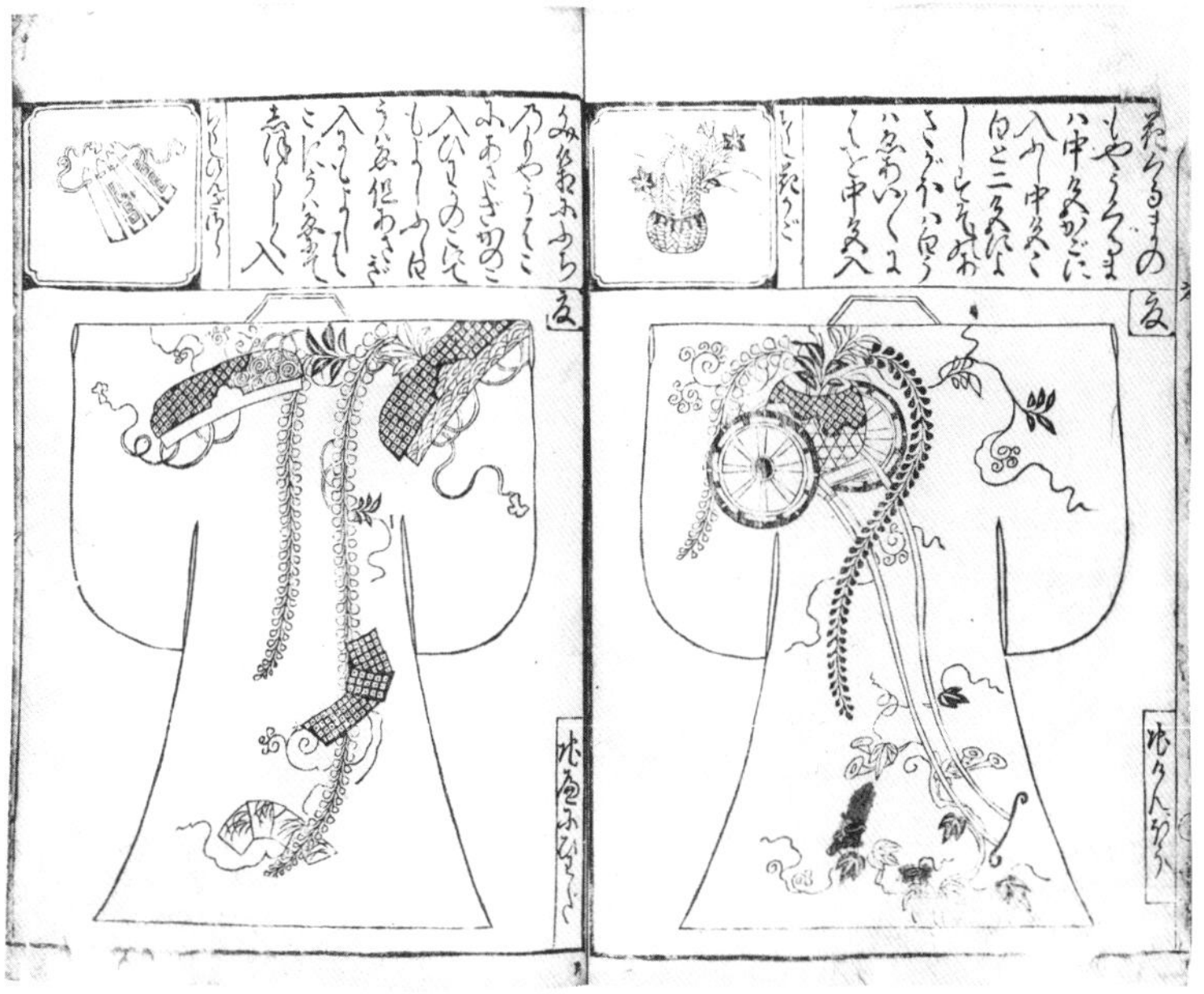

42
【夏】地けんぼう《憲法》
花くるま《車》の
もやうくるま
ハ中色かご《籠》に
入ふし《藤》中色ゝ
白と二色によ
しすそ《裾》のあ
さがほハ白う《上》
ハゑ《絵》あい〳〵に
は《葉》を中色入
ちらし花かご

43
【夏】地べに《紅》ひわた《檜皮》
文箱にふち《藤》
のもやうはこ
にあさぎ《浅葱》かのこ《鹿子》
入ひわ《鶸》かのこにて
もよしふし《藤》白
うハゑ《上絵》但あさぎ《浅葱》
入にもよしは
こにうハゑにて
しほらしく入
ちらしびんざさら

44
【夏】よし長そめ

春夏秋冬に
それ〳〵のく
さはなのも
やう文字に
紅あさぎ《浅葱》かのこ《鹿子》
入くさはなハ
いろ〳〵よし《吉》長
染入また所々
うハゑ《上絵》にも
よし
ちらしまきもの

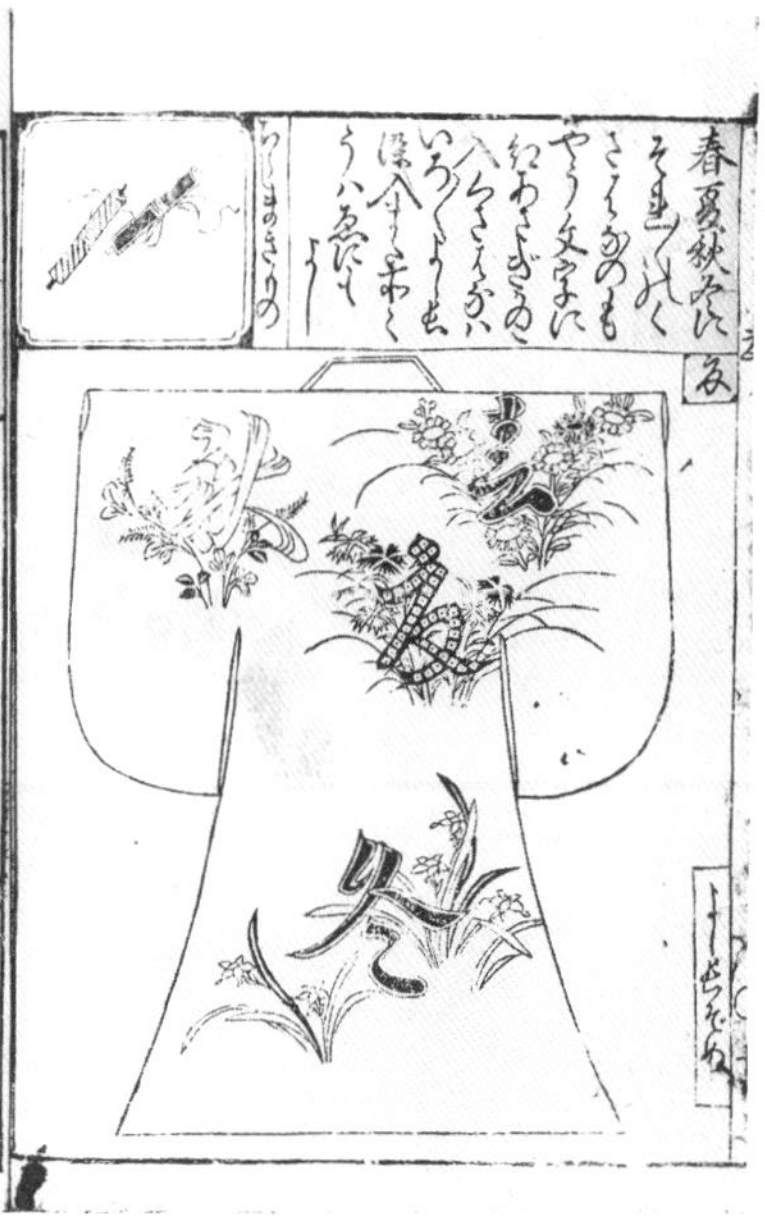

45
【夏】かたひら《帷子》地白

沢鳥の菊の
もやうもんじ《文字》
にひわ《鶸》くろ紅
かのこ《鹿子》入は《葉》をこん《紺》
あさき《浅葱》のそ
め入また袖
なる菊ハか《柿》
きのほそ《細》染
入たて《伊達》もやう
ちらしうつほ

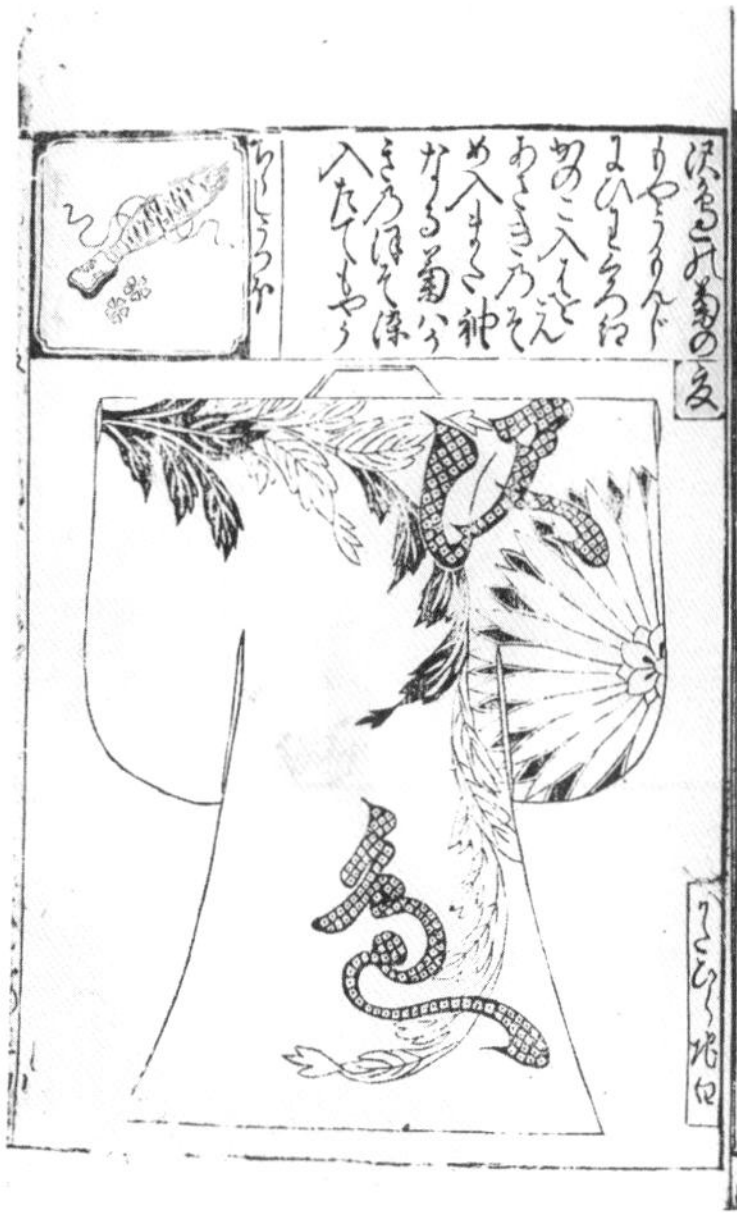

46
【夏】地たまこ《玉子》

桜山辺の
こし《腰》かハり《替》もん《紋》
付さくらも《萌》
ゑき《葱》ねすミ《鼠》
あさき《浅葱》そめ《染》入
下をむらさ
きしほらし
くしてよき
もやうなり
ちらしぶり〳〵

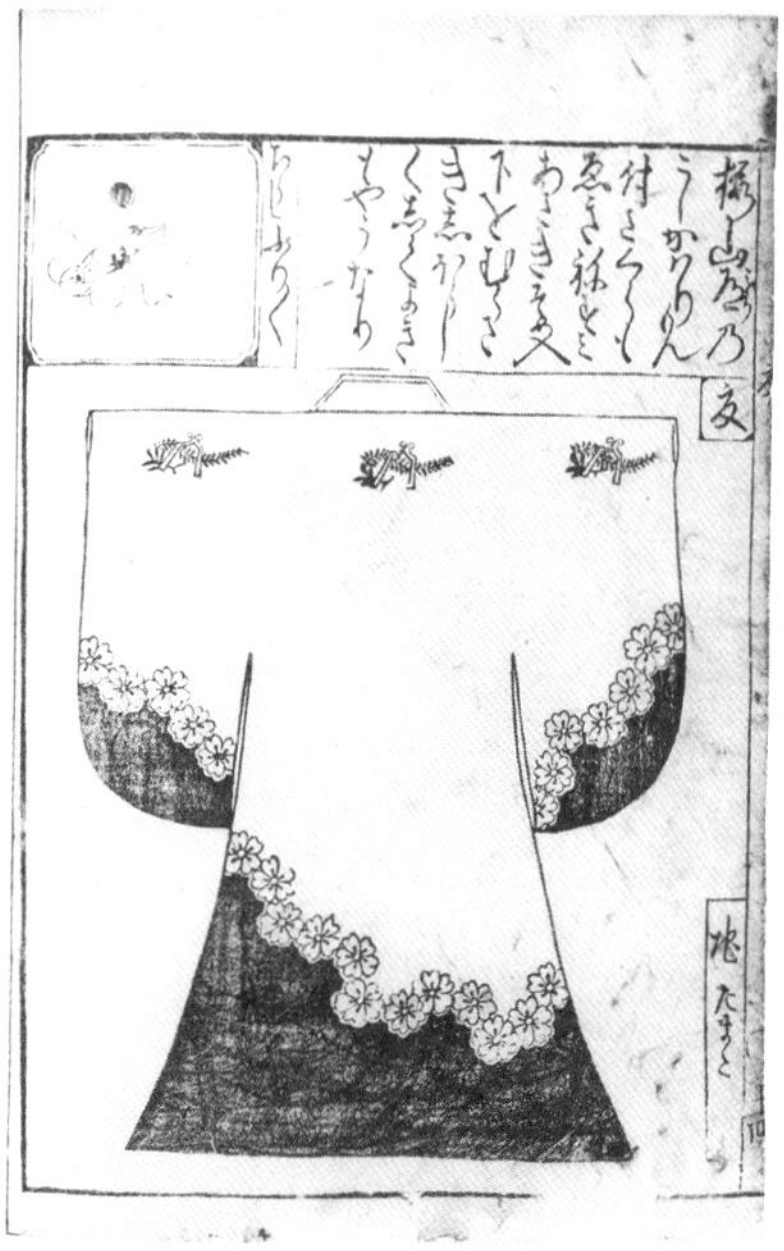

雁金屋の『御用雛形帳』について

河上繁樹

雁金屋の『御用雛形帳』について

河上繁樹

一、雁金屋の衣裳図案帳

江戸時代前期の小袖を研究するうえで重要な資料として、京都の呉服商雁金屋の文書類がある。雁金屋を営んだ尾形家は近江小谷城主の浅井長政の家来筋にあたることから、長政の娘である豊臣秀吉側室淀殿（茶々）、京極高次正室常高院（初子）、徳川秀忠正室崇源院（お江与）らに贔屓にされ、さらに崇源院の娘である東福門院（和子、一六〇七～七八）の御用も務めた。特に東福門院が後水尾天皇に入内してからは、雁金屋にとって東福門院は最大の顧客となった。入内後の元和九年（一六二三）に東福門院が雁金屋に注文した呉服の代金は銀七貫八百六拾四匁に上り、これは幕府大奥の一年分の注文額のおよそ五分の一に相当するといわれる。東福門院の呉服注文はさらにエスカレートしていき、女院が亡くなる延宝六年（一六七八）には半年の間に小袖や帷子約二百件、銀にして九十四貫余りに達した。雁金屋の文書からはこの間の詳細を知ることができる。

雁金屋に関する文書類は『小西家旧蔵光琳関係資料とその研究』（山根有三編著、中央公論美術出版　一九六二年）として公刊されている。光琳は雁金屋尾形宗謙の次男として生まれたが、宗謙の時代に最大の顧客である東福門院を失った雁金屋は没落の一途をたどり、宗謙の長男藤三郎の代で廃業を余儀なくされた。その後、雁金屋の台帳などが光琳のもとへ委ねられ、光琳の息子の養子先小西家に伝来したのである。現在、これら文書類は文化庁と大阪市立美術館に分蔵されている。

大阪市立美術館所蔵分の雁金屋に関する文書類のなかに三冊の衣裳図案帳（以下、大阪市立美術館本と称する）が含まれている。三冊のうち、一冊に万治四年（一六六一）、別の一冊に寛文三年（一六六三）の表紙がつけられ、残りの一冊には年記がない。これら三冊は後世の改装によってかなりの錯簡があることが指摘されているが(注1)、結果として三冊は少なくとも万治四年五月三日から同年十月二十四日、寛文三年正月四日から十二月二十一日の呉服注文の控えであることが確認されている。

さて、大阪市立美術館本の三冊はともに共通する体裁を成し、一頁に小袖の背面もしくは前面をあらわし、図案を描き、さらに文様の色や技法、注文を受けた月日、あるいは出来上がりの月日、さらに一部には注文主の名前を書き込んでいる。(図84〈万治四年御畫帳〉、図85〈寛文三年御絵帳〉)。注文主には「女院御所様」つまり東福門院をはじめ、その娘である「女三宮様」（一六二九～七五）や「女五宮様」（一六三二～九六）などの名前を散見することから、この三冊が東福門院を中心とする女院御所の呉服注文の控えであったと判断される。図案は約五百種にも及び、御所で好まれた様々な小袖意匠をうかがい知ることができる。

注1　仲町啓子「大阪市立美術館保管『雁金屋雛形帖』三冊の復原試論」（昭和五十七年度科学研究費補助金一般研究（B）研究成果報告書『雁金屋雛形の染織史的絵画史的研究―小西家伝来光琳関係資料を中心に―』）所収

注2　内山政雄「江戸時代刊行小袖雛形の研究報告」（『日本古書通信』一九六一年八月）
　三橋佐江子「模様雛形本集成―元禄まで―」（『天理大学学報』三九―一四一九六二年）

二、川島織物所蔵の『御用雛形帳』

（一）伝来と注文主

京都の株式会社川島織物には大阪市立美術館本に類似する寛文四年（一六六四）の『御用雛形帳』（以下、川島織物本と称す）が所蔵されている。この『御用雛形帳』についてはすでにその存在が報告され（注2）、あるいは論文も発表されている。西本周子「雁金屋衣裳図案帳について」（美術史一一三号　一九八二年）においては、尾形光琳の芸術の源流を辿るという目的の一環として川島織物本を取り上げ、大阪市立美術館本が尾形光琳の父宗謙の雁金屋の衣裳図案帳であるのに対して、川島織物本は宗謙の異母兄にあたる宗甫の尾形本家に伝えられたものと判断されている。西本氏が指摘されるように、宝永八年（一七一一）尾形新三郎という墨書がある別の図案帳が存在することから、尾形本家が呉服商として存続していた事実が判明し、その宝永八年本と伝来をともにする川島織物本がかつて尾形本家にあったことは確かであろう。

しかし、それが直ちに尾形本家の呉服注文帳と断定できるのかは疑問が残る。大阪市立美術館本と川島織物本とでは、記入事項の形式、筆跡、図案の細部において相違があるため、同一人の手によるものではないことは認められるのだが、両者にみられる文様の構成法や造形感覚には多くの共通点が感じられ、同一工房の図案帳であった可能性も残しておいたほうがいいように思う。

いずれにせよ、大阪市立美術館本と川島織物本はともに東福門院を中心とする注文控えであることに相違はない。両者にはともに注文主として東福門院の娘や孫、縁者たちの名前が記されている。最もしばしば登場する「女三宮様」は後水尾天皇の皇女顕子内親王であり、生母は東福門院である。「女五宮様」はやはり東福門院の娘賀子内親王で、二条光平の室となった。「女五宮様」の娘が大阪市立美術館本に記された「二条姫君様」で、東福門院の孫娘にあたる。この姫宮は寛文二年九月十日に甲府の徳川綱重に嫁したため、寛文四年の川島織物本では「甲府姫宮様」と呼ばれた。「御台様」は四代将軍徳川家綱の室であった伏見宮貞清の娘顕子である。川島織物本の六月二十三日付けの小袖七点の注文主である「鷹司様姫君様」は寛文四年九月二十一日に徳川綱吉へ嫁した鷹司房輔の娘信子であろう。東福門院自身の名前は大阪市立美術館本に「女院御所様」として数例が記されるに過ぎず、川島織物本には見られないが、それは「（三）御服の代金」で述べるように大半が東福門院の注文であったためいちいち名前を記さなかったものと考えられ、大阪市立美術館本も川島織物本もともに女院御所の注文控えであったと判断できるのである。

（二）仕様

川島織物本は、縦二八・四センチ、横二一・七センチの大きさの袋綴じ装にして、表紙に「御用雛形帳　貳」と題し、さらに内表紙に「萬御呉服繪之留帳　寛文四年甲辰十月廿五日」と記して、以下小袖九九図・帷子七四図、帯一五図が日付順に綴じられている。但し、後世に改装された際に八三・八四番が八六番と八七番の間に挿まれるという錯簡が一ヶ所生じている。小袖は一番が二月九日の日付に始まり、五月一日から七月十三日までは帷子（但し、閏五月十四日の女三宮様分、六月二十三日の鷹司様姫君様分は小袖）が続き、七月二十九日以降は再び小袖となって最後の一七三番が十月二十五日で終わる。それに続いて帯の図案が描かれている。帯は五点が一月六日、一点が二月十二日、九点が八月六日の日付である。日付はすべて出来上がりの日を示すものと考えられる。

小袖・帷子に関しては、一頁ごとに背面の図案を描き、図中に地色や文様の色・技法を書き入れ、右袖下の余白に代金と日付、通し番号を記し、一部には注文主の名前も書かれている。左袖下の余白には小袖の生地・地色・文様の技法などが記述されている。図中の書き込みを含めて、記述は一人の手でなされているので、ほぼ一定した書き方である。また、左頁のみ左袖下の空欄に後世に書き込まれたと思われる百一番から始まる整理番号が記される。

帯は上下二段に分けて図案が描かれ、左頁の綴じ口寄りに日付、通し番号、小袖の生地・地色・文様の技法、代金が記されており、図中にも文様技法が書き込まれている。また、小袖と同様に左頁のみに後世に書き込まれたと思われる整理番号の続きが記され、それは百九十五番で終わっている。

（三）御服の代金

大阪市立美術館本に見られない項目として、川島織物本には各小袖・帷子・帯のいずれにも代金を書き入れている。小袖の最高金額は銀五百目、最低金額は三百七十匁、帷子は四百六十六匁から三百三十九匁までで、小袖に比べて夏の帷子のほうが相対的に安価である。帯は百九十九匁から百三十目までである。

どうして、川島織物本は細かく代金を書き入れたのであろうか。それは寛文三年に幕府が出した禁令と関係すると思われる。禁令には「一、女院御所姫宮方上之御服、一おもてニつき、白銀五百目より高価ニ仕間敷候…　一、御臺様上之御服、一おもてニ付、白銀四百目より高価に仕へからす…　一、御本丸女中上之小袖、一おもてニつき三百目より高価ニいたすましく候…」とあり、公家や武家の女性の小袖の金額の上限を定めている。この禁令を意識して、寛文四年の注文台帳に代金を書き添えたのであろう。

川島織物本では小袖・帷子一七三図中、女院御所姫宮方にしか許されない四百目以上の小袖が九五点を数え、そのうち上限とされる五百目の小袖が八四点もある。四百目以上の帷子は五八点であり、四百目以上の小袖・帷子は一五三点にものぼる。つまり、川島織物本の注文主はほぼ女院御所姫宮方を主とした公家の女性に限られると見て差し支えない。注文主が判明するものについては、「女三宮様」十例のうち小袖五例が五百〜四百九十五目、帷子五例が四百二十五〜三百七十三目、「甲府姫宮様」一例は帷子で四百三十目、「御台様」一例は小袖で五百目、「鷹司様姫君様」七例は小袖で四百〜三百七十目となっており、「鷹司様姫君様」以外は四百目を超えた金額である。「御台様」「甲府姫宮様」は徳川家の夫人という立場からすると禁令に従って四百目以下でなければならないが、女院御所の誂えということで四百目以上の小袖が許されたのであろう。注文主の名前が記されていない小袖も五百目が七八点もあり、これは大半が東福門院の所用と考えられる。

因みに、延宝六年（一六七八）の「女院御所様御用御呉服諸色調上申代付之御帳」（注3）の場合は、小袖九九点のうち「女院御所様御めし」と明記されたものは八七点で、そのうちの七一点が五百目であり、帷子については九六点のうち七十点が「女院御所様御めし」、その代金は最高額の三百九十八目から最低でも三百六十七目である。同資料に記された御遺物の小袖が三百目程度、帷子が二五十目程度であるのに比べると、東福門院の所用分は数量も多く、高額に集中している。川島織物本も同様の傾向を示している。

（四）生地

川島織物本の小袖を見ると、生地は一七三図中、綸子七七、りゅうもん綸子一五、りゅうもん一、縮緬六、るいなし七四という内訳になる。「るいなし」とは生地の種類ではなく、「類がないほど上質の」という意味である。延宝六年の「女院御所様御用御呉服諸色調上申代付之御帳」では夏の帷子についてすべて「御地上々類なし」あるいは「御地るいなし」という表記がなされており、帷子に用いる上質の上布を指していることがわかる。川島織物本でも「るいなし」は五月一日から七月十三日の期間に集中しているから、帷子の生地を指していると見て間違いない。

絹織物では綸子が多く、これに続くのが「りうもん綸子」である。綸子は五枚繻子地にその裏組織で地紋を織りだした後染の絹織物をいう。「りうもん」は「竜紋」と書かれるが、本来「綾文」であり、織り目が斜めに続いた無文の綾織の絹織物を指した。享保十七年（一七三二）刊の『万金産業袋』では「綸子」と「竜紋」は明らかに区別されている。「りうもん綸子」とはいささか矛盾した呼称のように思えるが、これは繻子組織で織られた無文の絹織物、つまり繻子や絖に類したものを指すのではないかと考えられる。現存する小袖を見ると、国立歴史民俗博物館所蔵の野村コレクションの小袖屏風には後水尾天皇第二皇女昭子内親王着御とされる絖地の小袖が存在し、あるいは奈良円照寺に伝来する東福門院所用とされる小袖直しの打敷も五枚繻子組織の絖であるので、こうした絖地を当時は「りうもん綸子」と呼んだのではないかと推測するのであるが、これだけでは断定できない。

（五）地色

小袖の地色は、（表1）に示したように、黒紅一〇三、白五七、赤紅九、浅葱九などであり、小袖・帷子ともに圧倒的に「黒紅」が多い。時代が下るが、明和九年（一七七二）刊の『諸色手染草』によれば、黒紅染は「すわうにめうばん少し入。二へん染てびんろうじにてくろみかけてよし。又本黒紅染色は下地を紅にそめ、びんろうじにて染てよし。」とある。川島織物本の黒紅は、あらかじめ紅に染めておき、それに黒（檳榔樹を鉄塩で発色させる）をかけた本黒紅染で、黒のなかに紅の赤みが感

（表1）地色・生地別一覧表

地色＼生地	綸子	りうもん綸子	りうもん	縮緬	るいなし	総計
黒紅	46	4	-	3	50	103
白	27	7	-	1	22	57
赤紅	3	2	1	3	-	9
浅葱	4	1	-	-	4	9
紫	1	4	-	-	-	5
桔梗	-	-	-	-	3	3
紺	1	-	-	-	-	1
（不明）	1	-	-	-	-	1
総計	82	18	1	7	79	184

＊染分け等2色以上に染められたものは各色別に数えた。

注3　山根有三編著『小西家旧蔵光琳関係資料とその研究』（中央公論美術出版　一九六二年）所収。この文書の内容に関しては、馬場まみ「『雁金屋東福門院御用呉服書上帳』に関する研究」（『風俗』三二―四号　一九九三年四月、同三五―三号　一九九六年十一月）によって詳細な分析がなされている。

（表２）文様の種類

文様	小袖	帷子	総計
菊	54	37	91
文字	27	24	51
筋	18	18	36
葉	16	20	36
唐花	14	10	24
波	13	9	22
車	11	11	22
水	9	7	16
左巻	11	5	16
藤	5	3	8
敷瓦	7	1	8
網目	5	3	8
篭目	5	3	8
杜若	2	3	5
滝	3	0	3
石畳	1	1	2

じられる厚みのある色相であったと考えられる。

（六）文様

文様はいわゆる寛文文様と呼ばれる文様構成が多く見られる。すなわち、肩から裾にかけて、文様を逆「C」の字あるいは「て」の字に構成して左脇に余白をつくる構図である。

この文様構成は寛文七年（一六六七）刊の『御ひいなかた』とも共通するところであるが、文様の内容については『御ひいなかた』に中国の故事や古典の和歌、物語に取材した文様が少なからず含まれているのに比べると、川島織物本にはそうした例は比較的少ないが、『御ひいなかた』には見られない『和漢朗詠集』に取材した漢詩の意匠が三例ほど見いだされる。その他にも文字を意匠化した例を散見する。文様の種類は（表2）に示すように、植物では菊が多く、次ぎに木の葉や唐花があり、藤、杜若などがわずかに見られる。器物としては牛車の車輪や片輪車が取り上げられ、それを流水や波と組み合わす意匠が見られる。他には具体的な文様ではないが、筋文様が目立ち、なかでも当時「左巻」と呼ばれた斜めの筋が目立つ。筋は文様全体を構成する重要な要素として働いているが、幾何学的な筋以外にも細長い葉や流水、滝、竹、雪などが幾重も並べられて、筋と同様の働きをしながら文様を構成し、意匠に動感を与える場合が少なくない。また敷瓦や石畳、網目、籠目などを割り付けた例もあるが、そうした割り付け文様も袖口から裾へかけて置かれた動きのある文様と組み合わせることで全体として躍動感のある意匠を生み出している。

文様の表現技法については、絞りと刺繍に限られ、絞りはほとんどが鹿の子絞りであり、刺繍は紫や萌葱の糸を用いるほか、金糸繍が多用されている。

三、女院御所の寛文小袖―結びにかえて―

川島織物本は東福門院を中心とした女院御所の寛文四年時の小袖注文に関する貴重な資料である。そこに見られる小袖意匠の大半は、いわゆる寛文小袖の様式を示している。寛文小袖といえば、寛文六年（一六六六）に刊行、翌年に一部改訂されて再版された『御ひいなかた』のイメージが強く、ともすれば町人の小袖として位置づけられてしまう。確かに『御ひいなかた』は当時の裕福な町人を対象に出版され、そうした富裕な町人のファッションに影響を与えたと思われる。しかし、小袖雛形本のなかでも最も初期の出版とされる『御ひいなかた』の段階では、まだ雛形本が町人層のファッションをリードするほど出版物として市場の拡充と広い読者層を獲得できていなかったと見られ（注4）、必ずしも『御ひいなかた』が即町人のファッションという一辺倒な見方は危険である。

現存する寛文小袖を概観してみても、菊の文様が多く、鹿の子絞りと金糸の刺繍による技法の小袖が目立ち、『御ひいなかた』よりも川島織物本にあらわされた小袖に類似したものが多いことに気づく。川島織物本に見られるような文様は御所風のスタ

注4　丸山伸彦「小袖雛形本研究序章―近世の流行における出版の役割を中心に―」（『日本美術史の水脈』ぺりかん社　一九九三年）

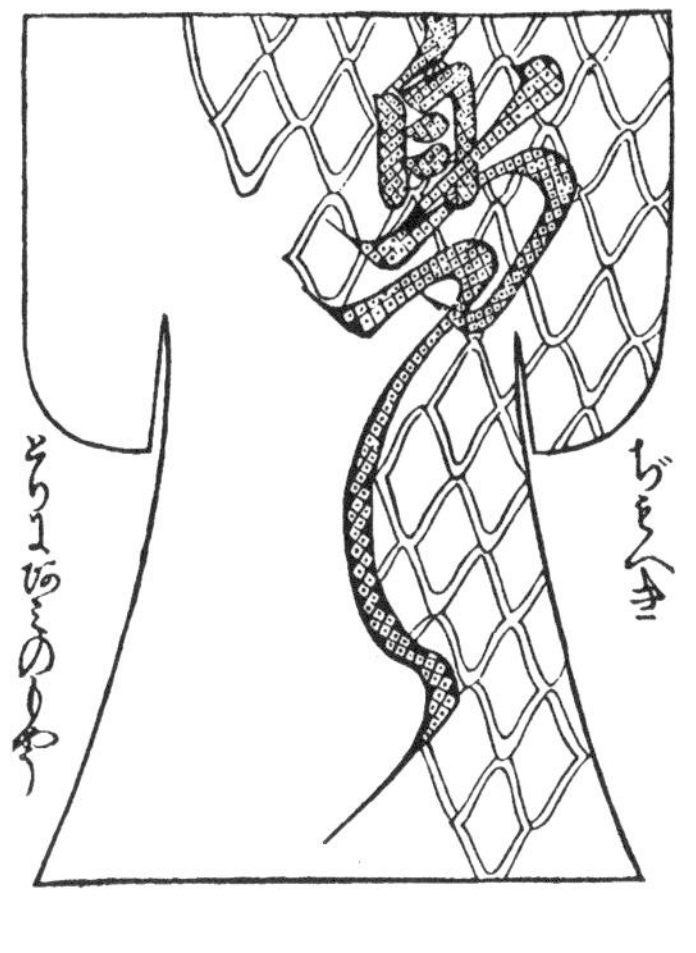

挿図1『御ひいなかた』「とりにあみのもやう」

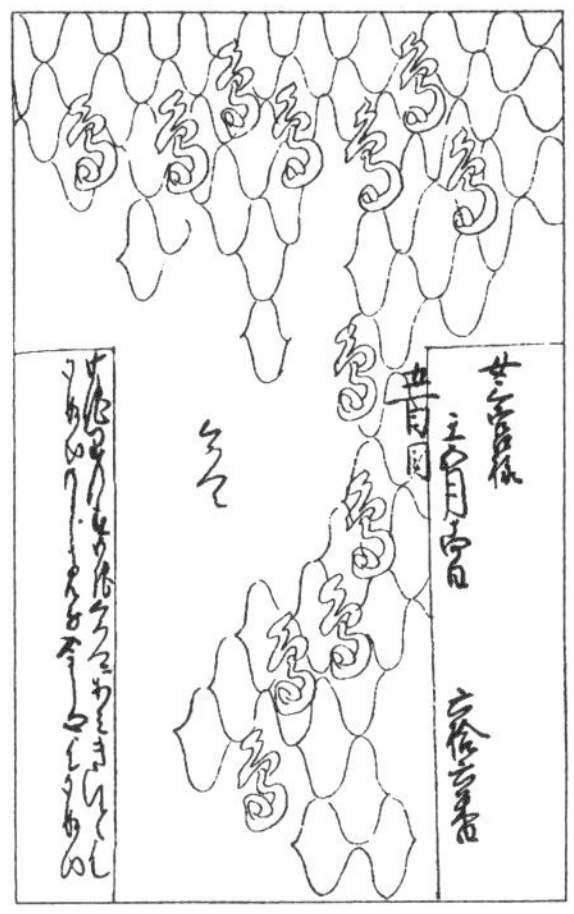

挿図2「女三宮様」小袖

挿図3「御台様」小袖

イルとして認識され、『御ひいなかた』に取り入れられたのではないだろうか。川島織物本のなかには『御ひいなかた』に先行する類似の文様が見られる。例えば、『御ひいなかた』上巻の「とりにあミのもやう」（挿図1）は、川島織物本の六十六番の「女三宮様」が注文した「鳥」文字に網の文様（挿図2）と同趣向の意匠である。文字の大きさが『御ひいなかた』では大きく一文字、川島織物本では小さく複数を配す違いはあるが、川島織物本では他に大文字をデザインした例が多数見られるので、文字の大小の違いは本質的な問題ではない。川島織物本の百二十九番の「御台様」が注文した小袖（挿図3）は文字が「千鳥」になっているが、やはり「女三宮様」の小袖と類似の意匠である。「御台様」は四代将軍徳川家綱夫人を指しているから、出自が伏見宮の姫宮とは言え、武家夫人という立場で同様の小袖を着たのである。この時期は身分によって意匠が制約されることはなく、むしろ身分を超えたデザインの交流があったと思われる。

『本朝世事談綺』によれば、御所染は「寛永のころ、女院の御所にて好ませられ、おほくの絹を染させられ、宮女、官女、下つかたまでに賜る。此染京田舎にはやりて御所染と云」とあり、すでに寛永のころから女院御所の小袖が世間でもてはやされていたと伝える。下って延宝二年（一六七四）出版の『御所雛形』では序文に「遠くも近くも都鄙に渡りて人の衣服を見るに、此模様の風流ハ御所かたにしくハなし」と述べ、御所の小袖を賞賛している。あるいは当代一流のファッション・リーダーとも言うべき八千代（図80）や小藤（図81）のような太夫も、御所の女性たちの髪形をまねた「御所髷」を結っていた。このように寛文期を中心にその前後のころには御所のスタイルが市井のファッションに影響を与えていたのである。

二代将軍徳川秀忠の娘に生まれた東福門院は後水尾天皇のもとへ入内して、公武の調整役を努めて政治的に重要な役割を果たすいっぽうで、幕府の財源を背景に豪華な衣裳を大量につくり、御所風ともいうべきスタイルを確立した。大阪市立美術館本や川島織物本は、そのスタイルを具体的に伝える重要な資料である。特に川島織物本では小袖の代金が記されていることから、所用階層が明確に把握できる点でも貴重である。

今回、所蔵者の御好意により、幸いにも川島織物本の調査をする機会に恵まれ、さらに一部を公開する許可を得ることができたので、川島織物本の内容を一覧表にし、任意の小袖・帷子八〇図と帯四図を掲載して、釈文を付した。微力ながら今後の研究に資することができれば幸いである。

最後になりましたが、貴重な資料を調査・公開させていただくことを御許可いただいた株式会社川島織物、ならびにご尽力をいただいた川島織物文化館長の森克巳氏に感謝申し上げます。

〈東福門院関係略系図〉

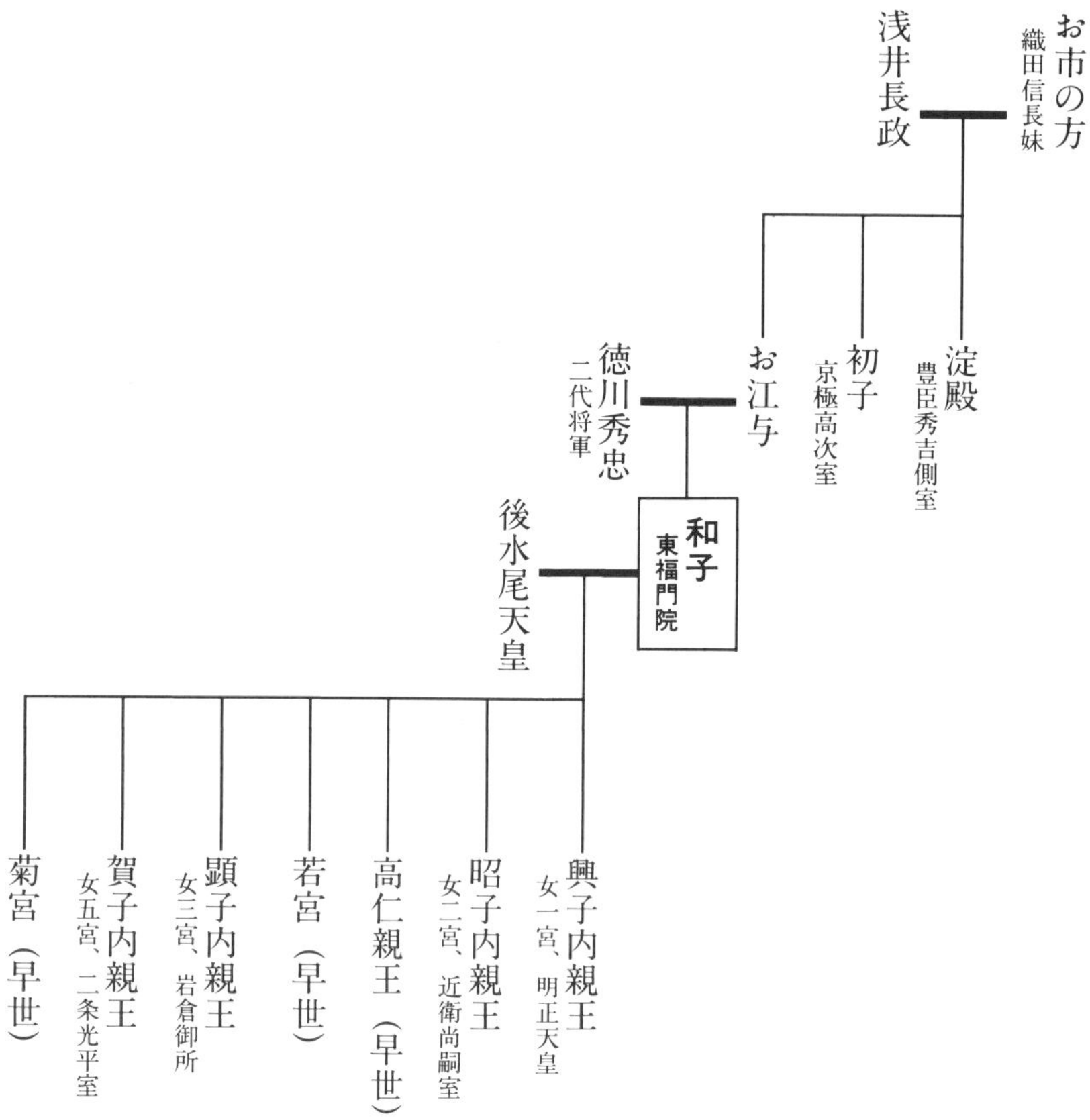

お市の方
織田信長妹
浅井長政
淀殿
豊臣秀吉側室
初子
京極高次室
お江与
徳川秀忠
二代将軍
和子
東福門院
後水尾天皇
興子内親王
女一宮、明正天皇
昭子内親王
女二宮、近衛尚嗣室
高仁親王（早世）
若宮（早世）
顕子内親王
女三宮、岩倉御所
賀子内親王
女五宮、二条光平室
菊宮（早世）

〈雁金屋略系図〉

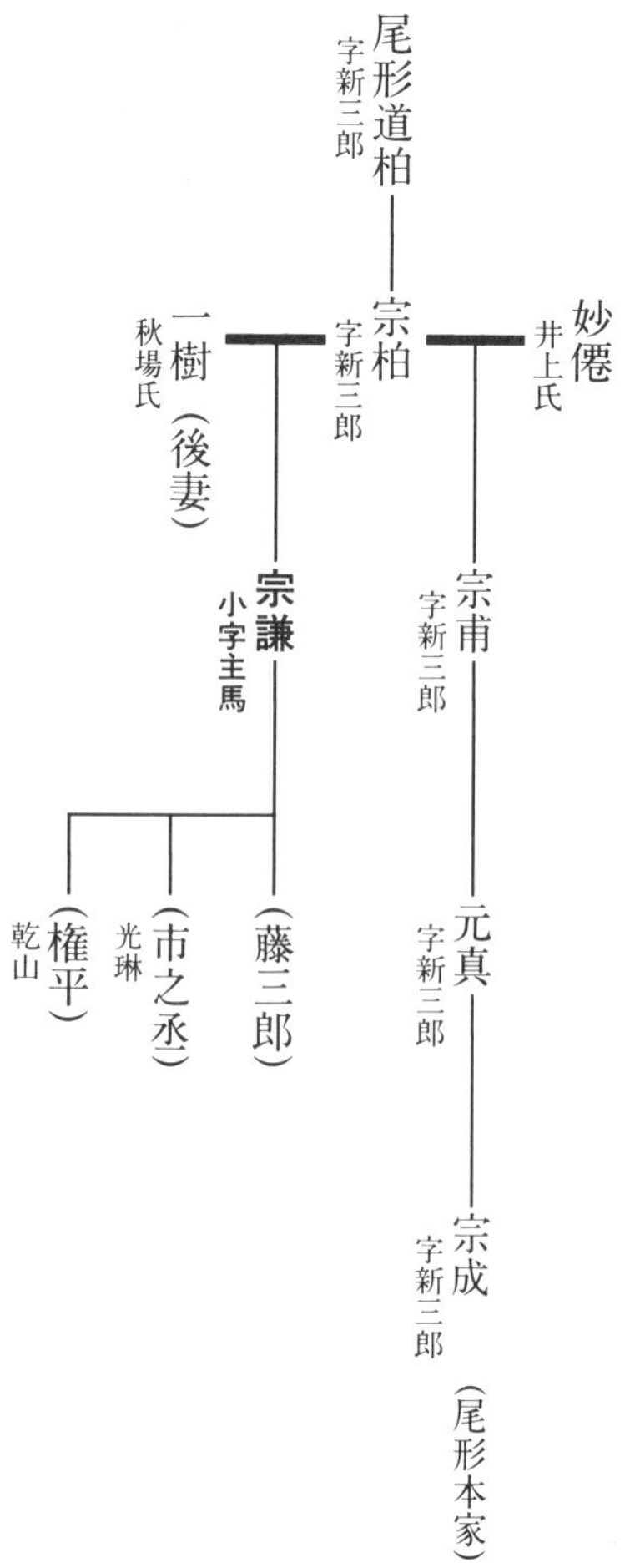

尾形道柏
字新三郎
妙僊
井上氏
宗柏
字新三郎
一樹（後妻）
秋場氏
宗甫
字新三郎
元真
字新三郎
宗成
字新三郎
（尾形本家）
宗謙
小字主馬
（藤三郎）
（市之丞）
光琳
（権平）
乾山

花洛《みやこ》のモード

きものの時代

Kyoto Style

Trends in 16th-19th Century Kimono

御用雛形帳一覧表／ List of *Goyō Hinagatachō* (Kimono Catalogues for Court Nobles' Familles)

〈凡例〉
・頭注の○は掲載されたものを示す。
・分類は御服のうち絹地のものを小袖、麻地のものを帷子とし、他に帯、反物を加えた。
・錯簡の箇所は番号順に改めた。
・文様の項目には主なモチーフをあげた。
・記述の項目には、小袖・帷子の左袖下の空欄及び帯の右欄に記入された説明書をあらわした。
・文様の技法の項目には、小袖・帷子・帯の図中に記入された言葉を右上から左下への順序であらわした。
・一覧表の制作には佐々木杏里氏（京都国立博物館研修生）の協力を得た。

	分類	番号	日付	代金	注文主	生地	地色	文様	記述	文様の技法
○	小袖	壹番　百壹番	二月九日	銀五百目		綸子	白	「三河沢」大文字・左巻・菊	御地りんす御地白もじみなあさきかのこきく金しやニてべたぬい	金しやへたぬい　あかへニかのこ　あさきかのこ　あさきかのこ　白
○	小袖	貳番	二月九日	五百目		りうもん綸子	白・黒紅鹿の子	立筋・漢詩	御地りうもんりんすすじくろへニかのこ白もじみな金しやニてぬい	金しや　くろへニかのこ　白
○	小袖	三番　百貳番	二月九日	五百目		綸子	黒紅	敷瓦・車・薄	御地りんす御地くろ（へ）にくるまこん白ニして金しやむらさきいとニてぬい	くろへニかのこ　むらさきいと　金しや　あさきかのこ　くろへニ二つふかのこ
○	小袖	四番	二月九日	五百目		綸子	黒紅	竹・菊	御地りんす御地くろへニ竹のふしもめも金しやむらさきいとニて御ぬいきく金しやべたぬい	あかへニかのこ　あさきかのこ　金しや　むらさきいと　金しやへたぬい　くろへニ
○	小袖	五番　百三番	二月九日	四百九拾八匁		綸子	黒紅	網目・「花」文字入りの花丸	御地りんす御地くろへニ花丸むらさきいとニて御ぬいから花金しやべたぬい	金しや　紫いと　白　くろへニ　あさきかのこ　いとめニゆいわけ
○	小袖	六番	二月九日	五百目		綸子	白	枯れ枝・唐花	御地りんす御地白から花あさきかのこしんのきく金しやのべたぬい	あさきかのこ　あさきかのこ　くろへニかのこ　白
○	小袖	七番　百四番	二月九日	五百目		綸子	黒紅・黒紅鹿の子	敷瓦・花入り団扇	御地りんすから花金しやニてべたぬい	くろへニかのこ　あかへニかのこ　くろへニ　あさきかのこ
○	小袖	八番	二月九日	四百九拾五匁		綸子	白	菊つなぎ	御地りんす御地白しんのきくつなきを金しやニてべたぬい	金しや　あさきかのこ　金しや　くろへニかのこ　金しや　白
○	小袖	九番　百五番	二月九日	五百目		りうもん綸子	紫	波・流水・菊・唐花	御地りうもんりんす御地むらさききくあかへニかのこあさきかのこから花金しやニてべたぬい	金しやへたぬい　あさきかのこいとめニゆいわけ　あさきかのこ　むらさき　あかへニかのこ
○	小袖	拾番	二月九日	五百目		縮緬	黒紅	立筋・菊の葉	御地ちりめん御地くろへニきくの葉金しやニてべたぬい	あさきかのこ　くろへニかのこ　金しやへたぬい　くろへニ
○	小袖	拾壹番　百六番	二月九日	四百九拾七匁		綸子	白	井垣・菊	御地りんす御地白きくくろへニかのこゑだ金しやニてぬい	もへきかのこ　あさきかのこ　くろへニかのこ　白
	小袖	拾貳番	二月廿一日	五百目		綸子	黒紅	帆・菊	御地りんす御地くろへニきく金しやニてべたぬい	あさきかのこ　あかへニかのこ　あさきかのこ　くろへニ
	小袖	拾三番　百七番	二月廿一日	五百目		綸子	白	葉・「千・菊」文字入り唐花丸	御地りんす御地白もじの丸から花金しやむらさきいとニてぬい	金しや　むらさきいと　あさきかのこ　くろへニかのこ　もへきかのこ　白
	小袖	拾四番	二月廿一日	五百目		綸子	黒紅鹿の子・浅葱鹿の子	立筋・流水・菊	御地りんす水むらさきいとの御ぬい菊金しやニてべたぬい	あさきかのこ　白むらさきいと　くろへニかのこ　あさきかのこ
	小袖	拾五番　百八番	二月廿一日	四百九拾七匁		綸子	白	「花都」大文字・菊	御地りんす御地白もしみなあさきかのこ小きく金しやニてすかしのぬい	金しやすかし　あさきかのこ　あかへニかのこ　白　くろへニかのこ
	小袖	拾六番	二月廿一日	五百目		綸子	黒紅・浅葱鹿の子	雲嶋・菊と木の葉丸	御地りんす木の葉丸あかへニかのこくろへニかのこしんのきく金しやニてへたぬい	くろへニかのこ　あかへニかのこ　くろへニ　あさきかのこ　あかへニかのこ　くろへニかのこ

小袖　拾七番　百九番　二月廿一日　五百目　綸子　黒紅　左巻・藤・竹垣　御地りんす御地くろへにふしの花金しやニてべたぬいはハ白地金入ニて御ぬいふせはすしもふちもむらさきいとニて御ぬい　あさきかのこ　金しやのべた　くろへニ　白地金入　くろへニかのこ　あかへニかのこ　あさきかのこ

○小袖　拾八番　二月廿一日　四百九拾八匁　綸子　白　菊・桔梗の葉　御地りんす御地白きゝやうのはのはすし金しやニて御ぬい　あかへニかのこ　きゝやう　金しや　あさきかのこ　白

○小袖　拾九番　百拾番　二月廿五日　五百目　縮緬　赤紅　竹垣・藤　御地ちりめん御地あかへニふじの花金しやむらさきいとはハあさきかのこひわ白ニしてはすじもふちも金しやむらさきいとの御ぬい　あかへニかのこ　あかへニ

○小袖　貳拾番　二月廿六日　五百目　りうもん綸子　白　「高砂松」大文字・菊・敷瓦　御地りうもんりんす御地白もしみなあさきかのこきく金しやニてべたぬい　くろへニかのこ　あさきかのこ　あさきかのこ　白

○小袖　貳拾壹番　百拾壹番　三月廿六日　五百目　綸子　黒紅　枯れ枝・片輪車　御地りんす御地くろへニくるま金しやむらさきいとニてべたぬいくるまの下こんしろニいたし　あさきかのこ　金しや　こん　くろへニかのこ　むらさきいと　白　くろへニ

小袖　貳拾二番　三月廿六日　五百目　綸子　黒紅・白　立筋・波・漢詩　御地りんすもじみな金しやニて御ぬい波のふちきんしやニて御ぬい　金しや　くろへニ　白　あさきかのこ

小袖　貳拾三番　百拾貳番　三月廿六日　五百目　綸子　黒紅　左巻・雪輪菊　御地りんす御地くろへニゆきわ白ふち金しやニて御ぬいきく金しやむらさきいとのべたぬい　あさきかのこ　あかへニかのこ　くろへニ

○小袖　貳拾四番　三月廿六日　五百目　りうもん綸子　白　藤棚・竹・石畳　御地りうもんりんす御地白ふじの花金しやニてべたぬいはハひわもへきのいとニてべたぬい　あさきかのこ　白　あさきかのこ　あかへニかのこ　あさきかのこ

○小袖　貳拾五番　百拾三番　三月廿六日　五百目　綸子　黒紅　木の葉　御地りんす御地くろへニ木のは白ニしてはすじもふちもむらさきいとニて御ぬい　あさきかのこ　ふちも白はすしむらさきいと　くろへニ

小袖　貳拾六番　三月廿六日　五百目　縮緬　黒紅　立筋・車の輪繋ぎ・菊　御地ちりめん御地くろへニきく金しやニてべたぬい　くろへニかのこ　白　あさきかのこ　あかへニかのこ　くろへニ

小袖　貳拾七番　百拾四番　三月廿六日　四百九拾五匁　綸子　白　唐花・「花」文字の丸　御地りんす御地白花丸金しやにて御ぬい　くろへニかのこ　あさきかのこ　いとめニゆいわけ　金しや　白

○小袖　貳拾八番　卯月五日　五百め　綸子　白　扇の丸・「松」文字入り唐花の丸　御地りんす御地白あふきのほねの所くろへニかのこ白ニ入ほね金しやむらさきいとニて御ぬいもじの丸ハむらさきいと金しやニてから花御ぬい　くろへニかのこ　あさきかのこ　あかへニかのこ　白

○小袖　貳拾九番　百拾五番　卯月五日　五百目　綸子　黒紅　左巻・カタカナ文字　御地りんす御地くろへニもじ金しやニて御ぬい　もへキかのこ　あさきかのこ　くろへニかのこ　くろへニ

○小袖　三拾番　卯月五日　五百目　綸子　赤紅鹿の子　檜扇・かけ（晒し筋）　御地りんす御地あかへニかのこかけを金しやむらさきいとニて御ぬい　あさきかのこ　あかへニかのこ

○小袖　三拾壹番　百拾六番　卯月五日　五百目　りうもん綸子　白　杜若・曲がり筋　御地りうもんりんす御地白かきつばた花もくきも金しやむらさきいとニてべたの御ぬい　あさきかのこ　金しや　むらさきいと　くろへニ　二つふかのこ　白

小袖　三拾二番　卯月五日　五百目　綸子　黒紅　車・菊　御地りんす御地くろへニきくのはのすじもふちもむらさきいとニて御ぬいきくハ金しやニてべたぬい　あさきかのこ　もへきかのこ　くろへニ

	小袖	三拾三番	百拾七番	卯月五日	五百目		綸子	浅葱鹿の子	篭目・車の輪・菊	御地りんすわのしわけむらさきいとニて御ぬいきく金しやニてべたぬい	あさきかのこ　あかへニかのこし わけいとめにゆいわけ　くろへニ 二つふかのこ
○	小袖	三拾四番		卯月五日	五百目		綸子	（不明）	大小の菊	御地りんすぬいふせのきくしわけもふちもむらさきいとニて御ぬい	くろへニ二つふかのこ　あさきか のこ　白地金入
○	小袖	三拾五番	百拾八番	卯月十六日	五百目		縮緬	赤紅	菊・敷瓦	御地ちりめん御地あかへニきくのしん金しやべたぬいはのはすじもふちも金しやむらさきいとニて御ぬい	あかへニかのこ　あかへニかのこ ひわ　あかへニかのこ　あかへニ かのこ　あかへニ　あかへニかの こ　白　あさきかのこ　きゝやう あかへニ
	小袖	三拾六番		卯月廿九日	五百目		綸子	白	流水・菊・折れ車	御地りんす御地白きく金しやニてべたぬい	くろへニかのこ　あさきかのこ　金 しやのべた　あかへニかのこ　白 あさきかのこ
	帷子	三拾七番	百拾九番	五月朔日	三百七十五匁		るいなし	白	「花鳥遊」大文字・菊・「花」文字の丸	御地るいなし御地白もしみなあさきかのこ花丸金しやニて御ぬい	くろへニかのこ　あさきかのこ　白 あさきかのこ　白
	帷子	三拾八番		五月朔日	四百三拾目		るいなし	白	雲嶋・「花鳥」文字	御地るいなしもじみな金しやニて御ぬい	くろへニかのこ　白
	帷子	三拾九番	百貳拾番	五月朔日	四百五拾五匁		るいなし	黒紅	びんさら・雪筋・鉄線	御地るいなし御地くろへニびんささらみなもへきかのこてつせんの花金しやきいとニてべたぬい	あかへニかのこ　くろへニかのこ あさきかのこ　くろへニ
○	帷子	四拾番		五月朔日	四百六拾六匁		るいなし	浅葱鹿の子・黒紅鹿の子・白	左巻・菊・葉の丸	御地るいなしきく金しやニてべたぬい	あさきかのこ　くろへニかのこ　白 あさきかのこ　あかへニかのこ
○	帷子	四拾壹番	百弐拾壹番	五月朔日	四百六拾目		るいなし	黒紅	立筋・葉・桜	御地るいなし御地くろへニさくらの花金しやニてへたぬい	あさきかのこ　あかへニかのこ　あ さきかのこ　もへきかのこ　くろ へニ
○	帷子	四拾二番		五月朔日	四百六拾四匁		るいなし	桔梗	車の輪・菊・薄	御地るいなし御地きゝやうきく金しやニてべたぬいすゝき二つふかのこ	あさきかのこ　きゝやう　あかへ ニかのこ　あさきかのこ　きゝや う二つふかのこ
○	帷子	四拾三番	百弐拾弐番	五月朔日	四百四拾目		るいなし	黒紅	「花宮中」大文字・菊	御地るいなし御地くろへニもじみなあかへニかのこきく金しやニてべたぬい	あさきかのこ　くろへニ
	帷子	四拾四番		五月二日	三百七拾三匁	女三宮様	るいなし	黒紅	流水・木の葉・菊	御地るいなし御地くろへニ水白いと木のはあかいときいとひわいとニて御ぬい菊金しやニてべたぬい	くろへニ
	帷子	四拾五番	百弐拾三番	五月二日	三百九拾目	女三宮様	るいなし	黒紅	木の葉・「菊・花」文字の丸	御地るいなし御地くろへニ木のは白いときいとニて御ぬいもじの丸金しやあかいいともへきいとニて御ぬい	きいと　金しや　もへきいと　あ かいと　白いと　くろへニ
○	帷子	四拾六番		五月二日	四百二拾五匁	女三宮様	るいなし	黒紅	籬垣・鉄線	御地るいなし御地くろへニませかききいとてつせんの花つほミ金しやはつるハもへきいとニて御ぬい	きいと　金しや　もへきいと　く ろへニ　金しや
○	帷子	四拾七番	百弐拾四番	五月二日	三百九拾目	女三宮様	るいなし	黒紅	杜若・青海水	御地るいなし御地くろへニせいかい水もへきいとニて御ぬいかきつばたの花金しやのへたぬいとあかいとのすかしの御ぬい	くろへニ

○	帷子	四拾八番		五月二日	四百目	女三宮様	るいなし	白	たんぽぽの葉・菊	御地るいなしたんほゝのは金しやくろへニいとあかいときいとニて御ぬいきく金しやニてべたぬい	くろへニ　金しや　くろへニいと 白　あかいと　きいと
○	帷子	四拾九番	百弐拾五番	五月四日	三百七拾三匁		るいなし	黒紅	「千年鶴」文字・左巻	御地るいなし御地くろへニもしみな金しやニて御ぬい	金しや　くろへニ　白　くろへニ 白
	帷子	五拾番		五月四日	四百目		るいなし	白	檜垣入りの左巻	御地るいなし御地白ひかき金しやの御ぬい	くろへニ　金しや　あさきかのこ 白
	帷子	五拾壹番	百弐拾六番	五月四日	四百六匁		るいなし	白	干支文字・扇・くさり	御地るいなし御地白もし金しやの御ぬいもじの所しわけも金しやきくにも金しやくさりハむらさきいとの御ぬい	白　あさきかのこ　くろへニ
○	帷子	五拾二番		五月八日	四百三拾目	甲府姫宮様	るいなし	黒紅	「千世」大文字・菊・左巻	御地るいなし御地くろへニもじくろへニかのこきく金しやニてすかしの御ぬい	くろへニかのこ　あさきかのこ　こ ん　くろへニかのこ　くろへニ
○	帷子	五拾三番	百弐拾七番	閏五月六日	四百六拾四匁		るいなし	黒紅	篭目・菊・波	御地るいなし御地くろへニかご二つふかのこきく金しやニてべたぬいなミのふちむらさきいとニて御ぬい	あかへニかのこ　あさきかのこ　白
	帷子	五拾四番		閏五月八日	四百六拾六匁		るいなし	黒紅鹿の子・浅葱鹿の子・白	雪筋・木の葉の丸	御地るいなし木の（は）丸のしん金しやニてべたぬい	くろへニかのこ　あさきかのこ　白 あかへニかのこ　あさきかのこ
	帷子	五拾五番	百弐拾八番	閏五月八日	四百六十三匁		るいなし	白	敷瓦・片輪車	御地るいなし御地白くるま金しやむらさきいとニて御ぬい	くろへニかのこ　あさきかのこ　白
○	帷子	五拾六番		閏五月八日	四百五拾五匁		るいなし	黒紅	枯れ枝・菊・立筋	御地るいなし御地くろへニきく金しやニてべたぬい	あかへニかのこ　あさきかのこ　金 しや　もへきかのこ　くろへニ
○	帷子	五拾七番	百弐拾九番	閏五月九日	四百三拾匁		るいなし	黒紅	葉・「蝶」文字の丸	御地るいなし御地くろへニもじの丸金しやニて御ぬい	くろへニ二つふかのこ　あさきか のこ　金しや　くろへニ
○	帷子	五拾八番		閏五月九日	四百三拾五匁		るいなし	黒紅	「夜乃」大文字・菊・花びらの立筋	御地るいなし御地くろへニもじみなくろへニかのこきく金しやニてへたぬい	くろへニかのこ　くろへニかのこ　あさ くろへニ　くろへニかのこ きかのこ
○	帷子	五拾九番	百三拾番	閏五月九日	四百二拾目		るいなし	黒紅	「幾久」大文字・菊・かけ（晒し筋）	御地るいなし御地くろへニもしみなあかへニかのこかけをくろへニかのこしんのきく金しやべたぬい	あさきかのこ　あかへニかのこ　く ろへニ　くろへニかのこ
	帷子	六拾番		閏五月九日	四百三拾目		るいなし	黒紅	木の葉・漢詩	御地るいなし御地くろへニもしみな金しやニて御ぬい	あさきかのこ　くろへニ三つふか のこ　くろへニ　金しや
	帷子	六拾壹番	百三拾壹番	閏五月九日	四百四拾目		るいなし	黒紅	藤・菊	御地るいなし御地くろへニふじのゑだ金しやきくのはハ金しやニて御ぬい	金しや　あさきかのこ　金しや　く ろへニかのこ　くろへニ
	帷子	六拾二番		閏五月十三日	四百六拾六匁		るいなし	白・浅葱鹿の子	雲嶋・藤の丸・藤の葉	御地るいなしくもしまのふちむらさきいとニて御ぬいふしの丸金しやニて御ぬいふじのはハむらさきいとニて御ぬい	あさきかのこ　くろへニ三つふか のこ　白　金しや　むらさきいと

	小袖	六拾三番	百三拾弐番	閏五月十四日	五百目	女三宮様	綸子	黒紅	滝・紅葉・唐花	御地りんす御地くろへニ水白いときいとニてもぬいから花金しやあかいともミちのはひわもへきのいとニてへたぬい	きいと　ひわもへきのいと　白いと　あかいと　金しや　くろへニ
	小袖	六拾四番		閏五月十四日	五百目	女三宮様	綸子	黒紅	唐花つなぎ	御地りんす御地くろへニから花もつなきたるすじも金しやニて御ぬいともへつるハあかきいとひわいとニて御ぬい	金しや　あかいと　ひわいと　金しや　くろへニ
	小袖	六拾五番	百三拾三番	閏五月十四日	四百九拾五匁	女三宮様	綸子	白	蜘蛛の巣・「花」文字入り唐花の丸	御地りんす御地白くものすくろへニいとニて御ぬいもじの丸ハくろへニいともへきいとニて御ぬいから花金しやべたぬい	白
○	小袖	六拾六番		閏五月十四日	五百目	女三宮様	綸子	黒紅	網目・「鳥」文字	御地りんす御地くろへニあミきいとニて御ぬいもじみな金しやニて御ぬい	くろへニ
○	小袖	六拾七番	百三拾四番	閏五月十四日	五百目	女三宮様	綸子	黒紅	檜垣・流水・菊	御地りんす御地くろへニ水もひかきもきいとニて御ぬいきく金しやニてへたぬい	きいと　きいと　くろへニ
	帷子	六拾八番		閏五月十八日	四百五拾目		るいなし	浅葱鹿の子	「花見都」大文字・菊・立筋	御地るいなしもしみなくろへニかのこきく金しやニてへたぬい	くろへニかのこ　くろへニ　白　あさきかのこ
	帷子	六拾九番	百三拾五番	閏五月十九日	四百十匁		るいなし	白	「茗」大文字・葉	御地るいなし御地白もじのふちむらさきいとニて御ぬい	白　き、やう二つふかのこ　くろへニかのこ　白
	帷子	七拾番		閏五月十九日	三百七拾三匁		るいなし	白	「寿色」大文字・唐花	御地るいなし御地白もしみなあかへニかのこから花のしん金しやニてへたぬい	あさきかのこ　金しや　くろへニかのこ　金しや　あかへニかのこ　白
	帷子	七拾壹番	百三拾六番	閏五月十九日	四百二拾目		るいなし	白	立筋・唐花・紅葉	御地るいなし御地白から花ももミぢのはも金しやニてへたぬいゑだハむらさきいとニて御ぬい	金しやのへた　むらさきいと　あさきかのこ　くろへニ　白
○	帷子	七拾二番		六月四日	四百四拾五匁		るいなし	黒紅	唐花・菊の葉	御地るいなし御地くろへにから花金しやニてへたぬいきくのは白ニしてはすしもふちもむらさきいとニて御ぬい	白　むらさきいと　あかへニかのこ　あさきかのこ　金しやのへたぬい　くろへに
○	帷子	七拾三番	百三拾七番	六月四日	四百三拾八匁		るいなし	黒紅	片輪車・菊の葉	御地るいなし御地くろへにわのしわけもふちもむらさきいとニて御ぬい	くろへニかのこ　あさきかのこ　くろへに　くろへニ　白しわけふち　むらさきいと　白
	帷子	七拾四番		六月四日	四百三拾六匁		るいなし	黒紅	巻筋・菊花	御地るいなし御地くろへにきく金しやむらさきいとニてすかしの御ぬい	くろへにかのこ　あさきかのこ　金しや　むらさきいと　白　くろへに
	帷子	七拾五番	百三拾八番	六月十三日	四百四拾三匁		るいなし	黒紅	紅葉・片輪車	御地るいなし御地くろへにくるま金しやむらさきいとニてべたぬいもミぢのはハ金しやニてへたぬい	あかへにかのこ　金しやのべた　金しやのへた　むらさきいとのへたぬい　あさきかのこ　くろへに
○	帷子	七拾六番		六月十三日	四百四拾目		るいなし	黒紅	大小の菊花・波	御地るいなし御地くろへに小きく金しやニてへたぬい	あさきかのこ　金しやのへた　もへきかのこ　くろへに

○	帷子	七拾七番	百三拾九番	六月十三日	四百三拾目	るいなし	白	帆・菊	御地るいなし御地白きく金しやニてへたぬい	くろへニかのこ　金しやのべた　白　あさきかのこ
	帷子	七拾八番		六月十三日	三百三拾九匁	るいなし	黒紅	菊の片輪車	御地るいなし御地くろへニわのしわけ金しやむらさきいとニて御ぬいしんのきく金しやニてへたぬい	あさきかのこ　白　むらさきいと　あかへニかのこ　あさきかのこ　金しや　くろへニ
	帷子	七拾九番	百四拾番	六月十三日	四百四拾五匁	るいなし	黒紅	網目・波・唐花	御地るいなし御地くろへにから花金しやニてへたぬい	あさきかのこいとめにゆいわけ　金しやのへた　あかへニかのこ　くろへに　あかへニかのこ
	帷子	八拾番		六月十三日	四百弐拾目	るいなし	黒紅	「菊雫」大文字・菊の花びら	御地るいなし御地くろへにもじみなあかへニかのこ	あさきかのこ　あかへニかのこ　くろへに
	帷子	八拾壹番	百四拾壹番	六月十三日	四百四拾目	るいなし	黒紅	菊・流水	御地るいなし御地くろへにきく金しやにてべたぬい	あさきかのこ　金しやへたぬい　くろへに　くろへニかのこ
	帷子	八拾二番		六月十三日	四百六拾五匁	るいなし	黒紅	石畳・菊・葉	御地るいなし御地くろへにきく金しやにてへたぬい	金しやのへた　くろへニかのこ　あかへニかのこ　あさきかのこ　くろへに
○	帷子	八拾三番	百四拾弐番	六月十三日	四百五拾五匁	るいなし	黒紅	「桜」大文字・竹・唐花	御地るいなし御地くろへにもしあさきかのこ竹のふしから花金しやニてべたぬい	あかへニかのこ　あさきかのこ　金しや　あさきかのこ　金しやのへた　くろへに
○	帷子	八拾四番		六月十三日	四百弐拾目	るいなし	黒紅	「花梅」文字・捻れ筋	御地るいなし御地くろへにもしみな金しやニて御ぬい	もへきかのこ　あさきかのこ　くろへに　くろへニ一つふかのこ　くろへニ
	帷子	八拾五番	百四拾弐番	六月十三日	三百七拾三匁	るいなし	白	木の葉・斜め筋	御地るいなし御地白木のはみなあさきかのこ	あかへニかのこ　きゝやう　あさきかのこ　白
○	帷子	八拾六番		六月十三日	四百八匁	るいなし	黒紅	杜若・車の輪	御地るいなし御地くろへにかきつはたの花金しやニてへたぬいくきも金しやの御ぬい	金しやのへたぬい　くろへに　くろへニかのこ　あさきかのこ
○	帷子	八拾七番	百四拾三番	六月十三日	四百三拾目	るいなし	白	橋・波・片輪車	御地るいなし御地白くるまむらさきいとニてへたぬい	あかへニかのこ　きゝやう　くろへニかのこ　あさきかのこ　むらさきいとのへた　白
	帷子	八拾八番		六月十三日	三百九拾五匁	るいなし	黒紅	「竹虎」大文字・竹	御地るいなし御地くろへに竹もはも金しやニてへたぬいほへも金しやの御ぬい	あさきかのこ　金しやへたぬい　くろへに　金しや　金しや　あかへニかのこ
	帷子	八拾九番	百四拾四番	六月十三日	四百目	るいなし	黒紅	「波」大文字・谷・流水	御地るいなし御地くろへにもしくろへニかのこ水むらさきいとニて御ぬい	あさきかのこ　あかへニかのこ　くろへニ　白　むらさきいと　くろへニかのこ　くろへに
	帷子	九拾番		六月十三日	四百三拾目	るいなし	白	「寒梅」文字・輪筋	御地るいなし御地白もしみな金しやニて御ぬい	くろへニかのこ　あさきかのこ　くろへに　金しや　白
	帷子	九拾壹番	百四拾五番	六月十三日	四百四拾目	るいなし	黒紅	流水・片輪車	御地るいなし御地くろへに水むらさきいとニて御ぬいくるま金しやむらさきいとニてへたぬい	あさきかのこ　金しやのべた　むらさきいとのぬい　くろへニ　白　むらさきいと
○	帷子	九拾二番		六月十三日	四百二拾五匁	るいなし	黒紅	雲嶋・巻筋・菊・薄	御地るいなし御地くろへにすゝき二つぶかのこきく金しやニてへたぬい	あさきかのこ　あかへニかのこ　あさきかのこ　二つふかのこ　金しやのへた　くろへニ

○	帷子	九拾三番	百四拾六番	六月十四日	三百七拾三匁		るいなし	白	車	御地るいなし御地白あさきかのこわハ金しやニてへたぬい	くろへに　白　あさきかのこ　あ さきかのこ　金しやニてへた
○	帷子	九拾四番		六月十四日	三百八拾目		るいなし	白	竹・網目	御地るいなし御地白あみくろへニ二つぶかのこ竹のふしもめも金しやニて御ぬい	もへきかのこ　あさきかのこ　金 しや　白　くろへニ二つふかのこ
○	帷子	九拾五番	百四拾七番	六月十四日	四百六拾五匁		るいなし	黒紅	横筋・波・菊・薄	御地るいなし御地くろへにすゝき二つぶかのこきく金しやニてへたぬい	あかへニかのこ　くろへニかのこ あさきかのこ　もへきかのこ　あ さきかのこ　金しやのへた　二つ ふかのこ　くろへニ
	帷子	九拾六番		六月十四日	四百六拾六匁		るいなし	黒紅	斜め筋・扇・菊	御地るいなし御地くろへにきく金しやニてへたぬい	くろへニかのこ　あかへニかのこ 金しや　あさきかのこ　金しや　も へきかのこ　金しやのへた　くろ へニ　あさきかのこ
	帷子	九拾七番	百四拾八番	六月十六日	四百三拾八匁		るいなし	きゝやう	「花見鴛」大文字・菊	御地るいなし御地きゝやうもじみなあさきかのこきく金しやニてべたぬい	あかへニかのこ　金しやのべた　あ さきかのこ　きゝやう
○	帷子	九拾八番		六月十六日	四百六拾六匁		るいなし	黒紅	篭目・波・菊	御地るいなしなミ白ニしてふちむらさきいとニて御ぬいきく金しやむらさきいとニてべたぬい	白　金しや　むらさきいと　くろ へにかのこいとめにゆいわけ　白
○	帷子	九拾九番	百四拾九番	六月十六日	四百六拾目		るいなし	黒紅	横筋・車の輪・唐花	御地るいなし御地くろへにから花もゑたも金しやむらさきいとニて御ぬい	あかへニかのこ　あさきかのこ　も へきかのこ　白しわけむらさきい とニて御ぬい　金しや　むらさき くろへニ
	小袖	百番		六月廿三日	四百目	鷹司様姫君様	綸子	黒紅	網目・菊	御地りんす御地くろへに花のつぼミこゑだ金しやニて御ぬいはハ白ニしてはすしもふちもいとめはく	くろへニ二つふかのこ　あかへニ かのこ　金しや　金しや　くろへ に　あさきかのこ　白いとめはく
	小袖	百壹番	百五拾番	六月廿三日	四百目	鷹司様姫君様	綸子	白	たんぽぽ	御地りんす御地白花金しやニてすかしの御ぬいしんハへたぬいゑだもつほミも金しやの御ぬい	あさきかのこ　金しや　金しやの すかし　金しや　あかへニかのこ 白
	小袖	百二番		六月廿三日	三百九十め	鷹司様姫君様	綸子	白	琴柱の筋・菊	御地りんす御地白きく金しやニてすかしの御ぬい	こん　あさきかのこ　金しやのす かし　白　くろへにかのこ　くろ へニ　白
	小袖	百三番	百五十一番	六月廿三日	三百八拾七匁	鷹司様姫君様	綸子	白	檜扇つなぎ	御地りんす御地白つなきたるをハ金しやニて御ぬい	あかへニかのこ　白　きゝやう　あ かへニかのこ　あかへニかのこ　白 白　くろへニ　かのこ　くろへニ かのこ　あかへニ
○	小袖	百四番		六月廿三日	四百目	鷹司様姫君様	綸子	白	斜め筋・唐花	御地りんす御地白から花のしん金しやニてへたぬい	くろへニかのこ　金しや　くろへ ニかのこ　あさきかのこ　白
○	小袖	百五番	百五十弐番	六月廿三日	三百七十め	鷹司様姫君様	綸子	白	菊の十字つなぎ	御地りんす御地白木のはくろへにニしてはすしもふちもいとめはく	あさきかのこ　くろへニかのこ　白 あさきかのこ　くろへニいとめは く
	小袖	百六番		六月廿三日	三百八十五匁	鷹司様姫君様	綸子	白	菊花・菖蒲の葉	御地りんす御地白こんのきくのしわけ金しやニて御ぬい	くろへニかのこ　あさきかのこ　こ んしわけ金しや　白

	帷子　百七番	百五拾三番	七月三日	四百四拾二匁	るいなし	黒紅	流水・菊	御地るいなし御地くろへニきく金しやニてへたぬい	あかへニかのこ　金しやのへた　あさきかのこ　くろへに
○	帷子　百八番		七月三日	四百弐拾目	るいなし	白	菊・葉・篭目	御地るいなし御地白きくの中のよう白ニしてしわけむらさきいとニて御ぬい	あさきかのこ　白しわけむらさきいと　あさきかのこ　くろへニ二つぶかのこ　あさきかのこ　白
○	帷子　百九番	百五十四番	七月十二日	三百八十め	るいなし	黒紅	菊の片輪車・波と菊の半円	御地るいなし御地くろへニきくのしん金しやニてべたぬいわのしわけ金しやたつなミ金しやニてべたぬい	金しやのへた　あさきかのこ　金しや　白しわけ金しや　あかへニかのこ　金しや　くろへに
○	帷子　百拾番		七月十二日	四百弐拾目	るいなし	黒紅	松樹・見立菊	御地るいなし御地くろへニちいさききくのよう金しやニてへたぬい	金しや　あさきかのこ　金しや　もへきかのこ　くろへにかのこ　くろへに　くろへニかのこ　金しや　あさきかのこ　もへきかのこ　金しや
○	帷子　百拾壹番	百五拾五番	七月十二日	四百弐拾五匁	るいなし	白	尖り筋（?）・菊	御地るいなし御地白きく金しやニてすかしの御ぬい	あさきかのこ　金しやのすかしきゝやう二つふかのこ　くろへニかのこ　白
	帷子　百拾二番		七月十二日	四百三拾八匁	るいなし	黒紅	木の葉	御地るいなし御地くろへに木のはのはすしもふちも金しやニて御ぬい	あかへニかのこ　あさきかのこ　白きゝやう　はすし金しや　くろへに
	帷子　百拾三番	百五拾六番	七月十二日	三百九十め	るいなし	黒紅	籬垣・菊	御地るいなし御地くろへにかきのゆいめ金しやニて御ぬい	金しや　くろへニかのこ　くろへニ　あさきかのこ　くろへに
○	帷子　百拾四番		七月十二日	三百九拾目	るいなし	黒紅	杜若	御地るいなし御地くろへニ花のしべ金しや白のはすし金しやニて御ぬい	白はすし金しや　くろへニかのこ　金しや　あさきかのこ　くろへに
○	帷子　百拾五番	百五拾七番	七月十二日	三百九拾弐匁	るいなし	白	波の巻筋・唐花	御地るいなし御地白から花金しやむらさきいとニてすかしの御ぬい	金しやのすかし　むらさきいとのすかし　あかへニかのこ　きゝやう　あさきかのこ
	帷子　百拾六番		七月十二日	四百三拾目	るいなし	黒紅	「足引」大文字・山鳥の尾・菊	御地るいなし御地くろへにもじみなくろへにかのこふち金しやニて御ぬいきく金しやニてへたぬい	あさきかのこ　くろへニかのこ　くろへに
	帷子　百拾七番	百五拾八番	七月十二日	四百五拾目	るいなし	黒紅	木の葉・唐花	御地るいなし御地くろへに木のは丸金しやニてべたぬい	あさきかのこ　金しやのへた　あかへニかのこ　あさきかのこ　くろへに
○	帷子　百拾八番		七月十二日	四百三拾三匁	るいなし	黒紅	唐花・菊の葉	御地るいなし御地くろへにいつれもしわけいとめニゆいわけ	くろへニかのこ　あかへニかのこ　あさきかのこ　くろへに
○	帷子　百拾九番	百五拾九番	七月十二日	三百七拾五匁	るいなし	白	唐花・団扇・波	御地るいなし御地白きく金しやニてすかしの御ぬいから花金しやニてべたぬいをも金しやの御ぬい	金しやのへた　金しやのすかし　くろへニかのこ　金しや　きゝやう　白　きゝやう　白　あかへニかのこ
	帷子　百弐拾番		七月十二日	四百六拾五匁	るいなし	桔梗色	「春夏秋冬」文字・流水・左巻・薄	御地るいなし御地きゝやうあふきのほねむらさきいとニて御ぬいもしみな金しやニて御ぬい	あさきかのこ　あかへニかのこ　あかへニかのこ　あかへニかのこ　あさきかのこ　金しや　きゝやう　あさきかのこ　あかへニかのこ

	帷子	百廿壹番	百六拾番	七月十三日	四百六拾六匁		るいなし	黒紅	大小の菊花	御地るいなし御地くろへに小きく金しやニてへたぬい	あかへニかのこ　金しやのべた　三つふかのこ　くろへニ
○	帷子	百廿二番		七月十三日	百五拾目		るいなし	黒紅	「龍田」大文字・網目・輪違い	御地るいなし御地くろへにもじみなあさきかのこ丸むらさきいとニてぬい	あさきかのこ　あかへニかのこ　むらさきいと　二つふかのこ　くろへに
○	小袖	百廿三番	百六拾壹番	七月廿九日	五百目		綸子	黒紅	片輪車・菊	御地りんす御地くろへにきく金しやニてへたぬい	あさきかのこ　金しやのべた　くちはかのこ　あさきかのこ　くろへに
	小袖	百廿四番		八月八日	五百目		綸子	紫	菊花・木の葉	御地りんす御地むらさき木のは白ニしてはすしむらさきいとニて御ぬいきく金しやニて御ぬいしん金しやのへたぬい	あさきかのこ　金しや　金しやのべた　白　はすしむらさきいと　むらさき
	小袖	百廿五番	百六拾弐番	八月八日	五百目		綸子	紺	霞・菊・蜘蛛の巣	御地りんす御地こんきく白とこんニしてしわけ金しやむらさきいとニて御ぬい	くちばかのこ　あさきかのこ　金しや　こん　あさきかのこ　むらさきいと　こん
	小袖	百廿六番		八月十日	五百目		綸子	白	斜め筋・唐花	御地りんす御地白きく金しやニてへたぬいから花も金しやニて御ぬい	金しやのへた　くろへニかのこ　あさきかのこ　もへきかのこ　あかへニかのこ　もへきかのこ　白　金しや
	小袖	百廿七番	百六拾三番	八月十日	五百目		綸子	黒紅	左巻・唐花・かけ(晒し筋)	御地りんす御地くろへにから花金しやニてべたぬいかけを金しやの御ぬい	金しやのべた　金しや　くろへニ　あかへニかのこ　あさきかのこ
	小袖	百廿八番		八月十一日	五百目		綸子	黒紅	左巻・流水・車	御地りんす御地くろへに水むらさきいとニて御ぬいくるま金しやニてへたぬい	あかへニかのこ　あさきかのこ　あさきかのこ　金しやのべた　白　くろへに　むらさきいと
	小袖	百廿九番	百六拾四番	八月十四日	五百目	御台様	綸子	黒紅	「千鳥」文字・網目	御地りんす御地くろへにもじみなあかへにかのこと白りうもんりんすニて御ぬいふせ又金しやニて御ぬいいふせのもしのふち紫いとニて御ぬい	あかへニかのこのぬいふせ　くろへニ二つふかのこ　くろへに　白りうもんのぬいふせ　金しや
○	小袖	百三拾番		八月十五日	五百目		りうもん綸子	紫鹿の子	「秋」文字・紅葉・菊	御地りうもんりんすもしみな金しやニて御ぬいもミちのはのはすしもふちもむらさきいとニて御ぬいきくのしん金しやのべたぬい	金しや　あさきかのこ　あかへニかのこ　金しや　あさきかのこ　むらさきかのこ　白　金しや　とくさいろ
○	小袖	百卅壹番	百六拾五番	八月十八日	五百目		縮緬	赤紅	波・唐花・菊	御地ちりめん御地あかへニから花のしん金しやニてへたぬいきくも金しやのべたぬい	あさきかのこ　金しや　あかへニかのこ　金しやのへた　あかへニ
	小袖	百卅二番		八月廿九日	五百目		綸子	黒紅	敷瓦・杜若	御地りんす御地くろへにかきつはたの花金しやむらさきいとニてべたぬいかのこの花しわけ金しやむらさきいとニて御ぬい	もへきかのこ　金しやのへた　むらさきいとのへた　金しや　むらさきいと　あさきかのこ　くろへニかのこ　金しや　むらさきいと　くろへに
	小袖	百卅三番	百六拾六番	九月六日	五百目		綸子	黒紅	敷瓦・唐花	御地りんす御地くろへにから花のしん白にしてきく金しやむらさきいとニて御ぬい	金しや　あさきかのこ　むらさきいと　あさきかのこ　くろへニかのこ　くろへに

	小袖	百卅四番		九月六日	五百目	綸子	黒紅	雲嶋・菊	御地りんすくろへにのきくしわけ金しやニて御ぬいしんハみな金しやのへたぬい	くろへニしわけ金しや　金しやへた　あかへニかのこ　あさきかのこ　金しやへた　くろへに
	小袖	百卅五番	百六拾七番	九月六日	五百目	りうもん綸子	赤紅鹿の子	「花寿」文字・唐花	御地りうもんりんす文字みな金しやニて御ぬいから花のしんむらさきいとニて御ぬい	あさきかのこ　あかへニかのこ　むらさきかのこ　金しや　あかへニかのこ
○	小袖	百卅六番		九月六日	四百九拾八匁	綸子	白	菊・菊の葉	御地りんす御地白いつれもしわけいとめニゆいわけ	くろへニかのこ　あさきかのこ　白　くろへニかのこ　もへきかのこ
○	小袖	百卅七番	百六拾八番	九月六日	五百目	綸子	黒紅	立横の筋・菊	御地りんす御地くろへにきくのしん金しやニてへたぬい	くろへにかのこ　白　くろへに　あさきかのこ　金しや
	小袖	百卅八番		九月六日	五百目	りうもん綸子	黒紅鹿の子	「春風春水」文字・左巻	御地りうもんりんすもしみな金しや御ぬい	金しや　くろへにかのこ五つふ三つふとゆいわけ
	小袖	百卅九番	百六拾九番	九月六日	五百目	縮緬	黒紅・白	立筋・波	御地ちりめんなミハみな金しやニてべたぬい	あさきかのこ　金しやのべたぬい　くろへニ　白　もへきかのこ
	小袖	百四拾番		九月六日	五百目	綸子	黒紅・白	左巻・波	御地りんすなミのふちいつれも金しやニて御ぬい	くちばかのこ　金しや　くろへニ　白　金しや　あさきかのこ
	小袖	百四拾壹番	百七拾	九月六日	五百目	綸子	黒紅	波・滝・菊	御地りんす御地くろへにたつなミみな金しやニてべたぬい	あさきかのこ　金しやのべた　くろへニかのこ　もへきかのこ　くろへに二つふかのこ
	小袖	百四拾二番		九月十一日	五百目	りうもん綸子	黒紅鹿の子	菊	御地りうもんりんす御地くろへニかのこ白地金入こん地金入ニて御ぬいふせしわけもふちもむらさきいとニて御ぬいきくのは金しやニてべたぬい	金しやのへた　白地金入　こん地金入　くろへニかのこ
	小袖	百四拾三番	百七拾壹番	九月十一日	五百目	りうもん綸子	白・浅葱鹿の子	立筋・流水・菊	御地りうもんりんす水むらさきいとニて御ぬいきく金しやのべたぬい	あかへにかのこ　金しやのべた　白　水むらさきいと　あさきかのこ　白
	小袖	百四拾四番	百七拾弐番	十月三日	五百目	りうもん綸子	紫	籬垣・菊・紅葉	御地りうもんりんす竹金しやニて御ぬいもミちのはのはすじもふちも金しやむらさきいとの御ぬい	あかへニかのこ　もへきかのこ　金しや　むらさき　あさきかのこ　もへき　こん
○	小袖	百四拾五番		十月三日	五百目	綸子	黒紅鹿の子	青海水・舟の帆	御地りんすせいかい水くろへニ二つふかのこふねのほくろへニかのこきゝやう	白　くろへニかのこ　きゝやう　くろへニ二つふかのこ
○	小袖	百四拾六番	百七拾三番	十月三日	五百目	綸子	黒紅鹿の子	「秋野」大文字・菊・立筋	御地りんす御地くろへニかのこもしみなあさきかのこきく金しやニてべたぬい	あかへニかのこ　くろへニかのこ　あさきかのこ　あさきかのこ　くろへニかのこ　金しやべた
	小袖	百四拾七番		十月三日	五百目	りうもん	赤紅鹿の子	「花寿」文字・菊	御地りうもん御地あかへニかのこもじもきくのはもみな金しやニてへたぬい	金しやべた　くろへニかのこ　金しや　あさきかのこ　あかへニかのこ
	小袖	百四拾八番	百七拾四番	十月三日	五百目	綸子	黒紅	流水・藤・菊	御地りんす御地くろへニふじの花金しやニてべたぬい	くろへニかのこ　あさきかのこ　くろへニ
○	小袖	百四拾九番		十月三日	五百目	綸子	白	網目・波・「山・水」文字入り花丸	御地りんす御地白きくわ金しやニてべたぬいもじの丸金しやむらさきいとニてぬい	あさきかのこ　くろへニ二つふかのこ　白

○	小袖	百五拾番	百七拾五番	十月三日	五百目	綸子	黒紅	結び文・車	御地りんす御地くろへニくるま金しやむらさきいとニてべたぬい	あさきかのこ　くろへニ
	小袖	百五拾壹番		十月三日	五百目	りうもん綸子	紫	篭目・菊・滝・波	御地りうもんりんす御地むらさききくわ金しやニてべたぬいもじの丸むらさきいとニて御ぬい	あかへニかのこ　あさきかのこいとめのゆいわけ　白　金しや御ぬい　むらさき　あさきかのこ
	小袖	百五拾二番	百七拾六番	十月三日	五百目	りうもん綸子	白	敷瓦・菊	御地りうもんりんす御地白きく金しやニてべたぬい	あさきかのこ　くろへニ　あかへニかのこ　くろへニ　白
	小袖	百五拾三番		十月三日	五百目	綸子	赤紅鹿の子・黒紅鹿の子	左巻・波・唐花	御地りんすから花金しやニてべたぬい	もへきかのこ　あかへニかのこ　くろへニ
	小袖	百五拾四番	百七拾七番	十月三日	五百目	綸子	黒紅	孔雀の羽・葉・菊	御地りんす御地くろへニはすじ金しやむらさきいとニて御ぬいによいほう鳥ハべたぬいきく金しやニてすかしの御ぬい	あかへニかのこ　金しやすかしくろへニ　白むらさきいと　こん金しや
○	小袖	百五拾五番		十月三日	五百目	りうもん綸子	白	「千菊萬木」文字・菊	御地りうもんりんす御地白もじみな金しやむらさきいとニて御ぬい	白　くろへニかのこ　あさきかのこ　もへきかのこ
○	小袖	百五拾六番	百七拾八番	十月九日	五百目	綸子	黒紅	葉・菊	御地りんす御地くろへニはすじむらさきいとニて御ぬいきく金しやニてべたぬい	金しやへた　あかへニかのこ　あさきかのこ　むらさきいと　くろへに
	小袖	百五拾七番		十月九日	五百目	綸子	黒紅	菊の葉・筋	御地りんす御地くろへニはすじもふちもむらさきいとニて御ぬい	あさきかのこ　白　白　むらさきいと　くろへニ　くろへニかのこ　あさきかのこ　もへきかのこ
	小袖	百五拾八番	百七拾九番	十月九日	五百目	綸子	黒紅	「哥浦」大文字・菊	御地りんす御地くろへニ白のもじハふちむらさきいとニて御ぬいしんのきく金しやニてべたぬい	もへきかのこ　くろへニ　くろへニかのこ　金しやへた　あさきかのこ　白
	小袖	百五拾九番		十月九日	五百目	綸子	黒紅	「白・鶴」文字の丸・菊	御地りんす御地くろへニもじの丸金しやむらさきいとニて御ぬい	あさきかのこ　あかへニかのこ　あさきかのこ　くろへニ
	小袖	百六拾番	百八拾番	十月九日	五百目	綸子	黒紅	葉つなぎ・菊	御地りんす御地くろへニはすじむらさきいとニて御ぬいつなきつるを金しやきく金しやニてべたぬい	くろへニかのこ　あかへニかのこ　はすしむらさきいと　あさきかのこ　くろへニ
	小袖	百六拾壹番		十月九日	五百目	綸子	白	「花」大文字・菊	御地りんす御地白もじもへきかのこきくあさきかのこくろへニ三つふかのこ	もへきかのこ　白　三つふかのこ　くろへニ　あさきかのこ
	小袖	百六拾二番	百八拾壹番	十月九日	五百目	綸子	白	立筋・菊・桐	御地りんす御地白きりのは金しやニてへたぬいきく金しやむらさきいとニてすかしの御ぬい	あさきかのこ　こん　あさきかのこ　こん　くろへニ　くろへニかのこ　白
○	小袖	百六拾三番		十月十六日	五百目	綸子	黒紅・浅葱鹿の子	「万年鶴」文字・雪筋・波	御地りんすもじみな金しやニて御ぬいなミのふち金しやニて御ぬい	あさきかのこ　くろへニ　もへきかのこ
○	小袖	百六拾四番	百八拾弐番	十月廿一日	五百目	綸子	白	左巻・藤	御地りんす御地白ふじの花金しやニてべたぬい	くろへニかのこ　あさきかのこ　くちはかのこ　白
	小袖	百六拾五番		十月廿五日	五百目	綸子	黒紅	菊の葉に「哥」文字の丸	御地りんす御地くろへニ白のはのはすじもふちもむらさきいとニて御ぬいから花金しやにてべたぬいもじの丸金しやむらさきいとニて御ぬい	あかへニかのこ　白はすしもふちむらさきいと　あさきかのこ　くろへニ　あかへニかのこ

	小袖	百六拾六番	百八拾三番	十月廿五日	五百目	綸子	白	篭目・菊	御地りんす御地白きくみな金しやにてべたぬい	あさきかのこいとめにゆいわけ　白
○	小袖	百六拾七番		十月廿五日	五百目	綸子	黒紅	「志」大文字・波・車	御地りんす御地くろへニもしのふちむらさきいとニて御ぬいくるま金しやむらさきいとニてべたぬい	あさきかのこ　くろへニかのこ　白ふちむらさきいと　むらさきいと　金しや　くろへニ
○	小袖	百六拾八番	百八拾四番	十月廿五日	五百目	綸子	黒紅	唐松・橋	御地りんす御地くろへニから松金しやむらさきいとニてへたぬい	金しや　あかへニかのこ　こん　金しやへた　くろへニかのこ　くろへニ　むらさきいと　くろへニ　白金しや
	小袖	百六拾九番		十月廿五日	五百目	綸子	白	「瀧」大文字・青海水・菊	御地りんす御地白きくのしん金しやむらさきいとにてべたぬい	あさきかのこ　くろへニ二つふかのこ　あかへニかのこ　金しや　くろへニかのこ　あさきかのこ　金白
	小袖	百七拾番	百八拾五番	十月廿五日	五百目	りうもん綸子	黒紅鹿の子・赤紅	雲嶋・左巻・唐花	御地りうもんりんすから花金しやにてべたぬい	もへきかのこ　くろへニかのこ　くろへニ　白
○	小袖	百七拾壱番		十月廿五日	五百目	綸子	赤紅鹿の子	唐花	御地りんす御地あかへニかのこ白のから花しわけむらさきいとにて御ぬい	あさきかのこ　白しわけむらさきいと　あかへニかのこ
○	小袖	百七拾二番	百八拾六番	十月廿五日	五百目	綸子	黒紅	篭目・竹・波・片輪車	御地りんす御地くろへニくるま金しやにてべたぬい	くろへニ二つふかのこ　あさきかのこ　もへきかのこ　あさきかのこ　くろへニ　金しやへた
	小袖	百七拾三番		十月廿五日	五百目	綸子	黒紅鹿の子	「瀧」大文字・波・篭目	御地りんす御地くろへニもじのふち金しやニて御ぬい	あかへニかのこ　くろへニ　二つふかのこ　あさきかのこ
	反物	図なし	百八拾七番						卯月廿五日　御かたひら御注文壱たん　此代四十五匁　六月廿五日御かたひら　同即日弐たん　八月廿八日　りんす壱たん　此代百四十八匁	
○	帯	おび壱番		正月六日	百三拾目	綸子	紺	流水・扇・菊	御地りんす御地こんきく金しやにてへたぬい水かのこあさきかのこ	あかへニかのこ　金しやへた　あさきかのこ　こん　金しやへた
○	帯	おび二番	百八拾八番	正月六日	百九拾九匁	綸子	赤紅鹿の子	菊	御地りんす御地あかへニかのこきくのは金しやニてへたぬいきくあさきかのこ	あかへニかのこ　あさきかのこ
	帯	三番		正月六日	百九拾八匁	りうもん綸子	赤紅鹿の子	檜垣・杜若	御地りうもんりんす花金しやむらさきいとの御ぬい	金しやべた　むらさきすかし　あさきかのこ　あかへニかのこ
	帯	四番	百八拾九番	正月六日	百九拾八匁	綸子	浅葱鹿の子	井桁・唐花	御地りんす御地あさきかのこから花金しやニてべたぬい	あさきかのこ　むらさき　むらさきかのこ
	帯	五番		正月六日	百五拾目	綸子	藤色	菊・葉繋ぎ	御地りんす御地ふじいろきく金しやにてへたぬい	あさきかのこ　あかへニかのこ　ふじいろ　金しやべた
	帯	六番	百九拾番	二月廿一日	百八拾目	綸子	紫	菊	御地りんす御地むらさききくのは金しやにてべたぬい	金しやのべた　むらさき　あさきかのこ　あかへニかのこ
	帯	七番		八月六日	百九拾六匁	りうもん綸子	黒紅鹿の子・浅葱鹿の子	杜若・左巻	御地りうもんりんすかきつばたの花金しやニてへたぬいくきも金しやの御ぬい	あさきかのこ　くろへニかのこ

	帯	八番	百九拾壹番	八月六日	百八拾五匁	りうもん綸子	紺	麻の葉繋ぎ・杜若	御地りうもんりんす御地こん花金しやきいとニてべたぬいくきも同	こん　あさきかのこ　こん　金しや　きいと
○	帯	九番		八月六日	百九拾六匁	りうもん綸子	赤紅鹿の子・鶸鹿の子	鱗・菊	御地りうもんりんすきく金しやのべたぬい	あさきかのこ　こん　金しやのべた　あかへニかのこ　ひわかのこ
○	帯	十番	百九拾弐番	八月六日	百八拾五匁	綸子	紺・浅葱鹿の子	敷瓦・片輪車	御地りんすわのしわけいとめニゆいわけ	あさきかのこ　こん　あかベニかのこ　むらさきかのこ　むらさき
	帯	拾壹番		八月六日	百五拾五匁	綸子	紫	菊・波	御地りんす御地むらさききく金しやニてべたぬい	あかへニかのこ　金しやのべた　むらさき　あさきかのこ
	帯	拾二番	百九拾三番	八月六日	百九拾八匁	りうもん綸子	紫鹿の子	山・菊	御地りうもんりんすきく金しやニてへたぬい	むらさきかのこ　金しやのべた　白あさきかのこ
	帯	拾三番		八月六日	百四拾五匁	綸子	木賊色	梅枝・垣	御地りんす御地とくさいろ梅木も花も金しやにてへたぬい	とくさいろ　くろへニかのこ　あさきかのこ
	帯	拾四番	百九拾四番	八月六日	百四拾三匁	綸子	紫	「花浮木」文字・菊	御地りんす御地むらさきぬいふせのふちむらさきいとにて御ぬいきくのしわけ同	くろへニかのこ　あさきかのこ　あかへニかのこ　金しや　白りうもん　こん地金入
	帯	拾五番		八月六日	百三拾五匁	綸子	紫	菊	御地りんす御地むらさきぬいふせのふちむらさきいとにて御ぬい	むらさき　あかへニかのこぬいふせ　こん地金入ぬいふせ
	帯	図なし	百九拾五番							

御用雛形帳

御用雑穀帳　貳

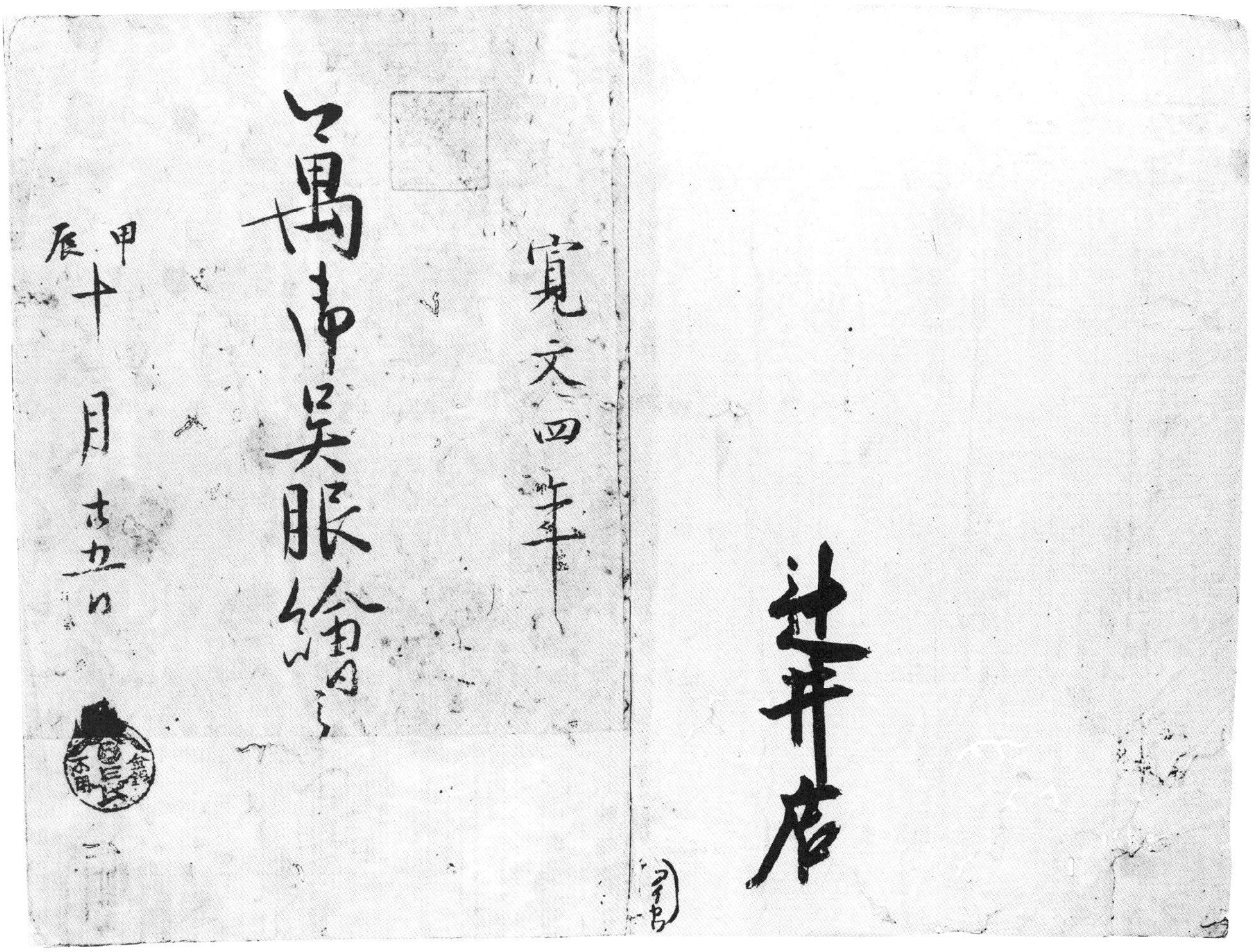
寛文四年
萬御呉服繪
甲辰 十月 廿五日
辻井店

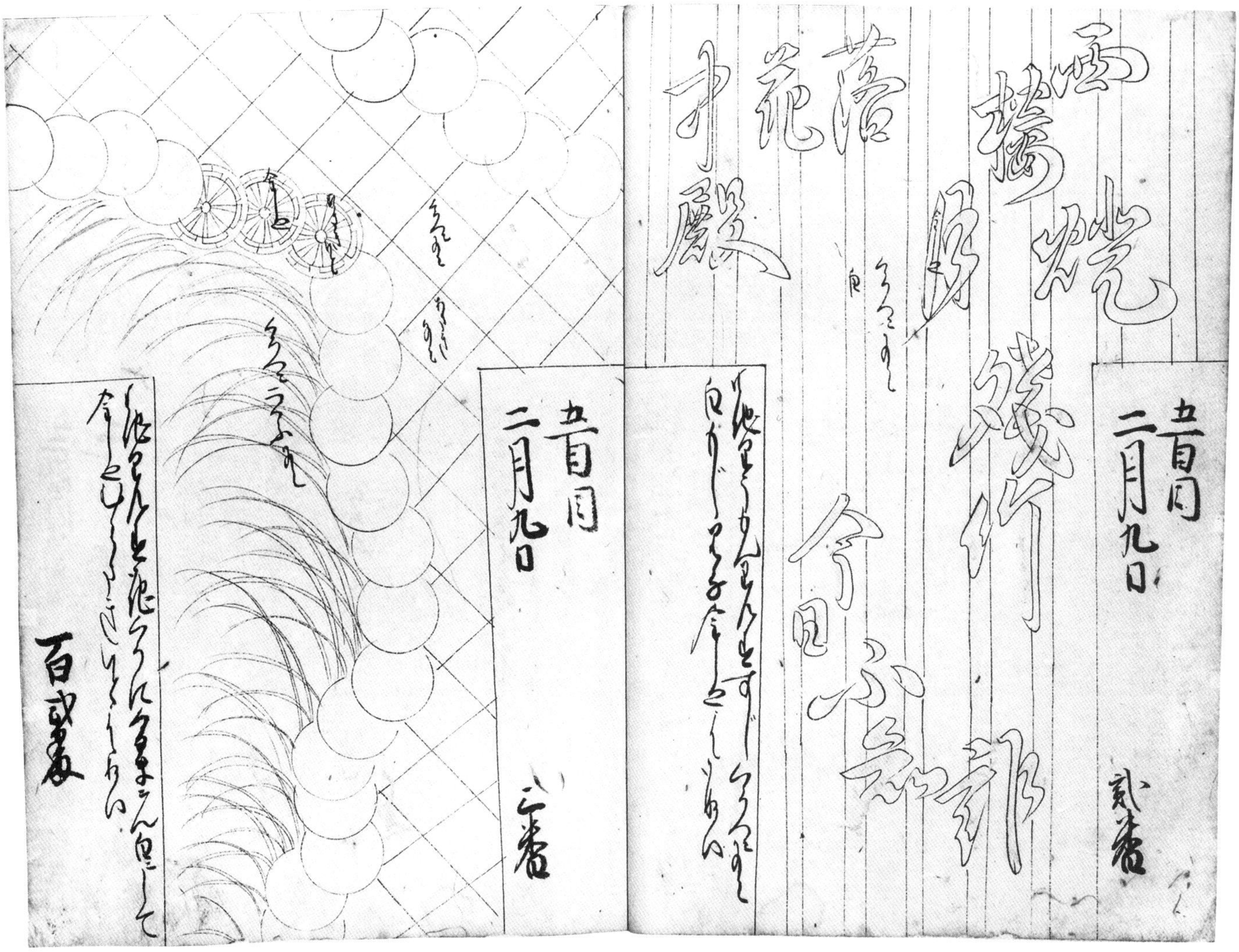

五百目
二月九日

貳番

金しや
くろへニかのこ
白

御地りうもんりんすじくろへニかのこ
白もじみな金しやニて御ぬい

五百目
二月九日

三番

くろへニかのこ
あさき
かのこ
むらさき
いと
金しや
くろへ二二つふかのこ

御地りんす御地くろにくるまこん白ニして
金しやむらさきいとニてぬい

百貳番

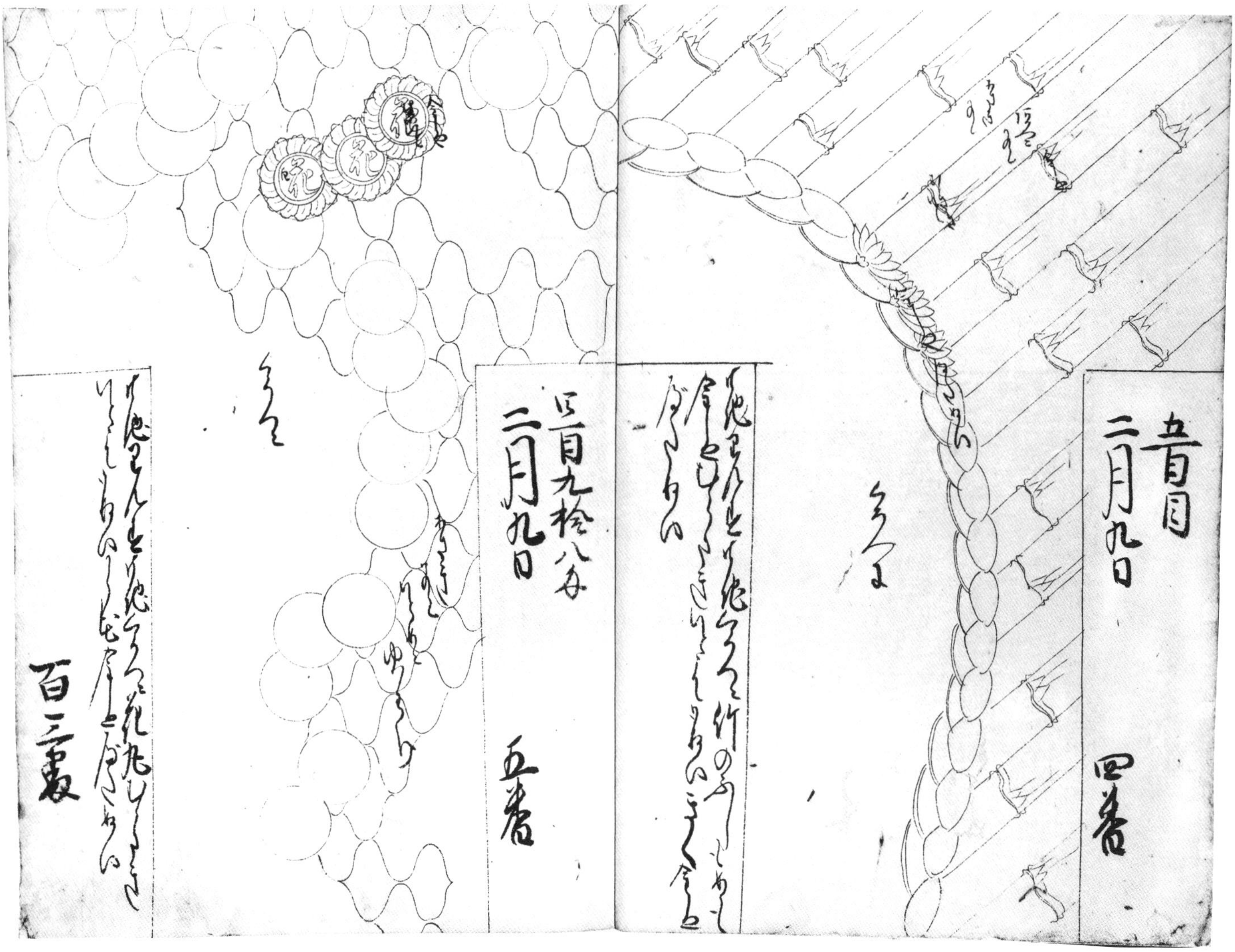

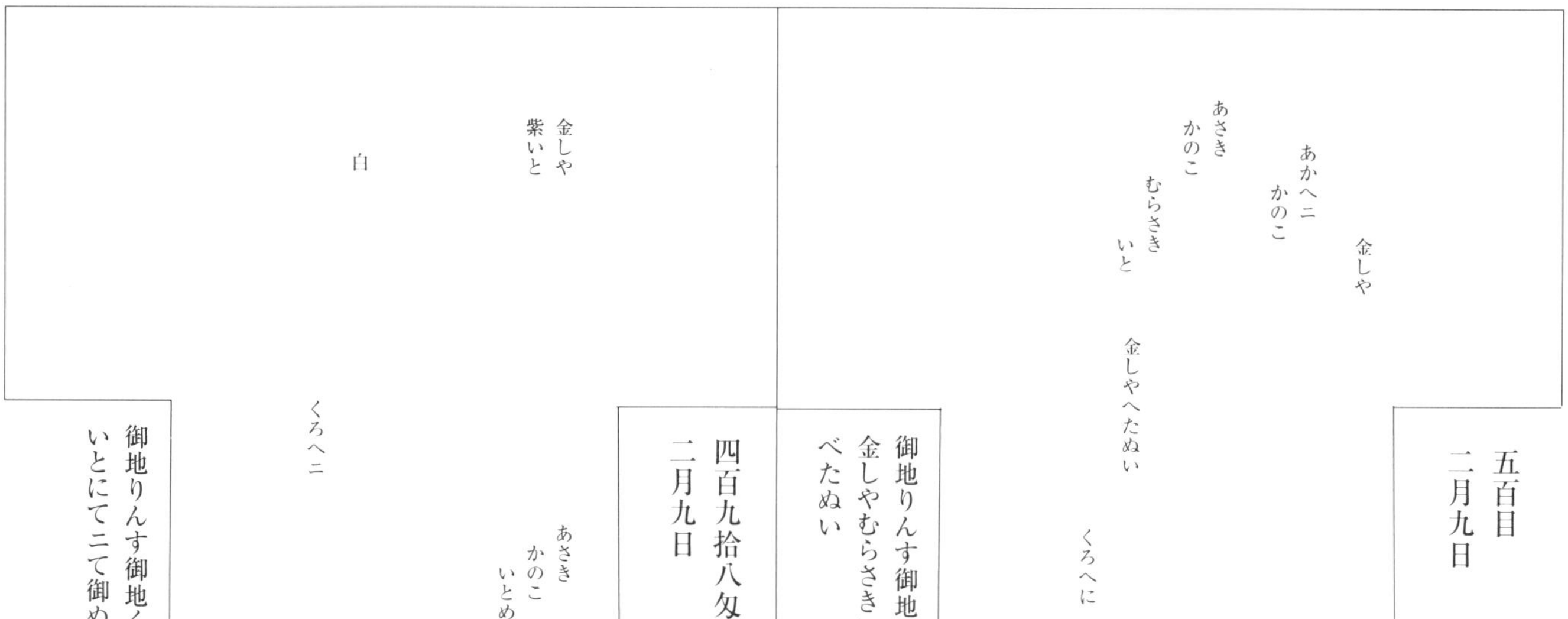
五百目
二月九日
四番
あさき
かのこ
あかへニ
かのこ
金しや
むらさき
いと
金しやへたぬい
くろへに
御地りんす御地くろへ二竹のふしもめも
金しやむらさきいと二て御ぬいきく金しや
べたぬい
四百九拾八匁
二月九日
五番
金しや
紫いと
白
くろへ二
あさき
かのこ
いとめニ
ゆいわけ
御地りんす御地くろへ二花丸むらさき
いとにて二て御ぬいから花金しやべたぬい
百二番

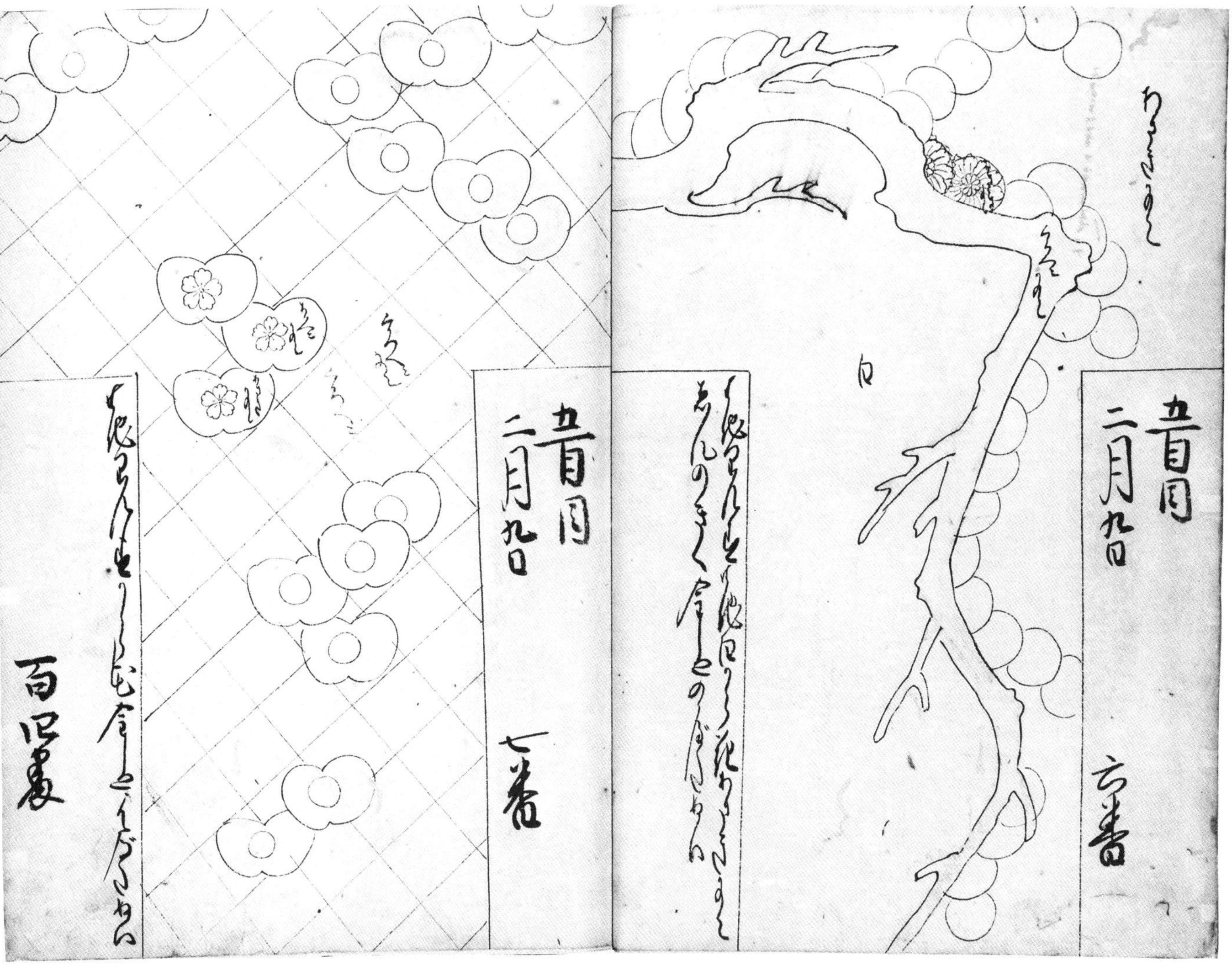

五百目
二月九日
六番

あさきかのこ
あさき
かのこ
くろへニ
かのこ
白

御地りんす御地白から花あさきかのこ
しんのきく金しやのべたぬい

五百目
二月九日
七番

くろへニ
かのこ
あかへニ
かのこ
くろへニ
あさき
かのこ

御地りんすから花金しやニてべたぬい

百四番

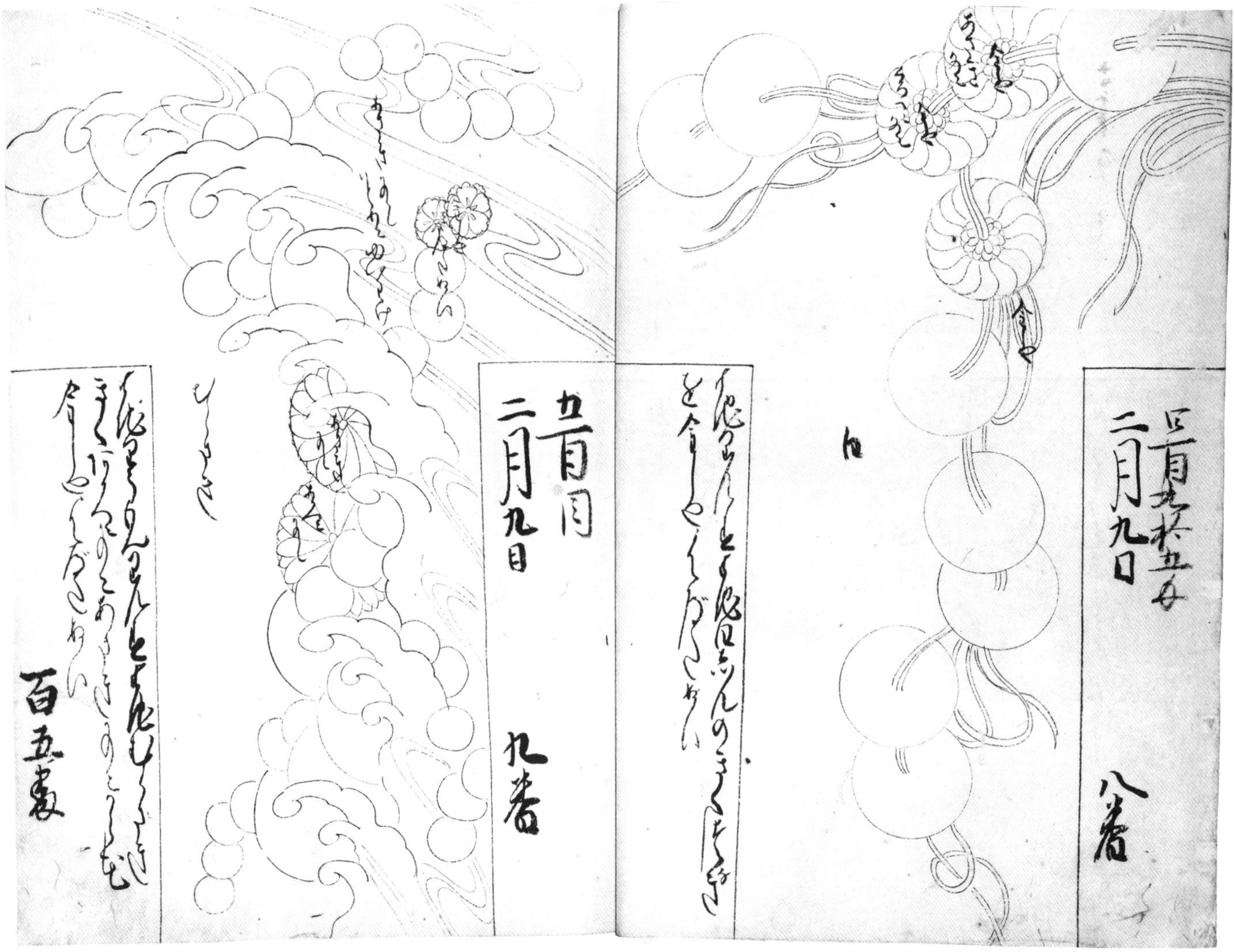

四百九拾五匁
二月九日

御地りんす御地白しんのきくつなき
を金しやニてべたぬい

金しや
あさき
かのこ

金しや
くろへニ
かのこ

金しや

白

八番

五百目
二月九日

御地りうもんりんす御地むらさき
きくあかへニかのこあさきかのこから花
金しやニてべたぬい

あさきかのこ
いとめニゆいわけ

金しや
へたぬい

むらさき

あさき
かのこ

あかへニ
かのこ

百五番

九番

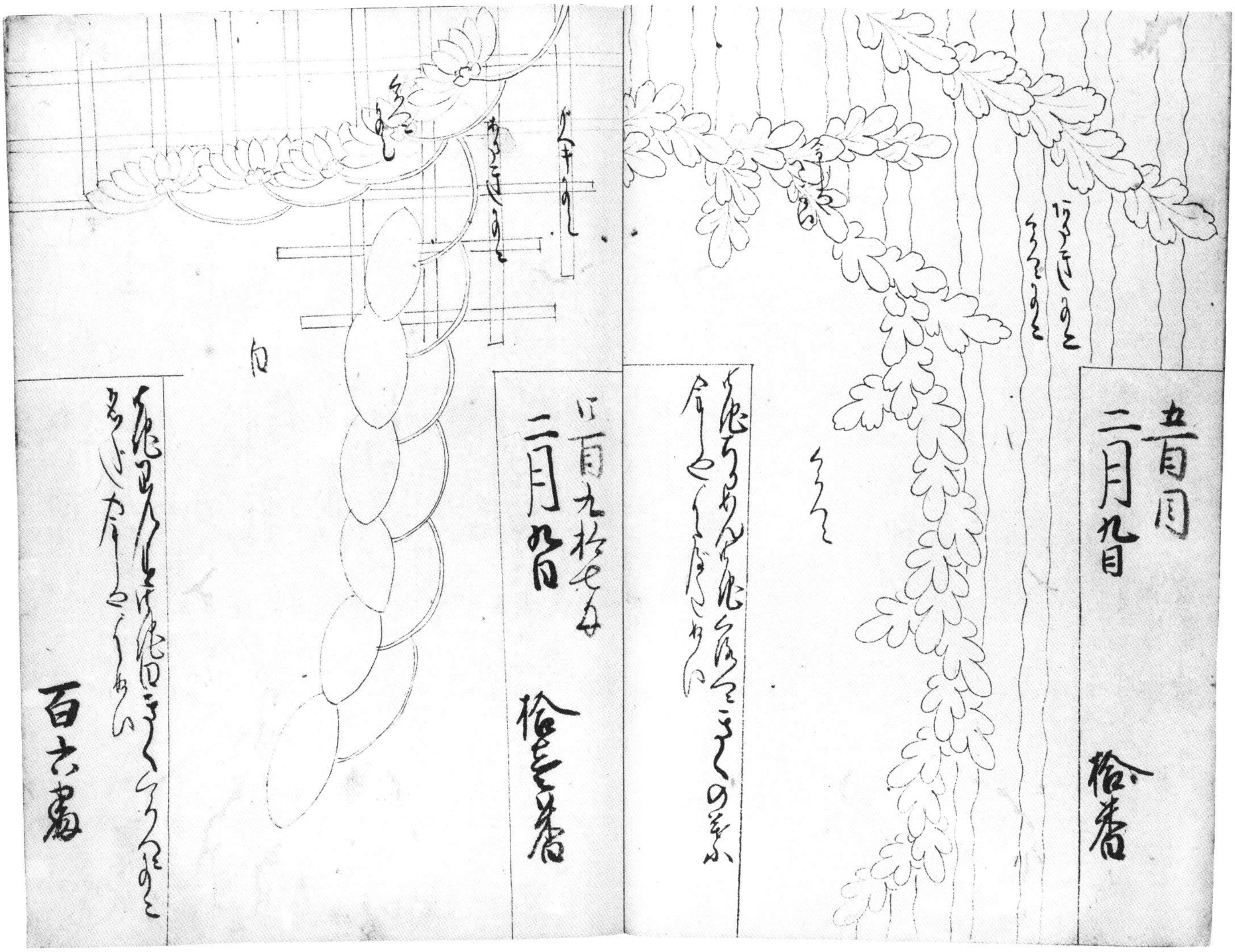

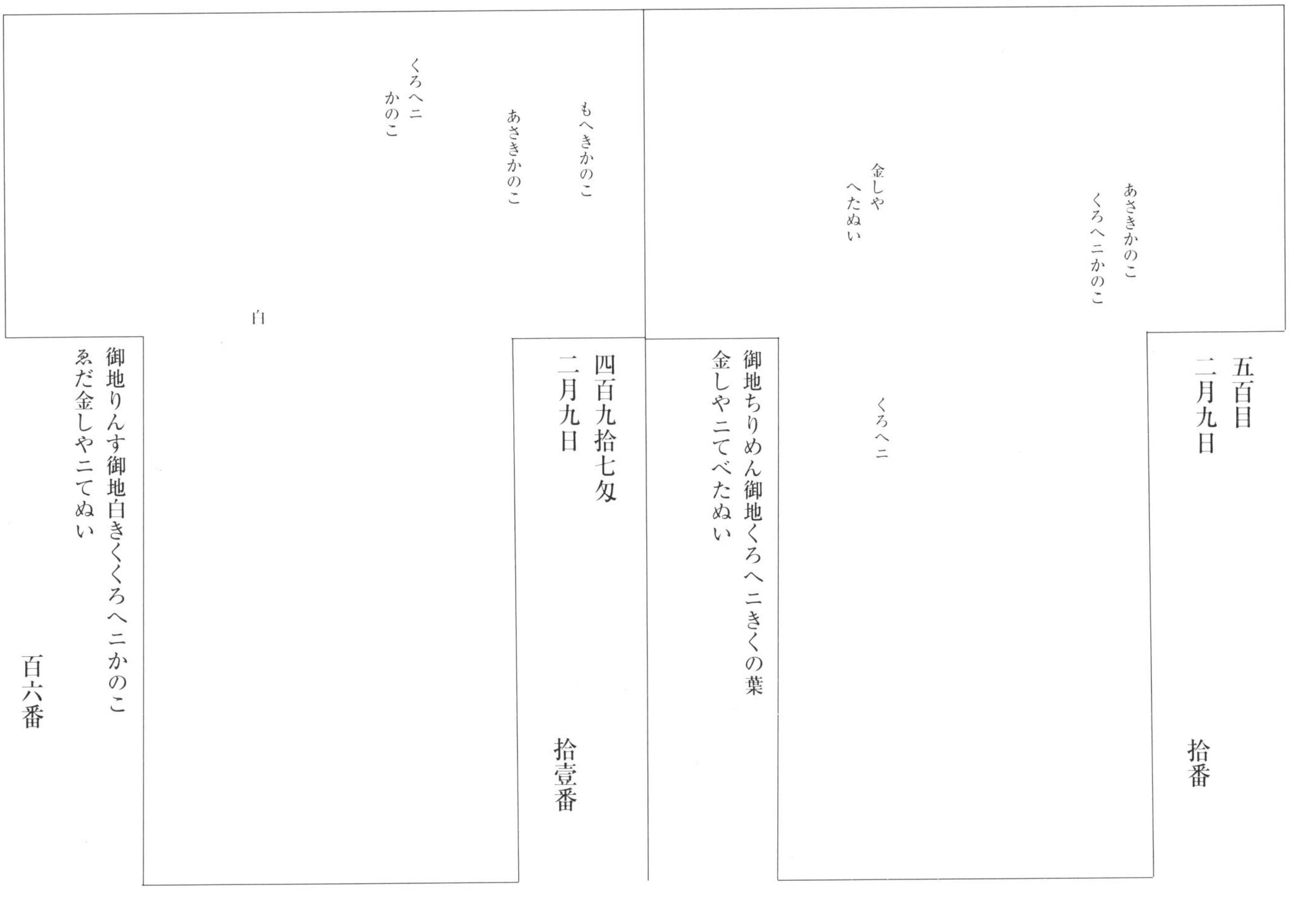
五百目
二月九日
拾番
御地ちりめん御地くろへニきくの葉
金しやニてべたぬい
くろへニ
金しや
へたぬい
あさきかのこ
くろへニかのこ
四百九拾七匁
二月九日
拾壹番
もへきかのこ
あさきかのこ
くろへニ
かのこ
白
御地りんす御地白きくくろへニかのこ
ゑだ金しやニてぬい
百六番

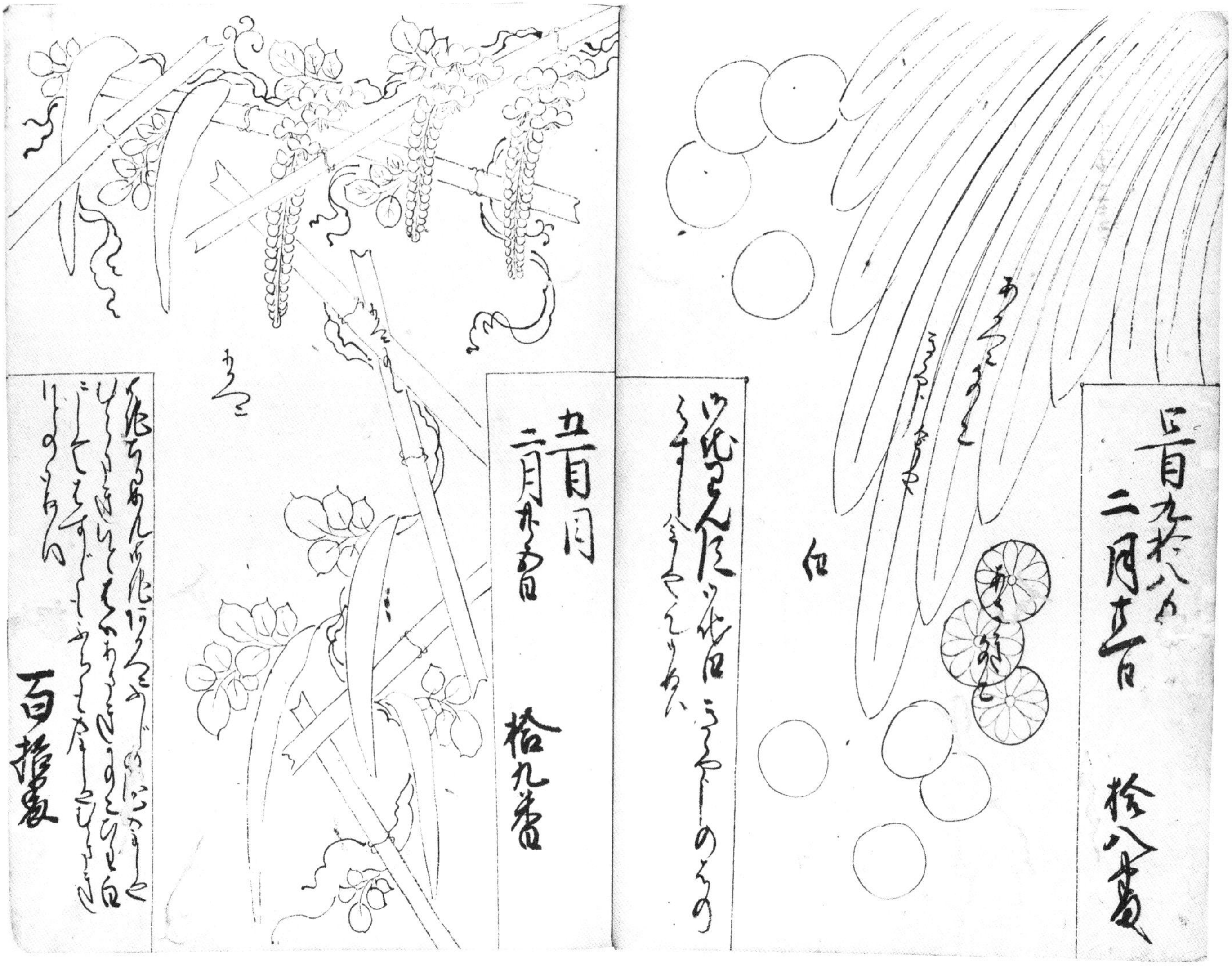

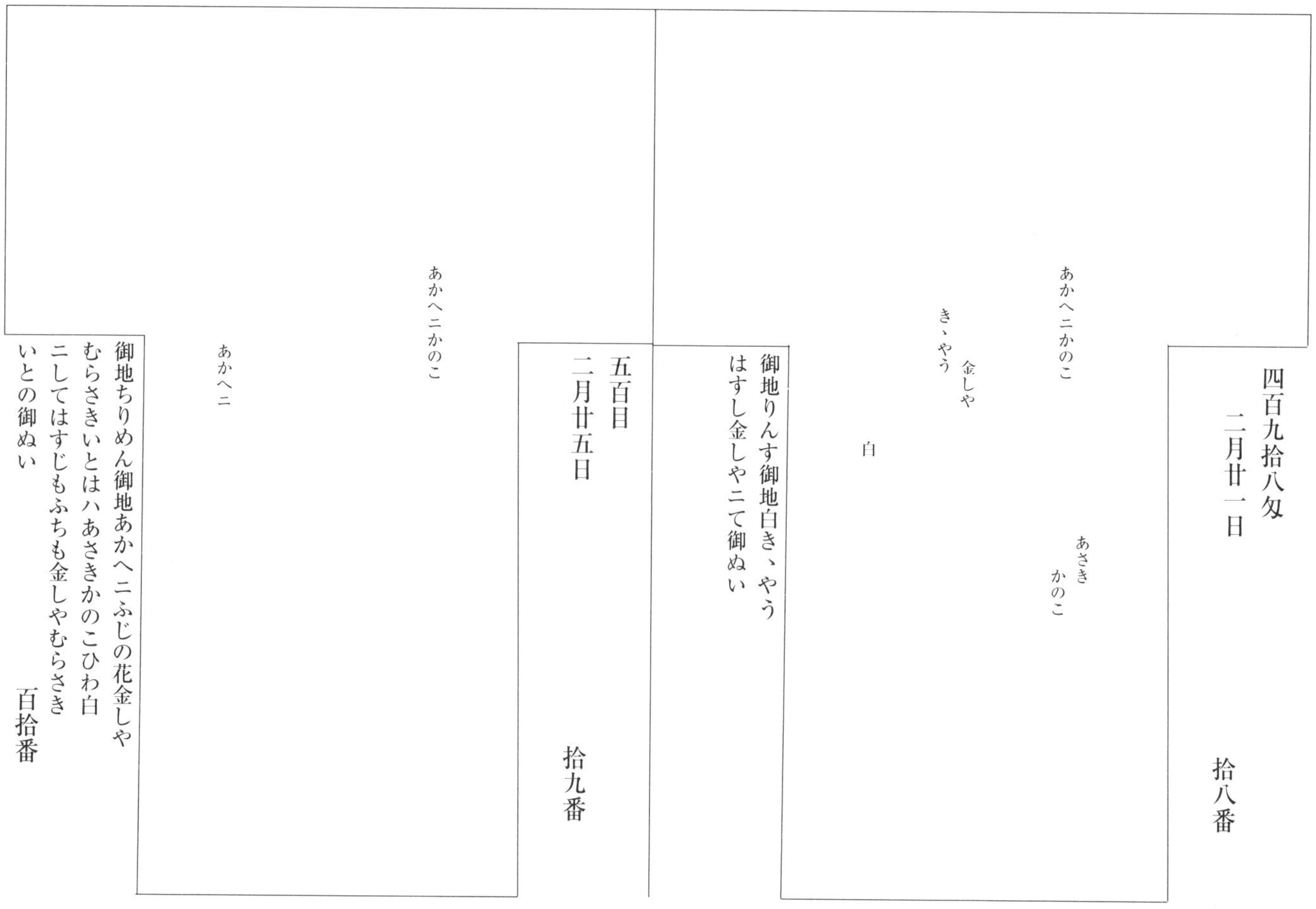
四百九拾八匁
二月廿一日
拾八番
御地りんす御地白き、やう
はすし金しやニて御ぬい
あかへニかのこ
き、やう
金しや
白
あさき
かのこ
五百目
二月廿五日
拾九番
あかへニかのこ
あかへニ
御地ちりめん御地あかへニふじの花金しや
むらさきいとはハあさきかのこひわ白
ニしてはすじもふちも金しやむらさき
いとの御ぬい
百拾番

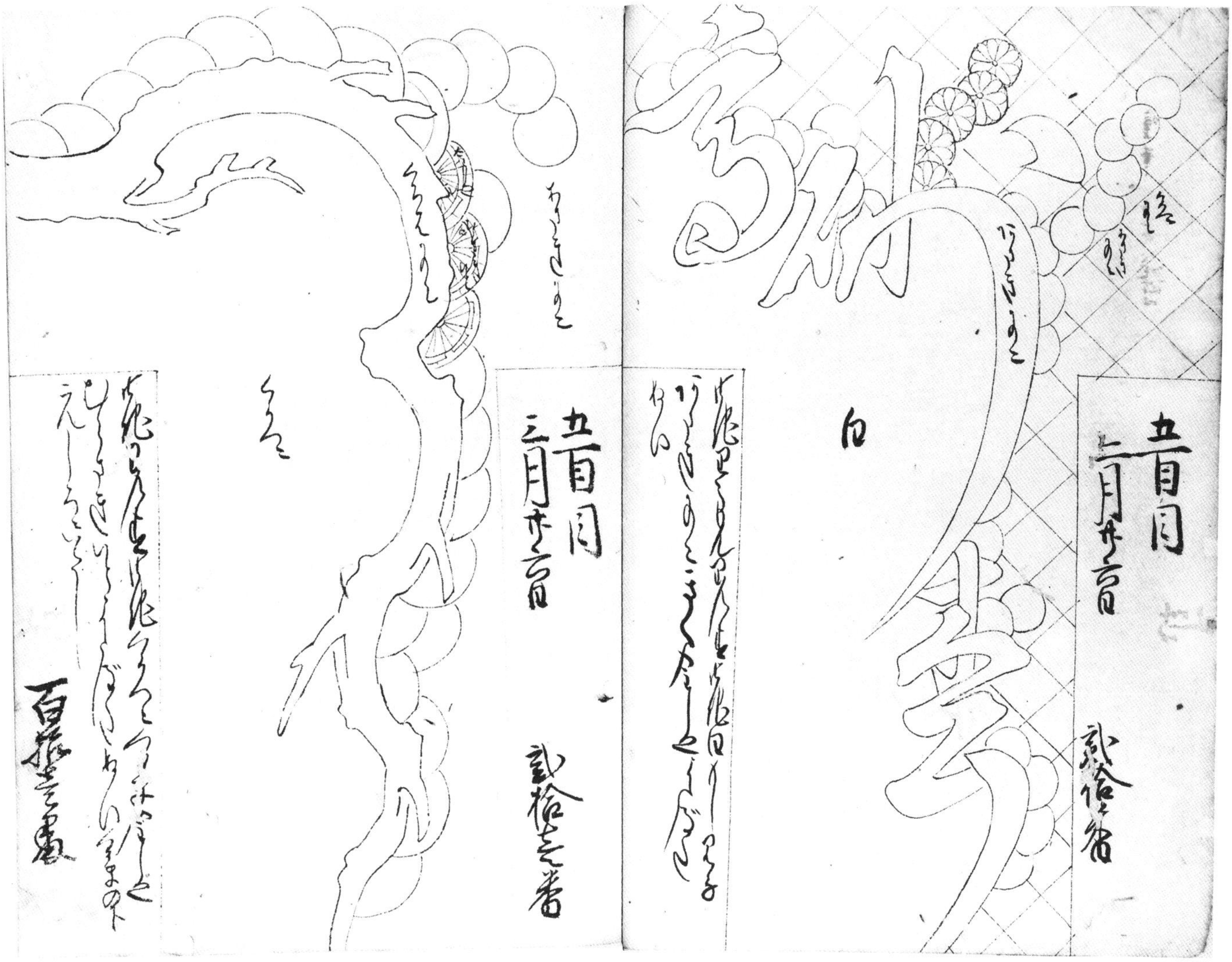

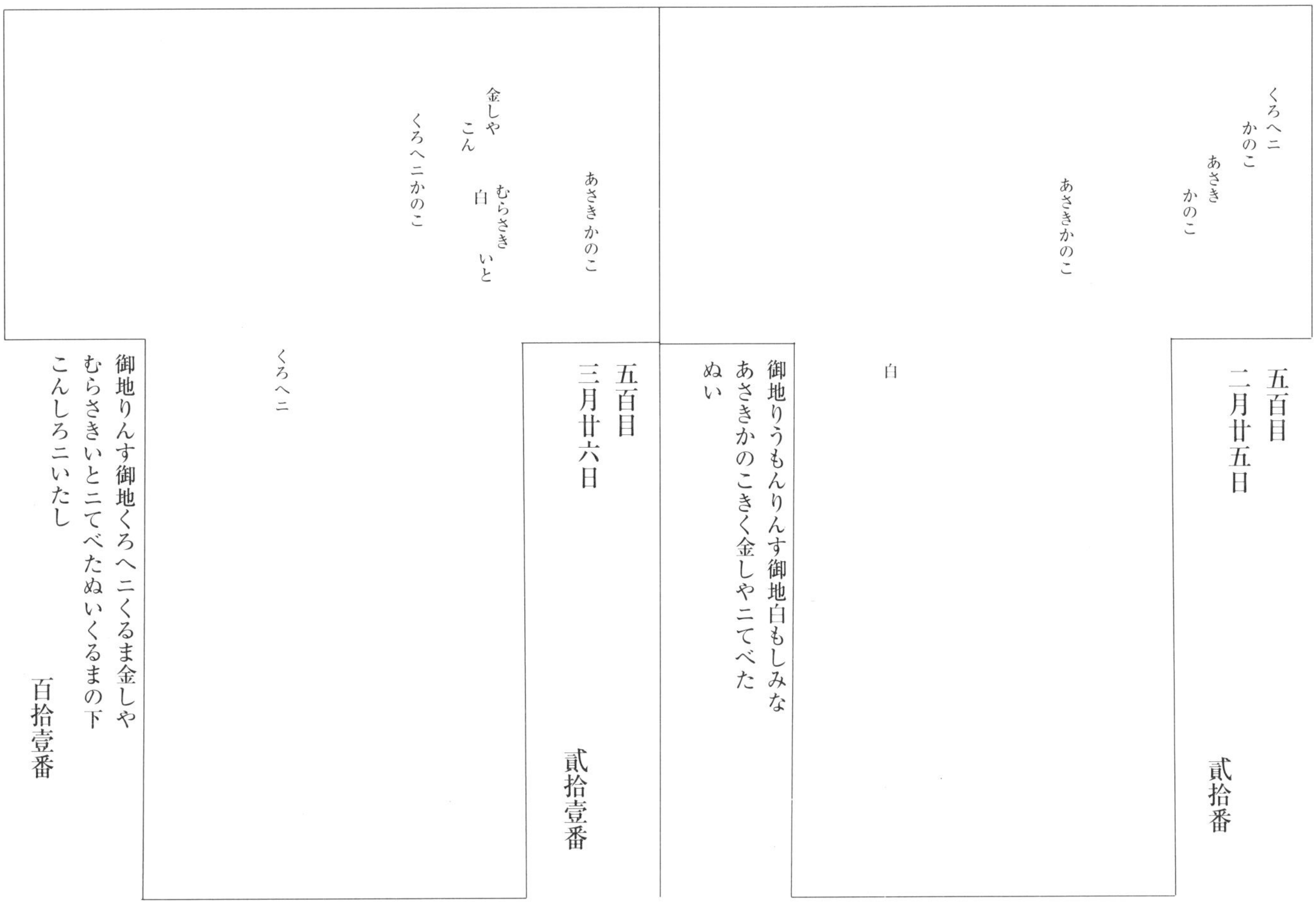
五百目
二月廿五日
貳拾番
御地りうもんりんす御地白もしみな
あさきかのこきく金しやニてべた
ぬい
くろへニ
かのこ
あさき
かのこ
あさきかのこ
白
五百目
三月廿六日
貳拾壹番
御地りんす御地くろへニくるま金しや
むらさきいとニてべたぬいくるまの下
こんしろニいたし
百拾壹番
あさきかのこ
金しや
こん
むらさき
いと
白
くろへニかのこ
くろへニ

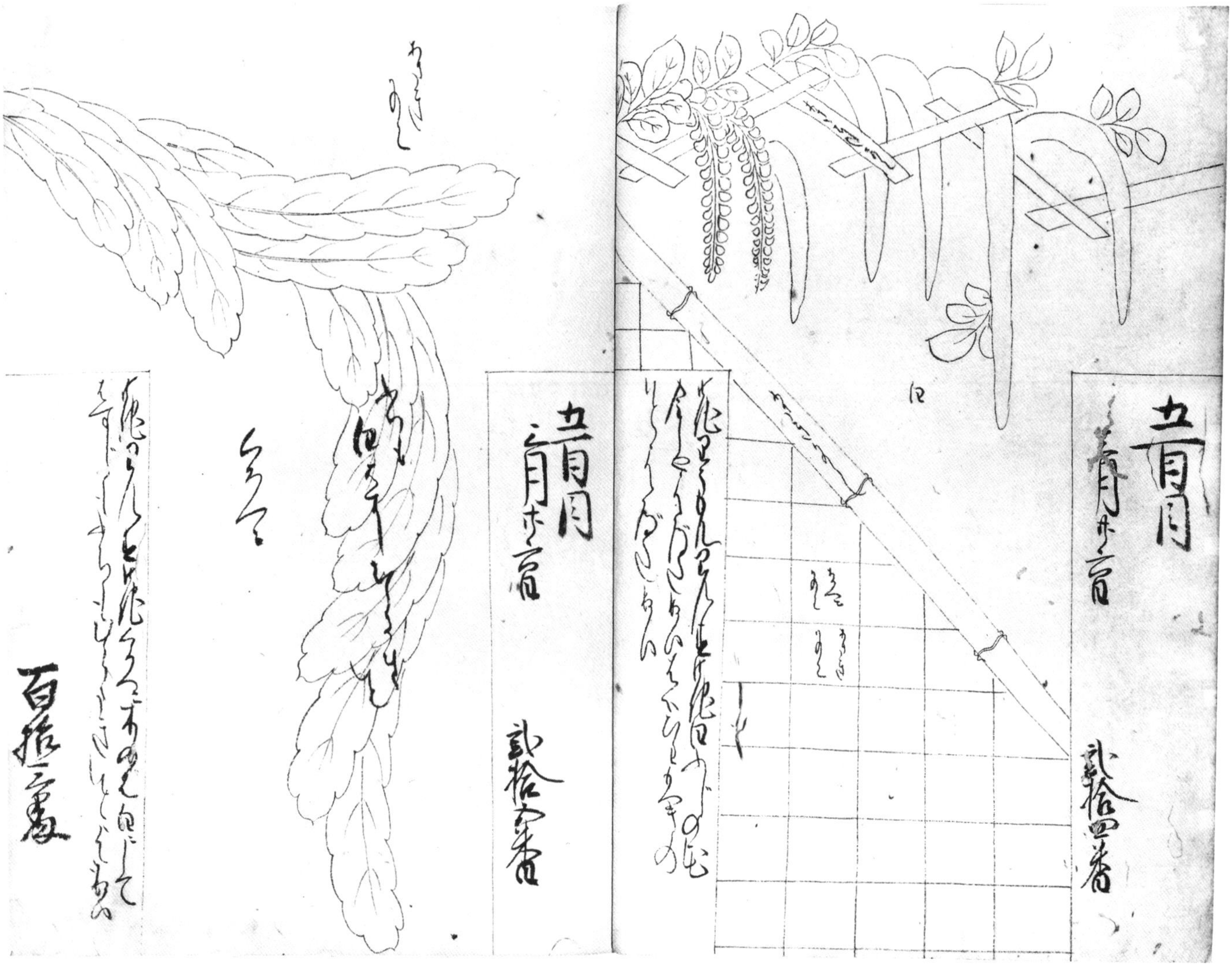

五百目
三月廿六日

貳拾四番

あさきかのこ

白

あさきかのこ

あかへニ
かのこ

あさき
かのこ

御地りうもんりんす御地白ふじの花
金しやにてべたぬいはハひわもへきの
いとニてべたぬい

五百目
三月廿六日

貳拾五番

あさき
かのこ

ふちも
白はすしむらさき
いと

くろへニ

御地りんす御地くろへニ木のは白ニして
はすじもふちもむらさきいとニて御ぬい

百拾三番

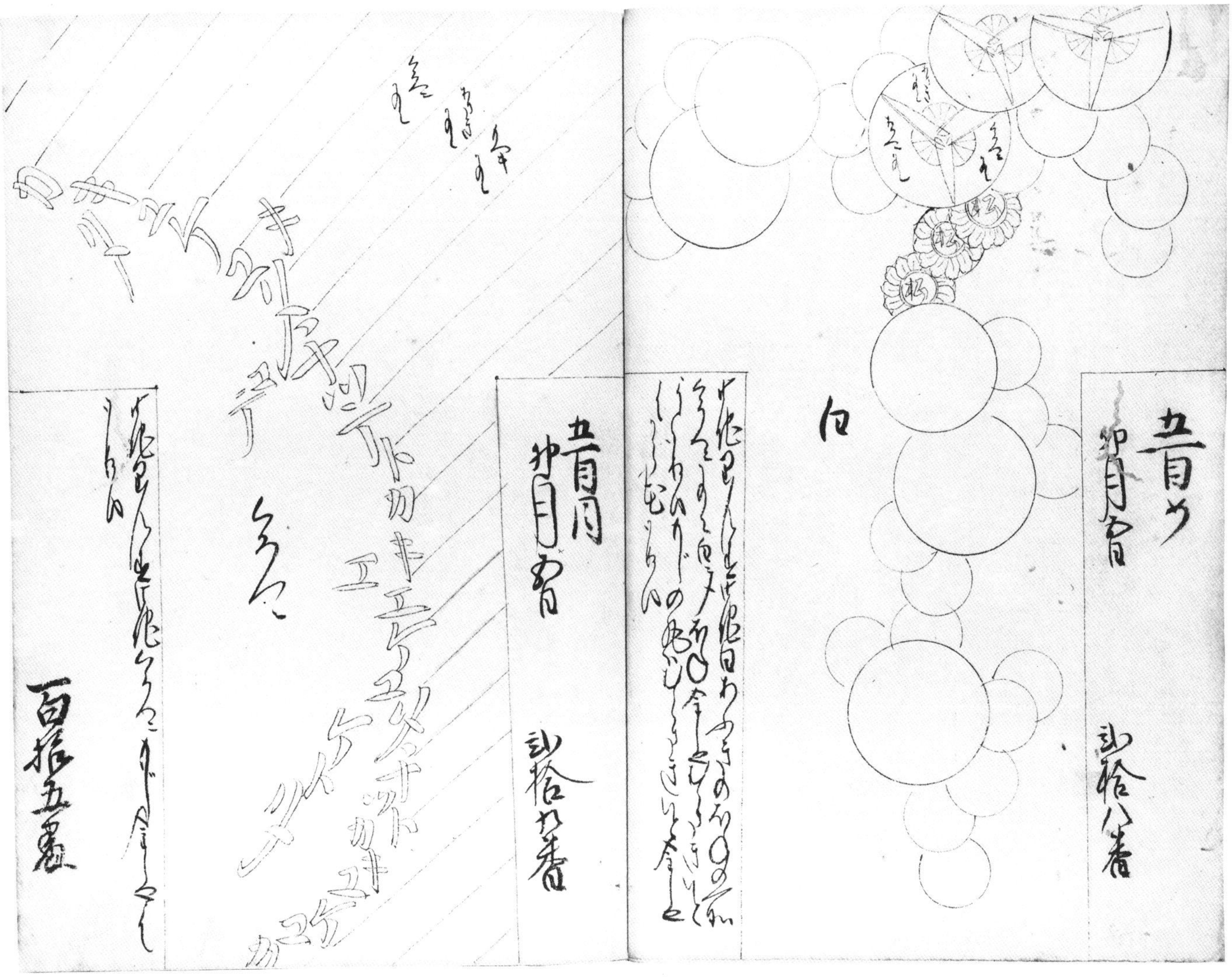

五百め
卯月五日
弐拾八番

御地りんす御地白あふきのほねの所くろへニかのこ白に入ほね金しやむらさきいとニて御ぬいもじの丸ハむらさきいと金しやニてから花御ぬい

あさき かのこ
あかへニかのこ
くろへニ かのこ
白

五百目
卯月五日
弐拾九番

くろへニ かのこ
あさき かのこ
もへき かのこ
くろへニ

御地りんす御地くろへニもじ金しやニて御ぬい

百拾五番

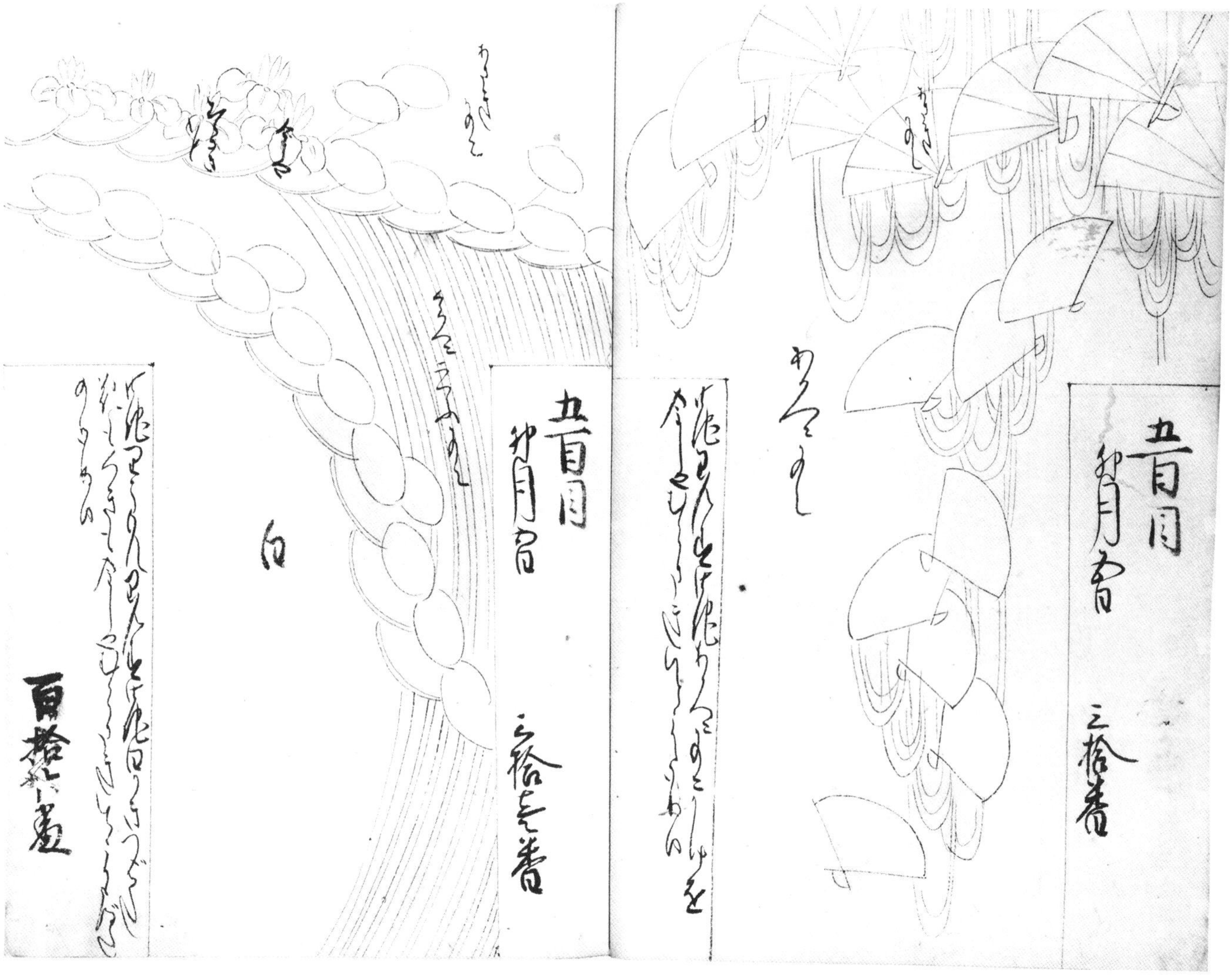

五百目
卯月五日
三拾番

御地りんす御地あかへニかのこかけを
金しやむらさきいとニて御ぬい

あかへニかのこ

あさき
かのこ

五百目
卯月五日
三拾壹番

御地りうもんりんす御地白かきつばた
花もくきも金しやむらさきいとニてべた
の御ぬい

百拾六番

あさき
かのこ

くろへニ二つふかのこ

金しや

むらさき
いと

白

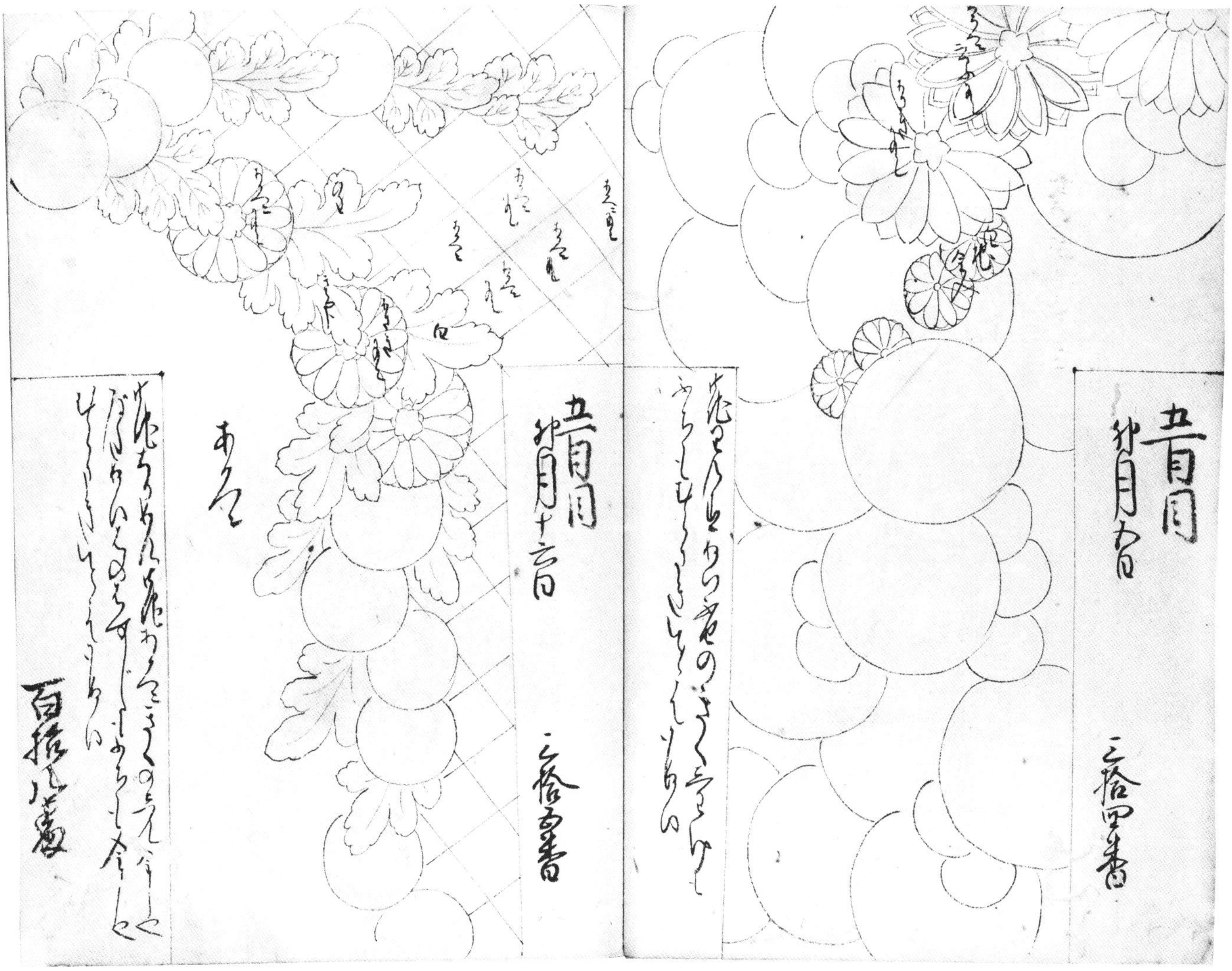

五百目
卯月五日

くろへニ
二つふかのこ
あさき
かのこ
白地
金入

御地りんすぬいふせのきくしわけも
ふちもむらさきいとニて御ぬい

三拾四番

五百目
卯月五日

あかへニかのこ
あかへニ
かのこ
あかへニ
かのこ
あかへニ
かのこ
あかへニ
あさき
かこの
白
ひわ
き、やう
あかへニかのこ
あかへニ

御地ちりめん御地あかへニきくのしん金しや
べたぬいはのはすじもふちも金しや
むらさきいとニて御ぬい

百拾八番

三拾五番

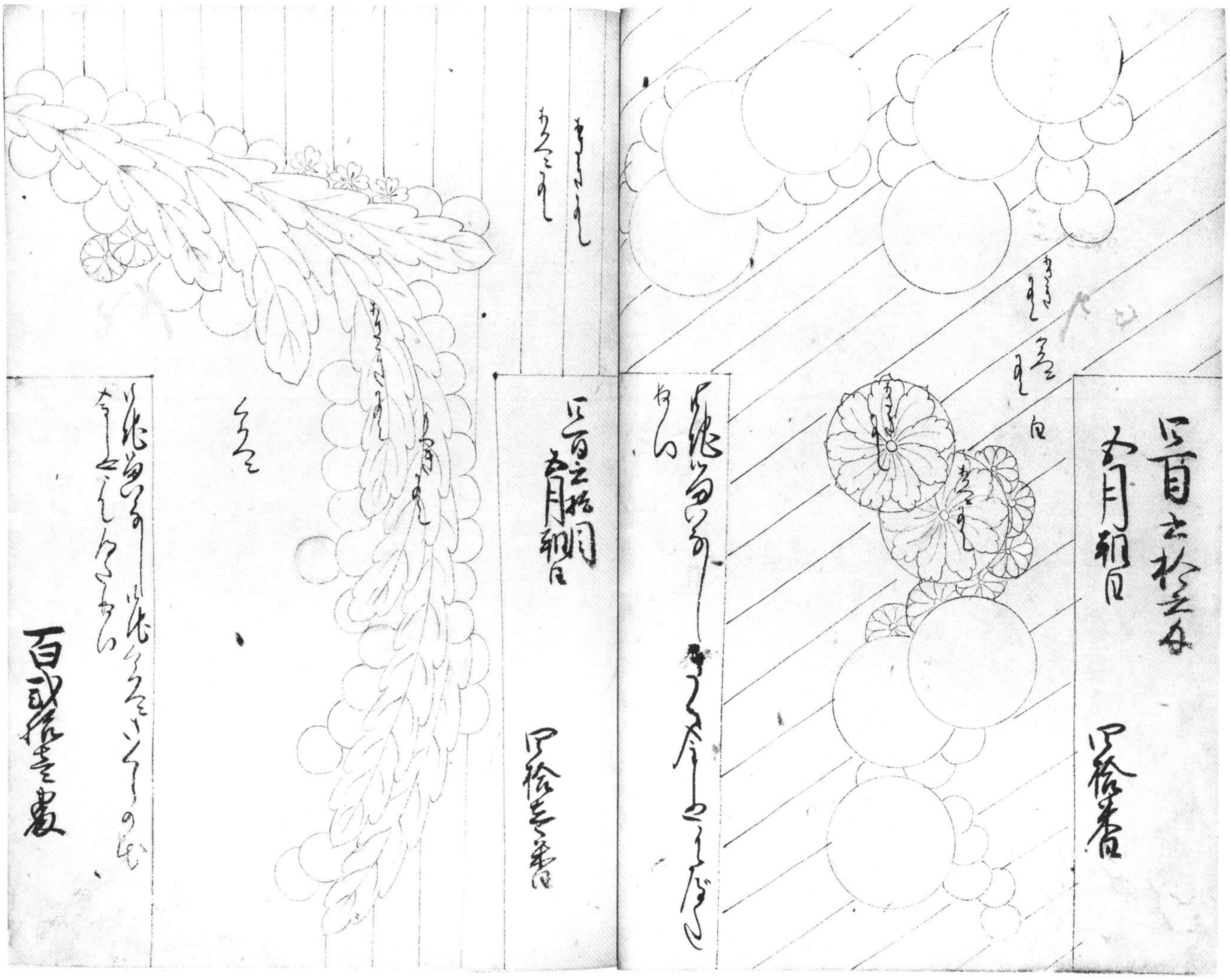

四百六拾六匁
五月朔日

あさき
かのこ

くろへニ
かのこ

白

あさき
かのこ

あかへニかのこ

御地るいなしきく金しやニてべた
ぬい

四拾番

四百六拾目
五月朔日

あさきかのこ
あかへニかのこ

あさきかのこ

もへきかのこ

くろへニ

御地るいなし御地くろへニさくらの花
金しやニてへたぬい

四拾壹番

百貳拾壱番

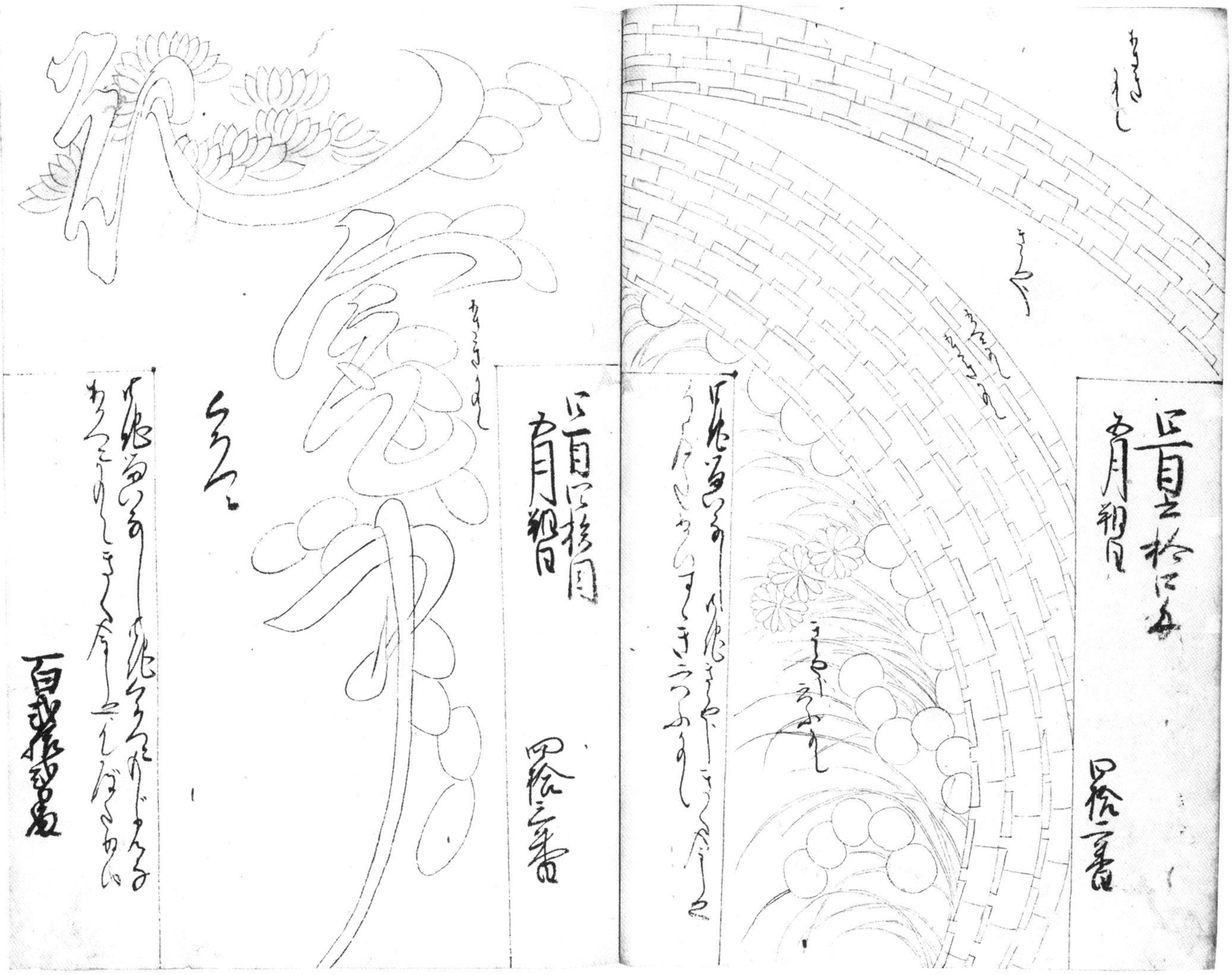

四百六拾四匁
五月朔日

あさき
かのこ

き、やう

あかへニかのこ
あさきかのこ

御地るいなし御地き、やうきく金しや
ニてべたぬいす、きニつふかのこ

き、やう
二つふかのこ

四拾一番

四百四拾目
五月朔日

あさきかのこ

くろへニ

御地るいなし御地くろへニもじみな
あかへニかのこきく金しやニてべたぬい

百弐拾弐番

四拾三番

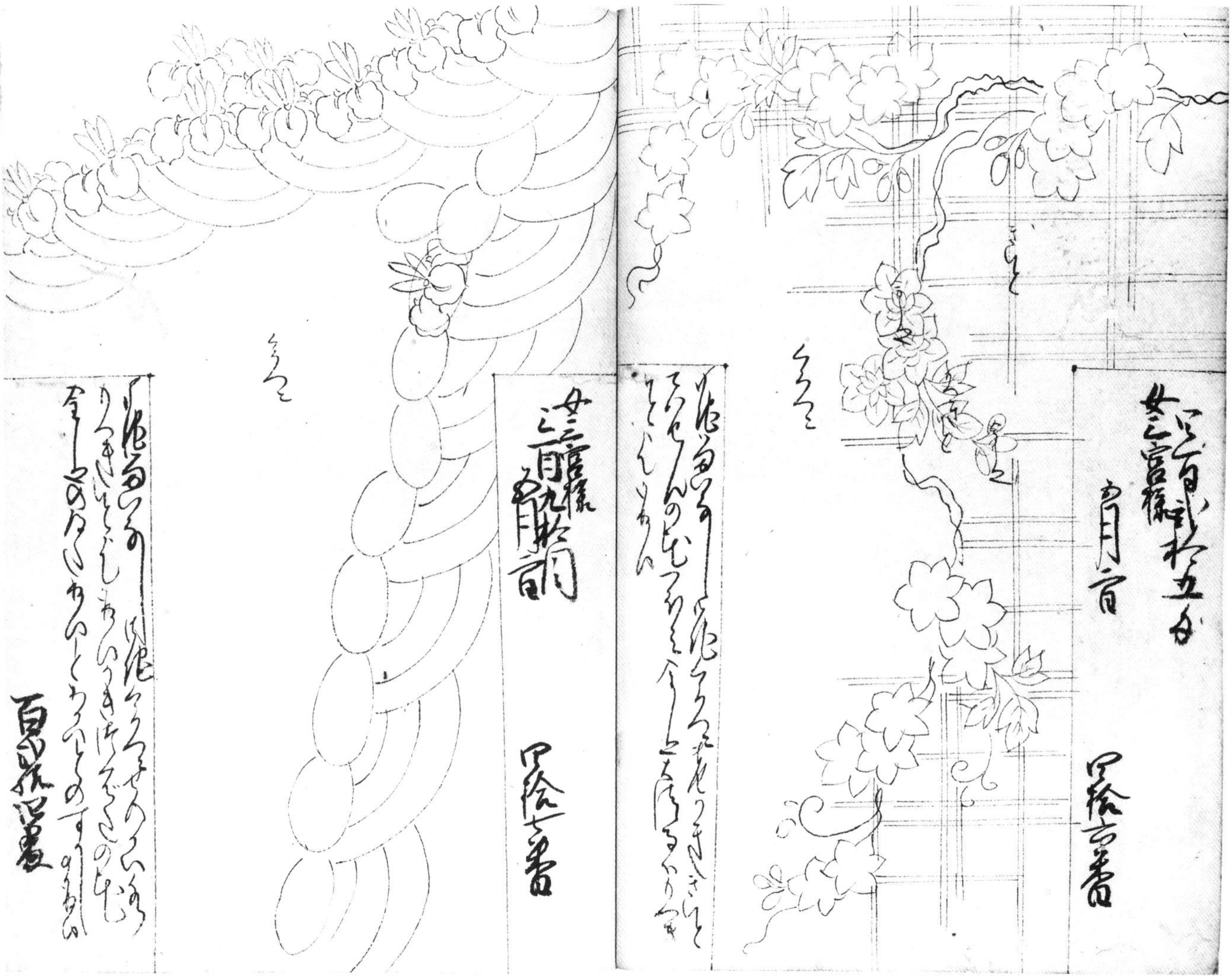

四百弐拾五匁
女三宮様
五月二日
四拾六番

御地るいなし御地くろへニませかききいと
てつせんの花つほミ金しやはつるハもへき
いとニて御ぬい

きいと
金しや
もへき
いと
金しや
くろへニ

女三宮様
三百九拾目
五月二日
四拾七番

御地るいなし御地くろへニせいかい水
もへきいとにて御ぬいかきつばたの花
金しやのべたぬいとあかいとのすかしの御ぬい
百弐拾四番

くろへニ

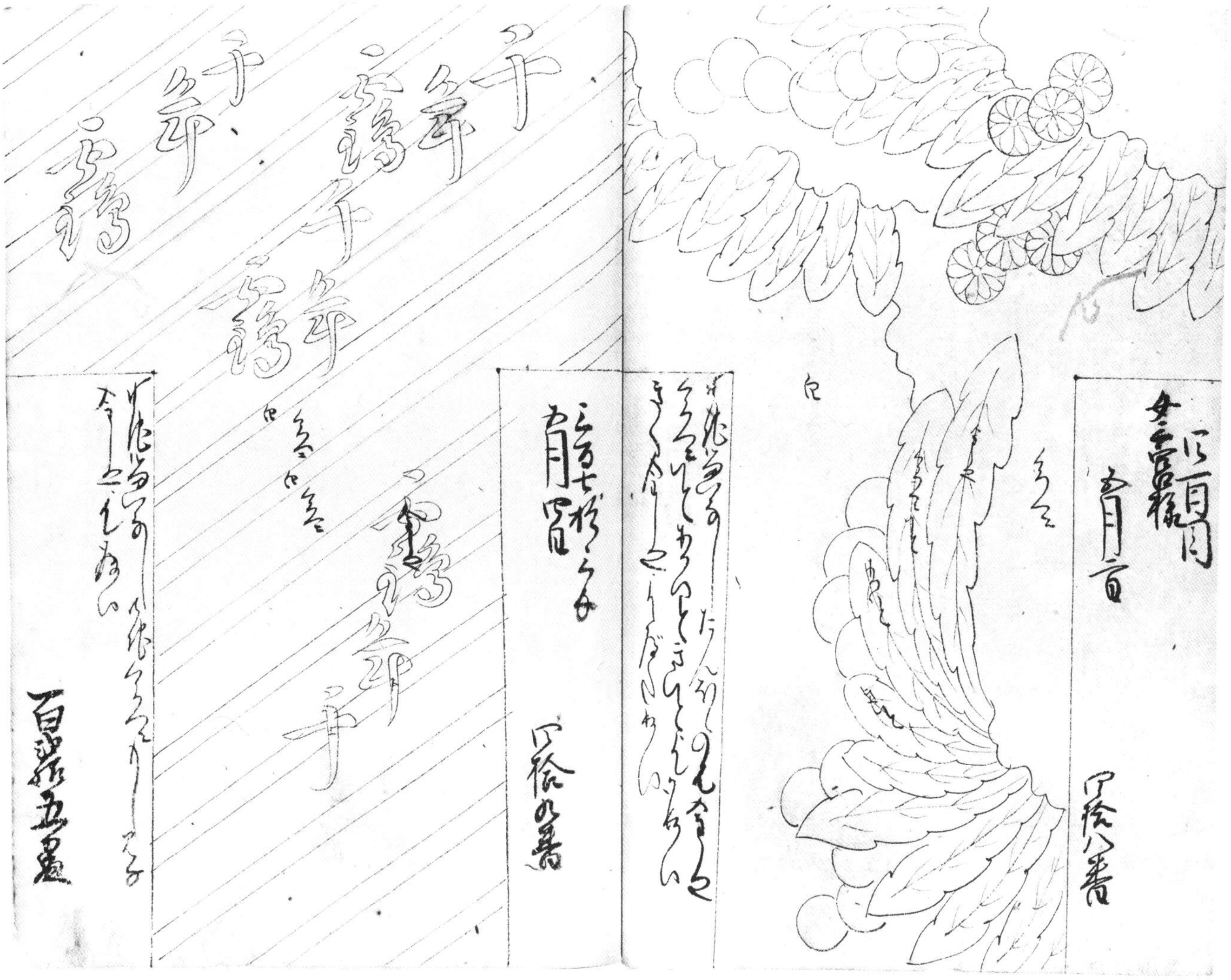

四百目
女三宮様
五月二日
四拾八番

くろへニ
金しや
くろへニいと
あかいと
きいと
白

御地るいなしたんほゝのは金しや
くろへニいとあかいときいとニて御ぬい
きく金しやにてべたぬい

三百七拾三匁
五月四日
四拾九番

金しや
くろへニ
白
くろへニ
白

御地るいなし御地くろへニもしみな
金しやニて御ぬい

百弐拾五番

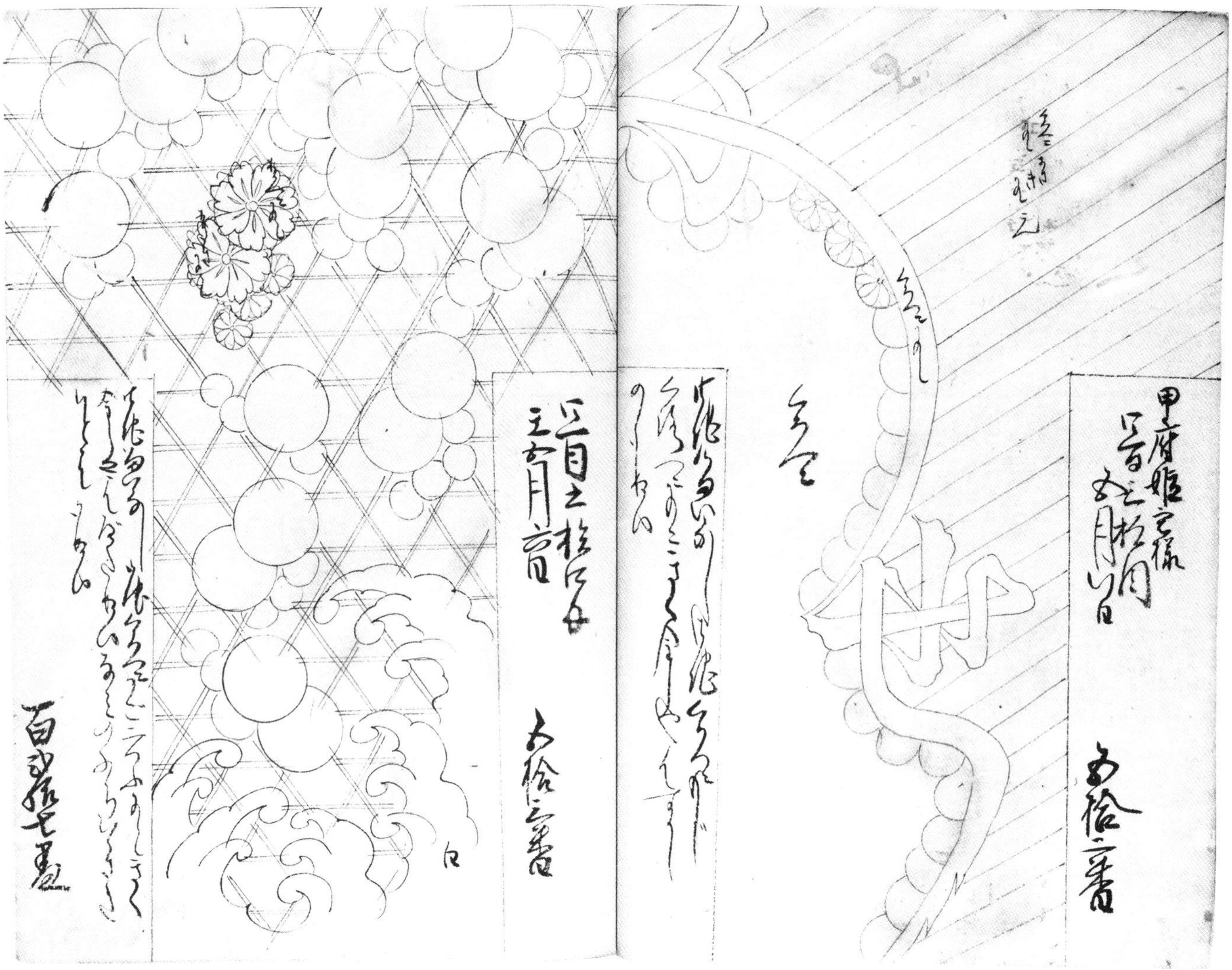

甲府姫宮様
四百三拾目
五月八日

五拾二番

くろへニかのこ
あさきかのこ
こん
くろへニかのこ
くろへニ

御地るいなし御地くろへニもじ
くろへニかのこきく金しやにてすかし
の御ぬい

四百六拾四匁
壬五月六日

五拾三番

あかへニかのこ
あさきかのこ
白

御地るいなし御地くろへニかご二つふかのこきく
金しやにてべたぬいなミのふちむらさき
いとにて御ぬい

百弐拾七番

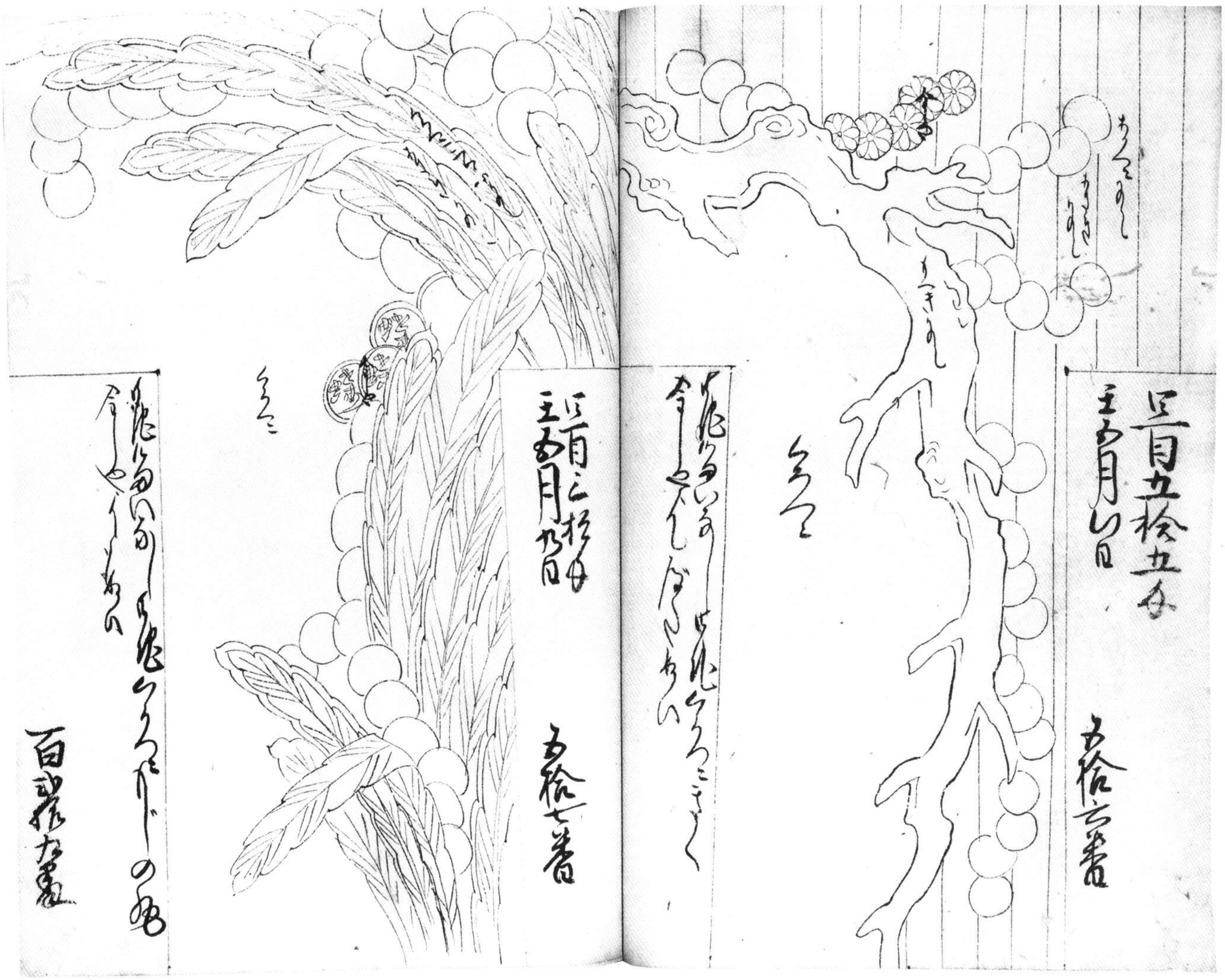

四百五拾五匁
壬五月八日

あかへニかのこ
あさき
かのこ
金しや
もへきかのこ
くろへニ

御地るいなし御地くろへニきく
金しやニてべたぬい

五拾六番

四百三拾匁
壬五月九日

くろへニ二つふかのこ
あさきかのこ
金しや
くろへニ

御地るいなし御地くろへニもじの丸
金しやニて御ぬい

五拾七番

百弐拾九番

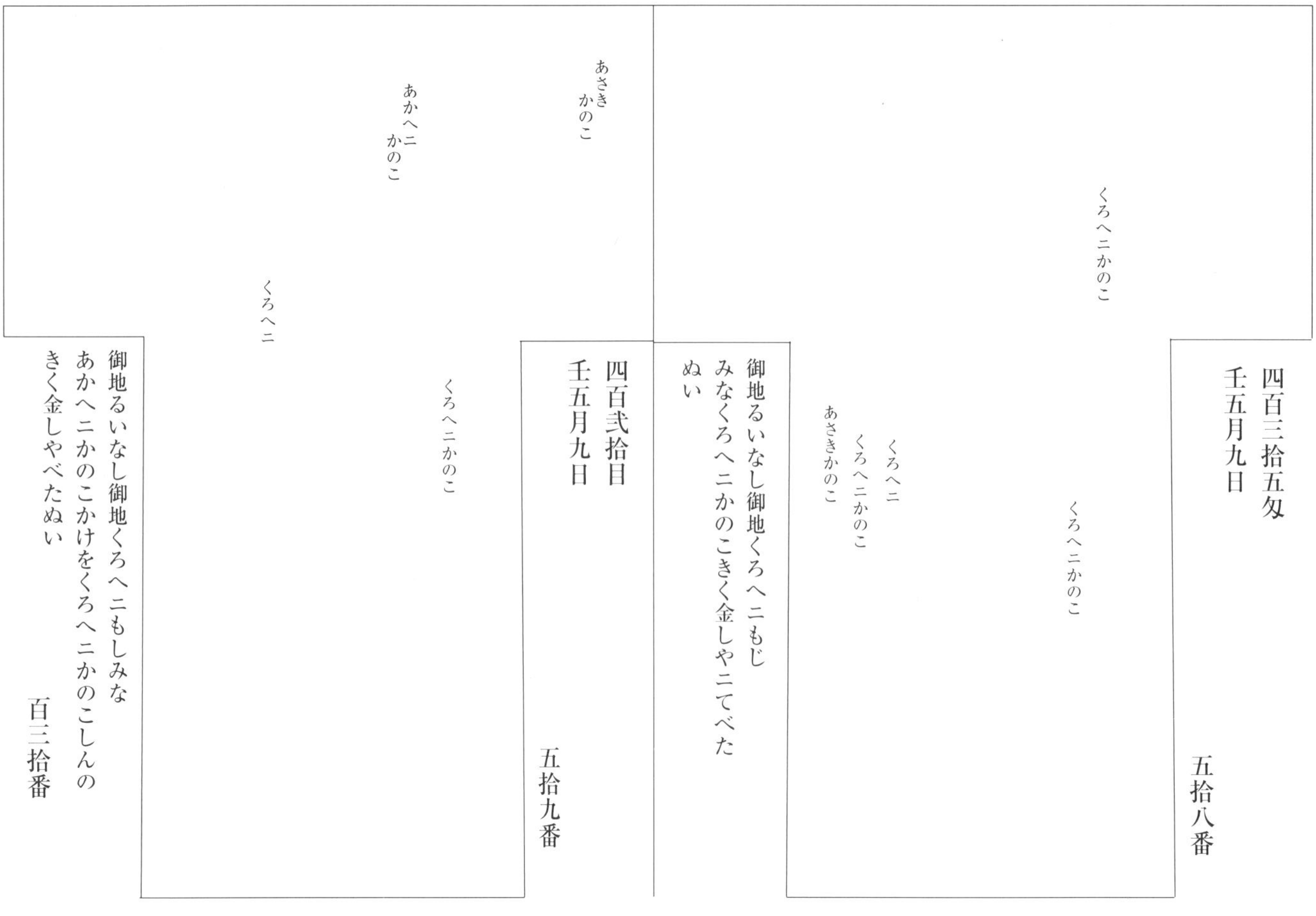
四百三拾五匁
壬五月九日
五拾八番
御地るいなし御地くろへニもじ
みなくろへニかのこきく金しやニてべた
ぬい
くろへニかのこ
くろへニかのこ
くろへニ
くろへニかのこ
あさきかのこ
四百弐拾目
壬五月九日
五拾九番
あさき
かのこ
あかへニ
かのこ
くろへニ
くろへニかのこ
御地るいなし御地くろへニもしみな
あかへニかのこかけをくろへニかのこしんの
きく金しやべたぬい
百三拾番

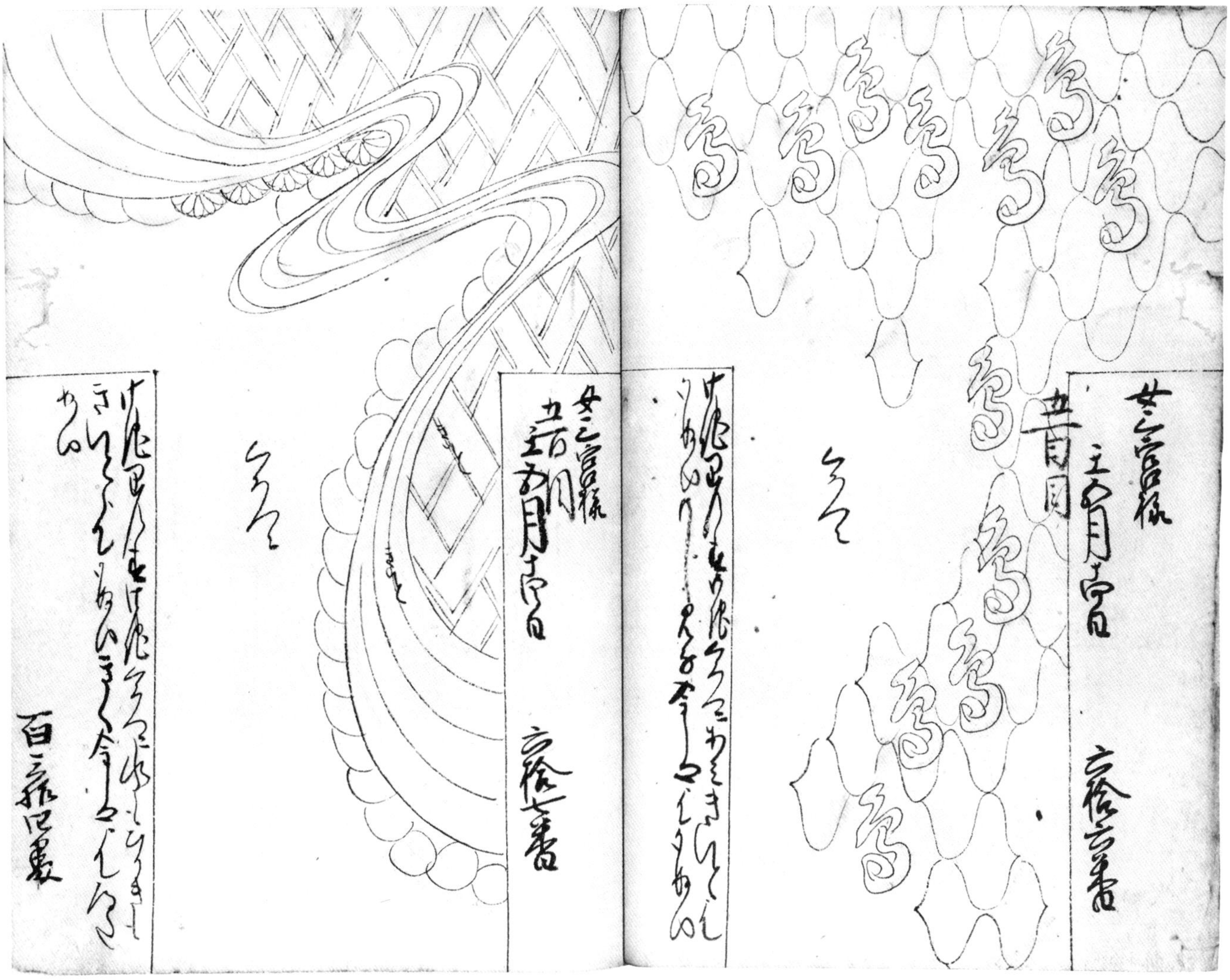

女三宮様
壬五月十四日
五百目

六拾六番

くろへニ

御地りんす御地くろへニあミきいとニて
御ぬいもじみな金しやニて御ぬい

女三宮様
五百目
壬五月九日

六拾七番

きいと

きいと

くろへニ

御地りんす御地くろへニ水もひかきも
きいとニて御ぬいきく金しやニてへた
ぬい

百三拾四番

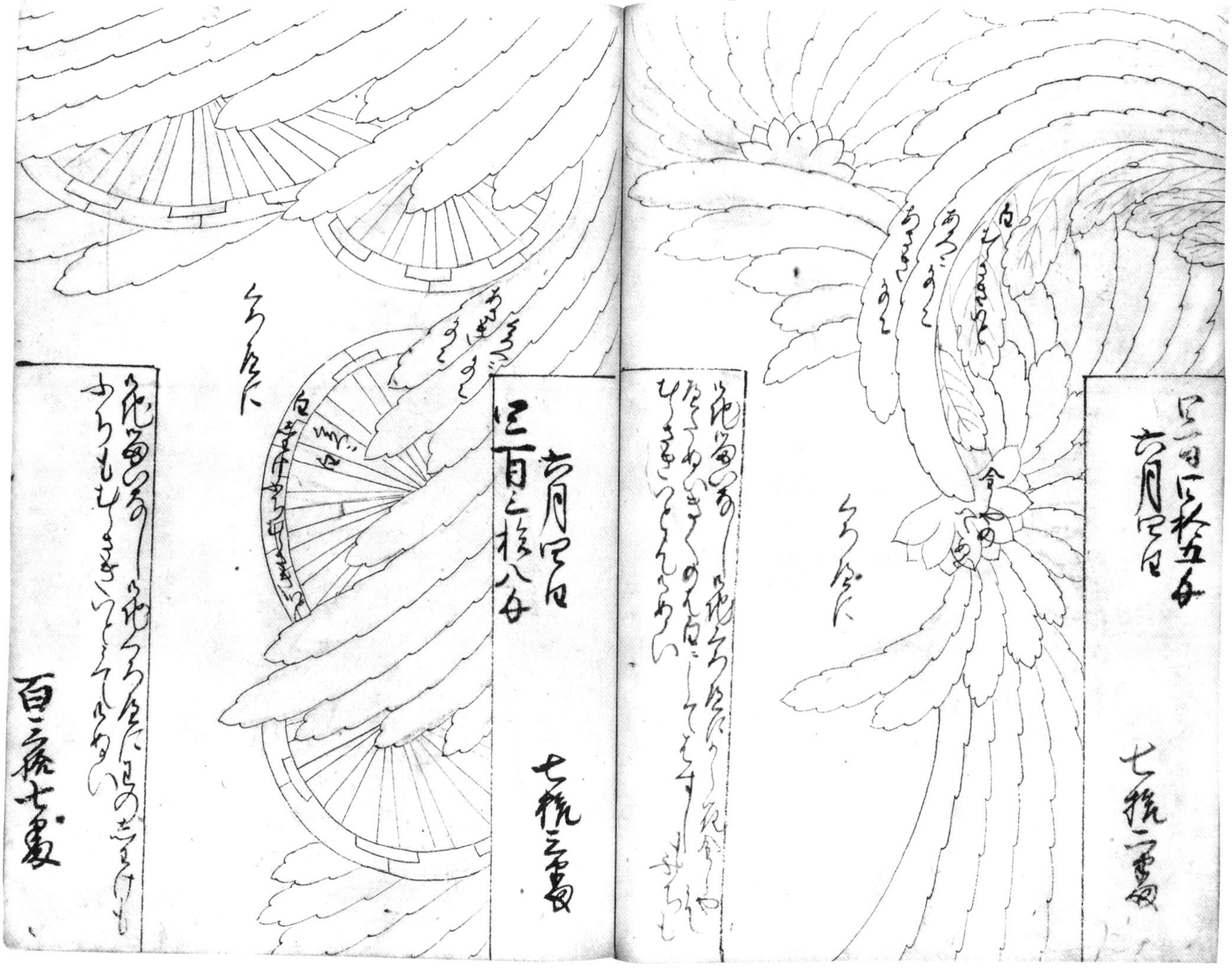

四百四拾五匁
六月四日
七拾二番

白
むらさきいと
あかへニかのこ
あさきかのこ
金しやの
へたぬい
くろへに

御地るいなし御地くろへにから花金しやニて
へたぬいきくのは白ニしてはすしもふちも
むらさきいとにて御ぬい

四百三拾八匁
六月四日
七拾三番

くろへニ
かのこ
あさき
かのこ
くろへニ
白
白しわけふちむらさきいと
くろへに

御地るいなし御地くろへにわのしわけも
ふちもむらさきいとニて御ぬい

百三拾七番

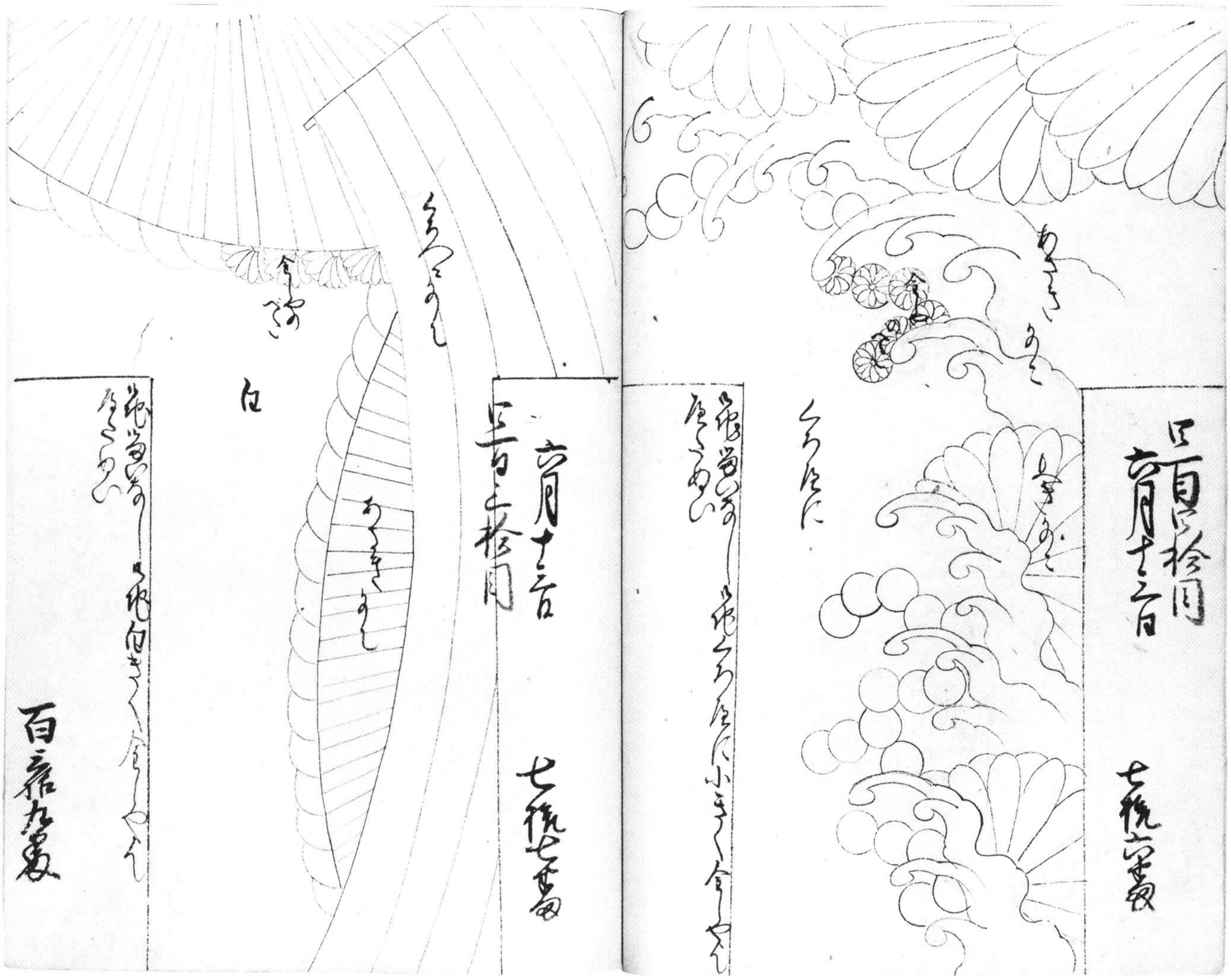

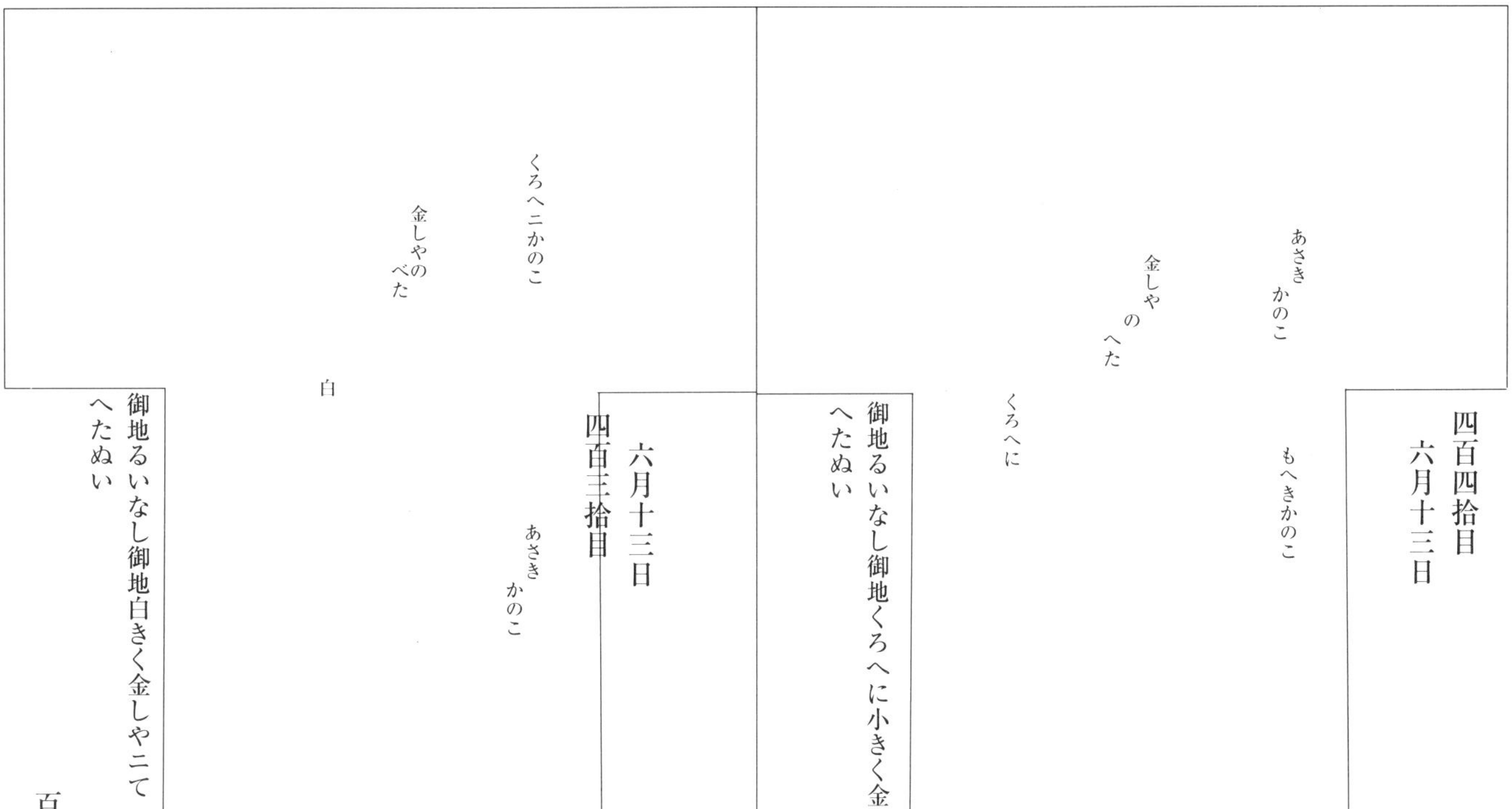
四百四拾目
六月十三日
七拾六番
あさき かのこ
もへきかのこ
金しや の へた
くろへに
御地るいなし御地くろへに小きく金しやニてへたぬい
四百三拾目
六月十三日
七拾七番
くろへニかのこ
あさき かのこ
金しやの べた
白
御地るいなし御地白きく金しやニてへたぬい
百三拾九番

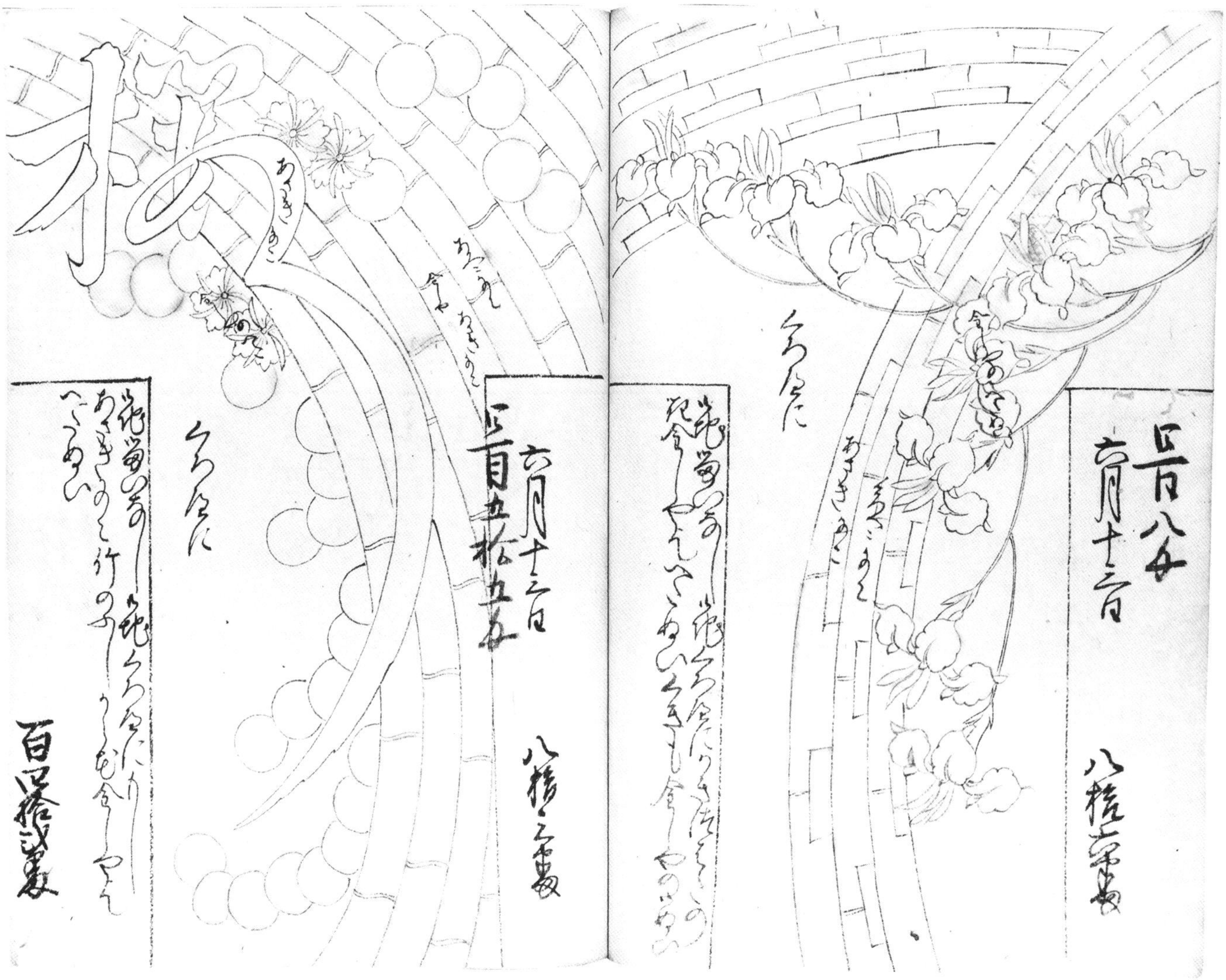

四百八匁
六月十三日
八拾六番

金しやのへたぬい
くろへに
くろへニかのこ
あさきかのこ

御地るいなし御地くろへにかきつはたの花金しやニてへたぬいくきも金しやの御ぬい

四百五拾五匁
六月十三日
八拾三番

あかへニかのこ
金しや
あさき
かのこ
あさき
かのこ
金しやのへた
くろへに

御地るいなし御地くろへにもしあさきかのこ竹のふしから花金しやニてへたぬい

百四拾弐番

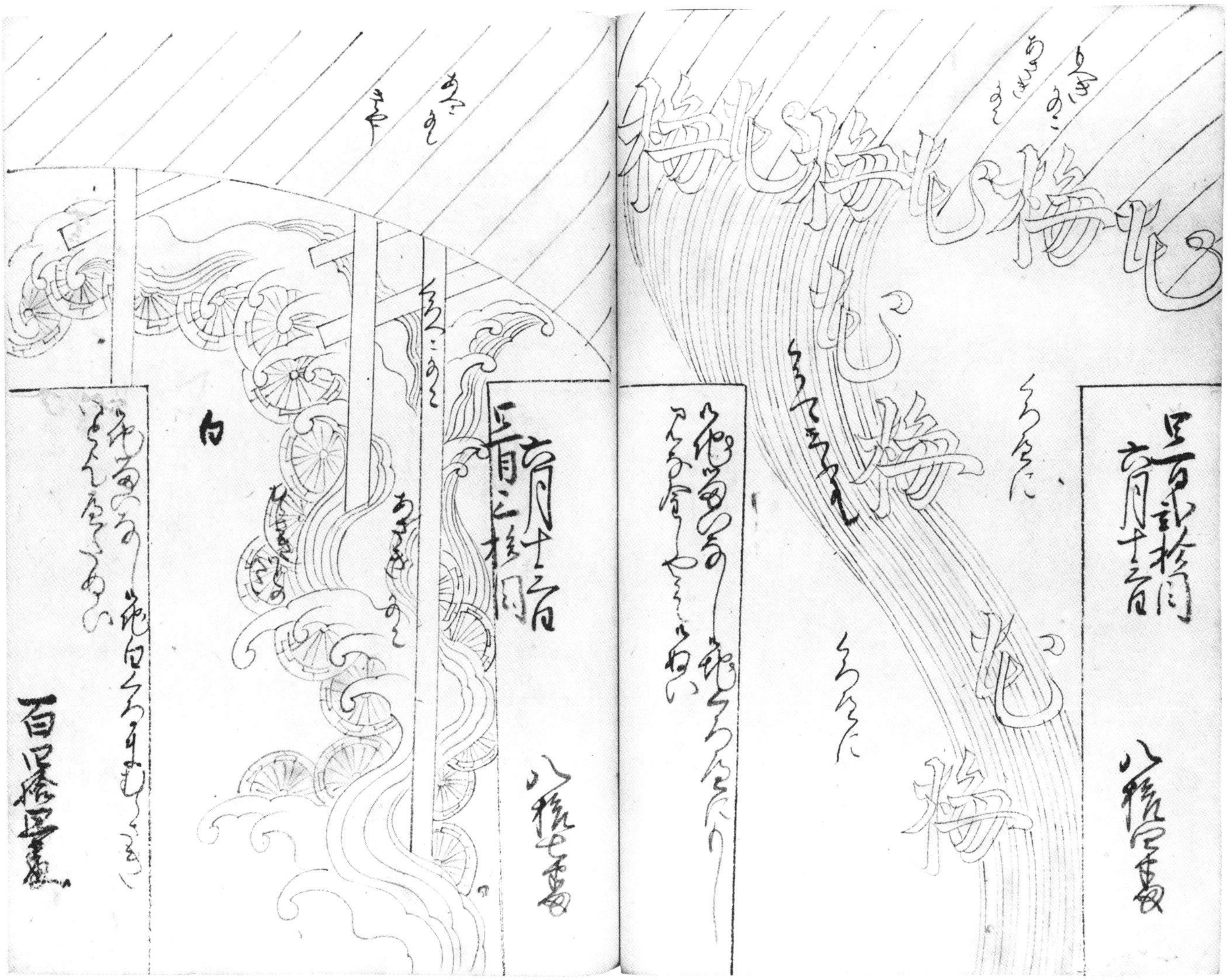

四百弐拾目
六月十三日
八拾四番
もへき
かのこ
あさき
かのこ
くろへに
くろへに
くろへニ二つふかのこ
御地るいなし御地くろへにもし
みな金しやニて御ぬい
四百三拾目
六月十三日
八拾七番
あかへニ
かのこ
き、やう
くろへニかのこ
あさきかのこ
むらさきいとの
へた
白
白
御地るいなし御地白くるまむらさき
いとニてへたぬい
百四拾四番

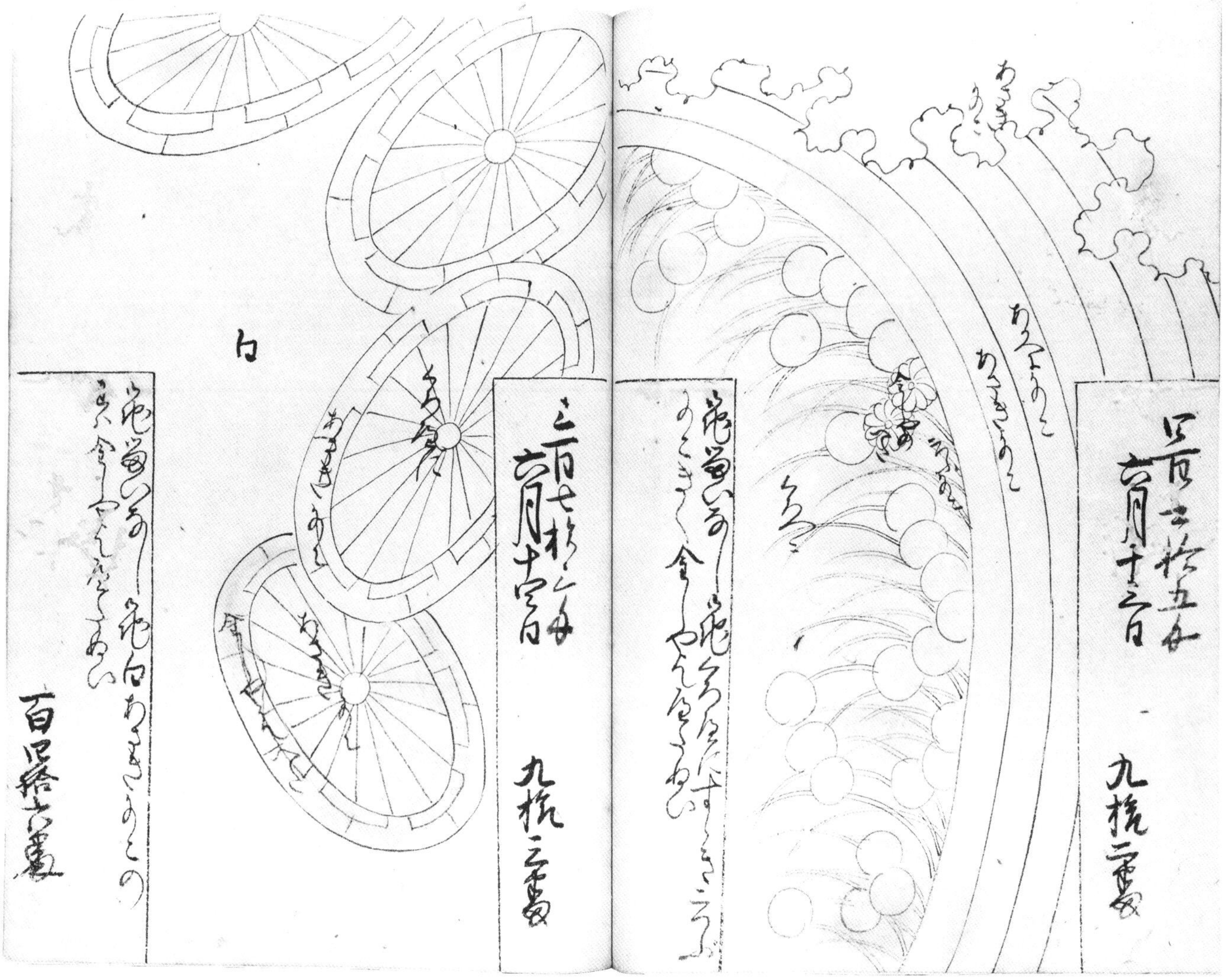

四百二拾五匁
六月十三日

九拾二番

御地るいなし御地くろへにすゝき二つぶ
かのこきく金しやニてへたぬい

あさき
かのこ

あかへニかのこ

あさきかのこ

金しやの
へた

二つふ
かのこ

くろへニ

三百七拾三匁
六月十四日

九拾三番

くろへに

あさきかのこ

あさきかのこ
金しやニてへた

白

御地るいなし御地白あさきかのこの
わハ金しやニてへたぬい

百四拾六番

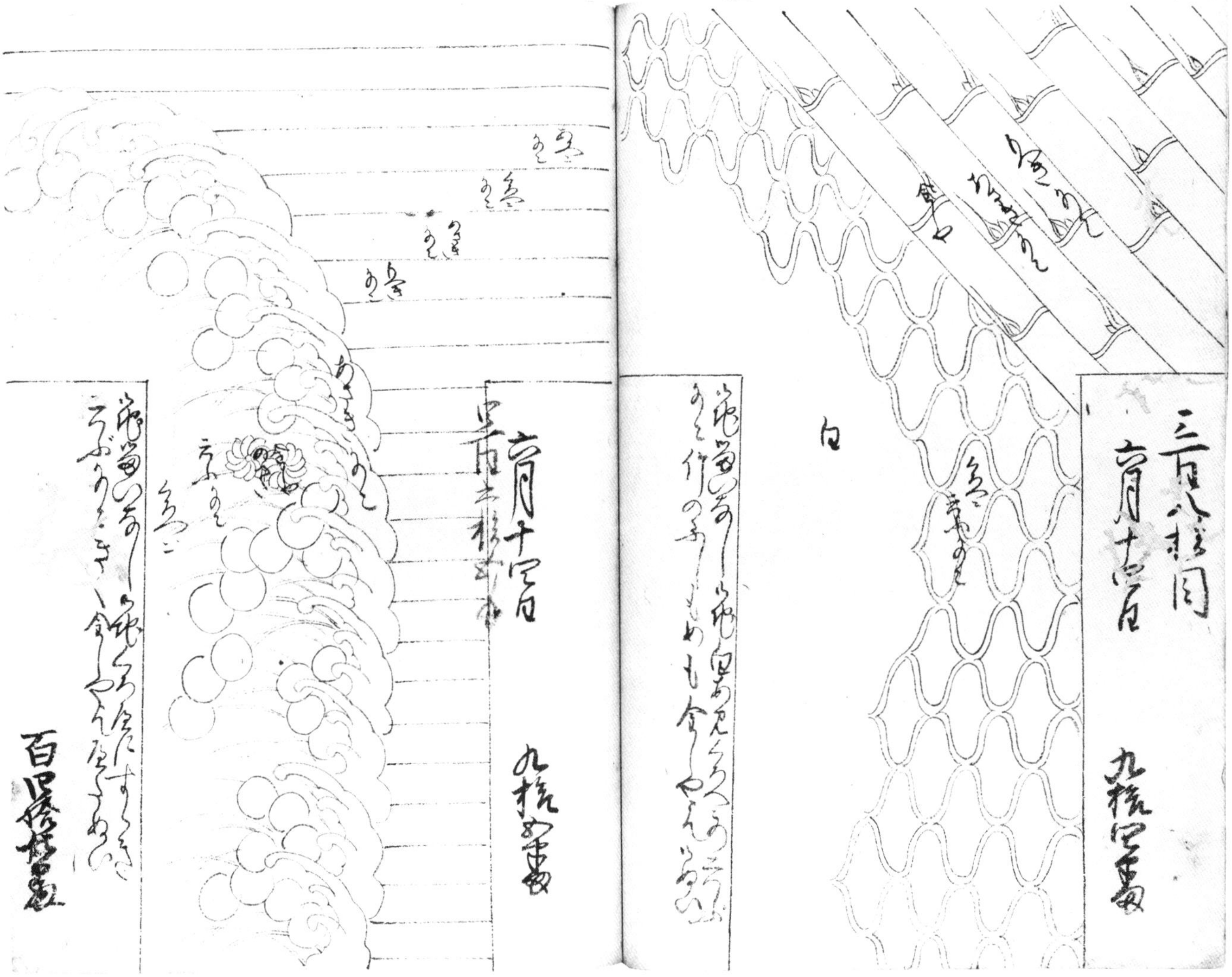

三百八拾目
六月十四日

九拾四番

もへきかのこ
あさきかのこ
金しや
白
くろへニ
二つふかのこ

御地るいなし御地白あみくろへニかのこ二つぶ
かのこ竹のふしもめも金しやニて御ぬい

四百六拾五匁
六月十四日

九拾五番

あかへニ
かのこ
くろへニ
かのこ
あさき
かのこ
もへき
かのこ
あさきかのこ
金しや
のへた
二つふかのこ
くろへニ

御地るいなし御地くろへにすゝき
二つぶかのこきく金しやニてへたぬい

百四拾七番

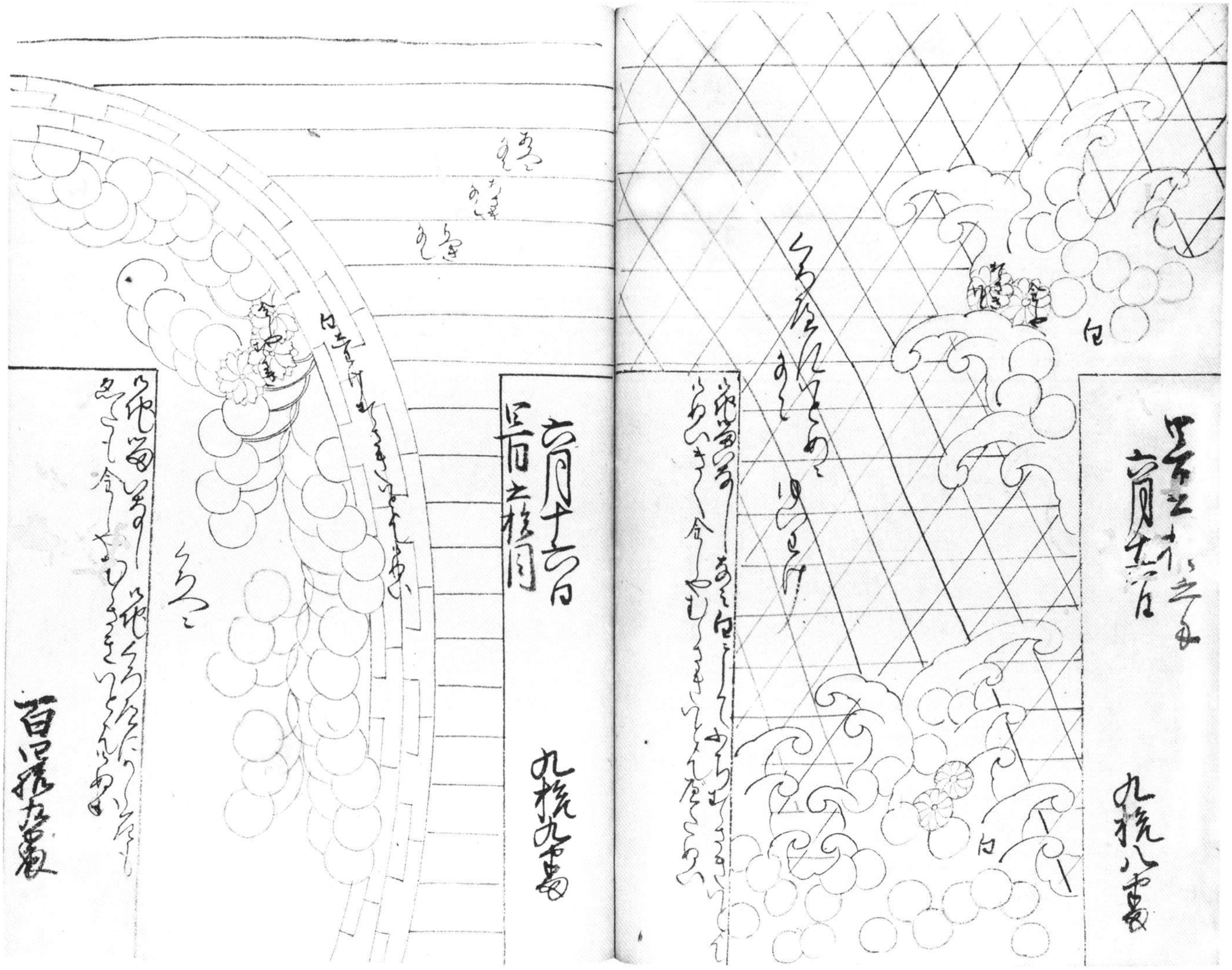

四百六拾六匁
六月十六日

御地るいなしなミ白ニしてふちむらさきいとニて
御ぬいきく金しやむらさきいとニてべたぬい

白

金しや

むらさき
いと

くろへにいとめニ
かのこ

ゆいわけ

白

九拾八番

六月十六日
四百六拾目

白しわけむらさきいとニて御ぬい

あかへニ
かのこ

あさき
かのこ

もへき
かのこ

金しや
むらさき

くろへニ

御地るいなし御地くろへにから花も
ゑたも金しやむらさきいとニて御ぬい

九拾九番

百四拾九番

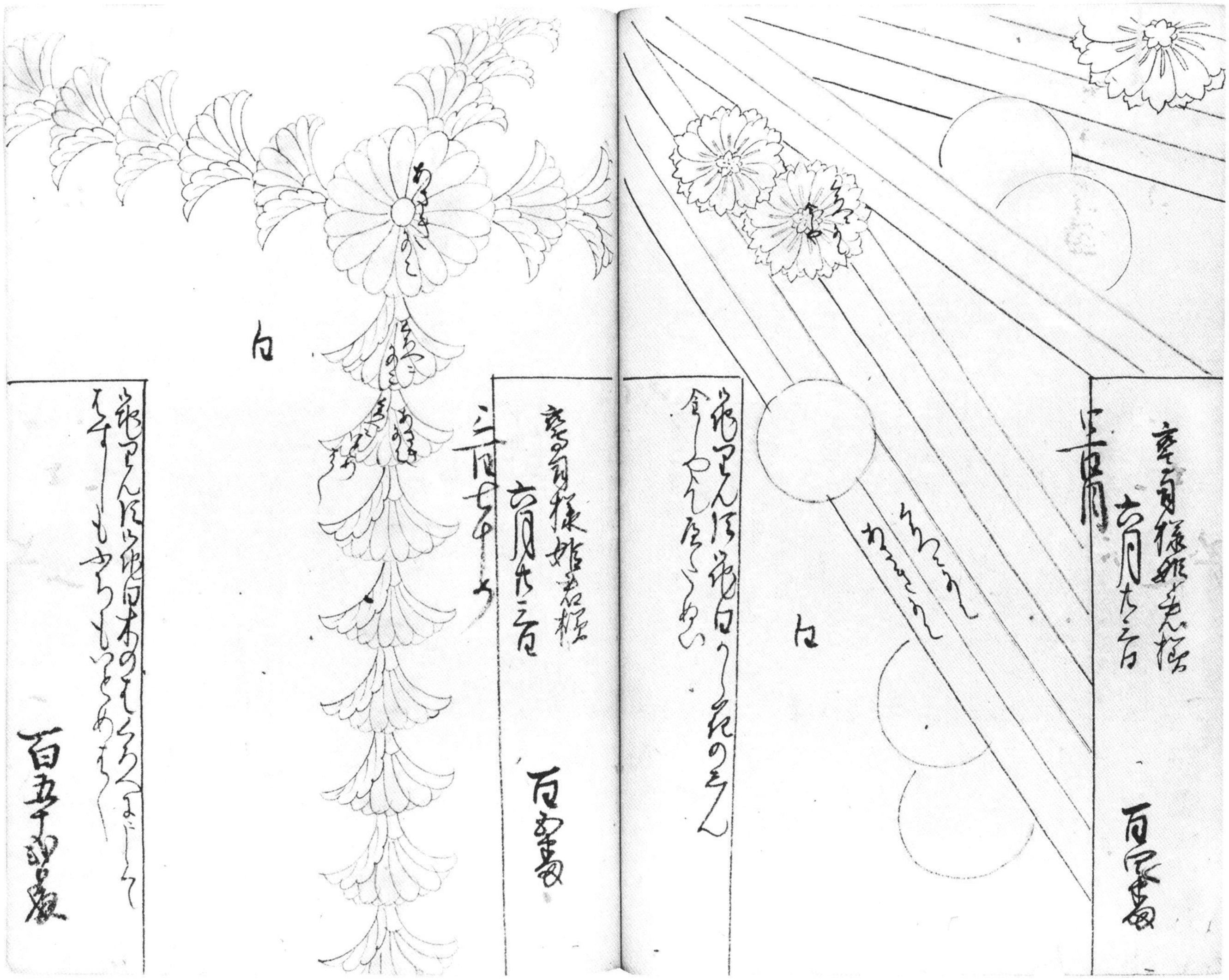

百四番

鷹司様姫君様
六月廿三日
四百目

くろへニ
かのこ
金しや

くろへニかのこ
あさきかのこ

白

御地りんす御地白から花のしん
金しやニてへたぬい

百五番

鷹司様姫君様
六月廿三日
三百七十め

あさき
かのこ

くろへニ
かのこ

あさき
かのこ
くろへニいとめ
はく

白

御地りんす御地白木のはくろへにニして
はすしもふちもいとめはく

百五十弐番

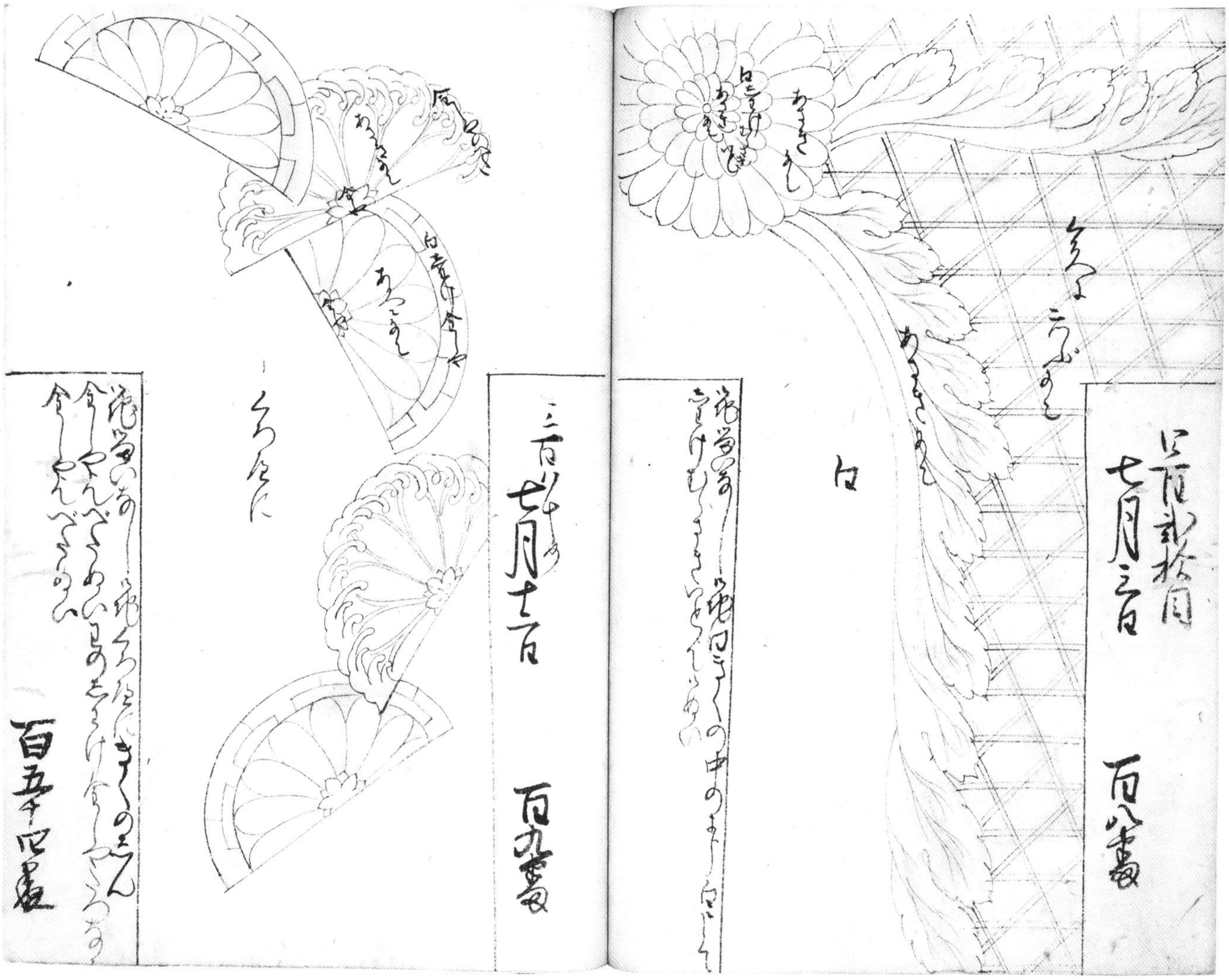

四百弐拾目
七月三日

百八番

あさき
かのこ

白しわけむらさき
いと

あさき
かのこ

くろへニ
二つふかのこ

あさきかのこ

白

御地るいなし御地白きくの中のよう白ニして
しわけむらさきいと二て御ぬい

三百八十め
七月十二日

百九番

金しやのへた

あさきかのこ

白しわけ金しや

金しや

あかへニかのこ

金しや

くろへニ

御地るいなし御地くろへにきくのしん
金しやニてべたぬいわのしわけ金しやたつなミ
金しやニてべたぬい

百四十四番

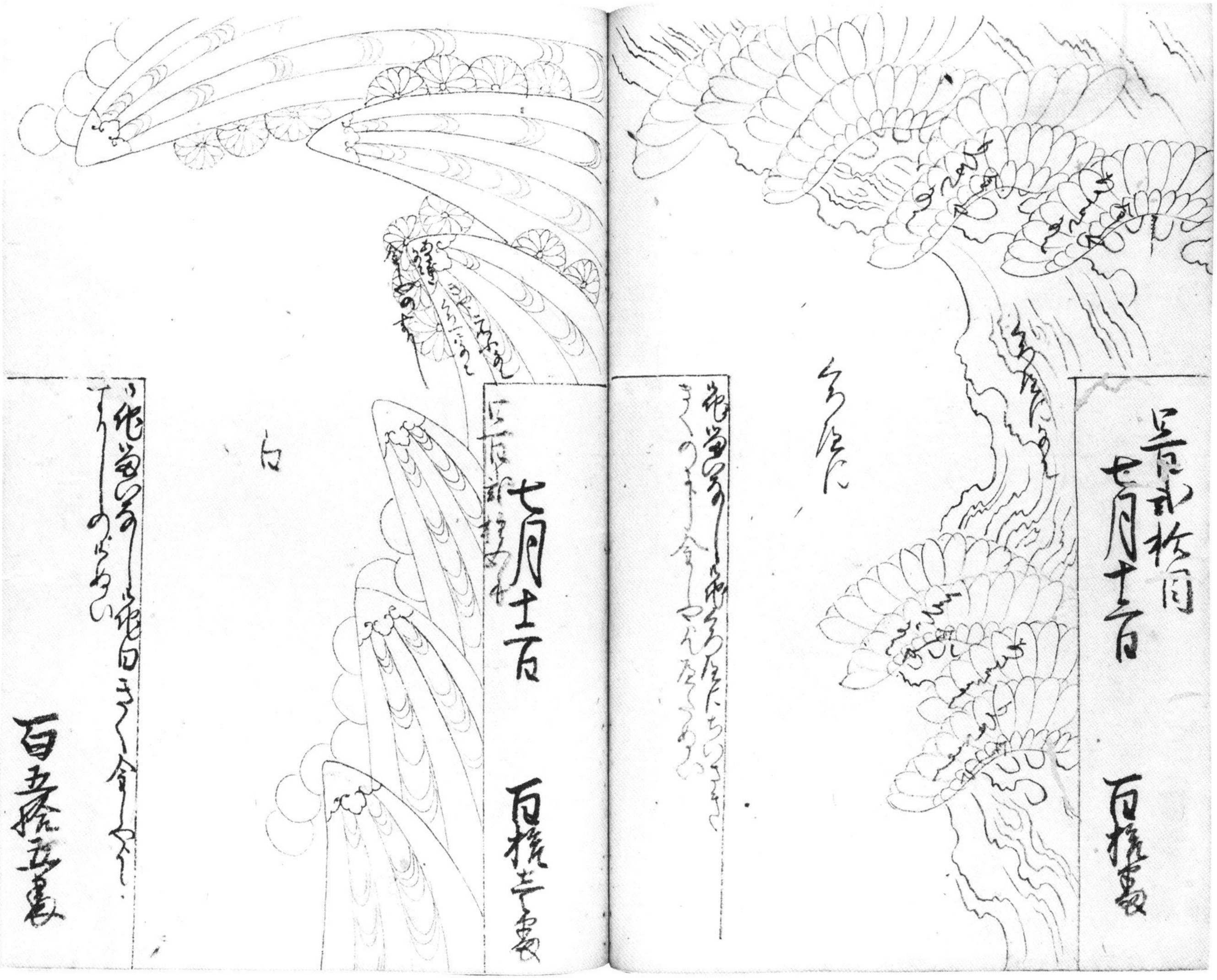

四百弐拾目
七月十二日
百拾番
御地るいなし御地くろへにちいさききくのよう金しやニてへたぬい
金しや
あさきかのこ
金しや
もへきかのこ
くろへにかのこ
くろへに
くろへニかのこ
金しや
あさきかのこ
もへきかのこ
金しや
七月十二日
四百弐拾五匁
百拾壱番
き、やう二つふかのこ
くろへニかのこ
あさきかのこ
金しやのすかし
白
御地るいなし御地白きく金しやニてすかしの御ぬい
百五拾五番

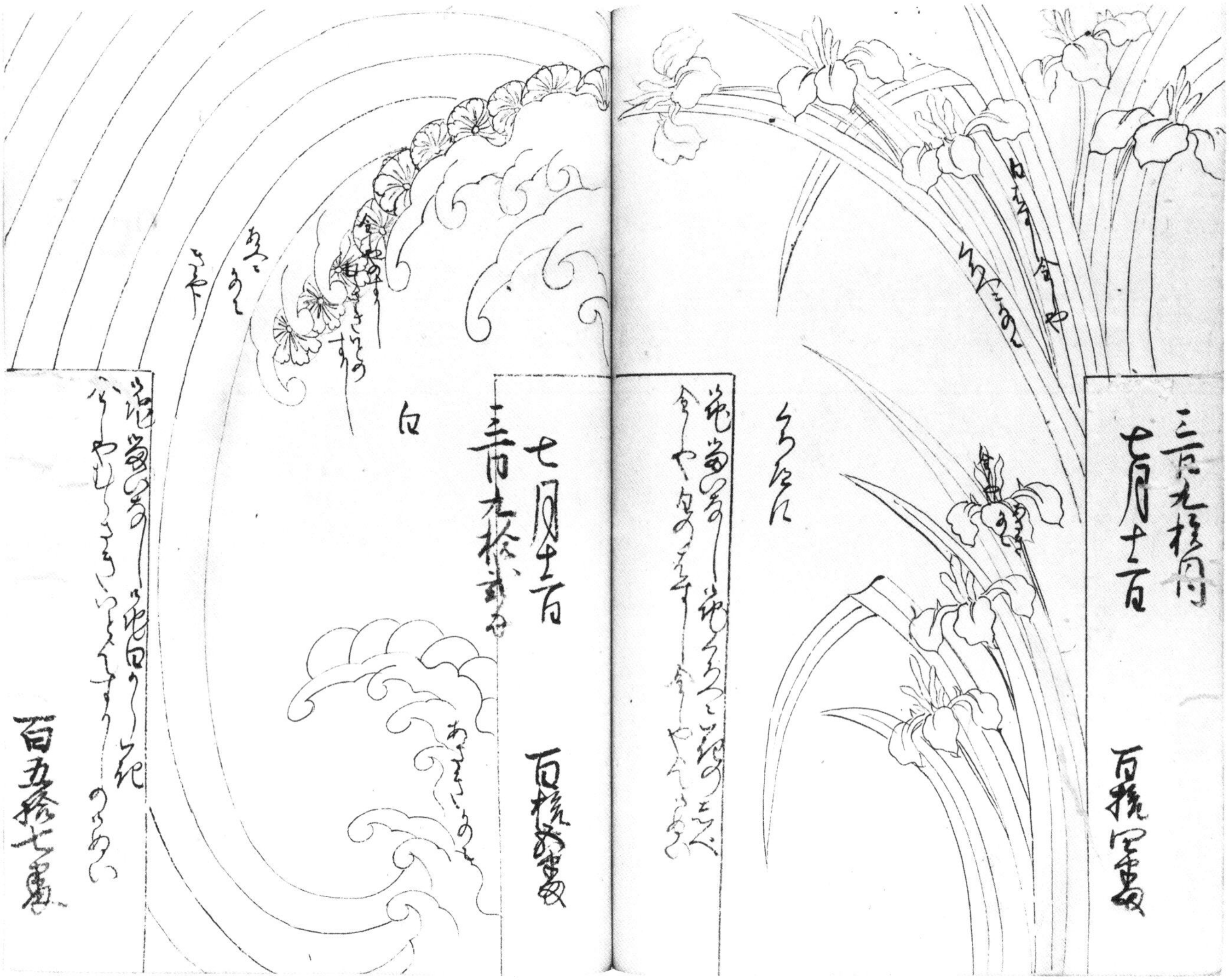

三百九拾目
七月十二日

御地るいなし御地くろへニ花のしべ
金しや白のはすし金しやニて御ぬい

百拾四番

白はすし金しや
くろへニかのこ
くろへに
金しや
あさき
かのこ

七月十二日
三百九拾弐匁

百拾五番

金しやのすかし
むらさきいとの
すかし
あかへニ
かのこ
き・やう
白
あさきかのこ

御地るいなし御地白から花
金しやむらさきいとニてすかしの御ぬい

百五拾七番

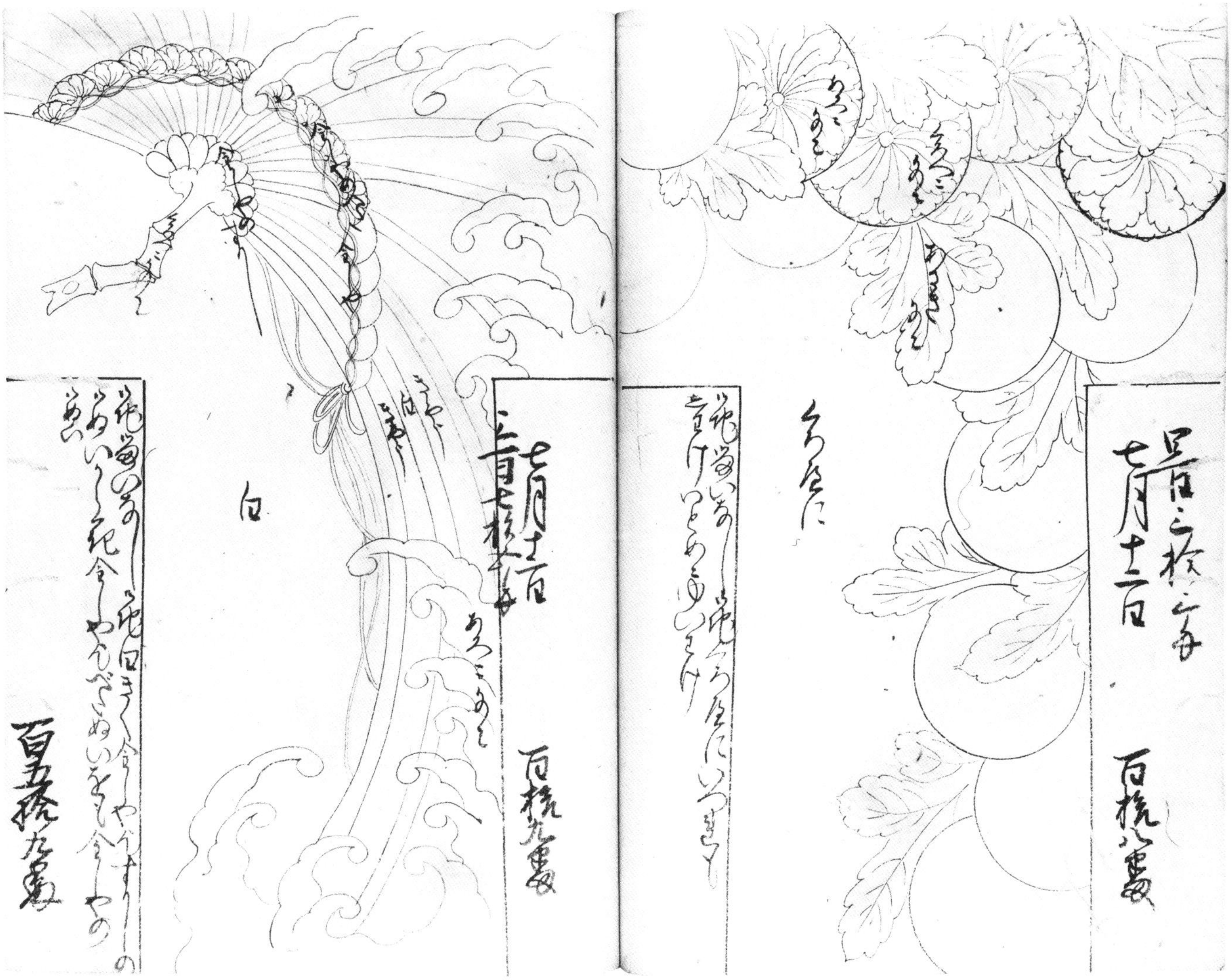

四百三拾三匁
七月十二日
百拾八番

あかへニ
かのこ

くろへニ
かのこ

あさき
かのこ

くろへに

御地るいなし御地くろへにいつれも
しわけいとめニゆいわけ

三百七拾五匁
七月十二日
百拾九番

金しやのへた
金しや

金しやの
すかし

くろへニ
かのこ

き、やう
白
き、やう

白

あかへニかのこ

御地るいなし御地白きく金しやニてすかしの
御ぬいから花金しやニてべたぬいをも金しやの
御ぬい

百五拾九番

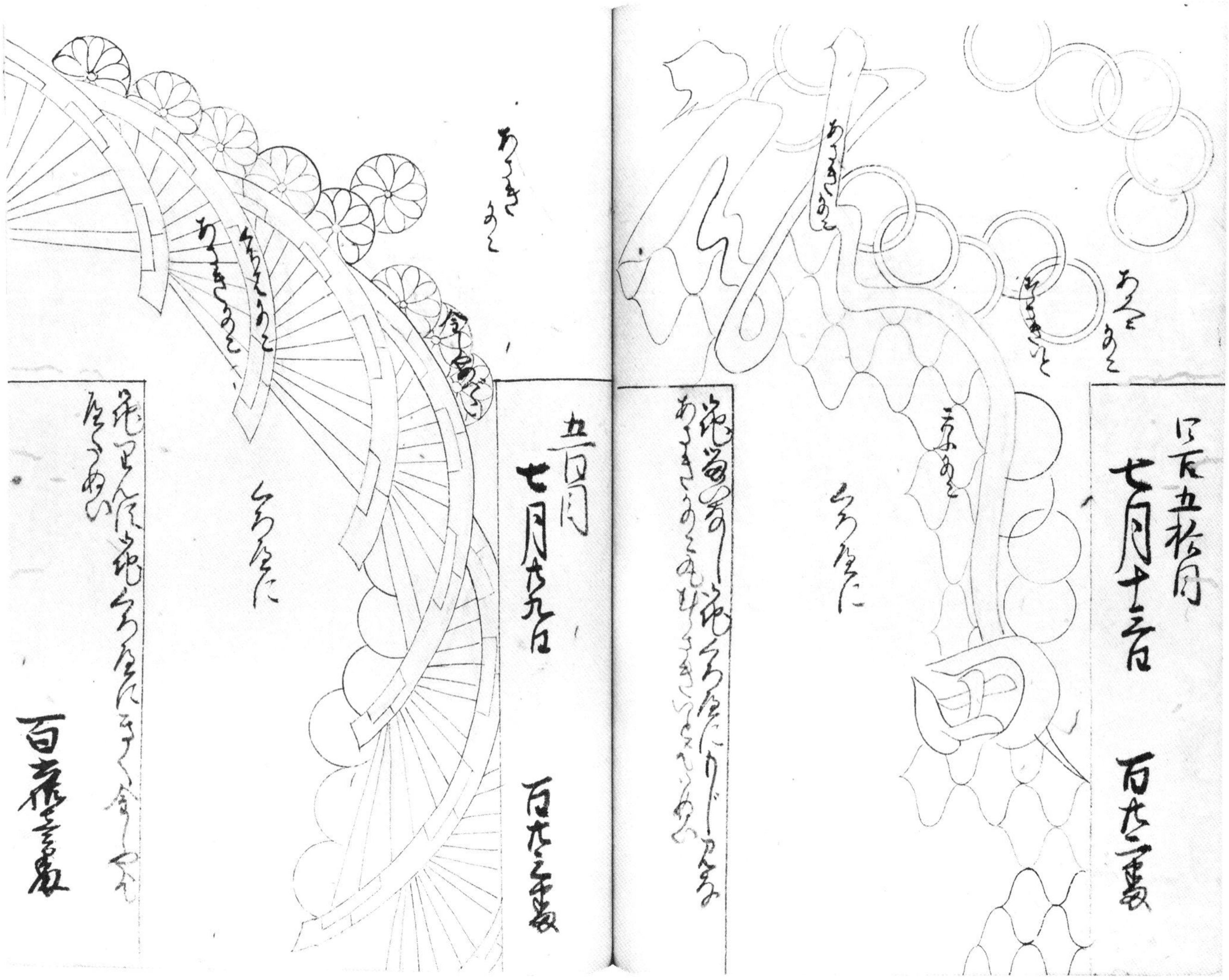

四百五拾目
七月十三日
百廿二番
あかへニ
かのこ
むらさきいと
あさき
かのこ
二つふかのこ
くろへに
御地るいなし御地くろへにもじみな
あさきかのこ丸むらさきいと二て御ぬい
五百目
七月廿九日
百廿三番
あさき
かのこ
金しやのべた
くちはかのこ
あさきかのこ
くろへに
御地りんす御地くろへにきく金しやニて
へたぬい
百六拾壱番

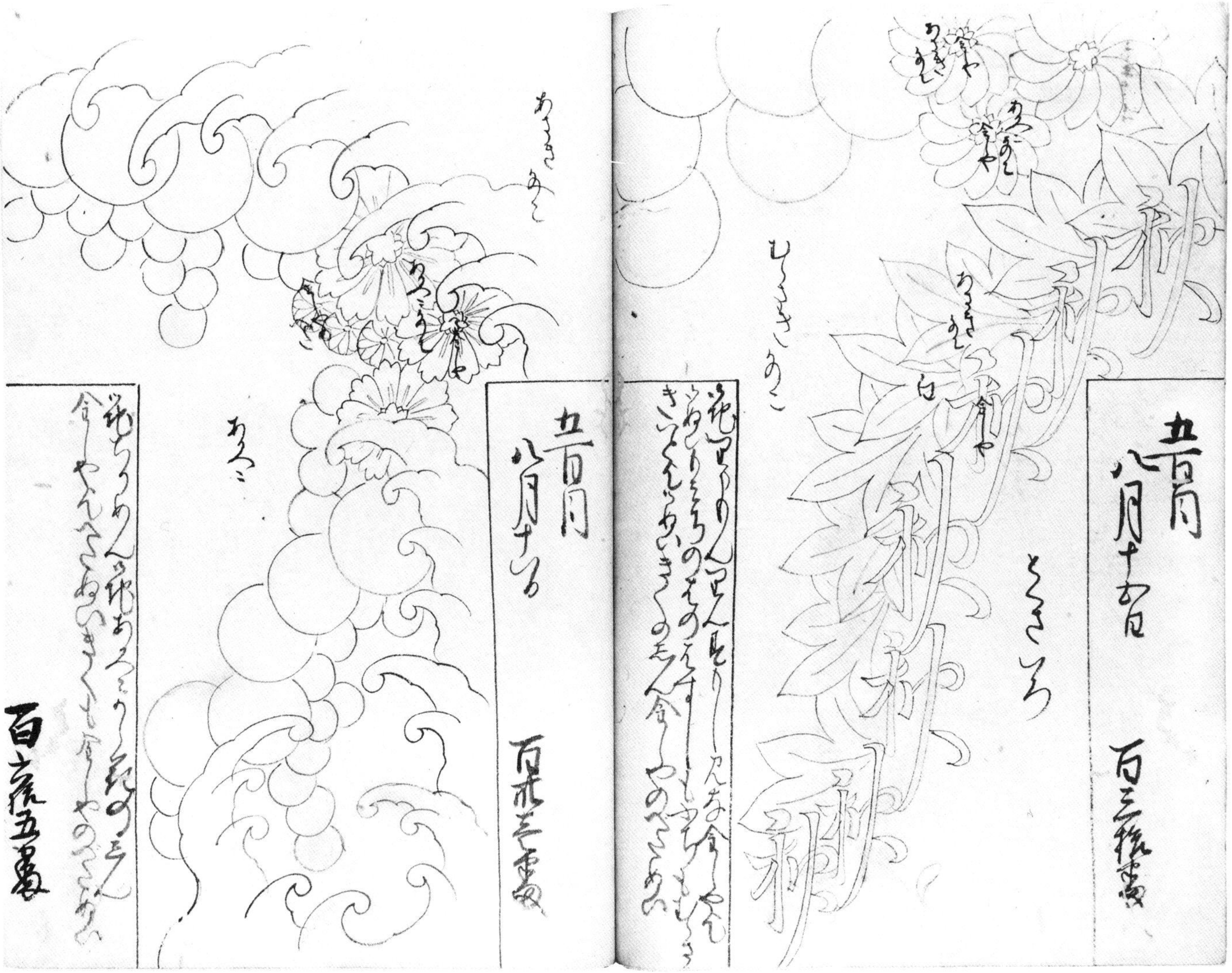

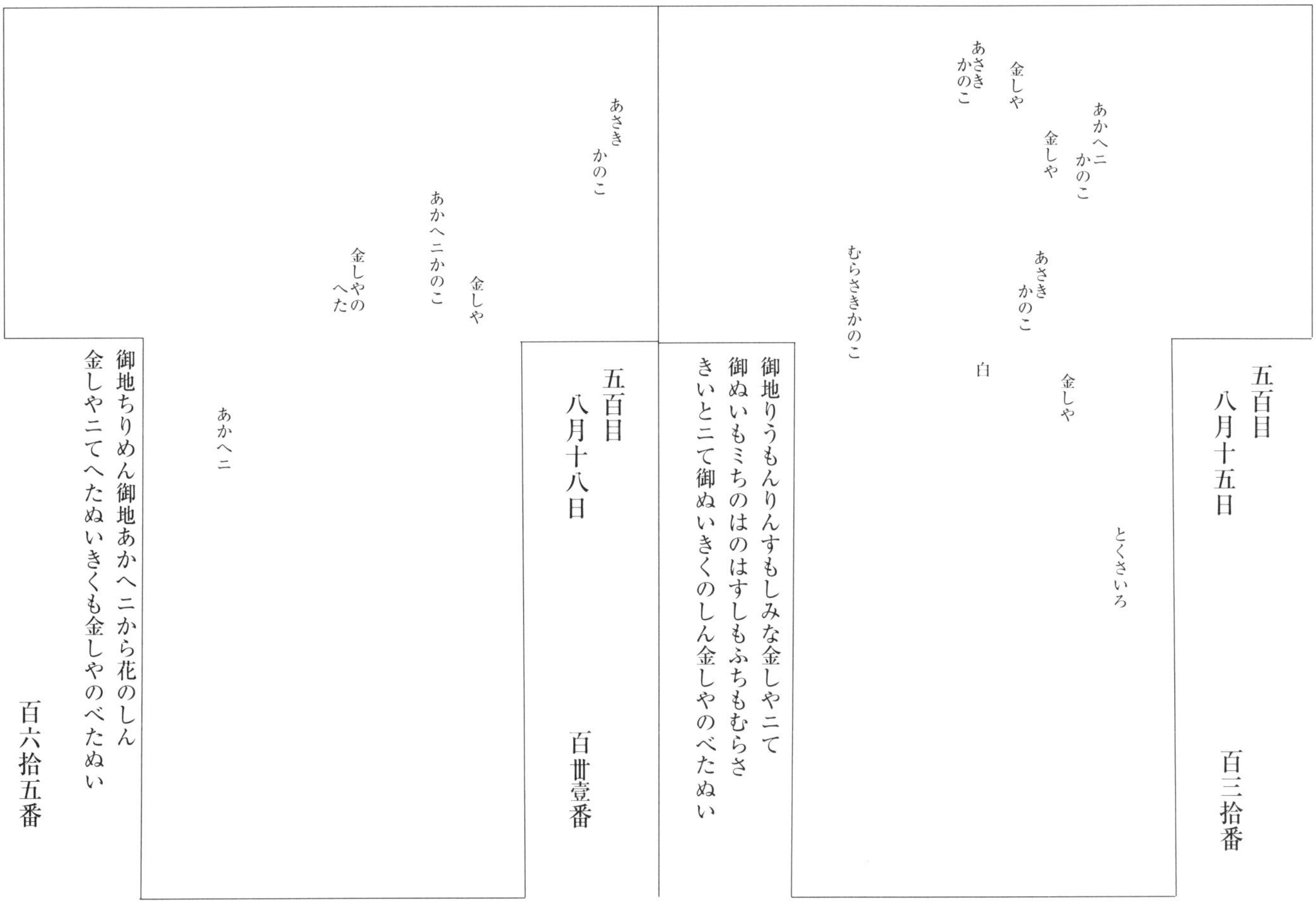
五百目
八月十五日
百三拾番
御地りうもんりんすもしみな金しやニて
御ぬいもミちのはのはすしもふちもむらさ
きいとニて御ぬいきくのしん金しやのべたぬい
あさき
かのこ
金しや
あかへニ
かのこ
金しや
むらさきかのこ
あさき
かのこ
白
金しや
とくさいろ
五百目
八月十八日
百卌壹番
あさき
かのこ
あかへニかのこ
金しや
金しやの
へた
あかへニ
御地ちりめん御地あかへニから花のしん
金しやニてへたぬいきくも金しやのべたぬい
百六拾五番

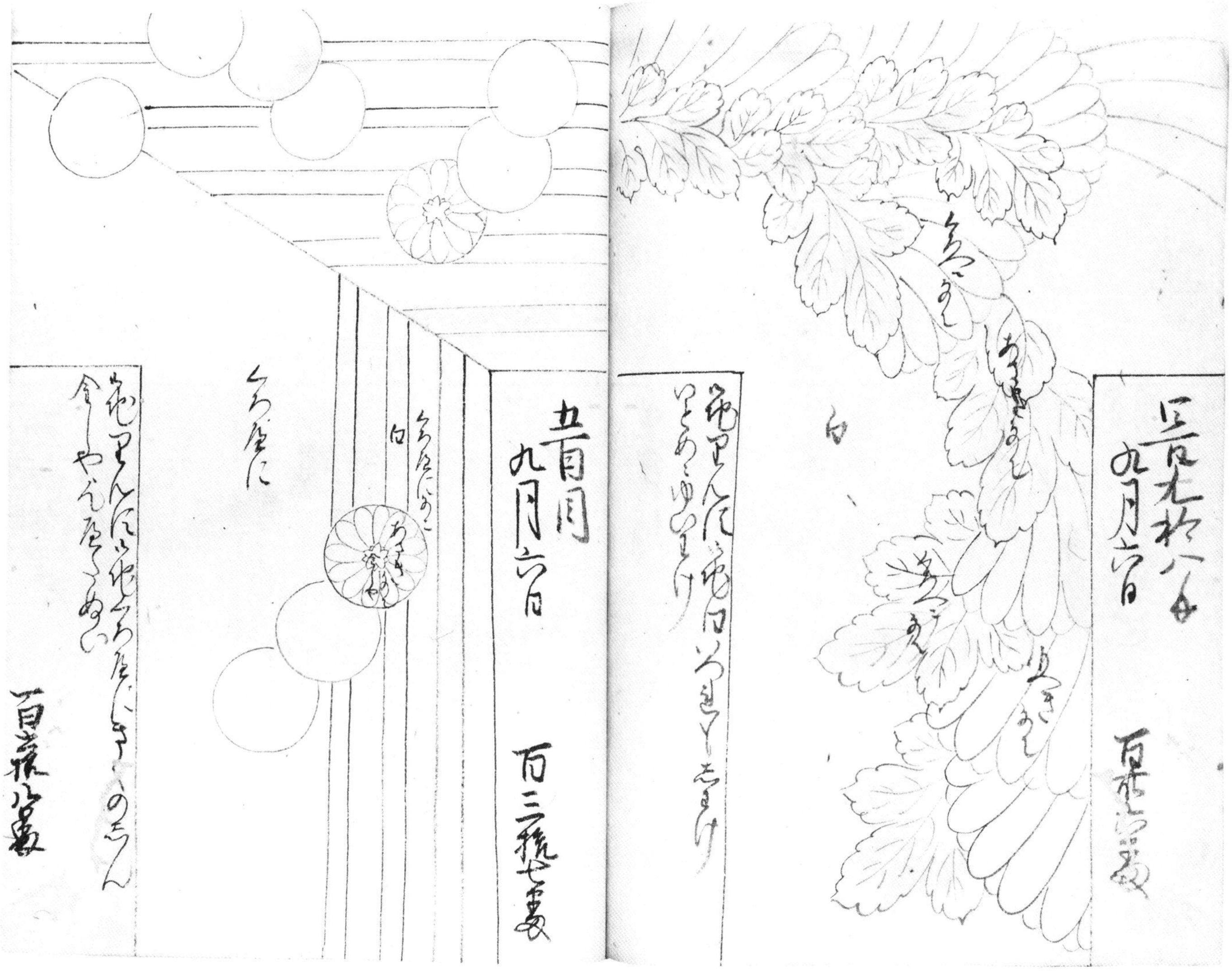

四百九拾八匁
九月六日

御地りんす御地白いつれもしわけ
いとめニゆいわけ

くろへニ
かのこ

あさきかのこ

白

くろへニ
かのこ

もへき
かのこ

百卌六番

五百目
九月六日

百三拾七番

くろへにかのこ

白

あさき
かのこ

金しや

くろへに

御地りんす御地くろへにきくのしん
金しやニてへたぬい

百六拾八番

白

くろへニかのこ

き、やう

くろへニニつふかのこ

五百目

十月三日

御地りんすせいかい水くろへニニつふかのこ
ふねのほくろへニかのこき、やう

百四拾五番

あかへニかのこ

くろへニかのこ

あさきかのこ

あさきかのこ

くろへニかのこ

金しやべた

五百目

十月三日

百四拾六番

御地りんす御地くろへニかのこもしみな
あさきかのこきく金しやニてべたぬい

百七拾三番

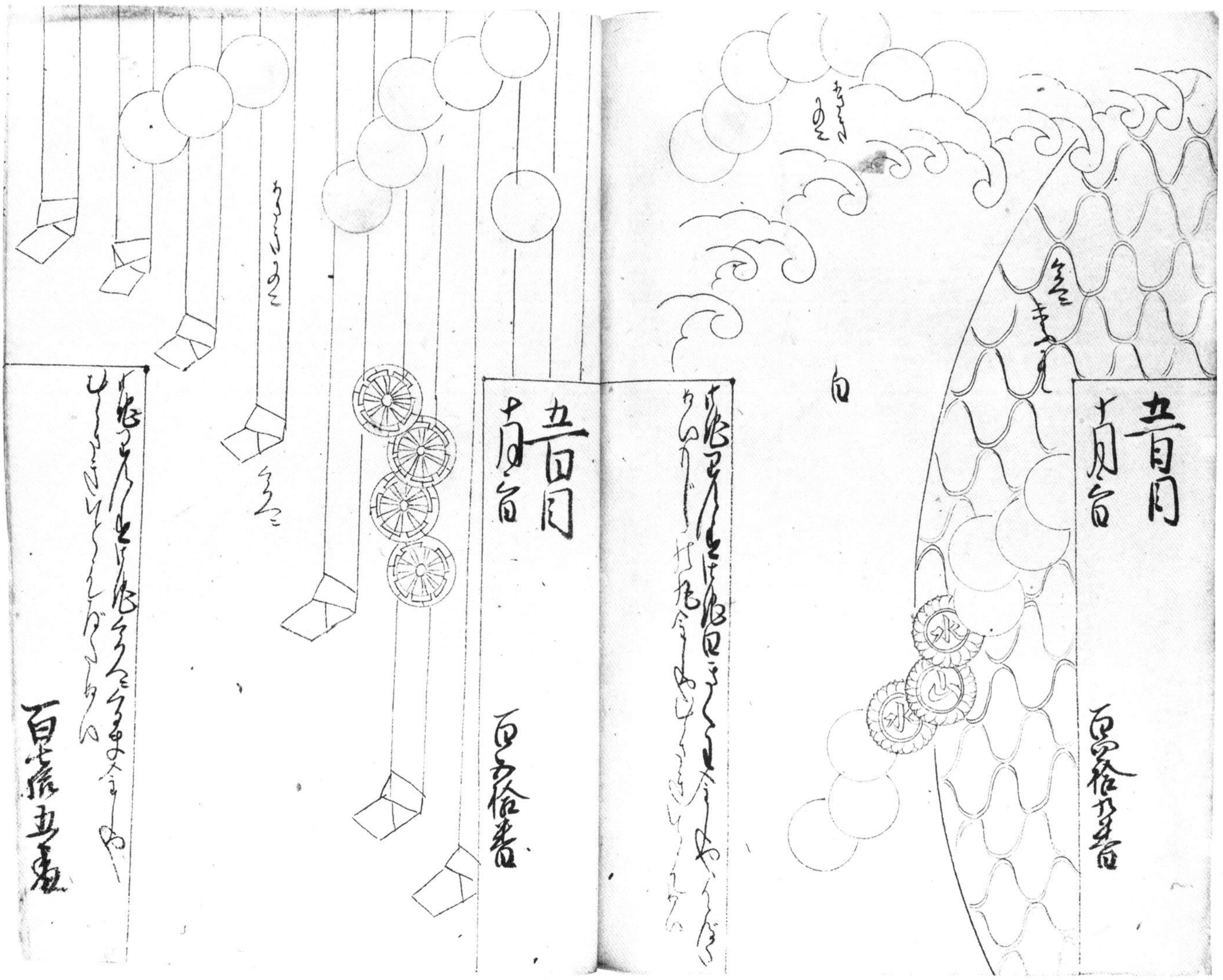

五百目
十月三日

百四拾九番

御地りんす御地白きくわ金しやニてべた
ぬいもじの丸金しやむらさきいとにてぬい

あさき
かのこ

くろへニ
二つふかのこ

白

五百目
十月三日

百五拾番

御地りんす御地くろへニくるま金しや
むらさきいとニてべたぬい

あさきかのこ

くろへニ

百七拾五番

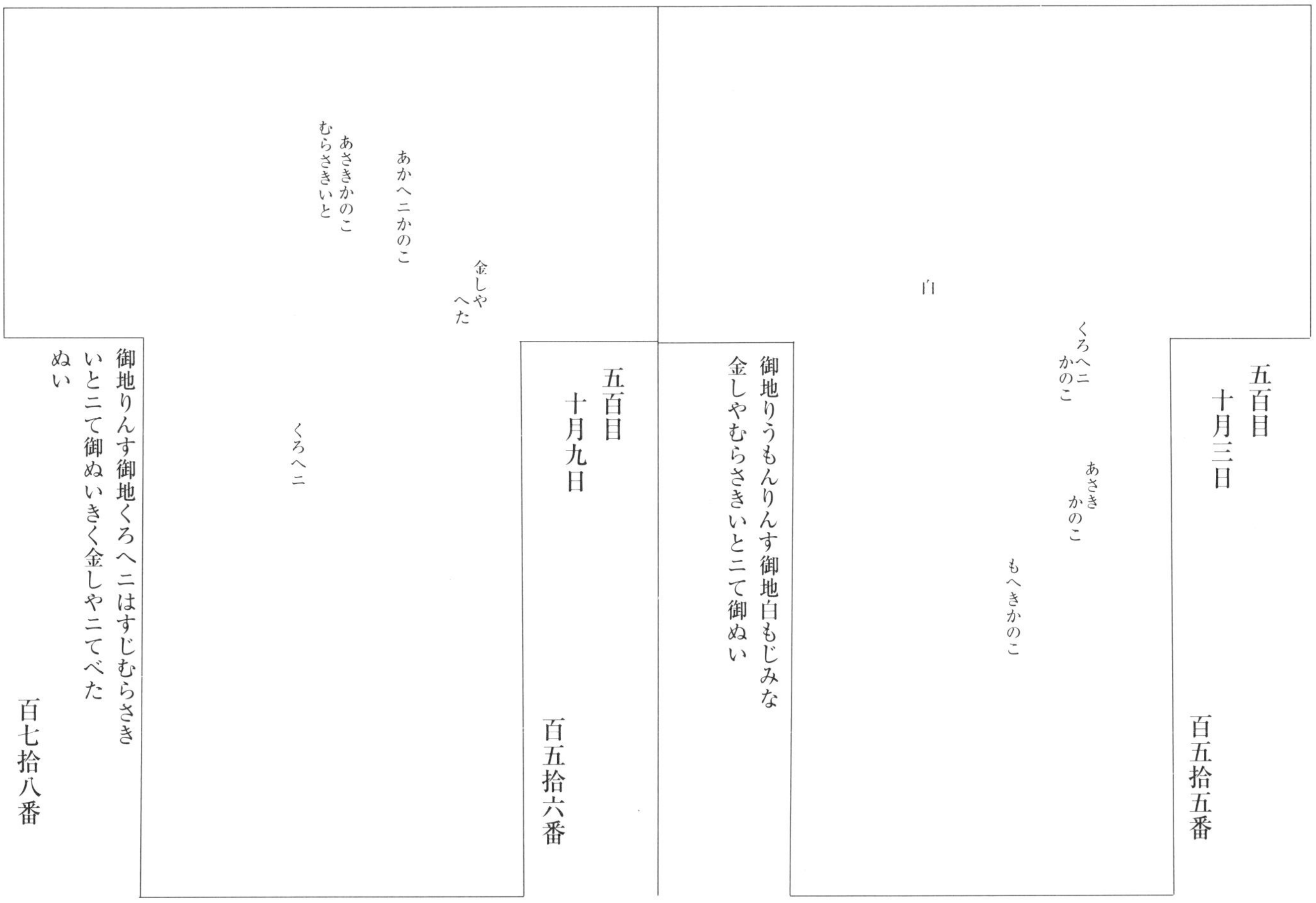
五百目
十月三日
御地りうもんりんす御地白もじみな
金しやむらさきいと二て御ぬい
白
くろへニ
かのこ
あさき
かのこ
もへきかのこ
百五拾五番
五百目
十月九日
御地りんす御地くろへニはすじむらさき
いと二て御ぬいきく金しやニてべた
ぬい
あかへニかのこ
あさきかのこ
むらさきいと
金しや
へた
くろへニ
百五拾六番
百七拾八番

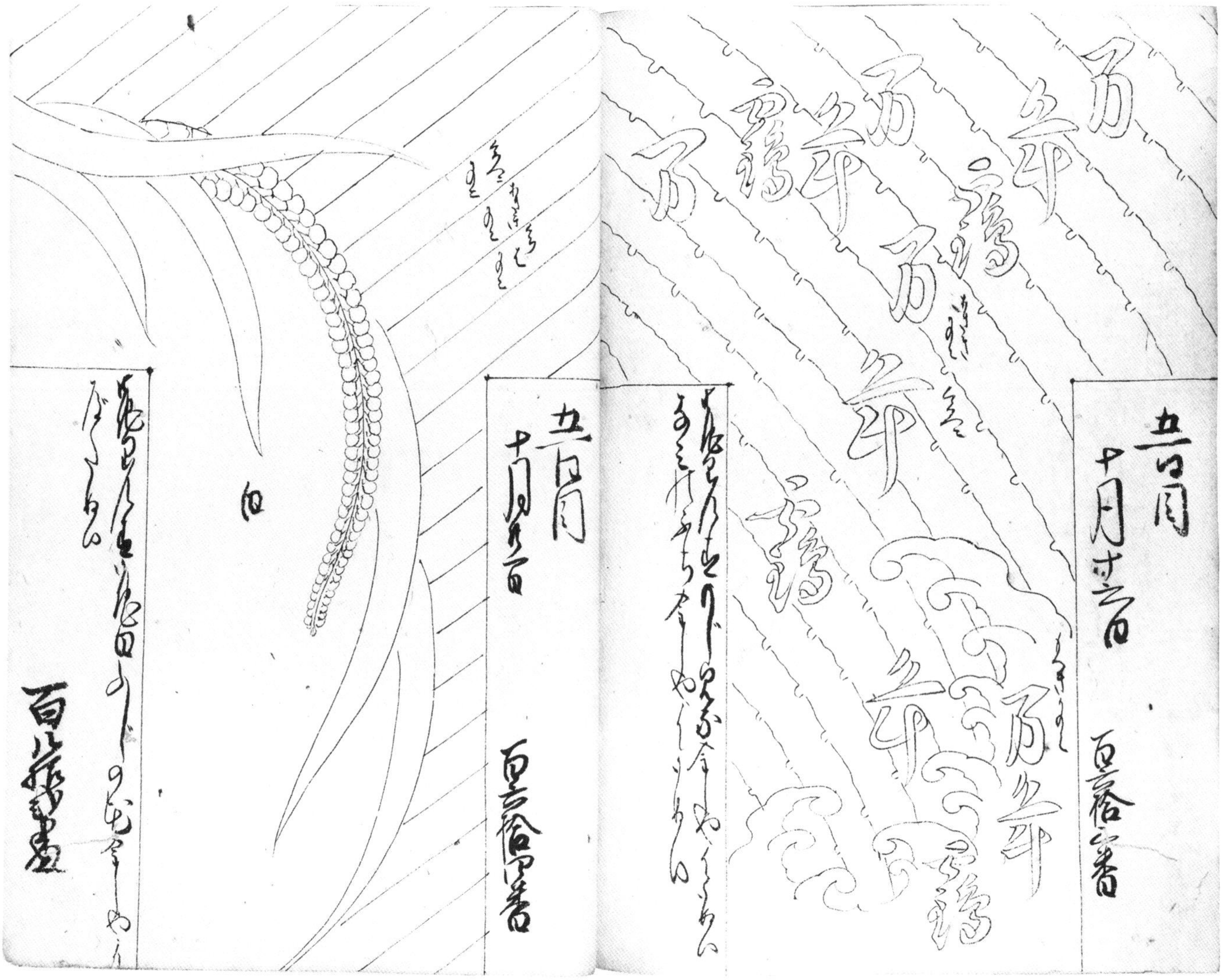

五百目
十月十六日

百六拾三番

もへきかのこ

あさき
かのこ

くろへニ

御地りんすもじみな金しやニて御ぬい
なミのふち金しやニて御ぬい

五百目
十月廿一日

百六拾四番

くろへニ
かのこ

あさき
かのこ

くち
は
かのこ

白

御地りんす御地白ふじの花金しやニて
べたぬい

百八拾弐番

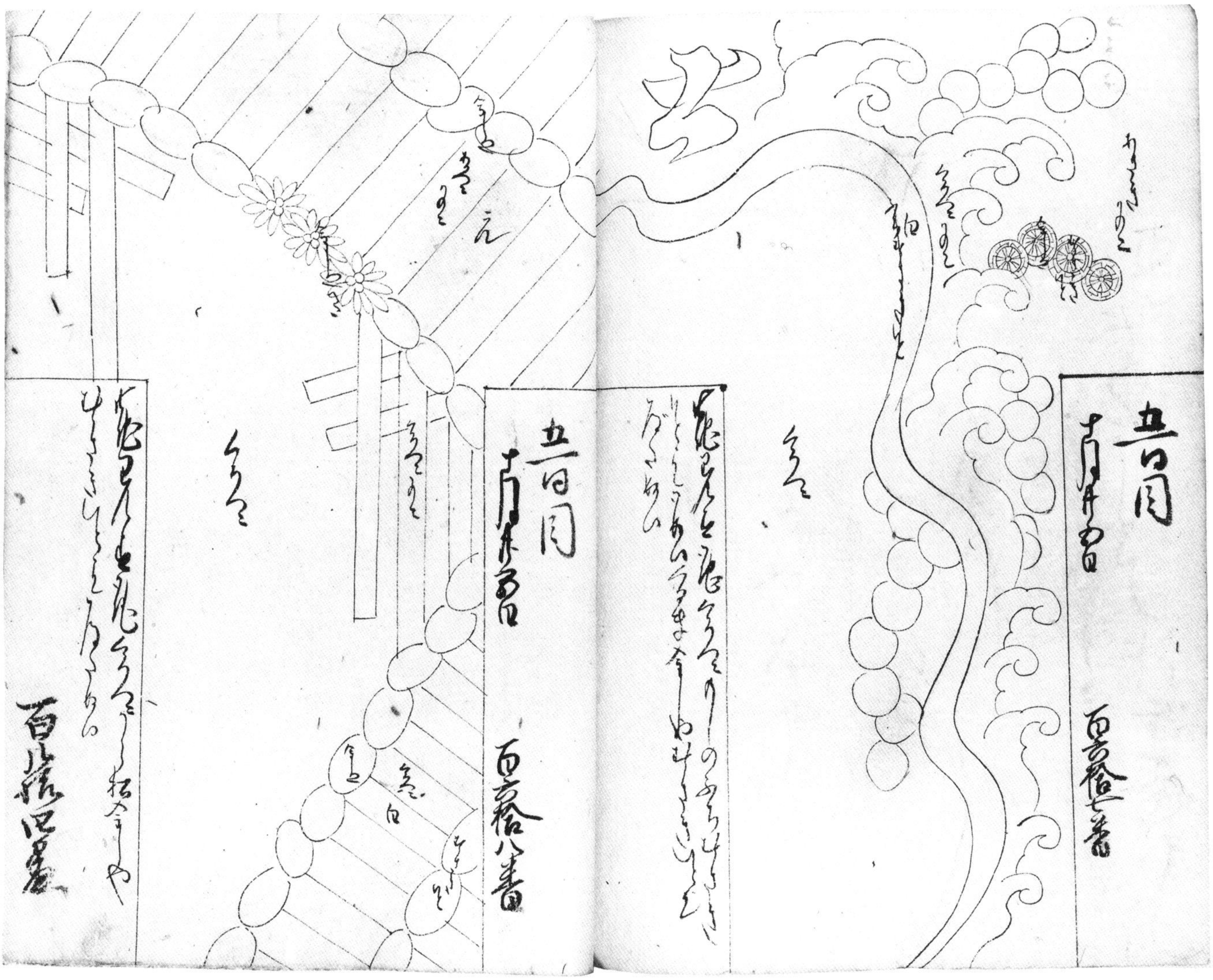

五百目
十月廿五日
百六拾七番

御地りんす御地くろへニもしのふちむらさきいとにて御ぬいくるま金しやむらさきいと二てべたぬい

あさき
かのこ

むらさき
いと

金しや

くろへニかのこ

白

ふちむらさきいと

くろへニ

五百目
十月廿五日
百六拾八番

金しや

こん

あかへニ
かのこ

金しやへた

くろへニかのこ

くろへニ

金しや

くろへニ

白

むらさき
いと

御地りんす御地くろへニから松金しやむらさきいと二てへたぬい

百八拾四番

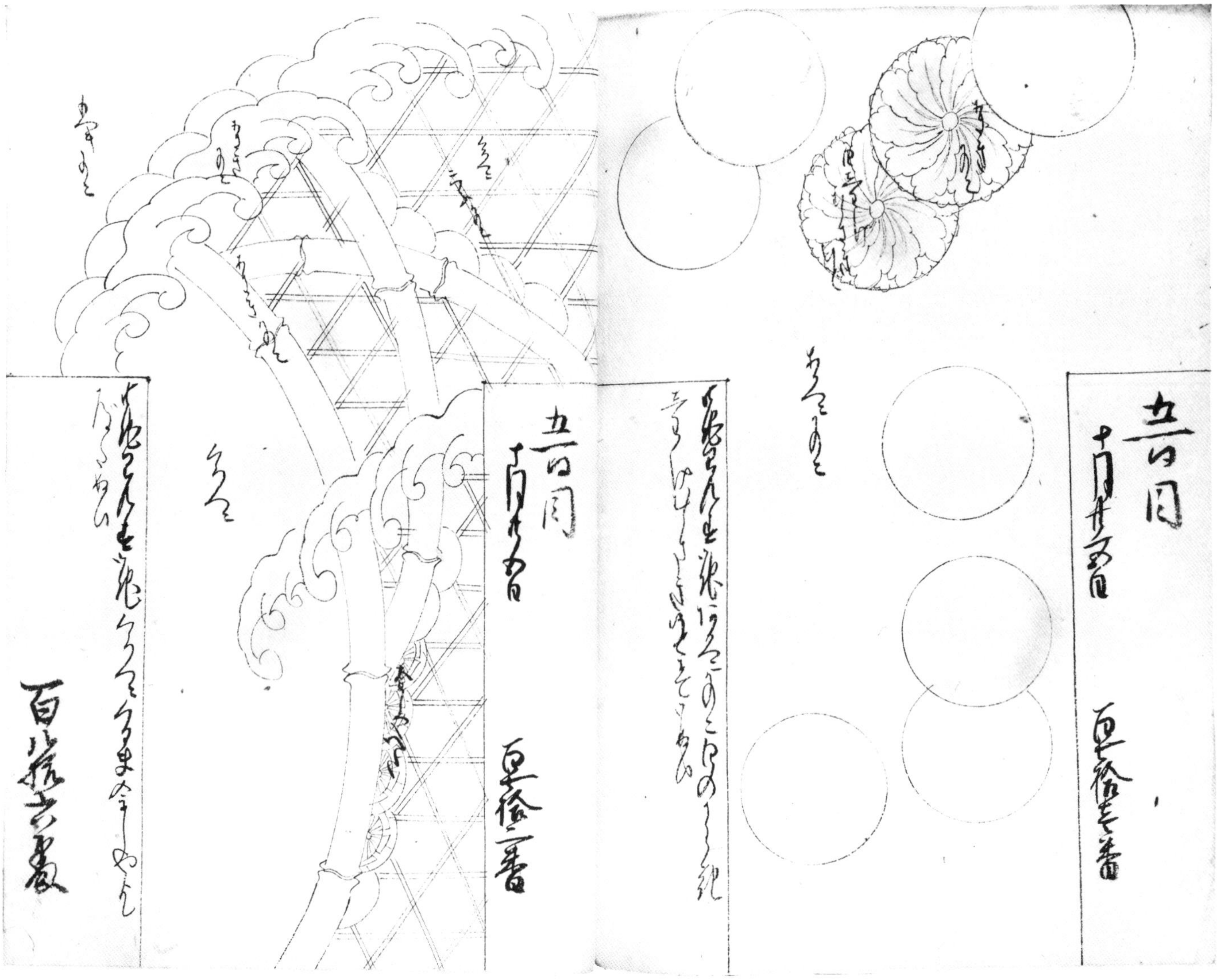

五百目
十月廿五日
百七拾壹番

御地りんす御地あかへニかのこ白のから花しわけむらさきいとニて御ぬい

あさき
かのこ

白しわけ
むらさき
いと

あかへニかのこ

五百目
十月廿五日
百七拾一番

くろへニ

二つふかのこ

あさき
かのこ

あさきかのこ

もへき
かのこ

くろへニ

金しやへた

御地りんす御地くろへニくるま金しやニて
べたぬい

百八拾六番

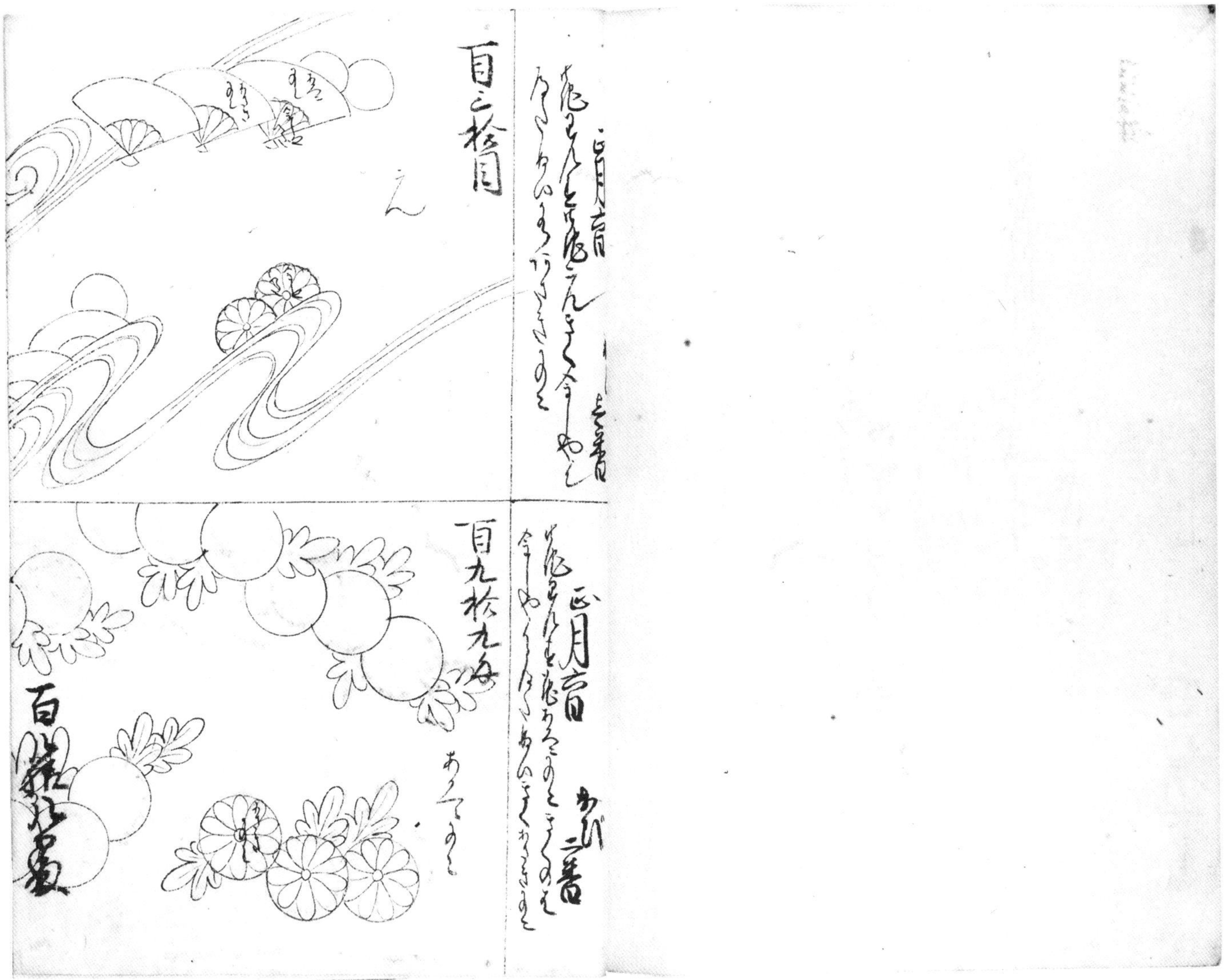

正月六日　おび　壹番

御地りんす御地こんきく金しやニて
へたぬいかのこあさきかのこ

百三拾目

こん

あかへニ
かのこ

金しや
へた

金しや
へた

あさき
かのこ

正月六日　おび　二番

御地りんす花あかへニかのこきくのは
金しやニてへたぬいきくあさきかのこ

百九拾九匁

あかへニかのこ

あさき
かのこ

百八拾八番

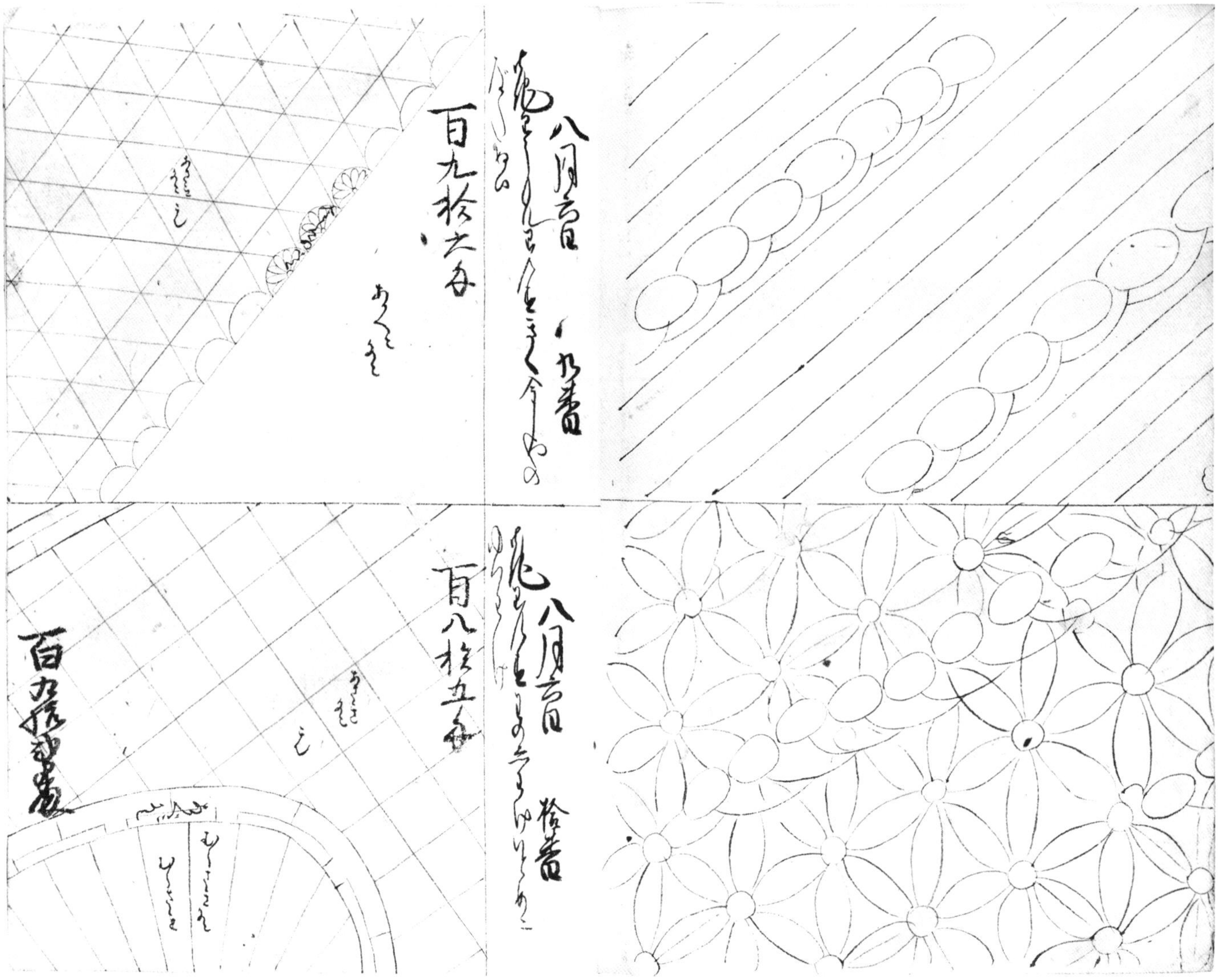

八月六日　九番

御地りうもんりんすきく金しやの
べたぬい

百九拾六匁

あかへニ
かのこ

金しやのべた

あさき
かのこ　こん

八月六日　六番

御地りんすわのしわけいとめニ
ゆいわけ

百八拾五匁

あさき
かのこ

こん

むらさきかのこ
むらさき

このか
ニべかぁ

百九拾弐番

近世前期服装史のなかの少年

森 理恵

近世前期服装史のなかの少年

森　理恵

一　『都鄙図巻』が描く少年の役割

『都鄙図巻』（図78）後半の紅葉の場面に、紅葉狩の宴を張る一団が描かれている（挿図1）。華麗な花茣蓙と、それをリアルに描いた画家の力量にまずおどろく。輪になって座る人々の中心に、ひとりの少年（注1）が描かれている。彼は踊りの最中で、右手に「若松に日の出図」の扇を開いて振り上げている。着物は振袖で、腰より上が鼠色の地に鼓の模様、腰より下が黄色地に白の立浪の模様である。能『鼓の瀧』の図案化であろうか。裏地は紅。一本差し。華やかで、かつ、おそらく当時の最新流行の装いである。彼の右側には、その着物から抜け出して来たような鼓を叩く少年がいる。鼓の少年は、卵色の地色に紅白黒の格子の羽織姿。着物は黒地のようである。

彼らの左手には四人の女性が描かれている。中央の二人は金・紅をまじえて非常に華やかな服装の、おそらく既婚女性である。一人は朱色の盃を手にしている。右に隠れて顔だけ出しているのは年少の女性、左端は白い裂を頭にかぶってモノトーンの服装をした老年の女性である。

女性たちがそれほど踊りに興味を示していないように描かれているのに比べ、少年の下方に描かれた三人の男性は、一様にぽかんと口を開いて踊りを見つめている。この三人の男性は「少年」ではない。もっと年上の、いわば「成人男性」である。少年たちと女性たちは美しい花茣蓙の上にいるのだが、この三人は緋毛氈の上に座っている。蒔絵の重箱と猪口もある。そして彼らは一様に黒っぽくて地味な服装をしている。一人は黒無地の紋付き。二人目は濃い鼠色の桜小紋の着物に紋付きの黒羽織。三人目は浅葱色の無地の着物に黒地の朽木小紋の羽織。

華やかな装いの少年たちはこの『都鄙図巻』のあちらこちらで活躍している。絵巻を少し巻き戻してみよう。絵巻のなかほど、武家屋敷の場面では、振袖に袴を穿いた一本差しの少年が天目茶碗を運んできたところである。気のせいか緊張ぎみに見える。おとなたちが着流しや羽織姿でくつろいで談笑しているのとは対照的である。さらに巻き戻すと、公家屋敷の門をいままさにくぐろうとする少年が描かれている（挿図2）。こちらは肩衣に二本差し、白足袋を履いて威儀を正している。振袖の萌黄に紅が華やかである。この少年を連れているのは黒紋付に肩衣の武士であり、お供を数人連れている。お供の一人は挟み箱を担いでいる。おそらく武家の少年が公家屋敷に奉公に上がるところを描いたのであろう。気のせいか少年の表情は憂鬱そう

注1　子供の、あるいは年若い男性を一般的に「少年」と呼ぶのは、近代以降の用語法であろうが、幅広く着袴より元服前後の男性を表わすために、本稿では便宜的にこの語を用いる。木村直恵『〈青年〉の誕生』（新曜社、一九九八年）参照。

挿図1　都鄙図巻（興福院）（部分）

挿図2　都鄙図巻（興福院）（部分）

挿図3　都鄙図巻（興福院）（部分）

に見える。

　公家屋敷の花見の宴の場面では、武家少年の奉公する姿が描かれている。振袖に肩衣の少年が、すっかりうちくつろいだ公家たちにお酌をしているのだ。庭先、桜の木の下で小袖に指貫の公家に随う少年は、髪を総角にして振袖に白大口なので公家の少年であろう。花見の宴のもうひとつ前の場面では、まさにその公家少年の加冠の儀がとりおこなわれている（挿図3）。加冠の儀の場面の端には、束帯や狩衣の大人たちにまじって、総角に白の水干姿の、すなわち加冠前の公家少年も描かれている。

　このように少年を軸に観察してみると、『都鄙図巻』は公家や武家といった上流の男性社会のなかで役目を果す少年たちの姿をくわしく描き出した絵であることがわかる。そういえばこの絵巻の冒頭は、新年の挨拶のため公家屋敷に急ぐ老齢の公家と、それに付き随う武家少年の描写から始まっているのであった。

　中世・近世の上流の男性社会において、元服前の少年たちは、高位の人物に近侍する、という役割を担う。それは一種の見習いであり学習であったろうが、現代の少年たちの多くがもっぱら学校に通うのとはことなり、それは重要な勤め、すなわち仕事であった。元服前の少年は、現代の少年たちのような「小さな大人」あるいは「半人前の人間」ではなく、成人男性とはことなる社会集団を形成し、社会のなかで成人男性とはことなる役割を果していたと考えられる（注2）。

　ことなる社会集団にはことなる服装規範が求められる。現代の我々から見てもいちばんわかりやすいのが頭部の装飾である。中世・近世を通じて男性上流社会においては、成人と少年の被り物や髪型は厳密に区別されている。だからこそ、成人式は「加冠の儀」なのである。区別されたのは頭部だけではない。衣服の形や色柄も少年と成人でははっきりと区別されている。が、着物の色柄の区別などということは、後世からみてその違いが判断しにくいためであろうか、これまでに、成人男性の衣服とははっきりと区別される少年の衣服についての研究は少ない。そこで、以下、近世前期の上流社会における少年の衣服について、いくつかの資料から若干の考察を試みることとする。

二　風俗画のなかの少年の衣服

　『都鄙図巻』（図78）、および同一筆者で製作年もだいたい同時期とされる『洛中洛外図巻』（挿図4・5・6・図79）の画中の着物を分析したところ、上流社会では、女性と少年の着物は色柄の傾向がほぼ同じであり、成人男性の着物だけがまったく異なる傾向を示す、という結果が得られた（注3）（表①・②参照）。両図巻のなかの成人男性の衣服は冒頭に挙げた例のごとく、ほとんどが無彩色かそれに近い色合いであり、かつ無地かそれに近い柄である。また、女性と少年の着物は同傾向ではあるものの、少年の着物のほうがより流行の最先端、つまり新しい傾向を示すことがわかった。具体的には、両図巻の製作時期である一七〇〇年前後において、女性の小袖にはまだ大柄な寛文あるいは元禄小袖風（注4）のものが含まれているのに対し、少年の小袖にはそのようなものはなく、より新しいタイプである「腰を境に上下で主題やモチーフを替えるもの」（注5）がよ

注2　古代中世の子ども観については、齋藤望「神聖なる童子たち」（彦根城博物館展覧会図録『美術のなかの童子』二〇〇〇年）参照。

注3　森理恵「興福院所蔵『都鄙図巻』と東京国立博物館所蔵『洛中洛外図巻』に描かれた男子用振袖について」（『平成十二年度科学研究費補助金（基盤研究c1課題番号１０６１００５９）研究成果報告書 ―風俗表現から見た近代絵画の特質についての研究―』、二〇〇一年）。なお、両図巻に関しては次を参照した。菊池貞夫「興福院の『都鄙図』私感」（『ミュージアム』一六八号、一九六五年）、『近世風俗図譜』第一・十二巻（小学館、一九八三年）、榊原悟「住吉具慶筆『都鄙図』解題」（『古美術』八八号、一九八八年）

注4　本書冒頭河上論文中の「美服の奢り」参照。

挿図4　洛中洛外図巻（東京国立博物館）（部分）

挿図5　洛中洛外図巻（東京国立博物館）（部分）

挿図6　洛中洛外図巻（東京国立博物館）（部分）

り多く描かれているのである。前者は豪華であるが重々しく、この時期にはすでに野暮ったく感じられ、いっぽう後者は、あっさりとして新鮮に感じられたのではないだろうか。逆に寛文小袖の流行期以前、『遊楽図屏風（相応寺屏風）』（図47）で寛文小袖のさきがけのような大胆な図柄を身につけて描かれていたのもまた、女性より若衆であった（注6）。近世前期にあってファッションをリードしていたのは少年であったといえよう。

風俗画からは、成人男性と少年の衣服の色柄ははっきりと区別されていることがわかった。しかし、女性と少年との違いについては、右のような流行に対して早いか遅いかの差は多少見られるが、色と模様の傾向の違いのようなことは認識できなかった。そこまで描き分けようとする意志が絵師にはなかったのであろうか。それとも、女性と少年の小袖には、近世前期において、そもそも違いがなかったのだろうか。この疑問に答える手掛かりとして、次に小袖模様雛形本（注7）（以下「雛形本」とする）を取り上げてみたい。

三　雛形本の検討

正徳三年（一七一三）刊行の雛形本『正徳ひな形』（図117）（注8）の巻四には「若衆風」と「野郎風」の小袖図案が掲載されている。この雛形本には他に「御所風」「お屋敷風」「町屋風」「けいせい風」「遊女風」「ふろ屋風」の章があり、このように「○○風」とスタイルを描き分ける雛形本は案外めずらしい（注9）。本稿ではこの『正徳ひな形』と延宝五年（一六七七）刊行の『新板小袖御ひいなかた』について考察する。

「○○風」とされたものが実際に「○○」の立場にある人物に着用されたものなのか、あるいは、雛形本に掲載されているような図案の小袖は着用層が限られており（たとえば上層町人女性）、同一着用者が場に応じて「○○風」を着分けたものなのかは残念ながら不明である。が、少なくとも、当時「○○風」と認識し区別できるような小袖図案のスタイルが世の中に存在したことはこれで確かめられる。

雛形本には成人男性が登場しない。女性については御所から風呂屋まで、いろいろな階層の女性が登場するのであるが（注10）、男性については「若衆」「野郎」「小姓」だけが登場し、年齢の高い男性の小袖は描かれないのである（注11）。これは、前章の風俗画の分析結果と一致する。すなわち、女性と少年の小袖は「雛形本」に図案が掲載されるような種類の小袖であり、成人男性の小袖はそれらとは別種の小袖、つまり雛形本のような全図の図案を必要としないような小袖であった、ということである。だとすると、「○○ふう」との記載のない雛形本であっても、それがすべて女性用の小袖図案であるとは限らず、少年用、少年向き、あるいは少年風の図案が含まれている可能性を考慮にいれなければならないであろう（注12）。

正徳ひな形

注5　長崎巌「江戸時代中期の小袖意匠―小袖意匠における元禄期の意味―」（『ミュージアム』四一七号、一九八五年）では雛形本の詳細な分析から、このような図案が多いことが元禄期の特徴であるとされる。

注6　本書冒頭河上論文、および同論文挿図18・19参照。

注7　雛形本に関しては次を参照した。上野（三橋）佐江子「模様雛形本集成」（『天理大学学報』三九～四一号、一九六二～六三年）、同「模様雛形本集成付記」（同四三号、一九六四年）、同「模様雛形本集成余録」（同五九・六一号、一九六八・六九年）、同「江戸時代の染め色」（『天理大学報自然体育篇Ⅳ』一九六六年）、山辺知行監修・上野佐江子編集『小袖模様雛形本集成』（学習研究社、一九七四年）

注8　今尾和男編『正徳ひな形　全』（はくおう社民芸織物図鑑刊行会、一九七二年復刻）を参照した。また、同書に収められている、上野佐江子『「正徳ひな形」解説』を参考にした。

注9　注7の『小袖模様雛形本集成』解題によると、本稿で考察した二例のほかに、雛形本は、元禄十一年（一六九八）刊行の『和国ひいなかた大全』、正徳六年（一七一六）刊行の『雛形都風俗』などがある。

『正徳ひな形』の小袖図案を表③にまとめた。地色については、「〇〇ふう」による相違はとくに見られない（注13）。個々の模様についても、「御所風」には雲取りや光琳水のような流水模様と、比較的こまかな植物模様で占められており、一方、「傾城風」「遊女風」は掛け軸、屏風、傘など器物の模様が多く、全体に大柄である、といった程度の違いはあるが、似たような模様があちらにもこちらにも見られる場合もあり、ゆるやかな傾向の相違、といった程度である。古典に因んだらしき模様も、いずれのパートにもみられる。

そのなかで「若衆風」の模様はやや特異である。まず「若衆風」の扉は川べりの柳の木の下に立つひとりの少年を描く（挿図7）。若衆髷を結い、二本差しである。輪つなぎ模様の振袖に縞袴、派手な羽織を羽織っている。羽織は五つ紋で霞形で上下に染分けられており、上部は塗りつぶされていて、下部にはヤジロベエや独楽など玩具がちりばめられている。また図案の方には「いかのぼり（凧）」（挿図8）、碁盤、幟、板舟・折紙の舟・笹舟（挿図9）、烏帽子、裃（挿図10）など、他にはみられない模様が含まれている。凧や舟は扉と同様に男児の玩具として、碁盤は袴着の祝に用いることから、幟は尚武の飾りものとして、烏帽子、裃は男性用の衣類であるなど、少年との関わりが想定される。一方、「野郎風」にはそのような特色はまったくなく、「傾城風」「遊女風」とほぼ同傾向であり、御簾や島台や鏡といった器物や、大柄な植物模様を主としている（注14）。

模様配置のしかたは三種類あり、第一は元禄小袖風に左脇を少し空けて全体につながった模様を配するもの、第二は前章に見た「腰を境に上下で主題やモチーフを替えるもの」、第三はいわゆる「腰模様」で模様を腰から下だけとするもの、である。腰模様はほとんどが紋付である。御所風には「上下で替えるもの」がなく、風呂屋風（浴衣）には元禄小袖風だけしかみられ

挿図7　「若衆風」『正徳ひな形』

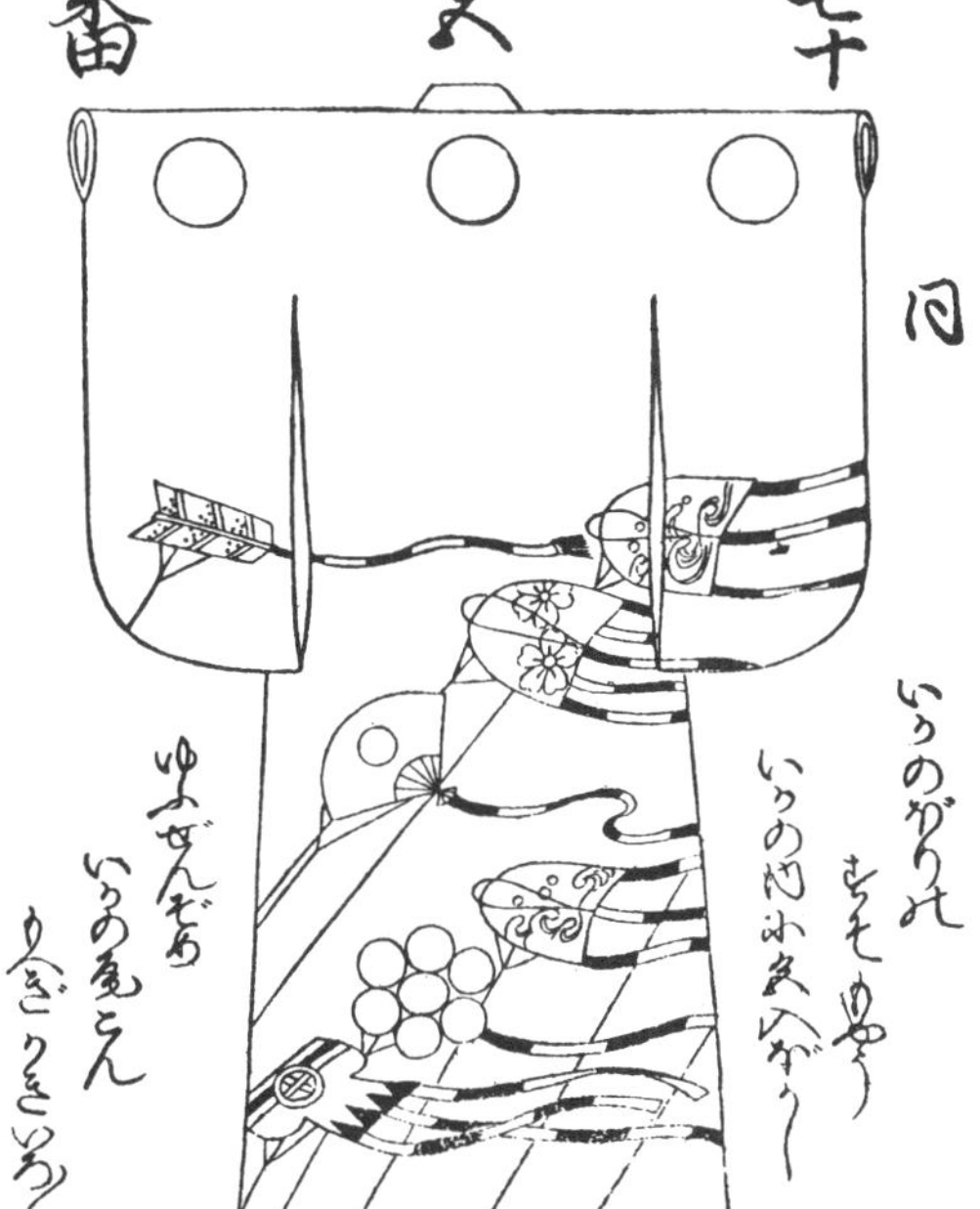
挿図8　「いかのぼりのすそもやう」『正徳ひな形』

注10　『正徳ひな形』の絵師西川祐信は、上巻に「女帝」から「矢背黒木売」、下巻に「島原太夫」から「素麺粉引」までほとんどあらゆる階層・職業の女性を写した『百人女郎品定』を描いている。類似の例は他にもあり、当時にあっては階層によって女を描き分けることが一種の趣向であったようなので、雛形本の描き分けに実用性があったのかどうかは疑問である。

注11　ただし、時代が下って十八世紀中頃から後半になると『ひいなかた都の春』、『雛形木の葉硯』などわずかずつではあるが「男模様」と記載のある図案が含まれた雛形本がみられる。注7文献参照。

注12　とくに女性用とか少年用とかことわらない雛形本のなかに、少年の姿絵や少年用と思われる羽織の図案が含まれていることがあるのは、このことの裏付けになるであろう。

注13　雛形本の地色の傾向の変遷については、上野佐江子「模様雛形本にみる小袖の地色と模様加工法」（『天理大学学報自然科学篇Ⅰ～Ⅲ』一九六三～六五年）参照。

注14　女性の部に「御所風」「お屋敷風」「町風」と「傾城風」「遊女風」「ふろ屋風」があったように、少年の部の「若衆風」と「野郎風」は（成人男性にとって）色事の相手となる、ならないという区別をあらわしているのかもしれない。とすると、成人男性の色事の相手は服装に男女差がなかったということになる。

ない。そして元禄小袖風が「若衆風」に見られないことは前章の両図巻の分析結果と一致している。

新板小袖御ひいなかた

『正徳ひな形』より二十五年ほど前、延宝五年（一六七七）刊行の『新板小袖御ひいなかた』（注15）には、「むすめのもやう（娘の模様）」「わかしゆこしやうふうのもやう（若衆小姓風の模様）」「たゆふそめだてそめのふう（太夫染伊達染の風）」「おかたふうとめ袖もやう（御方風留袖模様）」と、四つの章がある。この雛形本の模様の配置のしかたはいわゆる「寛文小袖」に近く、肩から裾へ「て」の字形に弧を描くものがほとんどであり（注16）、章による傾向の違いはとくにない。模様は植物模様、器物模様、大きな文字に大別できるが、これも章によって大きく傾向が違うようには思われない。

「わかしゆこしやうふうのもやう」の扉にはふたりの少年が描かれている（挿図11）。ふたりとも二本差しで、右は羽織袴、左は着流しである。右の方がやや小柄に描かれている。袴は模様が何も描かれておらず、羽織は流水に梅鉢、着流しのほうは大きな菖蒲である。菖蒲はこの章のなかの図案にもあり、『都鄙図巻』にも少年の模様として描かれていた。「菖蒲＝尚武」とかけて武者人形を飾る風習からしだいに「端午の節句＝男の子の節句」となったといわれることを思い出す。が、それよりもむしろ『正徳ひな形』とあわせて見たとき、「若衆」の章には節句をはじめとした季節の行事に関連する模様が多いことに気づく。『新板小袖御ひいなかた』では、上記の菖蒲のほかに、梶の葉と筆の七夕の模様がある。『正徳ひな形』では、柊に宝船の「せつぶんのもやう（節分の模様）」（挿図12）、正月飾り、大神楽、山車尽くし・幟尽くしがみられる。このような季節の行事に関連する模様は、両雛形本を通じて若衆の章にしか見られないもの

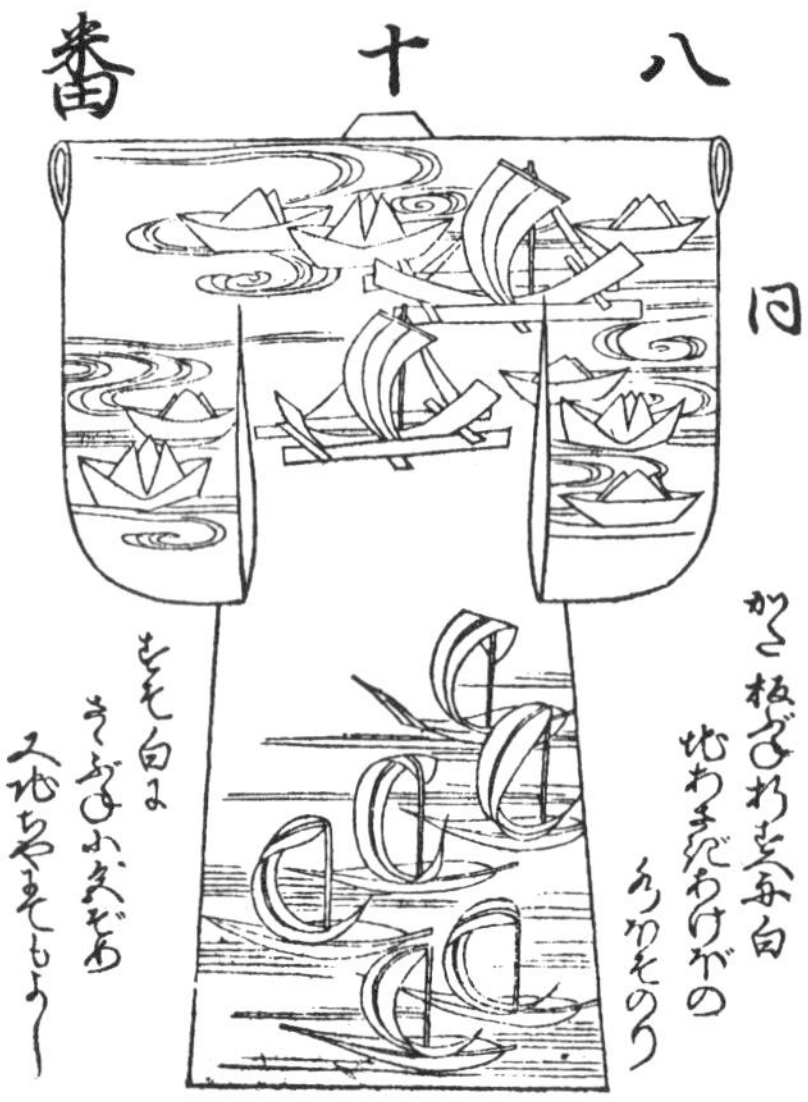

挿図9　舟の模様『正徳ひな形』

挿図10　「上下のもやう」『正徳ひな形』

挿図11　「わかしゆこしやうふうのもやう」『新板小袖御ひいなかた』

注15　注7に挙げた『小袖模様雛形本集成（一）』を参照した。

注16　注5長崎論文参照。

注17　上野佐江子氏は十八世紀前半ごろの雛形本に多い小裁模様について、「尚武的なもの」「子供の成長や出世を祝う瑞象的なもの」「動物など子供向きのもの」などが多い一方、雛形本によっては「成人用と特に変わらないようなものも少なくない」とされている。これは本稿における少年用の衣服についての分析結果と同じである。注7『小袖模様雛形本集成（三）』解説参照。

である。「野郎」の章にもそれは見られないのである。また、『新板小袖御ひいなかた』の若衆の章には、宝尽くし（挿図13）、蓑亀、海松貝といった吉祥の模様がみられる。海松貝など吉祥の模様はもちろん若衆の章にかぎらず、他の章にも見られる。しかし、上記の季節の行事の模様も含めて考えると、吉祥の意味合いの薄い四季の草花の模様や古典に題材をとった模様よりも、祝い事や吉祥の意味合いを込めた模様が多いのが、少年風の図案の特徴といえるのではないだろうか（注17）。

現存品と雛形本

これまでの考察から直ちに想起される現存品に、『伝伊達綱村所用友禅染産衣』と『伝伊達吉村所用友禅染産衣』がある（注18）。産衣なので着用年齢が少し開いてしまうが、友禅染めで丁寧に施された模様は、その配置のしかたも含めて右の結果と合致している。『伝綱村所用』のほうは上半身が海松貝で下半身が網干の模様、『伝吉村所用』のほうは宝尽くしの腰模様である。模様の配置のしかたでみると、前者は『正徳ひな形』の第二のタイプ、後者は第三のタイプである。また、海松貝と宝尽くしの模様は『新板小袖御ひいなかた』の若衆の章にあり、網干模様は『都鄙図巻』のなかで一本差しの初々しい少年の薄紅色の着物に見られた。また、少年用ではないかと指摘されている現存品に『幟模様小袖』（松坂屋参考館蔵）（注19）（挿図14）や『加茂競馬模様小袖』（注20）（図94）、『湊取りに菖蒲模様振袖』（奈良県立美術館蔵）（注21）がある。これら以外にも小袖の現存品のなかには、少年用、少年向け、あるいは少なくとも「少年風」と言いうるような作品があると推測される。

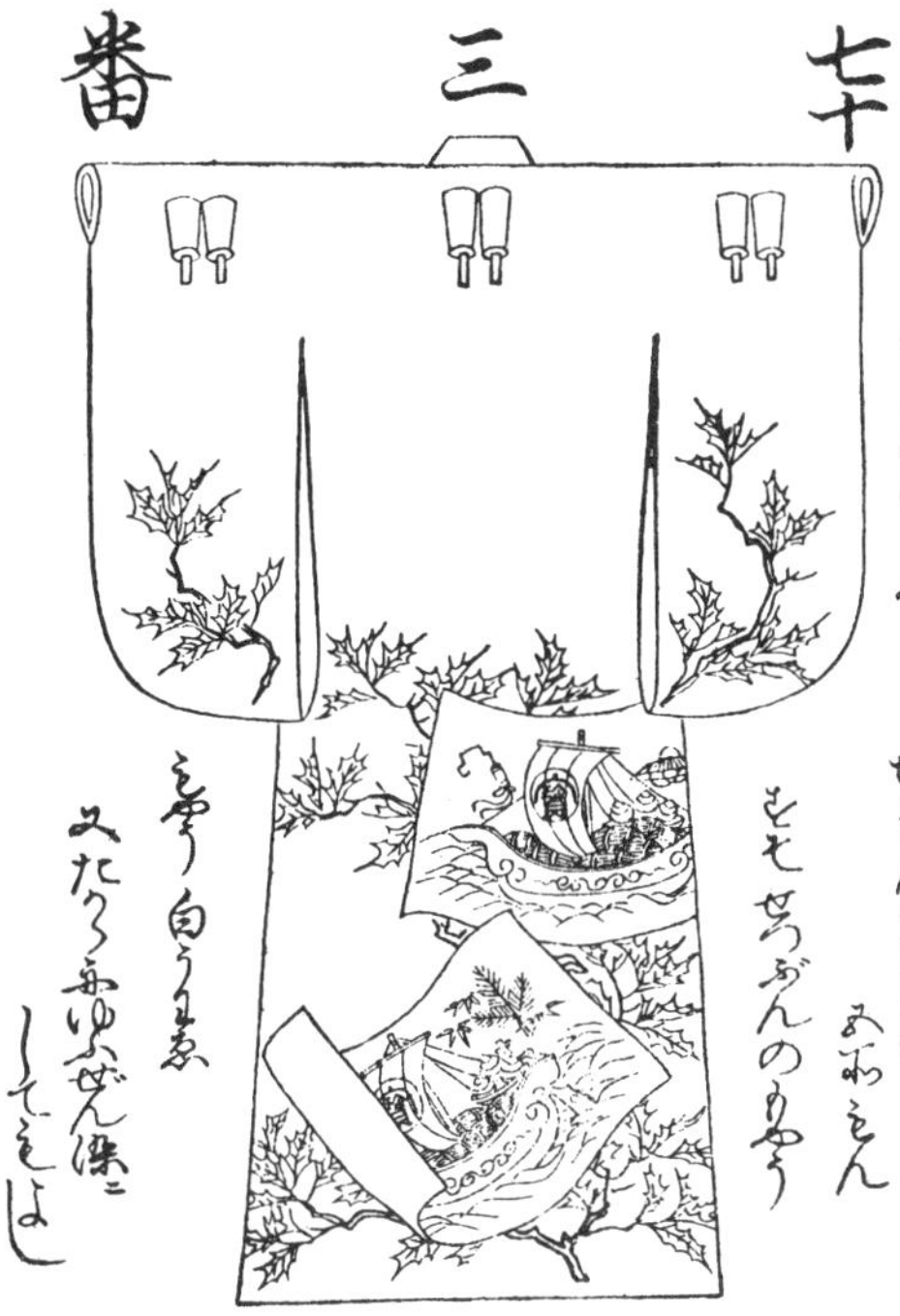

挿図12 「せつぶんのもやう」『正徳ひな形』

挿図13 宝尽くしの模様『新板小袖御ひいなかた』

注18 神谷栄子「桃山・江戸前・中期の産衣十三領について —近世小裁・中裁衣類調査報告一—」（『美術研究』二六七・二七二・二八〇号、一九七〇・七二年および、同『日本の美術六七 小袖』（至文堂、一九七一年）参照。

注19 上野佐江子「江戸時代の小袖の模様と染織 —模様雛形本の応用について—」（『天理大学学報自然科学篇Ⅲ』一九六五年）

注20 切畑健「白縮緬地石畳に賀茂競馬文様友禅染小袖」（『学叢』六号、一九八四年）

注21 小山弓弦葉「粋に着こなす菖蒲の小袖」（『本郷』二十七号、二〇〇〇年）

注22　谷田閲次「『だて』の源流」（同『虚構の真実』光生館、一九七六年、初出は『美学』一二巻一号、一九六六年）

注23　森理恵「室町時代末期から桃山時代における武家少年の衣服　―『十二ヶ月風俗画帖』に描かれた外衣を中心に―」（『服飾美学』三〇号、二〇〇〇年）参照。

注24　森理恵「上杉神社所蔵『雪持柳模様胴服』の制作時期と所用者をめぐる一考察」（『美術史』一四八号、二〇〇〇年）において、本作品が少年用であった可能性について論じた。

四　おわりに　―近世前期少年の服装の源流―

以上のような、成人男性とは区別される少年の服装の源流を考える上で参考となるのが、中世の武家服飾の慣行である。中世の武家服飾においては、「主人公自身が花美に出立ち人目を惹くのではなく、花美な容儀のものを側近に召連れることによって達成される一種の美的効果」が目指され、その志向は途切れることなく近世の美的好尚の一である「だて」に受け継がれたという（注22）。主君はわざと地味な装いをし、少年は主君に仕えるという役割のためにも、派手に着飾ることが必要とされたのである（注23）。このような観点からすると、成人男性が派手に着飾ったなどといわれる桃山時代の現存品のなかでも、とくに「花美」なものはもと少年用であったのではないか。とくに『雪持柳模様胴服』（上杉神社蔵）（注24）と『山道草花鶴亀模様胴服』（吉川史料館蔵）（挿図15）は「花美」なうえに寸法も成人用よりかなり小さいので、少年用であった可能性が高い。また、数々の伝徳川家康所用品のなかでも、下賜品であるとの伝来を持ち、かつ葵紋がついていない衣服には「花美」なものが多い（図13・14）。これに対し葵紋付の遺品は相対的に地味である（図17・18）。前者は家康自身が着たというより側近の少年用の衣服だったのではないだろうか。

以上、近世前期の上流社会の少年の衣服について、まず風俗画から、成人男性の衣服とは色柄が明白に区別されていることを明らかにした。次に風俗画からははっきりとした区別が見出されなかった女性と少年との着物の差異について、雛形本を分析したところ、少年に特徴的と思われる模様が存在することがわかった。しかし、女性と少年の着物の色柄は、風俗画でも雛形本でも厳密に区別されているわけではない。これまで漠然と女性用（加えて桃山時代にあっては男性用）と考えられてきた現存品のなかに、少年用が含まれている可能性もじゅうぶんに考慮に入れなければならないであろう。

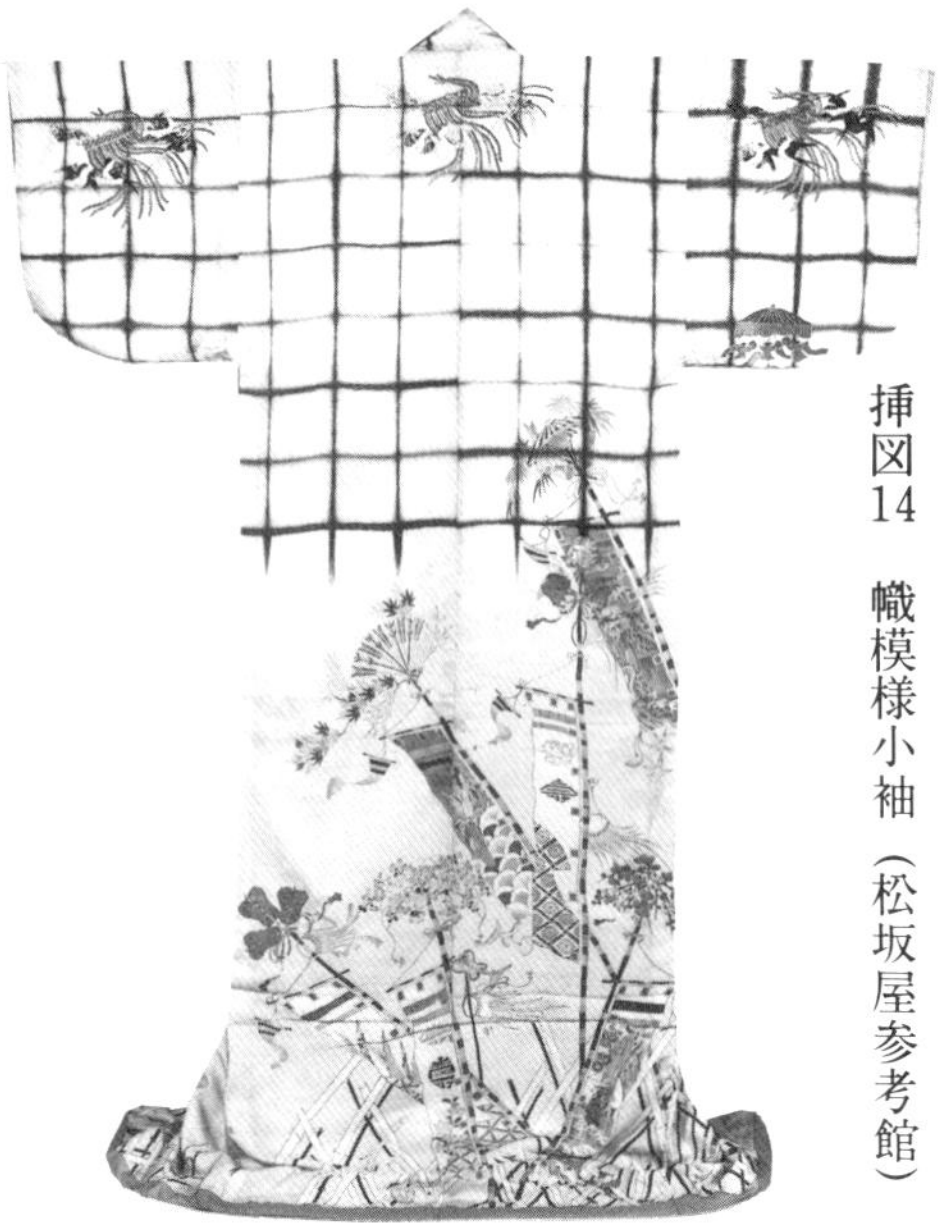

挿図14　幟模様小袖（松坂屋参考館）

挿図15　山道草花鶴亀模様胴服（吉川史料館）

表① 『都鄙図巻』と『洛中洛外図巻』に描かれた男子用振袖

場面	人物、着装の特徴	模様	地色	模様の色	裏地	帯
都鄙図巻						
公家屋敷の門前	公家の従者、肩衣、足袋	稲妻形、輪違い、菱格子	黒、白	紅、萌黄、		
公家屋敷の中	肩衣	竹菱格子、笹の葉	薄浅葱	浅葱	紅	
公家屋敷の門前	肩衣、白足袋、二本差	七宝つなぎ（花入り、卍入り）	萌黄	白、紅	紅	
公家屋敷の門前	一本差	波の丸	こげ茶	黄、萌黄	紅	黄に黒の二重格子
扇屋の縁	丈やや短め	花入り亀甲つなぎ	薄紅	紅	紅	
扇屋の中	一本差	笹の葉、「松」字紋	黒	白	紅	
路上	剃髪	稲妻？	黄茶	白、浅葱	紅	白
路上	束ね髪、膝丈	大きな花、鋸歯、子持筋	薄浅葱	黄、白、紅		薄紅に格子
路上	一本差、丈やや短め	桜、網干	薄紅	金、紅、白、浅葱	紅	
路上		細い縦縞		黄、萌黄、紅	紅	紅
路上		破れ石畳	薄浅葱	浅葱	紅	黒に白の格子
町屋の二階	手習い、剃髪	花菱紋	薄紅	白		
町屋の二階	手習い	菖蒲	薄浅葱	紅、浅葱、黄、白		
町屋の二階	手習い	波、帆掛け舟、桜花紋	白	紅、薄鼠、浅葱		紅
武家屋敷の中	袴、一本差	桜花散らし	薄茶	銀		
山中	紅葉狩、踊り、一本差	鼓、立浪	鼠、黄	白、黄、紅	紅	濃浅葱に黒の格子
山中	木登り	破れ石畳	浅葱	白、茶色		
洛中洛外図巻						
公家屋敷の門前	公家の従者、一本差、膝丈	輪違い、霞	薄鼠	茶、白、浅葱		濃浅葱
公家屋敷の中	総角、大口袴	桧扇	濃浅葱	黄、白、紅	紅	
公家屋敷の中	総角、大口袴	花菱	薄茶	紫、紅、白	紅	
武家屋敷の中	肩衣、一本差し	薔薇折枝	黄	萌黄、茶、紅、浅葱	紅	
扇屋の中		梅鉢、「鶯」文字、鹿子	薄茶に紅の木目	白、金、薄浅葱	黒	濃浅葱に黒の格子
路上	獅子舞見物	松竹梅	萌黄	白、紅、浅葱、黄	紅	黒
路上	獅子舞見物、膝丈	木瓜紋、鋸歯	薄浅葱	白、紅		薄黄
路上	獅子舞見物	笹	浅葱	白、茶、薄黄		鼠
路上	剃髪	巴紋	白	紅、浅葱		浅葱
路上	ふくらはぎ丈	熨斗菊	濃萌黄	白		

路上	ふくらはぎ丈、剃髪	渦巻き、破れ格子	薄黄	白、鼠		
路上	膝上丈、裸足	細い格子	薄鼠	紅、浅葱		
路上	膝上丈	武田菱、鋸歯、立浪	濃浅葱	白		
野山、板橋の上	稚児	石畳、梅鉢	薄黄	紅		黒

表② 『都鄙図巻』と『洛中洛外図巻』に描かれた女子用振袖

場面	人物、着装の特徴	模様	地色	模様の色	裏地	帯
都鄙図巻						
公家屋敷の縁	幼児	瓜唐草	薄紅	金、紅、浅葱、萌黄	紅	紅
路上	被衣、白足袋	枝垂桜、鹿子	白	紅、紫、萌黄、浅葱、金	紅	萌黄、茶、白の縞
扇屋の縁		稲妻形、梅鉢、霞	薄浅葱、白	紅、萌黄、白	紅	紅白の手綱
路上	白足袋	大きな菊、鹿子	薄紅	黄、紫、萌黄、浅葱	紅	黒
路上		花入り七宝つなぎ	薄黄	紅、薄鼠	紅	
路上		鹿子	紅	白		
路上	束ね髪	縦縞に菊	鼠	紅、黒、白、黄		紅
路上	幼児	桜	薄紅	紅、白、浅葱		
山中	紅葉狩	竹	薄浅葱	浅葱、白	茶	薄茶
山中	紅葉狩	花筏、壺垂、鹿子、網目	紅、薄浅葱	金、黄、浅葱、萌黄、白	紅	黒、紅、白の縞
洛中洛外図巻						
路上	僧侶の従者	藤、雁、篭目	濃萌黄	紅、浅葱、白	紅	
路上	幼児、茶色の足袋	波に花	紅	金、薄紅、浅葱	薄茶	金
路上		渦巻き、竹、網干	薄茶	紅、浅葱、白、萌黄		紅
路上		細い縦縞		萌黄、薄萌黄、白、紅	紅	黒
路上		芦に「舟」文字	薄紅	紅、浅葱、白	紅	紅鹿子
路上	獅子舞見物、白足袋	雁、萩	濃萌黄	紅、浅葱、白		
路上	獅子舞見物、幼児	唐花、鹿子	紅	金、浅葱、萌黄、白		紅鹿子
路上	傀儡見物	藤、薄	薄紅	紅、白、浅葱	紅	紅
農村		格子	黄	黒	紅	鼠
農村		破れ網目	薄黄	濃浅葱、白		黒
村外れの社	束ね髪	楓	薄鼠	白、紅、鼠		

表③『正徳ひな形』の地色と模様

地色	模様	模様配置
御所風		
	雪中の梅	元禄小袖風
白	雲、糸桜	元禄小袖風
浅葱	水、山吹	元禄小袖風
白	夕顔、家	その他
紫→浅葱	五所紋、水、河骨	腰模様
紫曙→	五所紋、桐に井筒	腰模様
	牡丹唐草	元禄小袖風
白、紫	水筋、杜若、八橋	その他
うこん	藤波	元禄小袖風
	秋野、雲	その他
	栗に群雀	元禄小袖風
	菊、手桶	元禄小袖風
お屋敷風		
	若松、梅、熊笹	その他
浅葱	雪竹、山腹	上下で替えるもの
浅葱	御簾、桜	上下で替えるもの
浅葱	張物、松	元禄小袖風
	四季の花籠	元禄小袖風
	波の丸、杜若	上下で替えるもの
紫→浅葱曙	夜の雨、泊り舟、芦	腰模様
鼠→	五所紋、石菖	腰模様
白	波の間貝尽くし、藻塩草	その他
薄茶→浅葱曙	帆(掛け舟)、松、泊り舟、枯れ芦	上下で替えるもの
白茶→	五所紋、春野の菫蒲公英尽くし	腰模様
紫→浅葱曙	五所紋、氷、水仙	腰模様
町風		
浅葱曙→白	苫菊、鶏頭	元禄小袖風
	渦水、石垣	元禄小袖風
すみる茶→浅葱	熊笹、梅、雪輪	その他
白茶→薄浅葱	菊、水、流木	上下で替えるもの
白茶→白	雁金、干網	上下で替えるもの
鼠→白	五月雨、葛屋、卯の花、ほととぎす	上下で替えるもの
浅葱、紫	波に群鷺、雲	元禄小袖風
すみる茶曙→白	蜘蛛の巣、柴垣に朝顔	上下で替えるもの
白茶→白	五所紋、亀甲、墨絵の名所	腰模様
藤色→浅葱	五所紋、(木目)、扇	上下で替えるもの
紫→浅葱曙	霞、梅	上下で替えるもの
傾城風		
白茶	松、掛物	元禄小袖風
紫	梅の丸、紅葉の丸、橘の丸	元禄小袖風
白	亀甲、藤、菊	元禄小袖風
紫	巻物尽くし	元禄小袖風
	忍び返し、蔦、柿	元禄小袖風
紅	曽我の紋尽くし、幕	その他
紫orすみる茶	十六所紋、沢瀉に水	腰模様
紫	屏風	その他
紫→白	黒餅、墨絵、光琳梅	腰模様
すみる茶曙→白	熊笹、石垣、光琳の桐	上下で替えるもの
浅葱	糸巻き	上下で替えるもの
紅→白	青海波、朝顔	上下で替えるもの
遊女風		
紫	吉野瀧、松、桜	その他
浅葱	嶋(格子)、湊模様	その他
すみる茶→ちくさ色	(松、菊)	元禄小袖風

註・地色と模様は記載をもとに一部漢字をかなに改めた。空白は記載がないか不明確なもの。
・地色でorは文中の「にてもよし」を示す。「→」は肩の色→裾の色または肩の色→腰の色→裾の色。
・模様で（ ）は図柄より判断したもの。模様配置は図柄より判断した。

	（芭蕉、笹）	上下で替えるもの
	井関、石垣、枯れ芦	元禄小袖風
	稲木、案山子、苅田	上下で替えるもの
藤色↓	火打ち、萩、薄	上下で替えるもの
浅葱	土器投げ、杉	元禄小袖風
すみる茶↓ちくさ色	藻塩草、波の鼓	上下で替えるもの
浅葱	唐傘、菅笠	元禄小袖風
紫	松皮菱のうち四季の草木花尽くし	その他
風呂屋風　これより浴衣模様		
	髪置の模様、菊、扇、風車	元禄小袖風
	暖簾尽くし	その他
	（源氏香、桜花）	元禄小袖風
	菜の花に蝶	元禄小袖風
	大菊、鱗形	元禄小袖風
	雁金	元禄小袖風
	唐傘の紋尽くし	元禄小袖風
	雪竹	元禄小袖風
	伊勢物語の模様、笈、蔦	元禄小袖風
	桜花繫ぎ	元禄小袖風
若衆風		
びんろうじ	五所紋、節分の模様、宝舟	腰模様
浅葱orちくさ色	大飾りの模様	腰模様
	いかのぼりの裾模様	その他
	五所紋、大神楽の模様、獅子頭	腰模様
浅葱	五所紋、碁盤に碁石	腰模様
茶or浅葱	縄簾の模様	腰模様
	山車尽くし、幟尽くし、菱垣	その他
浅葱曙↓白	板舟、折据舟、笹舟	上下で替えるもの
紫	洲崎、絵馬尽くし	上下で替えるもの
すみる茶曙↓白	五所紋、烏帽子尽くし	腰模様
茶or浅葱	八算の模様	その他
白茶	裃	上下で替えるもの
野郎風		
浅葱	梅に烏兜、御簾	上下で替えるもの
浅葱曙↓白	亀甲、笹の葉、梅	上下で替えるもの
浅葱	嶋台、松、梅、橘、熊笹	上下で替えるもの
白	徒然の模様、川、枯れ木、束藁	上下で替えるもの
白茶↓浅葱曙↓白	五所紋、藻塩草、鱗形	腰模様
浅葱	鏡に鏡立の模様	元禄小袖風
紫↓水浅葱	鳥、柳、橋、水筋、舟	その他
白or浅葱	舟橋、芦	元禄小袖風
白	松に藤、黒木に躑躅	上下で替えるもの
茶	唐松、杉に羽団扇	上下で替えるもの
藤色曙↓白	五所紋、藤の戸	腰模様
白	懸樋に萩	元禄小袖風

表④『新板小袖御ひいなかた』の地色と模様

地色	模様
むすめの模様	
黒	筆、墨
浅葱	花篭(菊)
黒	「水」、霞
白	花筏
黒	縄
花色	「松虫」、薄
花色	菊唐草
白赤（染分）	稲妻、麻の葉
うこん	宝袋
茶	蜘蛛の巣に蝶
樺	琴柱
紫	「舟」、錨、波
花色	おどり桐
紅	雲、蕨
？	鹿角、紅葉
浅葱	桜、胡簶
黒	水引
桔梗	六葉葵
浅葱	菊水
白赤	霞に花紋尽くし
若衆小姓風の模様	
萌	宝尽くし
白	雲に雁
紫	蓑亀
萌黄	梅枝
花色	菖蒲束
浅葱	柴舟、櫂
黒紅	「雨」、傘
萌黄	霞に七宝
浅葱	桜花
黒	菊唐草
うこん	独楽
黒	松藤
？	瓢箪
こび茶	海松貝
紫	「鶯」、笹
萌黄	捻菊に巴紋
紫	栗の木
花色	梶の葉、筆
うこん	流水に紅葉
浅葱	篭目に波の丸
藤色	篭目に大根
太夫染伊達染の風	
白	虫篭
浅葱	巻物、冊子
花色	「雲風」、小桜
藤色	匂袋
紅	尾長鳥
浅葱	芭蕉に雪
黒	「雲」、雁、橋
黒	波兎
紅	鼓胴、緒
紅	額、筆
浅葱	流水に桜
桔梗	片輪車
薄柿	格子に将棋駒
紫	茶筅
うこん	熨斗
鼠色	蜘蛛の巣、「鳥」
藤色	法螺貝
御方風留袖模様	
うこん	雪輪に竹
黒紅	大菊に小桜
黒紅	「野乃」、蕨
黒紅	松
黒紅	波に海松貝
黒	雪輪
浅葱	茗荷、蕨
うこん	蒲公英
けんほう	花菱唐草
黒	格子に捻菊
薄柿	唐花に巴紋
紺	流水に扇
萌黄	松葉、松毬
江戸茶	八手に巴紋
浅葱	波に槌車
薄柿	波の丸
黒	枝垂桜
花色	「海士」、波頭
紫	河骨
浅葱	雪輪
黒紅	「龍田」、竹輪
うこん	波に菊
浅葱	「桜河」、桜花
黒	雪輪に笹
うこん	松葉に楓
黒	木瓜、葉筋

註・色は記載をもとにかなを一部漢字に改めた。
・模様の記載はないので図柄から判断した。「」内は文字の模様。

花洛のモード―略年表

時代	西暦	和暦	事項	作品
桃山	一五七三	天正一	織田信長、足利義政を追う（室町幕府滅亡）	
	一五八二	天正一〇		細川昭元夫人像（お犬の方）（図27）
	一五八三	天正一一	浅井長政夫人（お市の方）自刃	
	一五九九	慶長三	豊臣秀吉没	
	一六〇二	慶長七		段に桜樹文様打敷（図8）
	一六〇三	慶長八	徳川家康、征夷大将軍となる　阿国かぶき始まる	
	一六〇七	慶長一二		立涌に桐文様打敷（図7）
江戸	一六一五	元和一	大坂夏の陣（豊臣氏滅亡）　この頃から寛永年間にかけて、慶長小袖が流行る	
	一六二〇	元和六	徳川和子（後の東福門院）、後水尾天皇に入内	棚に草花文様打敷（図41）
	一六三九	寛永一六	ポルトガル人の来航禁止	葡萄に網干丸文様打敷（図53）
	一六四〇	寛永一七	遊郭が島原へ移る	
	一六六一	万治四	雁金屋、東福門院の呉服注文を受ける	万治四年御画帳（図84）
	一六六三	寛文三		寛文三年御絵帳（図85）
	一六六六	寛文六	小袖雛形本『御ひいなかた』刊行	
	一六六七	寛文七	この頃、寛文小袖が流行る	御ひいなかた（図86）
	一六七八	延宝六	東福門院没。この時、雁金屋の次男光琳は二一才	
	一六八三	天和三	町人女子の衣類に「金紗、縫、惣鹿子」を禁じる	
	一六八五	貞亨二		今用御ひいなかた（図87）

時代	西暦	和暦	事項	作品
江戸	一六八七	貞亨四	この頃から友禅染が流行り出す（『源氏ひなかた』）	
	一六八八	貞亨五		友禅ひいながた（図105）
	一六九二	元禄五	友禅の丸尽くしや打出し鹿の子が流行遅れとなる（『女重宝記』）	
	一七一三	正徳三	この頃から享保年間にかけて光琳文様が流行る	正徳ひいなかた（図117）
	一七一四	正徳四		雛形祇園林（図118）
	一七一五	正徳五		当風美女ひなかた（図119）
	一七一六	享保一	徳川吉宗、将軍となる（享保の改革、～四五）　尾形光琳没	
	一七三二	享保一七	雛形に江戸棲が見られるようになる	雛形染色の山（図120）
	一七四〇	元文五		湊取りに秋草千鳥文様小袖（図106）
	一七四七	延享四	この前後に白上りが流行る	当流模様雛形都の春（図121）
	一七五八	宝暦八		雛形接穂桜（図122）
	一七八一	安永一〇	この頃から島原棲が流行る	新雛形曙桜（図131）
	一七八七	天明七	松平定信、老中となる（寛政の改革、～九三）	
	一八〇〇	寛政一二	白上りの瀟洒な江戸棲が主流となる	新雛形千歳袖（図132）
	一八二四	文政七	光格上皇、修学院離宮へ御幸　絵巻（図214）中に縞や小紋の小袖が見られる	光格上皇修学院御幸儀仗図絵巻（図214）
	一八四一	天保一二	天保の改革（～四三）	
	一八六八	明治一		

花洛《みやこ》のモード

きものの時代

Kyoto Style

Trends in 16th-19th Century Kimono

———解説／Introduction of the Exhibits

1 ◎ 春草と桐文様肩裾《かたすそ》小袖　一領

練貫地　刺繍・摺箔
丈 一一九・〇　裄 四九・五
桃山時代　十六世紀
京都府・宇良神社

この小袖は、浦嶋太郎の伝説で知られる、京都府の北部、丹後半島の先端に鎮座する宇良神社に龍宮の乙姫の衣裳として伝えられた。

やや小振りの形姿は年若い少女の料を思わせる。この肩と裾とに文様を置いた小袖を「肩裾小袖」とよび、中世から桃山時代にかけて行なわれた小袖意匠の特色の一つである。肩裾の洲浜形は、聖なる区域を示すと考えられ、そのなかに常磐《ときわ》の文様である桐と、春の草花とを組み合せる。文様は明るくおおらかで、すみれ、たんぽぽ、梅、桜、つくしなどが可憐な姿をみせている。（河上）

2 ◎ 松鶴亀に草花文様肩裾《かたすそ》小袖　一領

練貫地　刺繍・摺箔
丈 八四・五　裄 四〇・〇　天正十一年（一五八三）銘
桃山時代　十六世紀
泉大津市立織編館

近年発見された子どもの小袖。肩裾の洲浜形のなかの文様は、右胸、右裾、左肩に松・竹・梅・橘・鶴・亀を組み合わせた常磐《ときわ》の文様を配し、これに対して左胸、左裾は梅やたんぽぽ、すみれの春草を地文として、上文にそれぞれ梅花や桜花、菊花を入れた花菱形を散らす。同様に、右肩は菊などの秋草を地文として、梅花や桜花、楓などの花菱形の上文を散らす。

小袖の背裏には「御舎利堂打敷方ヨリ本供倉へ買得／本供養法衆児之絹／天正十一年癸未卯月日本供沙汰人／正應／訓英」の墨書があり、この小袖が天正十一年（一五八三）に、御舎利堂と呼ばれる寺院の打敷方（供養のため寺院に奉納された小袖などを打敷に仕立て直す係であろう）から本供（法会）にもちいる稚児の衣装として購入されたものであることがわかる。法隆寺八十四代別当に訓英という人物（天正十九年十月没）がおり、銘文の人名と一致する。この小袖はかつて法隆寺に伝わった可能性が考えられる。（河上）

3 ◎ 草花文様四つ替小袖　一領

練貫地　刺繍・摺箔
丈 一三一・五　裄 五八・五
桃山時代　十六世紀
京都国立博物館

春の梅、夏の藤、秋の楓、冬の雪持《ゆきも》ち笹《ざさ》を四つ替にデザインした繡箔《ぬいはく》小袖。針足の長い刺繍技法によって文様を簡略に表現し、文様のすき間には金・銀箔を摺りつめた形跡がうかがえる。刺繍は平糸《ひらいと》（撚りのない絹糸）をやわらかく引き揃えた渡《わた》し繡《ぬい》の技法を主とし、文様は写実にこだわることなく表現されるが、それぞれの草花のもつ特徴は巧みに捉えて、生命感に溢れ、自然を謳歌するかのようである。おおらかな刺繍が大胆な構成によく調和した小袖で、室町時代末期から桃山時代にかけての力強い意匠を伝えている。（河上）

4 ◎ 菊に芦水鳥文様繡箔《ぬいはく》（能装束）　一領

練貫地　刺繍・摺箔
丈 一三〇・五　裄 五八・〇
桃山時代　十六世紀
東京国立博物館

これはもと大和猿楽四座の一つである金春家に能装束の繡箔《ぬいはく》として伝わった。当時は「小袖脱ぎ」と称して、演能の際に貴顕が自らの小袖を演者にあたえることがあり、そうした小袖も能の装束として用いられたため、一般の小袖と能装束の小袖にはさして区別がなかった。能装束として伝わる遺品には、肩裾《かたすそ》、段替《だんがわり》など、中世の小袖の伝統を受け継いだデザインが少なくない。

この繡箔はいっぽうに野辺に咲く菊、もういっぽうに雪持ち芦のあいだで遊ぶ水鳥の文様を配した段替で、秋と早春の季節を組み合わせている。文様はすべて刺繍であらわされ、平易な繍い方によって文様を簡略にあらわし、菊花や芦の葉を色替りにしている。菊枝の文様の地は紅色、芦と水鳥の文様の余白には金と銀の箔を置く。この華やかな彩りと明朗な文様、これが桃山時代の繍箔の魅力である。（河上）

5 ◎ 菊折枝文様小袖　一領

唐織
丈 一四四・五　裄 七二・〇
桃山時代　十六世紀
林原美術館

桃山時代の武将池田輝政の夫人絲子（元和元年＝一六一五没）所用と伝えられる唐織《からおり》の小袖。本来は桃山時代の小袖の特色である袖幅の狭い（約二二センチ）形状であったが、江戸時代に約十一センチほど袖幅が継ぎ足され、能装束に転用された。文様は刺繍のようにみえるが、これらはすべて縫取《ぬいと》り織という方法で絵緯《えぬき》（文様をあらわすヨコ糸）を浮き織りにしたものである（袖の継ぎ足した部分は刺繍）。文様は菊折枝、花菱入りの亀甲、桐紋を組み合わせてほぼ正方形のブロック（文丈二二・三　窠間《かま》幅一九・五センチ）をつくり、これを一単位として一幅に対して二ブロックを配し、上下はそのパターンを裏返している。こうした文様配置の仕方は桃山時代の唐織にしばしばみられる特色である。絵緯は白、紅濃淡、紺、縹《はなだ》、浅葱《あさぎ》、萌葱《もえぎ》濃淡、黄、紫濃淡、濃茶の十二色にも及び、多彩で変化に富む唐織である。（河上）

6 雪持ち橘文様小袖　一領

唐織
丈 一四四・〇　裄 六一・五
桃山時代　十六世紀
文化庁

初公開の唐織《からおり》小袖である。形状は身幅が広く袖幅が狭い桃山時代の特色を示す。文様は雪持ちの橘と菱形の花を組み合わせ、［図5］の菊折枝文様小袖（林原美術館）と同様にほぼ正方形のブロック（文丈二三・七　窠間《かま》幅二〇センチ）をつくり、これを一単位として一幅に対して二ブロックを配し、上下はそのパターンを裏返している。絵緯《えぬき》の色は、白・紅・水浅葱《あさぎ》・縹《はなだ》・紺・紫・黄・萌葱《もえぎ》濃淡の九色。特に胸の辺りは褪色が少なく、当初の華やかな色彩を伝えている。

唐織といえば、中国の織物のように思われるが、すでに鎌倉時代には唐織物と称する和風意匠の織物が日本で織られていた。この伝統の上に、桃山時代にはより多彩な絵緯による華麗に唐織が織られるようになった。（河上）

7 立涌に桐文様打敷《うちしき》　一枚

唐織
縦 一七六・〇　横 一七四・〇
桃山時代　十七世紀　慶長十二年（一六〇七）銘
京都府・高台寺

立涌に桐を組み合わせた唐織《からおり》の打敷。この打敷は豊臣秀吉の正室高台院（おね）が慶長十二年（一六〇七）七月に高台寺へ寄付したことが裏面に記されている。高台院が五十九歳の時の寄付ということになる。この打敷は小袖を仕立て直したものであり、本来高台院の着衣であったと考えられる。堂々と蛇行する立涌に大振りの桐の文様が組み合わされ、文様を織りだした色糸は長く柔らかく浮いて、文様に量感があり、おおらかさを失わない。これに類似した立涌に菊文様の唐織が京都妙心寺の塔頭長慶院に伝来している。それはやはり打敷で、高台院の姉にあたる長慶院（三折全友夫人）愛用の衣裳と伝えられる。姉妹が類似したデザインの唐織を着たのは偶然ではないだろう。（河上）

8　段に桜樹文様打敷《うちしき》　一枚

練貫地　刺繍
縦　一六九・〇　横　一六三・〇
桃山時代　十七世紀　慶長七年（一六〇二）銘
京都府・高台寺

小袖を打敷に仕立て直したもの。裏面に「慶長七年四月八日／月峯清玉」の墨書があり、月峯清玉という女性が慶長七年（一六〇二）に寄進したことがわかる。慶長七年にはまだ高台寺が創建されていないので、高台寺の前身である康徳寺に奉納されたのであろうか。寄進者の月峯清玉についてはつまびらかでないが、高台院の周辺には「清」の名がつく侍女が何人かいたのでそのひとりではなかと思われる。

打敷の四辺には小袖の身頃をめぐらし、そのなかに袖・衽《おくみ》・襟《えり》の裂を縦に縫い合わせている。もとの小袖は、段替りの地に、背と前の左右の身頃にそれぞれ身丈いっぱいの大きな桜樹の文様を刺繍で表わした華やかなデザインであった。刺繍は針足のながい渡し繍を主体に、留め繍やまつい繍を併用した桃山時代の典型的な技法を示している。制作の下限がおさえられる桃山時代の小袖資料である。（河上）

9　桐菊紋蒔絵衣桁《いこう》　一基

木製　黒漆塗蒔絵
高　一六三・〇　幅　二二九・〇
桃山時代　十六世紀
細見美術財団

室内で衣服を掛けておくための家具である衣桁。本作品は幅も広く桟も三段あり、江戸時代に定例化する大名婚礼調度の衣桁に比べると、かなりの大きさである。黒漆の地に、金粉を蒔き放す平蒔絵《ひらまきえ》の技法で図柄を表し、本来、背景の地蒔きに使われることの多い梨地《なしじ》を、図の部分に用いる技法（絵梨地）を併用している。この蒔絵の様式は、高台寺に伝世する秀吉の旧蔵品に作例が多いので一般に「高台寺蒔絵」と呼ばれている。大振りである点や、桐と菊の紋を大胆に散らして意匠化している点を考え合わせると、本作品も一連の「高台寺蒔絵」の伝世品同様、一六世紀末に制作された秀吉周辺にかかわる品である可能性は高い。（永島）

10　◎　亀甲花菱文様打掛《うちかけ》　一領

練貫地　刺繍・摺箔
丈　一二〇・〇　裄　六〇・〇
桃山時代　十六世紀
京都府・高台寺

豊臣秀吉の正室高台院（おね）の打掛として伝えられたもの。身頃に二十センチほど上げがなされているので短くみえるが、もとの丈は一四〇センチほどである。刺繍によって、全面に亀甲花菱文を割り付け、その間に銀の摺《すり》箔《はく》を摺り詰め、かつ全体的には黄色地に紫の洲浜が浮かぶように色彩的な対比を見せる。長寿の意味を持つ亀甲文様に、やはり瑞祥の形として平安時代から好まれた洲浜形を重ね合わせて、吉祥をことほぐ意匠として意味統一がなされている。一見、織物のような印象をうける亀甲花菱の割り付け文様をベースにしながらも、紫に彩られた洲浜は刺繍ならではの自由な形に表現され、洲浜の自在な動きが織物にはないのびやかさを生んでいる。（河上）

11　亀甲檜垣に藤文様小袖　一領

練貫地　辻が花染
丈　一二七・〇　裄　五六・〇
桃山時代　十七世紀
京都国立博物館

寺院に奉納された小袖直しの打敷《うちしき》を再びもとの小袖に復元したもの。長年、打敷として使用されたため汚れのあるのが惜しまれるが、数少ない辻が花染の小袖として貴重である。この小袖は、肩と裾を松皮菱取りに染めわけ、肩部に亀甲、裾部に檜垣を絞り、その亀甲や檜垣のなかに墨の描絵をまじえたさまざまな文様をあらわす。また腰明の部分は白地に藤棚と雪輪の文様を絞りであらわしている。

文様の構成や表現にやや煩瑣な箇所がみられることから、桃山時代も遅い時期の製作かとみられるが、腰明の白地に藤が長く房をたらす表現は見事で、この一領の絞りのなかでももっとも技術を要するところである。また墨の描絵のなかには柳橋に蛇籠のような桃山時代に好まれた画題も取りあげられていて、興味深い。おそらくは女性が着た小袖であったと考えられ、着用者の菩提を弔うために打敷に仕立て替えて寺院に奉納されたものであろう。

（河上）

12 ◎ 桐矢襖文様胴服《どうぶく》 一領

練貫地　辻が花染
丈 一一五・二　裄 五七・九
桃山時代　十六世紀
京都国立博物館

豊臣秀吉が天正十八年（一五九〇）に北条氏の本城小田原を攻めた時、北奥の大名南部信直は家臣の北左衛門尉信愛を使者として鷹五十羽と馬百頭を陣中の秀吉に献じた。秀吉は長途の労をねぎらい、信愛に盞《さかづき》をとらせ、この胴服を与えたという。

この胴服は、肩を紫に染め、五七の桐紋を白く抜き、裾は濃い緑地に白く矢を立て列ねる。その間の腰明は光沢のある練貫《ねりぬき》の白さをそのまま地として活かし、萌葱《もえぎ》・紫・浅葱《あさぎ》などに染めた桐の文様を散らしている。文様はすべて絞り染であらわした、いわゆる「辻が花染」である。文様の輪郭を針目細かく縫い絞り、防染して文様をあらわす技法によって、このように文様をくっきりと、しかも白地に彩り豊かに染め上げるには高度な技術が必要とされる。この胴服は辻が花染の最盛期の遺例であり、その平明にして斬新なデザインはいかにも桃山人の好尚を伝えている。

（河上）

13 ◎ 銀杏《いちょう》葉に雪輪文様胴服《どうぶく》 一領

平絹地　辻が花染
丈 一一七・〇　裄 六三・〇
桃山時代　十七世紀
東京国立博物館

胴服は桃山時代の武将たちが羽織った衣服。この一領は、石見《いわみ》銀山の奉行大久保長安のもとで稼行した吉岡隼人《はやと》が、慶長六、七年（一六〇一、二）頃に徳川家康から拝領したという。色替りの太い斜め縞に、大柄な銀杏葉と雪輪が按配よく散らされた大胆にしておおらかな文様を辻が花染であらわす。銀杏の葉は輪郭を縫い絞って白く上げたのちに、葉脈をあらわすのに糊を置いて黄色く色を挿し、部分的に銀箔を置く。地の染め分け、銀杏と雪輪の自在な表現、ぴったりとあった絵羽などを絞りの技法でこなした見事な辻が花染の作例である。

これと時期の隔たらない慶長八年（一六〇三）に、同じく石見銀山の山師安原伝兵衛が家康から拝領した〈丁子文様胴服〉［図14］が、島根県大田市の清水寺に伝わっている。いずれも家康拝領であり、当時家康が石見銀山の銀産出に執心であった様子がうかがえるようで興味深い。

（河上）

14 ◎ 丁子《ちょうじ》文様胴服《どうぶく》 一領

練貫地　辻が花染
丈 一一二・五　裄 五九・〇
桃山時代　十七世紀
島根県・清水寺

石見銀山の山師安原伝兵衛が慶長八年（一六〇三）に、徳川家康から拝領した辻が花染の胴服である。のち貞享元年（一六八四）に伝兵衛の子孫が代官所に差出し、さらに翌年代官から清水寺に奉納され、今日に至る。

文様は絞り染によって、三段の鋸歯文段のあいだに大小の丁子を散らしている。黄・紅を基調にした彩りに、人目をひく派手やかなデザインは桃山時代の特色をよく示し、加えて絞り染の技法は精巧で、丁子の細く尖った先端まで染料がよく行きわたっている。

由緒が明らかであり、かつ辻が花染完成期の作行優れた遺例である。

（河上）

15　葵紋葵葉文様羽織《はおり》　一領

紫練貫地　辻が花染
丈　一一二・〇　裄　五八・〇
桃山時代　十七世紀
徳川美術館

尾張徳川家に伝来した辻が花染の羽織。背と胸に三葉葵の丸紋を置き、紫地の全面に浅葱《あさぎ》や萌葱《もえぎ》で染めた大柄の葵葉を散らす。この文様を見ていると、京都の呉服商雁金屋《かりがねや》が受注を控えた慶長七年の『御染地之帳《おんそめじのちょう》』［図16］に、家康の注文分として「御地むらさきにあふひを一は二はつゝちらしてあふひの中あさきひわしろに一はつゝかへてきせわけにあふひ大からに」とあるのを思い出す。この記述が当羽織に該当するとは限らないが、類似の辻が花染が雁金屋《かりがねや》でつくられていたのは事実であろう。

なお、「羽織」は徳川美術館の呼称に従った。これを羽織と呼ぶ理由については徳川義宣「徳川家康の衣服―小袖・胴服・羽織・能小袖―」（『金鯱叢書』第二十輯）に詳しい。

（河上）

16　◎御染地之帳《おんそめじのちょう》　一冊

紙本墨書
縦　二九・五　横　二三・〇
桃山時代　慶長七〜八年（一六〇二〜〇三）
文化庁

京都の高級呉服商である雁金屋《かりがねや》の、慶長七年（一六〇二）から同八年にかけての染物に関する注文控え。注文主には「内府さま（徳川家康）」「大なごんさま（徳川秀忠）」「ゑどさま（秀忠夫人）」「わかさ様（京極高次夫人）」「まん所さま（北政所）」「ひでよりさま（豊臣秀頼）」などの当代一流の人びとが名前を連ねる。約二百件に及ぶ注文が数えられ、文様や色使い、染め方などについて知ることができる。そのなかには〈葵紋葵葉文様羽織〉［図15］を髣髴とさせる記述もあり、ここに記された染物の多くが、現在いうところの辻が花染であったと考えられる。女性の染物の地色は紅が主で、男性は白・浅葱・紫などがみられ、文様は男性に散しが多く、女性は肩裾《かたすそ》や段替《だんがわり》が目立つ。この時期の染物の傾向を知ることができる貴重な資料である。

（河上）

〔釈文〕
（上段）

（徳川家康）
内府さま　卯月三日
○一、上御地むらさきにあふひ〔葵〕を一は二はつゝ
ちらしてあふひの中あさきひわしろに
一はつゝかへてきせ〔被分カ〕わけにあふひ大からに
七月廿八日ニ上申候

同日
○一、下御地むらさき御もんからかきのきせ　したへあり
わけきひわもへきあさき色〳〵
御すそにしろすち四すちすちより
御すそハもんなしのあさき」
七月廿八日ニ上申候

九日
御一え物
○一、上御地きからちや〔唐茶〕大からなるさき〔鷺〕ちらし
さきハあさきひきへ
卯月廿八日上申候　藤二郎」

（下段）

卯月廿一日
○一、下御地むらさき御もんふち御すそ
したへあり
にたつなミふちのはつまミ
十一月十日ニ上申候

卯月廿三日大ふさま（徳川家康）
○一、上御とうふく（胴服）しろき所にからはな（唐花）をもへき
むらさきあさきつる（蔓）なとハひきへ
五月七日ニ上る　但御ちの人さまよりの御使ニ言伝申候」

廿四日
○一、上御かた地紫御もん雪の内ひわかのこ
あさきかのこ二所にしろすち三つ
御すそ地ひわ御もんふぢ紫の
つまミいろ〳〵御こし（腰）しろ
八月廿一日上申候　藤二郎使 甚六」

17　葵紋散し文様小袖　一領

浅葱練貫地　辻が花染
丈 一三六・六　裄 六〇・六
桃山時代　十七世紀
徳川美術館

淡い浅葱《あさぎ》の練貫地に葵紋を散らした小袖。紋は黒餅を白抜き、紫、萌葱《もえぎ》に染めて変化をもたせ、なかの葵葉もいろいろに変え、縫い絞りで葉脈をあらわしたり、墨の描絵をくわえたものもある。尾張徳川家に伝来し、四代吉通着用の遺品であるが、もとは家康の遺品と考えられている。『御染地之帳《おんそめじのちょう》』［図16］に、家康の注文分として「そう地あさきにちいさきこくもちをちらし　もちの内こいあさきのかのこ」とあるのは、ややこの小袖の文様に近いかと思える。『御染地之帳』をみる限り、家康の衣服には散らしの文様が多い。遺品の小袖も小柄な散らしがみられ、派手な大柄の胴服《どうぶく》とは対照的である。

（河上）

18　葵紋腰替《こしがわり》小袖　一領

練貫地　辻が花染
丈 一三八・〇　裄 五七・〇
桃山時代　十六世紀
徳川美術館

徳川家康より家康第八男の仙千代に近侍した佐枝種長に下賜された小袖。腰の部分を紫に染め、両胸・両後袖・背の五ヶ所と、さらに裾・両衽《おくみ》裾の三ヶ所の合計八ヶ所にすべて絞り染の葵紋を置く。この小袖は江戸時代の裃《かみしも》の下に着る腰替りの熨斗目《のしめ》小袖を思わせるデザインである。しかし、桃山時代には特に男子の場合は肩衣袴《かたぎぬばかま》が公服となり、ようやく小袖が表出したばかりで、家紋をつけることは一般的ではなかった。室町時代の武士が着た素襖《すおう》では上衣の五ヶ所と袴の左右の相引《あいびき》と後腰の三ヶ所に紋を置いた。この小袖が裾・両衽裾の三ヶ所に紋を置くのは、その名残である。

（河上）

19　雪持ち柳文様胴服《どうぶく》　一領

紺繻子地　刺繍および唐織
後丈 九〇・〇　裄 五六・〇
桃山時代　十六世紀

天正十五年（一五八七）四月、豊臣秀吉が島津征伐の途次岩酌城攻略の折に、蒲生氏郷（一五五六～九五）に与えた胴服と伝えられる。背に大きくあらわされた雪持ちの柳は、しっかりと根を張り、くねった幹は苔むして古木を思わせる。堂々とひろげた枝葉に雪が降り積もり、前身頃にも左右それぞれに二本の雪持ちの柳が枝垂れる。根の張った樹木やカラフルな色替りの幹

や葉、そして未だ様式化していない雪輪の表現など、いずれも桃山時代の特色があらわれている。襟《えり》と袖には紺地に井桁と菊花をあらわした唐織《からおり》が用いられている。現状では仕立て替えの形跡が認められるものの、この唐織も桃山時代のものであり、この胴服は当初から袖替りのデザインであったのかもしれない。

（河上）

20 ◎ 鳥獣文様陣羽織《じんばおり》 一領

絹綴
丈 九九・四 肩幅 五九・四
桃山時代 十六世紀
京都府・高台寺

豊臣秀吉の所用と伝えられる陣羽織。表の綴織《つづれおり》は絹製で、絹糸には糸状に薄く引き伸ばした金・銀線を巻き付け、また綴織によくみられるハツリの孔ができないように文様の輪郭に黒の絹糸でくくりを入れている。こうした綴織の特色はペルシヤ、サファビィー朝の絨毯にみられるもので、この陣羽織に用いられた綴織は特に宮廷用としてカシャーン地方で織られた高級品であり、ポルトガル船によって舶載され、秀吉に献上されたものと考えられる。そこに見る獅子が獲物に襲いかかる文様は、ペルシヤの伝統的な文様のひとつであるが、その勇猛な文様が陣羽織にふさわしいと思われたのであろうか、秀吉はこの南蛮渡りの絨毯を惜しげもなく裁ち切って陣羽織に仕立てたのである。裾の鹿が走る部分は絨毯のボーダーに当たる。異国の文様を身にまとい、陣中で綺羅を尽くそうとする桃山武将の旺盛な意欲が感じられよう。

参考文献 小笠原小枝「豊臣秀吉所用の「鳥獣文様綴織陣羽織」をめぐって」（『MUSEUM』第五五三号）

（河上）

21 ◎ 華文刺縫陣羽織《さしぬいじんばおり》 一領

白木綿地 キルティング
丈 七七・八 肩幅 五一・五
桃山時代 十六世紀
福岡県・嘉穂町

天正十五年（一五八七）、豊臣秀吉が筑前の秋月氏を攻略した折に、功績のあった大隅町の人びとが嘉賞として秀吉より拝領したものと伝えられる。立《たち》襟《えり》、袖無しのシンプルな形状で、背に大きく緋ラシャの桐紋を置き、前身頃の見返しには青地の金襴を貼る。

この陣羽織は表裏が白の木綿、その間に圧縮された白の木綿わたを挟み、表裏から刺縫したキルティングでつくられている。キルティングの文様は、後身頃の上下左右に四種の華文が確認でき、前身頃にも同様の文様が異なる配置で見られる。これらの文様はインド・イスラム色が濃く、このキルティングはもともとインドでつくられたベッドカバーのような大きな布であったと考えられる。おそらくは南蛮船で日本へ船載されて、それを裁断して陣羽織に仕立てたのである。

参考文献 岩崎雅美「秀吉のキルティングの陣羽織に関する一考察」（『服飾美学』第二十六号）

（河上）

22 ◎ 羅紗袖替陣羽織《らしゃそでがわりじんばおり》 一領

紺・緋羅紗
丈 一一五・〇 裄 六二・七
桃山時代 十六世紀
山形県・上杉神社

ラシャも南蛮船によってもたらされた舶来の織物。ラシャは英国あるいはフランドル産の羊毛織物で、防寒・防雨に優れ、その重厚で暖かな質感と鮮明な色彩から、わが国では戦場で甲冑のうえにはおる陣羽織に適した素材として武将たちに重宝されたが、それはまた、南蛮渡りの織物を身につけるというステイタス・シンボルともなった。

この陣羽織は、上杉謙信所用と伝えるもの。身頃には落着きのある深い色調の紺ラシャを、両袖には目もあやな緋色のラシャをもちいた袖替りのデザインである。単純明快なコントラストに、紺ラシャには緋色のモールを、緋ラシャの袖には金糸入りの萌葱《もえぎ》色のモールで縁取り、全体を引き締めている。ラシャの光を吸込むような質感と、裾の裏からのぞく緞子《どんす》の絹特有の艶やかな光沢が対照の妙をみせる。

（河上）

23 ◎ 花葉文様胴服《かようもんようどうぶく》　一領

浅葱緞子
丈 九九・〇 裄 六一・〇
桃山時代 十六世紀
山形県・上杉神社

上杉景勝に仕え、家老として手腕をふるった武将直江兼続《なおえかねつぐ》（一五六〇～一六一九）の着用と伝えられる胴服。胴服の表地は繻子《しゅす》織《おり》で織られているため、表面が滑らかで光沢があり、かつ文様に立体感がある。文様は組紐を思わせるような曲線の枠組のなかに、複雑な形状の花文様を入れている。このような文様は「ザクロ文」と称され、十五、六世紀ごろのイタリアやその影響を受けたスペインで盛んに織られていた。しかし、同種の織物は中国でも模織されていたから、直ちにこれをヨーロッパ製とするわけにはいかない。むしろ、最近の研究では組織上の特色から、この胴服の表地は中国で織られた緞子と考えられる。いずれにしても桃山時代の人びとの目には、この異国情緒あふれる文様が新鮮に映ったにちがいない。これを早速、胴服に仕立てたのである。舶来生地のニュー・モードというところであろうか。

（河上）

24 牡丹唐草文様具足下着《ぐそくしたぎ》　一領

白緞子
丈 七五・〇 裄 七五・〇
桃山時代 十七世紀
土佐山内家宝物資料館

土佐藩主二代目の山内忠義（一五九二～一六六四）所用の具足下着。袖は細長く、袖口にはボタンをつけ、ボタンホールを開け、襟も立襟《たちえり》と呼ばれる襟元の詰まったスタイルである。日本のきものとはまったく違う。当時の人はこれを「ジュバン」と呼んだ。今「ジュバン」といえば、きものの下着を思い浮かべるが、もともと「ジュバン」は上衣の一種を意味するポルトガル語の「ジュバーノ」からきた言葉である。いかにもジュバーノを真似てつくったかのような上衣には、奇妙なびらびらの襟飾りが縫い付けられている。おそらくこれはポルトガル人の間で流行していた襞襟《ひだえり》をまねたものであろう。生地の牡丹唐草の文様が織りだされた緞子《どんす》は中国製である。いわば南蛮もどきの衣服である。

（河上）

25 ◎ 武田信玄像　一幅

絹本著色
縦 四二・〇 横 六三・〇
室町時代 十六世紀
和歌山県・成慶院

偉丈夫、とはまさしくこのような姿をいうのであろう。肩はば広く胸も厚い。さほど大きくはない眼から放たれる光は鋭い。この男の前に出た者は誰しも身のすくむ思いがしただろう。

戦国時代を思うさま駈けぬけた武田信玄（一五二一―七三）の像と伝えられる。近年、像主に対して疑念が呈出されたが、やはり寺伝どおり信玄像とすべきと思われる。本図を伝えてきた高野山・成慶院には信玄の子・勝頼が父の寿像を贈るとの文書が遺る。

図中に「信春」の印があり、長谷川等伯（一五三九―一六一〇）の青・壮年時の作であることがわかる。信玄の没したのは天正元年（一五七三）、等伯が信春を名のったのが元亀三年（一五七二）までということで、時代も合う。なお、樹に留まる鷹が描かれているが、鷹はもののふのアレゴリイとして認識されていた。

（狩野）

小紋染の素襖《すおう》の襟元に、辻が花染風の芦文様の小袖がみえる。素襖は麻製の直垂《ひたたれ》を指し、中世の武士が着た大袖形式の公服である。武家男子の服飾は、室町後期から桃山時代にかけてさらに簡略化され、袖のない肩衣袴《かたぎぬばかま》が主となり、下着の小袖が表にあらわれてくるが、すでに素襖の下に染文様の小袖を着た様子がうかがえる。

（河上）

26 ◎ 足利義輝像　一幅

絹本著色
縦 九二・二　横 四三・七
室町時代　十六世紀
国立歴史民俗博物館

室町幕府十三代将軍・足利義輝（一五三六—一五六五）の肖像。父は十二代将軍の義晴で、数え十一歳の冬に元服、将軍職についた。かれは政治に翻弄されるひ弱な文人将軍などではなかった。事実は、「天下を治むべき器用あり」（『穴太記《あのうき》』）と評されているように、豪胆の気風をもった武人だった。永禄八年五月十九日、松永久秀らの軍勢に急襲され、ついに自刃して果てたが、そのとき義輝は、幾本もの刀を身のまわりに立て、それを取り換えながら応戦したという。わずかに三十歳の死である。

本図のもとになった下絵が、京都市立芸術大学の土佐家資料のなかに遺っている。下絵では顔のあばたも描き取られているが、本図では省かれている。上部の賛は天正五年（一五七七）に策彦周良が書したもの。（狩野）

烏帽子《えぼし》に薄物の直垂《ひたたれ》を着用した姿。直垂の下には格子・桐に籠目・縞の段《だん》替《がわり》の肩裾《かたすそ》小袖が透けてみえる。やがてかぶり物の烏帽子も省かれ、露頂となるが、ほぼ同時期に小袖も表着化していく。（河上）

27 細川昭元夫人像　一幅

絹本著色
縦 七六・四　横 三二・三
桃山時代　十六世紀　天正十年（一五八二）賛
京都府・龍安寺

管領・細川晴元の嫡子である昭元（一五四八—九二？）の室である。生年ははっきりしないが、天正十年（一五八二）の九月に三十余歳で没したことが知られる。信長の妹にあたり、その姉は浅井長政の室のお市の方（小谷《おだに》の方）である。

はじめ尾張大野城主・佐伯信方に嫁したが、夫は戦死。ついで天正四年ごろ昭元と再婚した。

賛は妙心寺四十四世・月航宗津によるもの。その年記は彼女の没年を記す。賛によれば、本図は寿像ではなく、彼女の没後、子供が追慕像として描かせたものである。子供の想いと同時に、月航自身の記憶もまじえて、お犬の方の類いまれな美貌が言葉を尽して賛に語られ、絵もまた、それを証するごとくあくまでも美しい。（狩野）

桃山時代の武家夫人の打掛《うちかけ》姿。いちばん上に着る打掛は、紅の筋の段と朝顔のような草花をあらわした段を交互に配した段替《だんがわり》の肩裾《かたすそ》小袖。おそらくは絞り染の辻が花を表現しているのであろう。なかにも紅白段の小袖を着ている。打掛のシルエットから、この夫人が立て膝で坐っていることがわかる。（河上）

28 ◎ 浅井長政夫人像　一幅

絹本著色
縦 九六・〇　横 四〇・九
桃山時代　十六〜十七世紀
和歌山県・持明院

高野山持明院に夫の浅井長政（一五四五—七三）の像とともに伝えられた。長政夫人（一五四七—八三）は織田信長の妹で、お市の方といい、細川昭元夫人のお犬の方の姉にあたる。お市の方、お犬の方いずれも美人として広く知られていた。

お市の方は、小谷城主・長政に嫁して一男三女をもうけるが、天正元年（一五七三）に小谷城が信長に攻められ、長政は討死。お市の方は三女ともども救い出されるが、その後、信長が本能寺の変で自刃、柴田勝家に子供を連れて再嫁した。越前北庄を秀吉が攻めたとき、勝家とともに自刃。なお、一女は秀吉の側室淀殿、二女は京極高次の室常高院、三女は徳川秀忠の室崇源院である。

長政像には天正十七年（一五八九）の年記があるが、少くともお市の方の像については、慶長・元和初期の制作かと思わせるものがある。

（狩野）

武家夫人の腰巻《こしまき》姿の典型を示す。下から白無地、紅筋、紅無地、雲と草花の片身替の肩裾《かたすそ》小袖、さらに白地菊文の小袖を重ね、唐織《からおり》を思わせる紅地立《たて》涌《わく》丸文の小袖を腰に巻き付けている。

（河上）

29 ◎ 婦人像　一幅

紙本著色
縦 五〇・〇　横 三八・五
桃山時代　十六世紀
大和文華館

ここに描かれた女性が誰であるのか、それをさぐるヒントになるものはいっさいない。具体的な名前をもったひとであるかさえ、はっきりしない。たしかに、女性像については理想化された表情をもつものがはなはだ多く、たとえ像主が確定しても果してその顔が当該人物の相貌と一致するかどうか、心もとないものが多い。

にもかかわらず、本像はそうしたものとも隔絶した、どこか不思議な雰囲気をもっている。はじめから特定の人物を描くことを企画してはいなかったのではないか、という疑いを拭いきれないのである。

その理由は、まさにその相貌にある。能面のような表情、といういい方があるが、この顔は能面そのものといってよい。その美しさには人知を超えたものがある。

（狩野）

華麗な辻が花染の小袖を着た婦人像。なかに白無地と筋文様の小袖を重ね、表着には肩と裾に文様を置いた小袖を着る。肩裾《かたすそ》の文様は楓と貝に洲浜形を取り合わせ、洲浜形のなかには辻が花染によくみられる黒い縁取りの襷文様があり、また部分的に鹿の子《かのこ》絞りが入っているのもわかる。襟《えり》や裾の回りには裏地が赤くみえるている。帯は細く、二重に巻いて前で結ぶ。

（河上）

30 稲葉忠次郎夫人像　一幅

絹本著色
縦 八三・九　横 四一・六
桃山時代　十七世紀　慶長十五年（一六一〇）賛
京都府・雑華院

妙心寺雑華院に夫の稲葉忠次郎の肖像画とともに遺る。

稲葉忠次郎の父は稲葉貞通。貞通の父は斎藤道三の臣で美濃三人衆のひとり稲葉一鉄である。一鉄は信長と通じて道三を滅し、信長のあとは秀吉に従った。一鉄の子・貞通は父とともに信長・秀吉につかえたが、関ヶ原合戦では東軍に寝返った。慶長五年（一六〇〇）、九州臼杵の城主となる。

忠次郎はその貞通の子で秀方と名のる。遺像のある雑華院は忠次郎の縁戚にあたる牧村利貞が開創した寺である。

忠次郎像は賛の年記は慶長六年で、夫人の賛では慶長十五年（一六一〇）となっている。夫人のことは判然とはしないが、この年がこの絵制作の下限ということになろう。寿像かどうかもわからない。

（狩野）

腰巻《こしまき》姿。表着の小袖は赤と浅葱《あさぎ》の段替《だんがわり》の構成に、さらに濃い赤、青、緑、白の雲形を配す。複雑に入り組んだ雲形の構成は、やがて慶長小袖へとつながってゆくのだろう。

（河上）

31　伝淀殿像　一幅

絹本著色
縦 七二・五　横 三六・三
桃山時代　十七世紀
奈良県立美術館

雲繝縁《うんげんべり》の畳に坐すこの女性は、切れ長の眼に強い意志をたたえている。豊臣秀吉の側室の淀殿の像と伝えるが、実は確証あってのことではない。像のうえに、

ただたのめ　しめじがはらの　さしもぐさ　我世の中に　あらむかぎりは

という和歌が、流麗な書体で記されている（『新古今集』巻二十）。

淀殿（?—一六一五）は、浅井長政とお市の方とのあいだに長女として生まれる。浅井家滅亡後、母・妹とともに柴田勝家の越前北庄におもむくが、母は勝家と自害。秀吉に妹たちとともに引きとられ、のちその側室となった。文禄二年（一五九三）、秀頼が生まれる。大坂夏の陣で秀頼もろとも自刃した。淀殿という確証はないが、その相貌に美女として有名だった母や叔母（お犬の方）の面影が残っているようにも見える。（狩野）

打掛《うちかけ》姿の武家夫人。打掛は細めの段に円文を散し、段には菊・萩・薄などの草花、梅鉢、菱および霞に雲（?）をあらわし、円文のなかは細い筋である。おそらくは金の摺箔《すりはく》と刺繡による繡箔《ぬいはく》の小袖を表現しているのであろう。紫か茶色は判別しにくいような地の色合い、あるいは細めの段に草花の文様をおさめようとする方法は〈筋と円に草花文様小袖〉［図35］に通じ、また金摺箔を思わせる霞の表現なども慶長小袖に通じる様相があらわれている。（河上）

32　◎　細川蓮丸像　一幅

絹本著色
縦 六六・四　横 三四・〇
桃山時代　十六世紀　天正十五年（一五八七）賛
京都府・聴松院

細川蓮丸は、武人としてはもちろん、一代の文化人としても名をはせた幽斎細川藤孝（一五三四—一六一〇）の五男として生まれた。死んだのは天正十五年（一五八七）七月十七日である。

賛は南禅寺二百六十四世梅谷元保によるもので、賛頭に「賢勝院殿梅林香公大童子肖像」とあるによって、幼くして没したことがわかる。絵もまた前髪を垂らした少年の姿に描かれている。

享年は不明だが、賛中に「明道先生在十二齢」とあることをもって、その年齢を暗示していると考える説もある。利発そうな表情は、父幽斎の夭逝した我子への思いが反映しているのだろう。なお、蓮丸の没した天正十五年には、幽斎は秀吉の九州征伐に従軍していた。（狩野）

肩衣《かたぎぬ》姿の少年像。肩衣の下には菊花・楓と襷文様を片身替にした辻が花染の肩裾《かたすそ》小袖を着る。萌葱《もえぎ》地にあらわされた菊花と楓の文様は、桃山時代の典型的な辻が花染の表現で、萌葱の地染に文様を白く絞り抜き、部分的に藍や黄色に染め、白く残した花や葉には墨で描絵を加える。これと対照をなす襷の文様も〈太鼓打ち童子像〉［図33］の表装裂にみられるように、実際には絞り染であらわされた。（河上）

33　太鼓打ち童子像　一幅

絹本著色
縦 一七・〇　横 一四・二　（表具）縦 一〇三　横 三八・三
桃山時代　十六〜十七世紀

細川蓮丸像をあげるまでもなく、子供が肖像として描かれる場合、そのほとんどが幼くして亡くなった子供の供養像にほかならなかった。西教寺の「前田菊姫像」、妙心寺の「豊臣棄丸像」などもこの例に洩れない。

供養像としてではなく子供の像が描かれるようになるのは、江戸時代も後期になってからと考えられる。

では、太鼓を打つ少年を描いた本図はどのように捉えればよいだろうか。

供養像の子供たちは、あげ畳や座布団のうえに坐している姿が多い。「前田菊姫像」では花を手にしているが、遊びというほどの動きはなく、わずかに泉涌寺の「安徳天皇像」が独楽で遊ぶ姿に描かれている。桃山時代の制作と判ぜられる本図は、この意味で大変に珍しいといえる。ただ、これがある少年の供養像であるかどうかは、即断できない。 （狩野）

新出の童子像。上畳のうえに座り、太鼓を打つ童子は、薄物の肩衣《かたぎぬ》に小紋染の袴を合わせ、なかに肩裾《かたすそ》文様の小袖を着る。小袖の文様は赤色を基調に金彩で彩られ、華麗な趣を呈す。文様は雲取りに扇面や草花を散らした段と細い筋文様の段を交互に配した段替《だんがわり》である。左袖に鹿《か》の子文様がみえるので、絞り染に金の摺箔《すりはく》で彩りを添えた辻が花染の小袖をあらわそうとしたのであろう。文様は比較的細かく、慶長期に入っての姿を捉えたものと思われる。

表装は桃山時代の辻が花染裂。この辻が花裂のほうが絵よりも古く、天正期にまで遡る可能性があることは、天正十五年（一五八七）の賛をもつ〈細川蓮丸像〉[図32]の小袖文様との比較からも言える。おそらく段替文様の小袖裂を表具したものであろう。 （河上）

34 洛中洛外図屛風　六曲一双

紙本著色
各縦 七七・五　横 二四五・八
桃山時代　十七世紀
福岡市博物館

近年の修理により、両隻にわたって貼りちがえられていた各扇がもとに戻された。これによって、右隻には、五条橋をはさんで、下に洛中の新善光寺から寺町通の賑い、上に洛東の相撲、清水寺、八坂塔、祇園社が配され、左隻には手前に室町通、背景に誓願寺から御所までを描く。御所は慶長末期の造営以前の姿で描かれていることに注目したい。

この屛風は本間屛風の半分の高さしかない中屛風であるが、狩野派正系による「洛中洛外図屛風」として、以前より有名なもの。金雲は、箔を用いず金泥でやわらかく処理され、いかにも上品な趣きが漂う。図中の松樹の描法が仁和寺蔵の「賢聖障子」の松図と極めて似かようところから、この屛風の筆者を狩野永徳の二男・孝信（一五七一―一六一八）と考える向きがある。妥当であろう。慶長半ばころの 作とみてよいであろう。 （狩野）

35 ◎ 筋《すじ》と円に草花文様小袖　一領

紫練貫地　絞り染・刺繡・摺箔
丈 一三九・〇　裄 五五・五
桃山時代　十七世紀

この小袖は桂女《かつらめ》の衣裳として伝えられた。洛西、桂の里には巫女《みこ》の家系があり、洛中の貴顕に招かれて安産を祈ったり、婚礼などの慶事をことほいだ。その巫女を桂女とか桂姫《かつらひめ》と呼んだ。

いまは変色してほとんど茶色にみえるが、もとは紫色の華やかな色を呈していたと思われる。白く染め抜いた三本の細い筋や円文、花菱の輪郭、襷の文様に辻が花染と同様の絞り染の技法がみられるが、すでに絞りは積極的に文様のかたちを表現しようとはせずに、刺繡の文様に場を提供する役割を果たすに留まっている。文様の表現は刺繡と摺箔《すりはく》が主体となり、しかも刺繡の文様は絞り染の区画のなかにこじんまりとまとまろうとする。こうした傾向は慶長期に入ってからのことであろう。この一領には慶長小袖という新たな様式の小袖へ移りゆく過渡的な様相がみられる。 （河上）

36 ◎ 山に桜円文散し繡箔《ぬいはく》（能装束）　一領

紅紗綾地　絞り染・刺繡・摺箔
丈 一三八・五　裄 五四・五
江戸時代　十七世紀
林原美術館

能装束の繡箔として使用された小袖。紋所の位置に大きな伊達紋《だてもん》を置き、背から腰にかけて円文を散らし、裾は山肌に咲く桜をめぐらす。梅樹文を織りだした紅色の紗綾《さや》地を用いて、伊達紋や円文、山の稜線の一部を黒く絞り染め、その黒地には金の摺箔《すりはく》で文様を置き、他は刺繡で文様をあらわす。摺箔の文様は型置きによる細かな文様となり、刺繡もそれに合わせて細かくなっている。刺繡の技法や色使いは〈棚に草花文様打敷《うちしき》〉[図41]に類似し、同時期の製作を思わせる。また紅地に黒色を組み合わせる色彩感覚、そして黒く染められた部分が、いずれも入り組んだ複雑な輪郭となっているのも、慶長小袖の特色につながるものである。小袖の形状は、袖幅が狭く、桃山時代のかたちを示すが、文様表現の技法や色彩感覚にはすでに次世代の要素がみられる過渡的な小袖である。

（河上）

37 ◎ 染分《そめわけ》松皮菱取《まつかわびしど》り文様小袖　一領

染分綸子地　絞り染・刺繡・摺箔
丈 一四八・〇　裄 六二・〇
江戸時代　十七世紀
京都国立博物館

いわゆる慶長小袖の一つ。黒・紅・黒・白を繰り返す段の構成にして、段の際は松皮菱取りに染め分ている。黒地には霞の枝垂れ桜の細かな金の摺箔《すりはく》を置き、絞りによる雲を散らし、紅地は入子菱の刺繡に摺箔の雲を散し、白地は葵文の刺繡に紗綾《さや》形の摺箔を組み合わせる。摺箔・刺繡の文様は微細になり、まさに「地なし」という言葉がふさわしいほどに、小袖の全面を細かな文様で覆い尽くす。雲形の一部には辻が花染にみられる墨取りの襷文様が用いられ、この小袖が辻が花染のおこなわれた時期に近いことを示す。またこの小袖にあらわされた特徴のある形の雲は、〈棚に草花文様打敷《うちしき》〉[図41]にもみられる。十一段にも及ぶ段構成、地染は黒・紅・白を組み合わせ、摺箔・刺繡による文様は微細化する。ほぼ慶長末から元和ごろの、慶長小袖としては早い時期の遺例である。

（河上）

38 ◎ 染分《そめわけ》桜花に松鶴文様小袖　一領

染分綸子地　絞り染・刺繡・摺箔
丈 一四三・五　裄 六〇・五
江戸時代　十七世紀
鐘紡株式会社

39 ◎ 染分《そめわけ》小手毬《こでまり》に松楓文様小袖　一領

染分紗綾地　絞り染・刺繡・摺箔
丈 一三七・六　裄 五六・六
江戸時代　十七世紀
田畑コレクション

慶長小袖の代表的な二例である。いずれも黒・紅・白の染め分けが入り組んで複雑な形状を示し、黒地には金の摺箔《すりはく》を摺り詰め、紅や白の地には刺繡を主に鹿《か》の子《こ》絞り、摺箔をまじえて、四季の草花から入子菱、亀甲や楼閣にいたるまでさまざまな文様をあらわす。〈染分桜花に松鶴文様小袖〉[図38]のなかに棕櫚《しゅろ》の文様がみられるのはこの頃からの傾向ではなかろうか。また刺繡には桃山時代には見られなかった金糸の刺繡が加わっている。〈染分小手毬に松楓文様小袖〉のほうは、紗綾《さや》地で腰のあたりに小手毬の文様をあらわし、背から右袖にかけて一見橋を思わせるような文様を置く。二領ともに袖から背にひと続きの大きな曲線をあらわすのが特徴で、着装時にはこの背の部分がいちばん目立つように考えられている。

染分の区画がそれぞれ何を意味しているかわからない、というよりもあえて抽象的に染め分けることがそれまでのデザインにない新鮮さをおぼえたのであろう。段替《だんがわり》や片身替のような左右対称性を破ることで新たなデザインが生まれた。〈染分松皮菱取り文様小袖〉[図37]よりは新しく、元和から寛永期のスタイルと考えられる。

（河上）

40 染分《そめわけ》熨斗《のし》に草花文様小袖　一領

染分綸子地　絞り染・刺繡・（摺箔）
丈 一四五・〇　裄 六五・〇
江戸時代　十七世紀
鐘紡株式会社

白地に黒く染め分け、染分の線に沿うように刺繡で文様を配す。黒地にはもともと金の摺箔《すりはく》が置かれていた形跡があるが、いまはすっかり剝落している。染め分けによる線はいまだに抽象的な印象を残すが、〈染分桜花に松鶴文様小袖〉［図38］や〈染分小手毬に松楓文様小袖〉［図39］に比べると、ずいぶんと整理された感じになり、右袖から左腰へ至る曲線が強調される。黒地にびっしりと金の摺箔が置かれた状態を想像すると、逆に白地の余白が浮かび上がり、もはや「地なし」と呼ぶことはできない。慶長小袖の系列にありながら、〈竹に栗鼠《りす》梅文様振袖〉［図62］に類似する文様構成は、慶長小袖が新たなスタイルに移り変わろうとする姿を示すかのようである。

（河上）

41 棚に草花文様打敷《うちしき》　一枚

染分綸子地　絞り染・刺繡・摺箔
縦　一五九・〇　横　一七三・〇
江戸時代　十七世紀　元和六年（一六二〇）銘
京都府・真珠庵

紅白の片身替りの小袖を打敷に仕立て替えたもの。裏面に「紫野真珠菴常住公用／江菴法眼僊英長松居士寄進　五片内／元和六庚申小春念一日」の墨書があり、もとの小袖は元和六年（一六二〇）以前につくられたことがわかる。コンピュータ・グラフィックでもとの小袖に復元すると、身頃の左右で紅色と白色を対比させた大胆な片身替であったことがわかる。文様は紅白地とも籬に這う葡萄・瓢簞・藤・笹蔓・撫子・八重葎などの草花を細かく刺繡であらわし、さらに紅地には、縫い絞りで雲形や朝顔の葉を白・黒に染め、すでに剝落しているが梅や楓の文様を摺箔《すりはく》で置いた形跡がある。白地には、縫い絞りで蛤のような二枚貝と円文を黒・紅・水浅葱に染め、その縁周りに金摺箔《すりはく》を置き、円文の一部には壷や草花の刺繡を入れる。刺繡による文様は裏に糸をまわさない繡法に桃山時代の刺繡の余韻を残すが、文様が細かくなり、雲形や丸文の絞りには黒色が目立つなど慶長小袖と共通する特色が認められ、江戸時代へと移りゆく過渡的な要素がうかがえる。

（河上）

42 縞に鉄線唐草文様打敷《うちしき》　一枚

染分綸子地　絞り染・刺繡・摺箔
縦　一九八・〇　横　一九八・〇
江戸時代　十七世紀
京都府・真珠庵

小袖を打敷に仕立て替えたもの。もとの小袖は、黒と紅をよろけ縞風に染め分けて、縞のなかに細かな文様をあらわした華やかな意匠の小袖であった。黒地の縞は二筋に分け、一つは鉄線花、他は鉄線唐草を埋めるように繡う。刺繡は細かく繡い詰め、繡糸は次第に裏にも回りはじめ、また唐草や花弁に撚金糸のくくりを入れ、華やかさを強調している。黒と紅の染め分けの線上には丁寧に金の摺箔《すりはく》を置き、紅地には縫い絞りと鹿《か》の子《こ》絞り、金摺箔による卍入りの円文と三階菱を縦に並べ、三階菱のなかには梅・竹・橘・菊水・海松貝などの細かな文様を銀の摺箔であらわす。三階菱のなかの銀摺箔の繊細な施工からも手の込んだ仕事の様子が見て取れる。もとの袖幅が三十センチ近くあること、金糸が目立つようになってきたこと、刺繡が裏抜きの繡い方でないことなどから、寛永期に入っての制作であろう。

（河上）

43 斜取り破垣《やれがき》文様小袖（屛風貼り）　一隻

黒綸子地　絞り染・刺繡・（摺箔）
縦　一六八・〇　横　一八五・〇
江戸時代　十七世紀
国立歴史民俗博物館

小袖裂を小袖のかたちに整え、誰《た》が袖《そで》屛風ふうに貼装したもの。黒一色の綸子地に、鶴の丸、山道に桜、亀甲に松などの細緻な刺繡を細い帯状に斜めに置き、この緻密な文様のうえに絞り染による大振りの破れ垣を散らす。現在黒くみえる刺繡の帯の間には、金摺箔《すりはく》の細かな霞文がびっしりと摺り詰めてあった。これも「地なし」と呼ぶにふさわしい慶長小袖の一種である。刺繡の文様に鶴、亀甲、松など吉祥文様が入れられているのは、この種の小袖を慶事に着たからであろう。こうした「地なし」系の小袖がやがて吉祥文様をびっしりと刺繍した武家の腰巻へとつながっていくのではないだろうか。

（河上）

44　草花滝文様小袖（屏風貼り）　一隻

黒綸子地　絞り染・刺繍・摺箔
縦　一六八・〇　横　一八五・〇
江戸時代　十七世紀
国立歴史民俗博物館

小袖裂を誰《た》が袖《そで》屏風ふうに貼装したもの。流れ落ちる滝の間で、小菊が咲き乱れる有り様が小袖いちめんにあらわされる。花はすべて刺繍で、唐草のようになった蔓の一部に金糸をもちいる。流れ落ちる水や波飛沫は鹿《か》の子《こ》絞りであらわし、部分的に青海波を摺った金の摺箔《すりはく》が変化をつける。これもいわゆる「地なし」の小袖であるが、もはや典型的な慶長小袖がもつ抽象的な印象が払拭され、具体的なモチーフで埋め尽くされている。細部をみれば、刺繍による花も整った感じが強く、十七世紀後半期の刺繍へ近づきつつあるように思える。十七世紀半ばの小袖とみたい。

（河上）

45　三龍胆車《みつりんどうぐるま》に草花文様振袖　一領

黒練貫地　絞り染・刺繍・摺箔
丈　一二二・四　桁　五〇・八
江戸時代　十七世紀
奈良県・法隆寺

少女の振袖であろう、肩上げがそのまま残っている。黒の練貫《ねりぬき》地に、金摺《すり》箔《はく》の霞文を置き、あるいは雲形や不定形の区画を設けて小さな花を刺繍したり、小桜や木瓜唐草、渦巻き、卍繋ぎなどを摺箔であらわし、さらに鹿の子絞りによって三龍胆車を散らす。細かいながらも花文様は、裏に糸をまわさない桃山時代以来の刺繍技法を示し、不整形で抽象的な文様取りは、慶長小袖の特色に通じるが、身幅に比して袖幅の狭い形状は桃山時代の小袖に近く、江戸時代初期の貴重な一領といえよう。

（河上）

46　○　歌舞伎図巻　下巻　一巻

紙本著色
縦　三六・七　横　六九九・四
江戸時代　十七世紀
徳川美術館

本来は一巻であったものが、近年、二巻本に体裁が変えられたもののうちの下巻が陳列される。

序文があって、

四条あたりにて人あまた集り、幔幕風になびかせ、寄れやと打ちける大太鼓の音、是は何事と人に問へば、采女《うねめ》と申して世にかくれなき女歌舞伎と答ふ。

というによって、「采女かぶき図」と呼ばれる場合がある。

慶長八年（一六〇三）の春に北野神社の境内でお国のかぶきが挙行された。それ以来、お国かぶきに倣って、様々な劇団が五条の橋詰や四条河原で客を集めた。女かぶきというのは、六条柳町の遊里の遊女たちによるかぶきをさす。本図のかぶきの太夫をつとめたのも采女という名の遊女であった。

ほとんど制作当初の絵具の色を現在にのこす。寛永期を下ることはない。

（狩野）

47　◎　遊楽図屏風（相応寺屏風）　八曲一双

紙本著色
各縦　一二六・一　横　四〇七・八
江戸時代　十七世紀
徳川美術館

歴史上の桃山時代とは別に、文化的には寛永期までを桃山文化と考える立場がある。この屏風などを見るにつけ、確かに一理あるように思える。

明るく華やかで自由さに満ちた時代の息吹きが、八曲一双の長大な画面に横溢している。右隻では、右から花の下の遊楽と喧嘩沙汰、そして町並が続いたのちに能舞台とその楽屋が描かれる。賑やかな声が画面から飛び出す。

左隻では、豪壮というほかない妓楼が画面全体を覆い、その門前では三味線や笛に合わせて輪舞が描かれる。右端の池には三対の艪が備った舟が浮かべられるが、かかる舟のためには深い池が必要になる。実際の風景だろうか。座敷から渡ったところに風呂が見え、湯女たちが男のからだを洗い、髪をとかす。明るさと淫靡さが自然に同居するこの屏風こそ、遊楽風俗画の極北のひとつと断じてよいだろう。（狩野）

48　邸内遊楽図屏風　六曲一隻

紙本著色
縦　一三四・五　横　二六六・〇
江戸時代　十七世紀

新出。もと一双形式であったものの片割れと思われるが、作域は優れている。

池のある庭に面した妓楼に蝟集する男女が綿密に捉えられる。相応寺屏風ほどには大きくないが、水禽の泳ぐ池には滝が注ぎこんでおり、庭では円陣をつくって群舞のまっさかり。

座敷から賑やかな声が聞こえてくるが、カルタ遊びの声である。この屏風が他の数多くの邸内遊楽図と確実に一線を劃しているのは、カルタ遊びの隣で盛大に行なわれている貝合せであろう。邸内遊楽図ないし妓楼遊楽図で、双六やカルタではなく貝合せの遊戯を描いた作品は、ほとんどない。

通常の二階屋ではなく望楼形式の二階に描かれているのも、皆無ではないが珍しいことである。（狩野）

49　◎縄のれん図屏風　二曲一隻

紙本金地著色
縦　一六〇・五　横　一七九・四
江戸時代　十七世紀
アルカンシェール美術財団

縄のれんから出てきた遊女を機知的な構図のなかに描く。女の左足がつと浮いたかたちに描かれているのは、女がのれんをややあけたまま立っていたのではなく、客を送って店先まで出てきて後朝《きぬぎぬ》の別れを惜しむ風情を描いているからである。ここにはいない男の姿をその足によって想像しなければならない。

奇妙なかたちに女を振り返る犬は洋犬である。洋犬は当時にあっては最先端のファッションのひとつであった。これがひとつの型となって、江戸時代後期の浮世絵でも犬と遊女はしばしば描かれた。画家にとってのこの絵の眼目は、遊女と犬にあるのはもちろんだが、縄のれんのつくる思いもかけぬ美しさにあっただろう。

左扇には御簾が描かれている（制作時期は相違）が、「簾中の君」とは高貴な女性を意味する。遊女ののれんと御簾を対応させたもの。（狩野）

50　誰《た》が袖《そで》図屏風　六曲一双

紙本金地著色
各縦　一五五・八　横　三六一・二
江戸時代　十七世紀
根津美術館

華麗な大柄の藤文様の小袖に、やや幅広の市松文様の帯を締める。小袖は袖が広がり、立褄（褄下）も高く、全体の形状に若干の変化がうかがえる。高々と結び上げた兵庫髷も、髱《つと》がわずかに後ろに突き出している。前髪を結び、その毛先をきれいに切りそろえて右耳のところへ垂らしたこの髪形は、寛永期の髪を束ねただけの唐輪よりも洗練されたスタイルになっている。（河上）

屏風絵の主題として特異な存在である「誰が袖図」は、どのような絵師たちによって描かれたのだろうか。ニューヨーク・メトロポリタン美術館には狩野永徳筆の伝承をもつものがある。また俵屋宗達の工房印である「伊年」

印をもつものや、高津文化会館本のように明らかに長谷川等伯の工房の関与を示すものがある。してみると、「誰ヶ袖図」を注文する人々には様々の階層に及んだことが予想できる。

「誰が袖図」といっても意匠は様々で、人物がいて明らかに妓楼の部屋とわかるもの、壁や障子で室内を明示するもの、室内であることは暗黙の諒解のうちに背景を総金地でつぶしてしまうものがある。本図は、畳が敷かれ、障子が立てられ、さらに双六盤や机などが置かれて〝室内〟を説明する。障子の腰に朝顔が描かれているのは、初秋の暗示なのだろうか。

（狩野）

この誰が袖図屏風には、辻が花染や摺箔など桃山末から江戸時代初期の小袖が描かれている。いずれの小袖も袖幅が狭い古様なスタイルをしているが、文様は桃山から江戸への過渡的な様相を示す。華やかな衣裳を衣桁に掛けて飾ることは、平安時代から晴れの場で行われてきた。江戸時代に入っては、島原でも「衣裳重ね」と呼んで、正月や重陽の節句に小袖を衣桁に飾った。誰が袖図屏風もまた、晴れの空間を演出する装置であった。（河上）

51　洲浜取りに貝尽し文様小袖　一領

染分紗綾地　絞り染・摺箔・刺繍
丈 一四一・〇　裄 六二・〇
江戸時代　十七世紀
米国・メトロポリタン美術館

全体を十三段の洲浜取りに染め分け、白地に刺繍、水浅葱《あさぎ》地に摺箔《すりはく》で文様をあらわす。刺繍の文様は貝尽しで、アワビ、アコヤ貝、ハマグリ、サザエなどに海松《みる》を紅・黄・萌葱・紺・白。紫・茶など十一色の色糸で繍う。刺繍には変化をもたせるため、十一色のなかから二色をまぜて用いる箇所もみられる。水浅葱地の摺箔は、紗綾《さや》の地紋の梅・蘭・椿の輪郭上にのみ金の摺箔を置く。紗綾の地紋はやや大振りで、文丈九・七、窠《かま》間幅七・三センチ。小袖の形状は桃山時代のものに近いが、後世に手が入っていて、絵羽も合っていない。

貝尽しの文様が洲浜の段のなかで賑やかだ。貝には多彩な繍糸が用いられて華やかさがあり、また水浅葱の地に金の摺箔が明るく映える。慶長小袖とは趣を異にするが、十三段もの段構成や細かな貝の表現は、やはり慶長末から元和頃の製作を示すものか。紗綾の地紋の花に合わせて箔を置くのもめずらしい。（河上）

52　丸文散し草花文様打敷《うちしき》　一枚

紫綸子地　絞り染・刺繍・摺箔
縦 一八三・〇　横 一八三・〇
江戸時代　十七世紀
京都府・真珠庵

小袖直しの打敷。もとの小袖は、紫の綸子地に金の摺箔《すりはく》と刺繍による草花文様をあらわし、刺繍や鹿の子《かこ》絞りの丸文を散らした華やか意匠であった。文様は、紅・黄・縹《はなだ》・浅葱《あさぎ》の四色の丸文を絞り染めし、さらに金摺箔の丸文を加える。丸文は、撫子や桜草などを繍い、あるいは丸文のなかを鹿の子絞りを施したり、金摺箔で霞や桐、菊など小紋風の文様で埋めたりする。丸文を散らした間の地には、刺繍と金摺箔で若松・萩・菊などをあらわす。摺箔や刺繍の文様は細かく、また袖幅も二十四センチ余りで桃山時代の小袖と比べてもそれほど広がっていない。

コンピュータ・グラフィック復元の小袖をみれば、丸文が粗密をもって散らされているのがわかる。丸文の一部に施された金摺箔の霞、あるいは細かな刺繍やその色使いなど、慶長小袖と共通する点が認められる。もとは慶長、元和頃の小袖であろう。（河上）

53　葡萄に網干丸文様打敷《うちしき》　一枚

紫綸子地　絞り染・摺箔
縦 一六二・〇　横 一六〇・〇
江戸時代　十七世紀　寛永十六年（一六三九）銘
京都府・真珠庵

小袖直しの打敷。裏に「真珠禅菴／奉寄附長谷慈永禅定尼／寛永十六己卯年／七月廿一日」の墨書があり、寛永十六年（一六三九）以前に製作されたことがわかる。もとの小袖は背に葡萄をのびやかにあらわし、裾に網干と円文を重ねた大柄のデザインであった。文様は、縫い絞りと鹿の子絞りで葡萄や網干・円文をあらわし、その輪郭を金の摺箔《すりはく》で縁取り、さらに地間に草花の文様を金摺箔で散らしている。葡萄をあらわす絞りの技法には、いまだ桃山時代の辻が花染の余韻が残されているが、小袖は袖幅がすでに三十センチにも広がっており、桃山時代の小袖とは形状が違っている。なお、生地には二種の綸子がもちいられており、小袖の両袖は紗綾形《さやがた》に椿と牡丹文の綸子《りんず》、他は紗綾形に桃と柘榴《ざくろ》文の綸子。

（河上）

54　松藤に屛風文様小袖　一領

染分綸子地　絞り染・刺繡・摺箔
丈 一三八・五　桁 六四・〇
江戸時代　十七世紀

黒・紅・白の染め分けを基調にした慶長小袖に属する小袖ながら、〈染分桜花に松鶴文様小袖〉［図38］や〈染分小手毬に松楓文様小袖〉［図39］のような抽象的な染め分けがほとんどなくなり、屛風や障子、雪輪など具象の表現になっている。慶長小袖の系譜をたどれば、〈染分松皮菱取り文様小袖《そめわけまつかわびしど》〉［図37］のような左右対称の桃山時代的な文様構成を残したものから、その規矩を破った抽象的な染め分けのデザインに変化し、さらにこんどは抽象的な染め分けが具象のかたちへと移り、やがて寛文小袖に吸収されてゆく。その点で、この小袖は第三段階にあたる。製作は寛永期あたりを想定すべきか。

（河上）

55　◎　雪輪に梅文様帯　一条

黒紅綸子地　絞り染・刺繡
幅 一二・八　長 二七六・〇
江戸時代　十七世紀
仙台市博物館

帯は、慶安三年（一六五〇）の『女鏡秘伝書』では二寸五分（約七・五センチ）ほどの幅が適当とされたが、『むかしむかし物語』には「寛文の末よりはば広になりて」とあり、幅が広くなる傾向にあった。この頃の帯の遺品としては、伊達家四代藩主綱村の生母三沢初子（一六四〇〜八六）所用とされる十二条の帯が伝えられている。

これはそのうちの一条。黒紅綸子地に雪輪を鹿の子絞りであらわし、紅と金糸で梅ヶ枝を繡う。鹿の子は一粒一粒を手で括る結《ゆい》鹿の子、紅と金糸の梅ヶ枝が華やかだ。すでに金の摺箔《すりはく》はなく、撚金糸《よりきんし》の駒繡《こまぬい》へと変わっている。十七世紀後半には次第に摺箔が消え、代わって金糸駒繡がさかんになった。

（河上）

56　◎　桔梗散し文様帯　一条

白繻子
幅 一二・二　長 二七三・〇
江戸時代　十七世紀
仙台市博物館

三沢初子所用の一条。白地に縹《はなだ》と藤色の桔梗花を織り入れた織物の帯。同種の帯が二条伝えられるが、こちらの方が帯幅が広く、他は九・五センチと細めである。地は縦五枚繻子《しゅす》、文は絵緯《えぬき》を三枚綾に押さえる。

（河上）

57　◎　縞に花鳥文様帯　一条

繻珍
幅 一一・五　長 二七一・〇
江戸時代　十七世紀
仙台市博物館

三沢初子所用の一条。縞のなかに花鳥の文様を織り入れた、異国情緒の漂う帯である。縞は黄色の細い縞で区切り、紺地の部分には鳥と花を交互に入れ、白地にはジグザグ線に小さな花を添わせ、さらに隣は曲線にからむ花唐草をあらわす。鳥やジグザク、曲線の部分は銀箔糸を織り入れているため、白く輝いて見える。現状で白と黄色のようにみえる縞の部分は、もともと紅と黄色を組み合わせたさらに華やかな色合いであったことが綻びからわかる。

（河上）

58 ◎ 藍黒雲形文様帯　一条

綸子地　鹿の子絞り
幅 八・五　長 二一六・〇
江戸時代　十七世紀
仙台市博物館

三沢初子所用の一条。黒と藍の鹿の子絞りで手綱染風に斜め段（幅六〜六・五）に染め分けた帯。帯幅が狭いのは古様を示すものか。

（河上）

59 牡丹唐草蒔絵伏籠《ふせご》　一基

木製　漆塗蒔絵
縦 四六・七　横 四六・七　高 四六・七
江戸時代　十七世紀
京都国立博物館

伏篭は、衣服に香を薫きしめるための調度である。中に阿古陀《あこだ》形の香炉を置くのが一般的で、香炉で薫いた香りを、籠の上に被せた着物に巡らせる。髪や着物に香を薫きしめる習慣は、平安時代の貴族の生活には欠かせない身だしなみであった。伏籠はその後、雅びな生活を象徴する調度として、近世の大名婚礼調度にも採用された。本作品のような蝶番をつけた立方体の組み立て式は、近世以降の形である。本作品は、詰梨地《つめなしじ》に金銀の薄肉高蒔絵《うすにくたかまきえ》の技法により、牡丹唐草文を表し、菊花紋、桐紋、竹輪に九枚笹に対い雀紋を散らしている。蝶番や枠の四方の飾り金具にも同じ文様が施され、華やかな仕上りを見せている。金網は銀製。なお、黒塗りの枠と飾り金具のいくつかは後の補修である。

（永島）

60 木瓜《もっこう》紋蒔絵阿古陀香炉《あこだこうろ》　一箇

木製　漆塗蒔絵
径 八・〇　高 一〇・六
江戸時代　十七世紀
京都国立博物館

六葉形の姿が阿古陀瓜《あこだうり》に似ているところから、「阿古陀香炉」と呼ばれる香炉である。香道では「火取香炉《ひとりこうろ》」と呼び、火の起きた香炭団《たどん》を香席へ運ぶための香炉として使用するが、もとは平安時代の貴族が部屋や衣服に香を薫きしめる際に用いた香炉の形式である。通常、金属製の網の火屋《ほや》を乗せる。本作品も籠目の透かし彫りを施した金銅製火屋を備える。本体は木製で、口に金銅製の覆輪をつけて火屋を受ける。本作品の場合、黒色漆を塗った上に金平目地《ひらめじ》を作り、その上に焼金、青金の粉による平蒔絵と、金銀の薄板を切った金貝《かながい》によって、木瓜に三つ引紋を表している。内部や底はより疎らな平目地で無文。木瓜紋のみの意匠であるが、金属の種類や蒔絵技法を変え、紋の向きを違え、ランダムに配置しているので、単調でない楽しい文様を作っている。

（永島）

61 鉄線唐草蒔絵衣桁《いこう》　一基

木製　漆塗蒔絵
高 一六一・〇　幅 二一二・〇
江戸時代　十七世紀

衣桁は衣服を掛けておくための家具で、鳥居のようなかたちをしており、本作品のような衝立状のほかに、中央に蝶番をつけた折り畳み式もある。近世の婚礼調度では花嫁の美しい着物の数々を飾って見せるために欠かせない重要な家具のひとつである。本作品は幅も広く桟も上中下と三段あり、江戸時代の婚礼調度として定着した衣桁に比べると、かなりの大振りである。黒漆の地に金銀平蒔絵《ひらまきえ》でのびやかに鉄線を表しており、近世初頭のおおらかな気分を残した作品であるといえよう。飾り金具は金銅製、魚々子《ななこ》地唐草に桐紋を配している。

（永島）

62 竹に栗鼠《りす》梅文様振袖　一領

染分綸子地　絞り染・鹿の子絞り・刺繍・摺箔
丈　一四三・〇　裄　六七・〇
江戸時代　十七世紀
鐘紡株式会社

肩と裾を斜めに染め分け、紺地には梅花、梅樹を絞り染であらわし、さらに雪が降るかのように鹿の子絞りの粒を散らす。黄色に染めた部分には右肩から斜め下にむけて、竹の葉をおおきく配している。竹の葉のなかには鹿の子絞りを入れ、あるいは白く染め残して墨の描絵で栗鼠を描く。左袖の曲線による染め分けには、いまだに慶長小袖の抽象的な染め分けの名残が感じられ、また絞りのなかに墨の描絵を入れるのも辻が花染の気分を残し、紺地の部分は文様を入れる区画として染め分けられるが、いっぽう黄色に染められた部分は小袖全体の地となり、その地を背景に竹が大きな葉を広げている。慶長小袖にみられた文様を入れる区画が次第に解消し、やがて寛文スタイルとなって小袖全体が一枚のカンバスとして扱われ、そこに余白を活かした大柄の文様が展開する。この小袖はその過渡期に位置する。（河上）

63 菊に棕櫚《しゅろ》文様帷子《かたびら》　一領

黒紅麻地　絞り染・刺繍
丈　一五五・五　裄　六二・七
江戸時代　十七世紀
京都国立博物館

薄手で、上質の麻地をもちいた帷子。かたびらは、片ひらで、裏なしの薄物のことである。江戸時代以前は麻のほか、絹や木綿でできたものも「かたびら」と呼んでいたが、江戸時代には奈良晒、越後上布など上質の苧麻《ちょま》製の夏のきものを指した。

意匠は右身頃に大柄の文様をかたよせた、いわゆる「寛文文様」の特色を示す。寛文七年（一六六七）刊行の『御ひいなかた』に、この文様と類似する図が見い出せる。雛形本の図中の注記によって、この帷子の菊花の放射状にひらいた花弁の表現が、実は棕櫚の葉をあらわし、その上に側面形の菊花をのせるように配した図柄であることがわかる。施工は絞り染と刺繍によるが、それぞれこの時期の特色をよくしめして、鹿の子は小粒の結《ゆい》鹿の子、刺繍は平糸をゆるやかに繍い、金糸の駒繍《こまぬい》が華やぎをみせる。（河上）

64 楽器に菊文字文様小袖　一領

白繻子地　鹿の子絞り・刺繍
丈　一五二・〇　裄　六三・〇
江戸時代　十七世紀
鐘紡株式会社

左腰に大きな余白を残しながら、左袖から右腰を経由して裾へ、ちょうど逆C字の配置で大柄の文様が連なっていく。これもまた寛文小袖のスタイルを示す。文様は雅楽器を紅と藍の鹿の子絞りであらわし、刺繍の菊花を添え、さらに「神仙」「猛渉」「双調」「上無」「下無調」「平調」などの文字を金糸で繍い、前側も同様に「上無調」「神仙調」「下無」「平調」などの文字を繍う。これらの文字はそれぞれ雅楽の音階を意味する。雅楽器と雅楽の音階を意味する文字を取り合わせ、さらにそこに菊花を添えることで、王朝的なイメージが喚起される。こうした王朝風のテーマは寛文小袖を集成した『御ひいながた』もしばしば取りあげられる。また呉服商雁金屋《かりがねや》が東福門院《とうふくもんいん》の受注を控えた注文帳や図案帳には菊の文様が頻繁に登場し、女院御所で菊の文様が好まれたことがわかる。寛文前後に流行した寛文小袖は、王朝文化を復興させようとした寛永文化の余波を未だに残し、あるいは女院御所の影響を強く受けた。（河上）

65 花丸文様小袖　一領

鬱金綸子地　刺繍・鹿の子絞り
丈　一五二・五　裄　六四・七
江戸時代　十七世紀
東京国立博物館

左袖から右脇へ、右脇から裾へ、弧を描くように紅と藍の鹿の子絞りで染め分け、随所に円形に白く染め抜き、花の丸文を散らす。花は藤、水葵、杜若、萩、松を金糸駒繍《こまぬい》を主とした刺繍であらわす。花の丸の文様は貞享期の小袖雛形《ひながた》本にわずかにみられる程度であるが、友禅の花の丸の文様が流行るのもこの頃で、元禄五年（一六九二）ごろには早くも友禅の花の丸は流行遅れとなった。いっぽう、鹿の子絞りに見せかけた打ち出し鹿の子が考案されるのも貞享の頃で、以後の小袖には型鹿の子がしばしばみられるようになる。この一領は、すべて本格的な鹿の子絞りであり、文様の構成からも貞享前後の小袖と考えられる。（河上）

66　雪輪に梅鶯文様打敷《うちしき》　一枚

黄縮緬地　絞り染・彩色
縦 一九三・〇　横 一五〇・〇
江戸時代　十七世紀
京都府・真珠庵

小袖を打敷に仕立て替えたもの。表は、黄縮緬《ちりめん》裂を縦接ぎに仕立てる。文様は、雪輪を藍・萌葱・紅に絞り染め、そのうち紅の雪輪は、なかを鹿の子絞りで埋める。藍や萌葱の雪輪から地にかけては梅枝を柿で描き、一部の梅花を白く絞りぬく。梅枝のそばには、墨書きに柿でくくりを入れた「鶯」の文字を配す。

もとの小袖の意匠は、大きな雪輪と梅、「鶯」の文字を右側の肩と右腰に片寄せて配置した寛文小袖の特色を示す。鹿の子絞りの粒が黒く見える部分は、絞り損じたために鉛白《えんぱく》を塗ってごまかしたところが黒く変色したもの。施工も、絞りと彩色により、友禅染が出現する以前の作品であろう。（河上）

67　梅に円窓文様小袖　一領

淡紫縮緬地　刺繍・型鹿の子
丈 一四六・〇　裄 六〇・〇
江戸時代　十七世紀
鐘紡株式会社

これとほぼ同様の文様が貞享五年（一六八八）刊行の『小倉山百種雛形《おぐらやまひゃくしゅひながた》』に掲載されている。それによれば、この文様は『古今和歌集』に撰された紀貫之の「人はいさこころもしらす古里は　花そむかしの香に匂ひける」を意匠化したものであることがわかる。この一領では、梅花や塀の屋根に型鹿の子が用いられ、また梅の幹は糊糸目によって白く線を上げている。すでに貞享二年（一六八五）刊行の『今用御ひいなかた』には「いとめ白く」と見え、貞享五年の『友禅ひいなかた』にいう「友禅流」では糊を置いたとあるから、あるいはこの一領などはそうした初期の様相を呈するものかもしれない。貞享から元禄にかけて、こうした染主体の小袖が流行りだした。（河上）

68　松藤文様小袖　一領

白綸子地　刺繍・鹿の子絞り・型鹿の子
丈 一六〇・〇　裄 六〇・〇
江戸時代　十七世紀
東京国立博物館

十弁花の中央に三つの丸い芯を置くのは松の花、とすれば、右袖から裾にかけて藍染めに鹿の子絞りであらわされるのは松の樹であろう。松の花は百年に一度咲くといわれ、めでたいことの例えである。松にすがりつくのは藤で、松と藤の組み合わせは平安時代以来の和風を代表する文様の一つであった。その伝統の組み合わせを当世風にデザインしたのがこの一領である。旺盛な文様が左腰の余白に迫ってくるような構図は元禄頃の小袖雛形《ひながた》本によくみられるところである。紅染めの松の花は鹿の子絞り、藍の松花は型鹿の子である。二種の鹿の子の併用がみられるのもこの頃の特色である。（河上）

69　御簾《みす》に松鶴文様小袖　一領

白綸子地　絞り染・鹿の子絞り・刺繍
丈 一七六・〇　裄 六〇・五
江戸時代　十七世紀

伝承によれば、元禄八年（一六九五）家城氏より、後に四十七士の一員に加わった小野寺十内に嫁いだ婦人の小袖という。白綸子地に絞りと刺繍であらわされた文様は、黒く染めた御簾が大きく弧を描き、右袖からはみ出て、ふたたび裾のところで戻ってくる。同様の構図は、元禄九年（一六九六）の小袖雛形《ひながた》本『大平ひいなかた』や翌年の『雛形松の月』にもみられるから、この頃の流行りであったのであろう。黒地の鹿の子がほとんど抜け落ちているのが惜しまれるが、白の綸子の輝きが美しい。伝承に従えば、こうした寛文小袖の流れをくむデザインの小袖は町人ばかりが着たのではないことになる。この時期の、いわゆる元禄小袖の遺例のなかには武家のものも少なからず含まれている。（河上）

70　竹垣に橘文様小袖　一領

白綸子地　染・刺繍・型鹿の子
丈 一五六・〇　裄 五九・五
江戸時代　十八世紀
米国・フィラデルフィア美術館

型鹿の子と刺繍で橘に竹という吉祥的な文様をあらわす。刺繍は紅と萌葱と金糸を使い、金糸がはずれた下地の部分に金糸を繍うように指示した「キ」の墨書がみえる。文様の構図は〈梅に円窓文様小袖〉［図67］に似ているが、こちらのほうがやや込み入った感じがするのは時代の差であろうか。橘と竹垣が腰の辺りで上下に分断されながらも、まだひと続きとなって逆C字の構図をとり、左腰にわずかの余白を残している。こうした構図は貞享以降、元禄、宝永、正徳期ごろの小袖雛形《ひながた》本にもっとも多くみかけられる。十八世紀初頭の小袖である。（河上）

71　菊に流水文様小袖　一領

白綸子地　染・刺繍・型鹿の子
丈 一五九・五　裄 五四・二
江戸時代　十八世紀

白の綸子地に堂々たる菊花と流水の文様をあらわした小袖。肩は黒地に小菊を繍いつめて全体の文様を引き締め、裾へと音をたてて流れ落ちるかのような流水が全体に動きを与えている。その流水は藍蠟の摺り染で力強く描き、大きな菊は紅鹿の子の絞りと藍の型鹿の子、あるいは白いままに残して紅や紫の刺繍でくくりを入れ、金糸の葉が豪華に輝く。

菊は中国において仙薬として尊ばれた。中国の河南省内郷県にある川＝菊水は、谷間に咲く大菊から露がしたたり落ち、その川の水を飲んだ者は長寿であったという。この一領では、その故事に基づいた長寿を願う「菊水」が十八世紀初頭の豊麗なデザインとして表現されている。（河上）

72　菊に流水文字文様小袖　一領

白綸子地　染・刺繍・型鹿の子
丈 一六〇・四　裄 六四・五
江戸時代　十八世紀
京都国立博物館

流水と菊花を組み合わせ、さらに肩や袖など上半身に漢字を散らしている。これは『和漢朗詠集』の菅原文時の「菊」と題する一首、

蘭蕙苑嵐摧紫後　蓬莱洞月照霜中

（禁中の苑の蘭などが秋風によってくだかれた後、宮中の庭に寒月が白霜を照らすとき、菊花ばかりが叢に見えかくれしつつ咲きほこっている）を意匠化したもの。この詩句によってこの小袖の意匠のなかに蘭の香気や月光までもが連想される。華やかな大柄の文様を左肩から右腰、さらに裾へと逆C字形に流れるように配置した構成は、元禄期ごろの特色をよく示している。（河上）

73　波に松原文字文様帷子《かたびら》　一領

白麻地　染・刺繍・型鹿の子
丈 一五六・七　裄 六三・〇
江戸時代　十八世紀
遠山記念館

林立する松林と青海波に、背の「萬代万世」の金文字が泰平を寿ぐ吉祥文様の帷子。藍蠟描きの波、松は型鹿の子に紅・紫・金糸が彩りを添える。右袖から左の腰へ、さらに折り返して裾に向かって連なる青海波が、力強くリズムを刻み、その流れに沿うように配された松林が左脇にわずかの余白を残して逆C字の構成をつくる。にょきにょきと生えた松、リズミックな波の旺盛な感覚、あるいは技法や構図は〈菊に流水文様小袖〉［図71］に通じ、やはり十八世紀初頭を下らない帷子である。（河上）

74　籬《まがき》に花丸文様小袖　一領

白綸子地　染・刺繡・型鹿の子
丈 一五七・〇　裄 六三・〇
江戸時代　十七世紀
丸紅株式会社

花の丸は梅、桜、椿、水仙、菊などを刺繡と型鹿の子であらわす。褪色のため、当初の鮮やかさこそ失われてしまったが、紅や金糸の刺繡で美しく彩られた堂々とした丸文が、くっきりとした墨摺りの籬に映えて、観る者を圧倒する。左脇のところで籬を破り、わずかに余白をもたせることで息を抜き、花の丸は逆C字に配されて流れを生む。ここにも寛文小袖以来の文様構成がみられるが、すでに余白は少なくなり、豪奢な感じが強調されている。貞享から元禄あたりの華やいだ気分があらわれている。この一領は佐賀鍋島家家中の伝来という。（河上）

75　梅樹に烏兜《とりかぶと》文様小袖　一領

白綸子地　染・刺繡・型鹿の子
丈 一四七・〇　裄 五九・八
江戸時代　十八世紀
大手前大学

近年、紹介された新出の小袖。裾から立ち上がった梅樹が背いっぱいに枝を張り、満開の花をつけ、裾には日除けの障子を置き、梅の枝には舞楽の鳥兜が添えられている。梅樹と鳥兜の組み合わせは、能楽の「難波」によったもの。すなわち、朝臣が難波の梅の前へ行くと、古今集にその名木の歌を詠んだ王仁が鳥兜をかぶって現れ、舞楽を奏し聖代を祝福する。正徳三年（一七一三）刊の『正徳ひな形』には野郎風の文様のなかに「梅に鳥かぶとのもやう」がとり上げられている。『正徳ひな形』のそれとは構図や染織技法などに相違があるが、型鹿の子と刺繡を主にしてあらわされた文様は、十八世紀前半の製作をうかがわせる。なお、袖の左右が入れ替わっている。

参考文献　切畑健「〈作品紹介〉白綸子地梅樹に鳥兜文様小袖」（『大手前女子大学論集』第三十号）（河上）

76　竹垣に梅文字文様単衣《ひとえ》　一領

白縮緬地　染・刺繡
丈 一五五・五　裄 六七・〇
江戸時代　十八世紀
遠山記念館

竹の籬《まがき》に梅樹を組み合わせ、背と胸に『和漢朗詠集』の白楽天の詩「白片落梅浮澗水　黄梢新柳出城藩」の字句をあらわす。白梅の花びらが散り落ちて谷川に浮かび、柳の新緑が芽吹く春の情景がこの一領に重なり合う。わずかに刺繡が彩りを添えるが、ここでは染めが中心となっている。藍の濃淡、黄、萌葱、柿色の五色の色挿しで、白く上げた糸目糊など友禅染の技法が見られるが、微妙な色ぼかしは一切用いられていない。『万金産業袋《ばんきんすぎわいぶくろ》』には染帷子の茶屋染の項に「多くは柿、あいろう、もえぎ等にて細書仕たてのもやう」とある。この一領は細書仕立てには見えないので茶屋染ではなかろうが、夏の染帷子にはこの種の色が好まれたのであろう。（河上）

77　桜筏《さくらいかだ》文様帯　一条

白綸子地　染・刺繡・型鹿の子
幅 一七・〇　長 三二九・〇
江戸時代　十八世紀
奈良県立美術館

延享四年（一七四七）に没した太宰春台が晩年に書いた『独語』には「婦女の帯も貞享、元禄の比より漸く広くなりて、今は鯨尺にて八九寸におよべり」とあり、江戸でも十八世紀半ばには三十センチほどに帯幅がひろがった。これはまだ十七センチと狭い帯幅であり、桜と筏の文様を白綸子地に型鹿の子と刺繍であらわす技法は、いわゆる元禄小袖と共通する。（河上）

78　都鄙《とひ》図巻　住吉具慶《すみよしぐけい》筆　一巻

絹本著色
縦 三六・五　長 一〇九四・〇
江戸時代　十七〜十八世紀
興福院

都市の殷賑の様子と郊外の田園風景を連続する画面のなかに描き表わした。春と夏とで町なかを、秋と冬とで田園を描いている。

巻末の落款に「法眼具慶筆」とあることにより、幕府の絵画御用をつとめたやまと絵系の絵師・住吉具慶（一六三一—一七〇五）の作と知られるが、「法眼」という僧綱位が明記されている以上、この華麗な風俗図巻の制作時期は、具慶の法眼叙任の元禄四年（一六九一）から没年（宝永二年）までに絞ることができる。

この図巻は徳川綱吉によって興福院に寄附されたものと伝えられる。やまと絵系の御用絵師に都市と田舎のそれぞれなりの繁栄の仕方を克明に描かせたというのは、綱吉の自身の治世に対する自負から出てきたことであろう。狩野派の漢画的筆法では描き切れない日本の風俗を、具慶はたおやかで細密な描法で捉え尽くした。（狩野）

79　洛中洛外図巻　住吉具慶《すみよしぐけい》筆　一巻

紙本著色
縦 四〇・九　長 一三六八・〇
江戸時代　十七〜十八世紀
東京国立博物館

この図巻は、構想としては興福院の「都鄙図巻」と変わらない。絵師も同じく、徳川幕府御用をつとめる住吉家の二代、具慶である。絹に描かれているにもかかわらず、具慶の筆は細密を尽くす。

十七世紀中葉を過ぎると、大画面の風俗画はその初発的な表現力を喪いはじめる。若干の例外をのぞけば、風俗画の力は浮世絵の世界へ大きく流れ込んでゆくようになる。そのなかにあって、柳営画人の具慶はいわば孤軍奮闘のかたちで風俗画を描いたひとということができる。

京の町と郊外を描いたとされるこの図巻に対して、「都鄙図巻」と同様に都市と田舎とを概念的に描いた風俗画だとする意見もあるが、染物屋や扇屋、そして仏師などが点綴されているのを見ると、もちろん江戸にもそれらはあるにはあったが、まずは京を描いたとするのが無難のように思われる。（狩野）

80　八千代太夫像　一幅

紙本著色
縦 八一・七　横 三三・二
江戸時代　十七世紀
角屋保存会

一人立ちの美人図のなかでも傑作として、従来より知られた作。なおも興味ぶかいことに、本図の像主が確定できる点である。像主は、島原において美貌・才智ともに抜きんでた太夫として著名な八千代である。

藤本箕山『色道大鏡』において最も称揚されたのが奥村屋抱えの尊子《そんし》八千代。寛永十二年（一六三五）姫路に生まれた八千代は、まず伏見柳町につとめ、十四歳のとき島原の奥村屋三四郎に引き抜かれ、十五歳で太夫となった。慶安二年（一六四九）のこと。以後、島原随一の美貌と知性、そして奥ゆかしさで人気を得、万治元年（一六五八）二十四歳で退廓した。茶・和歌・俳諧・琴・三味線などあらゆる技芸に優れ、ことにその流麗な書は「八千代流」として世に鳴った。図中に「わすれはや　そてひきとめて　ありあけに　又よといひし人のおもかけ」の自詠をみずから書している。（狩野）

図中に捺された「七宝に桐」の印は八千代の定紋。その定紋の七宝を鹿の子絞りであらわした小袖を着る。髪形は、垂髪を頭頂に束ね上げて平元結で結び、くるくると輪にして巻き付けた、いわゆる御所風である。

（河上）

81 小藤《こふじ》像　一幅

紙本著色
縦 七〇・八 横 三〇・五
江戸時代 十七世紀
角屋保存会

『色道大鏡』第七の「翫器部」に、三味線の名手を挙げて、次のようにいう。

坤郭にうつりて（島原では）、鳳子小藤、尊子八千代、是三味線の棟梁たり、（中略）、所謂八千代が揚枝引、小藤が下調ひゞき、風流を招きて恋慕を催す事、古今たぐひなかりき。

島原中村屋抱えの鳳子小藤は、尊子八千代と並ぶ名妓であった。その肖像画の利発そうなまなざしにも、小藤の美貌とともに備わった才智をうかがうことができる。同じく『色道大鏡』第四「寛文式下」に、

鳳子小藤と、寒き夜更すぎて夜起したるに、埋火のきえてなかりしを、太こ女郎竃の前によりゐて焼付るに、小藤がいはく、木より先に炭を入て、その上に木をつみて焼付られよといはれて、其ごとくしたりければ、木のもゆるうちに炭はやおこりて火鉢にうつし、いちはやく寒気をふせぎし、いとかしこかりける。

とある。

（狩野）

82 舞妓図　一幅

紙本著色
縦 七七・三 横 二七・六
江戸時代 十七世紀
大和文華館

このように扇を手に舞う美人を描いた作品は数多いのだが、その淵源をたどるとなるとなかなかに難しい問題をはらんでいる。

客を前にして遊女たちが舞う惣踊りの態を描いたとされる「舞妓図屏風」。背景に何も描かず、女たちが切り抜かれたように屏風の一扇にひとりずつ配され、その屏風を置いたとき、あたかも客として惣踊りを見ている気分になる。京都市本、サントリー美術館本などがこれにあたる。

こうした屏風が破損し、一扇ずつが表装されて鑑賞されるようになり、ついで、はじめから一幅の舞妓図を制るようになったのが、当該図のようなものと考えられてきた。この考えに異論もある。私見では、高津古文化会館蔵「若衆舞図」は、「舞妓図屏風」より早い制作と思われ、如上の制作過程の推論とは齟齬を生じる。一群の「寛文美人図」とともに考究すべき問題といえる。

（狩野）

寛永から寛文の頃まで盛んに描かれるようになったひとり立ちの美人図、いわゆる「寛文美人図」には、髪形や小袖の着装など同時代の遊女の風俗が捉えられていて興味深い。これは鹿の子絞りによる大柄の花文様の小袖に、やや幅広の帯を締め、髪形は垂髪を頭頂に束ねただけの下げ髪である。

（河上）

83 小袖雛形《ひながた》図巻　一巻

紙本著色
縦 三二・八 長 二八七・七
江戸時代 十七世紀
奈良県立美術館

衣桁《いこう》にかけられた小袖に美女を描き添えた巻子。ここでの主役は艶やかな文様の小袖である。竹に大きく「千代」の字を入れた小袖に始まり、九領の小袖がずらりと並ぶ。文様はさまざまであるが、鹿の子と刺繡を主に、文様が大柄で右寄りに配置され構図は、おおむね寛文から元禄にかけての十七世紀後半から十八世紀初頭の特色を示す。小袖を衣桁に掛けて表現することは

誰《たれ》が袖《そで》屏風にあり、また十七世紀後半にしばしば出版された『女諸礼集』などの節用集にもみられるところであるが、こうした表現形式を借りながらもこの小袖雛形《ひながた》絵巻の主眼は小袖の美を鑑賞することにある。これは小袖雛形本がさかんに出版されて小袖文様を見て楽しむようになった時代の産物である。

参考文献　長崎巌「奈良県立美術館所蔵「雛形絵巻」について—描かれた風俗の観点から—」（『MUSEUM』第五五〇号）（河上）

84 ◎ 万治四年御畫帳　一冊

紙本墨書
縦 二八・八　横 二一・六
江戸時代　万治四年（一六六一）
大阪市立美術館

85 ◎ 寛文三年御絵帳　一冊

紙本墨書
縦 二九・二　横 二一・五
江戸時代　寛文三年（一六六三）
大阪市立美術館

雁金屋《かりがねや》が手控えにした衣裳図案帳。雁金屋は桃山時代から続く京都の高級呉服商であり、江戸時代に入っては東福門院《とうふくもんいん》の御用を務めたことで知られる。この二冊の衣裳図案帳には、注文主に「女三宮（昭子内親王）」「女五宮（賀子内親王）」の名が散見され、東福門院をはじめ、その娘たちなど女院御所の呉服注文を控えたものである。袋とじとなった一丁の表と裏に小袖の背と前の文様を描き、あるいは背だけの文様をあらわして、地色のほか、「かのこ」や「金糸」などの文様の細部の施工法を書き込んでいる。文様は大柄なものを右に片寄せた寛文スタイルが多く見られる。こうした女院御所でのスタイルがやがて『御ひいなかた』などの小袖雛形《ひながた》本に取り入れられて、市井のあいだで流行を生むことになった。（河上）

86 御ひいなかた　上、下巻　二冊

版本
縦 一八・〇　横 一二・三
江戸時代　寛文七年（一六六七）刊
東京国立博物館

小袖の文様を集成した雛形《ひながた》本のなかでは最も早くに出版されたもの。最初、寛文六年（一六六六）に刊行され、翌年に一部内容を替えて再出版された。これは寛文七年版、上下巻を合わせて二百図が掲載される。文様の内容は古典文学、謡曲、故事、諺など広範なテーマを扱いながらも、表現を物や文字に置き換えることで、即物的で、わかりやすい文様とし、それを大きく右側に片寄せた構図であらわした、いわゆる寛文小袖が大半を占める。『御ひいなかた』の出版をかわきりに幾多の小袖雛形本が世におくられ、出版というメディアを通して小袖文様の流行が生まれるようになった。（河上）

87 今用《いまよう》御ひいなかた　春、夏巻　二冊

版本
縦 二二・二　横 一五・三
江戸時代　貞享二年（一六八五）刊
高田装束研究所

貞享二年（一六八五）刊。春夏秋冬の四季別に文様を分類した編集で、本来上巻に春夏の四十八図、下巻に秋冬その他五十図を収めるが、これは上巻を春と夏に分冊したもの。この序文には「往昔《そのかみ》ふるめかしき絵紋縫薄《えもんぬいはく》をはぶきていまように改《あらため》　染《そめ》あがりちらしまで頭書《かしらがき》にあらはし」とあり、目録にも「縫薄《ぬいはく》いらず染様《そめやう》の事」の一項を入れている。つまり、ここではかつて流行した刺繡や摺箔《すりはく》は省かれ、染文様が主となっており、小袖が染物の時代に入ったことをうかがわせる。また目録の別項に「豊後《ぶんご》しぼり江戸《えど》鹿子《かのこ》の事」とあり、江戸鹿の子すなわち型紙で鹿の子文様をあらわし、結鹿の子にみせかけた型鹿の子が現れている点も注目される。（河上）

88　小倉山《おぐらやま》百種《ひゃくしゅ》雛形《ひながた》　一冊

版本
縦 二五・五　横 一八・五
江戸時代
共立女子大学図書館

本書は貞享五年（一六八八）に初版が上梓されたが、共立女子大学本は序文および奥付に年記がなく、初版の年記部分を削り取って後刷りしたものである。内容は初版本と同一。百人一首を題材にして、一首ごとに文様化したもの。そのなかの紀貫之の「人はいさこころもしらす古里は　花そむかしの香に匂ひける」の一首を文様にした一図は、〈梅に円窓文様小袖〉［図67］に酷似し、この雛形本の図柄をもとに製作されたと考えられる。この雛形本には染め等の加工法は記されていないが、百人一首を題材にしていることから、概して花鳥風月の図柄が多い。

（河上）

89　蛇籠《じゃかご》に桜樹文様小袖　一領

納戸縮緬地　友禅染・刺繡・型鹿の子
丈 一五八・〇　裄 六一・〇
江戸時代　十七世紀
鐘紡株式会社

右脇と裾に蛇籠を置き、裾から立ち上がり左袖へと枝をのばす桜樹をあらわす。桜はまず糊を置いて白く上げ、柿の細染《ほそぞめ》で縁取り、あるいは生臙脂《しょうえんじ》による色挿しをおこない、型鹿の子や刺繡であらわしたものもある。糸目糊《いとめのり》を置き、ぼかしを加える友禅染特有の技法が見られるいっぽうで、型鹿の子や刺繡であらわされた桜花の割合も多く、貞享五年（一六八八）刊の『友禅ひいなかた』の凡例に「模様下絵《もやうしたゑ》をつけてのりをき」とか「縫薄鹿子《ぬいはくかのこ》をいれて上に彩色《さいしき》絵をも書也」とある初期友禅染の様相がこの一領にもみられるのではないか。文様の構図からも貞享から元禄あたりの特色がうかがえる。

（河上）

90　衝立《ついたて》に据鷹《すえたか》文様小袖　一領

白縮緬地　友禅染・刺繡・絞り染
丈 一六一・〇　裄 六四・〇
江戸時代　十八世紀
東京国立博物館

友禅染を代表する名品。鷹がとまる衝立四面とその間に紫の絞りを散らす。その衝立と鷹は友禅染の特色を遺憾なく発揮した精巧な糸目糊と繊細な色挿《いろさ》しをみせる。衝立のなかには裾から順次上へつながる一株の梅樹がみえる。視線を遮り隠すための衝立があたかも窓のように扱われ、逆に衝立の外に梅樹が隠されている。それを変化に富んだ姿態の鷹がつないでいく。窓をあけて文様の一部をみせる手法は、宮崎友禅が元禄五年（一六九二）に刊行した『余情《よせい》ひなかた』のなかの「すかし梅」にもみられ、鷹の動きによって導かれる文様は逆C字の配置となり、十七世紀末から十八世紀前半に多くみられる特色を示す。

（河上）

91　桜樹に文字文様小袖　一領

黄縮緬地　友禅染・刺繡
丈 一五四・〇　裄 六三・〇
江戸時代　十八世紀
鐘紡株式会社

裾から立ち上がる満開の桜。さまざまに表現された桜花が今を盛りと咲き誇っている。友禅染の特色を活かして花弁や蕊に繊細な糸目糊《いとめのり》やぼかしの技法で変化をつけている。背と胸に置かれた「始」「春」「識」、「風」「機」「非」の文字は『和漢朗詠集』春の源英明の「始めて春の風の機上に巧みなることを識んぬ　ただ色を織るのみにあらず芬芳をも識る」の歌意を象徴し、文様の美しさからだけでは伝わらない桜花のかすかな香を伝えようとしている。詩歌の文字が立木文様と組み合わされるのは、貞享から元禄ごろにかけて多く見られる。これは文様が極端に右へ片寄っていないので、十八世紀に入っての小袖と見るのが穏当か。

（河上）

92　流水に山吹文字文様小袖　一領

紅紗綾地　絞り染・友禅染
丈　一四九・〇　裄　六〇・三
江戸時代　十八世紀
田畑コレクション

水辺に咲く山吹、そして散らされた文字から、この文様は『古今和歌集』の紀貫之の「吉野川岸の山吹ふく風に　そこの影さへうつろひにけり」の和歌を意匠化したものであることがわかる。この一領で注目されるのはその染色法である。まず絞り染によって地を紅に染め、文様の部分は白く上げた後に、友禅染の手法で糊を置き、色を挿してあらわす。この染色法は貞享五年（一六八八）の『友禅ひいなかた』に「友禅流《ゆうぜんりう》はこのみこのみの模様下絵《もやうしたえ》をつけのりをき　或はくくしにかけて染分《そめわく》る　但《ただし》くくしたるきわになほしをかけずして絵《え》を書也《かくなり》」とあるように、初期の友禅染では絞り（くくし）で染め分けてから彩色する方法がとられた。この一領にもその古様な方法がうかがえる。

（河上）

93　草花に滝楓文様小袖　一領

染分紗綾地　友禅染・刺繡・絞り染
丈　一四二・〇　裄　六二・〇
江戸時代　十八世紀
鐘紡株式会社

上下で文様が分かれた割り文様の小袖。上半は桜・躑躅・楓・木賊・松などさまざまな草木が茂る野辺の景を置き、下半は紅葉の間を流れ落ちる滝をあらわす。この下半の文様は在原業平の「ちはやぶる神代もきかず竜田川からくれなゐに水くくるとは」の和歌を表現している。紅葉の文様は紅葉の名所竜田川を暗示し、流れ落ちる滝に紫の絞り染が用いるのは、絞り染が「くくし」とも呼ばれるのにあわせて、滝の水を「くくし」であらわすことで、歌の「水くくる」にかけている。

（河上）

94　賀茂競馬《くらべうま》文様小袖　一領

白縮緬地　友禅染・刺繡・絞り染
丈　一二八・〇　裄　六四・七
江戸時代　十八世紀
京都国立博物館

洛北の上賀茂神社で五月五日におこなわれる神事、賀茂競馬をあらわした小袖である。賀茂競馬は一の鳥居内の馬出しの桜から勝負の紅葉までを左右各一頭が一組となり競い合うもので、平安時代に五穀成就を願って各荘園より召した駿馬が競ったことに始る。

この小袖では紅葉を背景に右脇から左裾にかけて勢よく疾駆する二騎の馬が描かれている。今まさに勝負がつかんとするところであろう。二騎が追いつ追われつするはげしい息づかいが伝わってくる動きのある図を友禅染であらわすが、ダイナミックな構成のなかにもきわめて繊細な糸目糊が置かれ、多彩な色挿しを丹念におこない、また要所にぼかしを入れるなど友禅染特有の華やかさを失わない。類似の文様が享保九年（一七二四）刊の『当流模様雛形《ひいながた》鶴の声』にみられる。

（河上）

95　源氏絵《げんじえ》海辺文様小袖　一領

染分縮緬地　友禅染・絞り染・刺繡・描絵
丈　一五九・〇　裄　六二・〇
江戸時代　十八世紀
丸紅株式会社

上下で染め分けて割り文様とした小袖。上半は紅地に雪輪、扇面、松皮菱を白く絞り抜いて散し、それぞれのなかに墨絵の源氏絵を描き、さらに「若紫」「箒木」「空蟬」「紅葉賀」「末摘花」など『源氏物語』の巻名を繡う。下半は白地に多彩な友禅染で海辺の景をあらわす。浜辺には塩竈や汐汲みの道具などを散し、石垣のむこうに寺のような屋根が見える。上半の『源氏物語』にちなんで、明石の景色を連想させようとしたものか。割り文様は帯が次第に太くなる元禄ごろから登場する。この一領には〈流水に山吹文字文様小袖〉

［図92］で述べたように、『友禅ひいなかた』にいうような絞った後に絵を書く方法が受け継がれている。源氏絵は巧みに描かれ、浜辺に打ち寄せる波も達者である。（河上）

96　帆に杜若《かきつばた》文様帷子《かたびら》　一領

白麻地　友禅染・刺繍
丈　一五五・〇　裄　五九・五
江戸時代　十八世紀
京都国立博物館

近年見いだされた友禅染の帷子。白麻地に色とりどりの帆と杜若の文様をあらわしている。帆をモチーフにした小袖は、元禄から宝永・正徳にかけての雛形《ひながた》にしばしばみられるところであり、十八世紀初頭に流行したことがうかがえる。風に張る帆には友禅染特有の糸目糊の細い線を活かした割付《わりつけ》文様があらわされ、躍動する波やのびやかな杜若の表現、そして帆と杜若がある程度のグループをつくりながら、逆C字の流れをつくりだす構図など、十八世紀初頭の製作を思わせる。（河上）

97　梅に箙《えびら》文様帷子《かたびら》　一領

白麻地　友禅染・刺繍
丈　一六〇・三　裄　六一・八
江戸時代　十八世紀
京都国立博物館

梅と箙の組合せは『源平盛衰記』生田の森の合戦に取材した意匠で、梶原源太景季が咲き匂う梅の一枝を箙に差して戦場におもむいた故事をあらわしている。裾から立ちのぼる梅樹を友禅染と型鹿の子や刺繍で表現する。花は臙脂、黄、萌葱など華やかであるが、藍を主色とした夏風の配色である。また箙には麻の葉繋ぎ、網代、唐草などの割付文様をほどこし、こまやかな友禅染の技法がうかがえる。（河上）

98　唐山水文様小袖　一領

浅葱縮緬地　友禅染・刺繍
丈　一六一・〇　裄　六四・〇
江戸時代　十八世紀
東京国立博物館

切り立った岩山は唐国の象徴、これは中国の伝説にいう不老不死の島である蓬莱山《ほうらいさん》をあらわしたものか。実景ではないが風景文様の一種ととらえることができよう。小袖に風景文様をあらわそうとする傾向は元禄から享保のころに頂点をむかえる。それは友禅染が完成し、あたかも絵を描くように自在に文様をあらわすことができるようになったのと軌を一にする。この一領では藍染の海に波を糸目糊で白く上げ、島は背の一群と裾の一群に大きく分かれ、帯がくる腰の辺りにはあまり文様を置かないようにしている。しかし、上下の島は、上中央の島から流れ落ちた滝水によって、下の島へとつながり、全体には逆C字の構成となっていることがうかがえ、十八世紀前半のパターンの一つとして見ることができる。（河上）

99　貝合せ文様打掛《うちかけ》　一領

花色綸子地　友禅染・刺繍
丈　一六六・〇　裄　六三・〇
江戸時代　十八世紀
京都国立博物館

貝合せは、平安時代以来の優雅な遊びで、内側に源氏絵などを美しく描いた蛤《はまぐり》の殻を合せて、その数を競うもの。江戸時代には、それを意匠化した文様が王朝風として好まれるとともに、蛤が本来の二枚でないと合わないことから、夫婦和合の象徴として婚礼衣装にも好んで取りあげられた。この一領も婚礼にもちいられたものであろう。友禅染には縮緬が好んでもちいられるが、ここでは縮緬よりも格が高いとされる綸子《りんず》をもちいている。貝桶や貝にあらわされた文様は、あたかも細密画のようなこまやかさを示し、友禅染特有の行きとどいた仕事ぶりがうかがえる。（河上）

100　段に木賊花兎《とくさはなうさぎ》文様小袖　一領

染分縮緬地　友禅染・刺繍
丈 一四七・五　裄 六二・五
江戸時代　十八世紀
京都国立博物館

地を紅白の段に染分けて、白段に友禅染と刺繍とで木賊と作土《つくりつち》の文様をあらわす。作土は中国の明代の名物裂にしばしばあらわされた上が丸くなった窓形の文様であり、その中に花と兎を組み合わせることが多かったため、この形状そのものが花兎を連想されるようになった。いっぽう、木賊は砥草とも書き、ものを磨くのに用いられたが、あたかも木賊によって磨かれたような秋の月を詠んだ源仲正の「とくさかる　そのはら山の木の間より　みがきいでぬる　秋の夜の月」という和歌をもとに文様化されるようになった。月に兎は付きものであり、木賊・月・兎の連想から木賊と花兎を組み合わせた文様が生まれた。古典に取材しながらも、紅白の段に友禅染で当世風の意匠に仕上げている。（河上）

101　◎　束《たば》ね熨斗《のし》文様振袖　一領

紅紋縮緬地　友禅染・刺繍・摺箔・絞り染
丈 一五六・五　裄 五八・五
江戸時代　十八世紀
友禅史会

色とりどりの熨斗がいちめんにひるがえる華やかで堂々とした意匠の振袖。熨斗の中には、友禅染を主に、刺繍・摺箔《すりはく》・型鹿の子など多彩な技法を駆使して松竹梅、桐、竹、鳳凰、鶴、牡丹、青海波、蜀江文などさまざまな吉祥文様をあらわす。この振袖は花嫁が着た婚礼衣装であり、文様には「熨斗を付けて差し上げる」という洒落があらわされている。江戸時代の美意識とユーモアにあふれた一領である。長くなった袖は、すでにこの一領が江戸時代後期に近い頃の製作を思わせる。（河上）

102　七夕《たなばた》文様帷子《かたびら》　一領

白麻地　友禅染・刺繍
丈 一六四・二　裄 六〇・〇
江戸時代　十八世紀
京都国立博物館

薄手の真っ白な上布は越後縮であろう。やわらかく透けた上布に、繊細な友禅染の文様が涼やかな趣をかもし出している。裾から立ちのぼる七夕の笹を肩にひろげて、裾には萩を添え、初秋の爽涼を感じさせるとともに、裾まわりの文様のさみしさを補っている。提灯や梶の葉を冊子で挟んだ七夕飾りは京風を示し、この帷子が京都で製作されたことを物語っている。洗練された意匠もさることながら、友禅染の技法はこまやかな色挿しに熟練した技術がみられ、色紙や短冊には滲みやぼかしなど特色ある技法にも注目される。（河上）

103　山霧に百合《ゆり》文様単衣《ひとえ》　一領

白絹縮地　友禅染
丈 一四六・一　裄 五八・五
江戸時代　十八世紀
田畑コレクション

文様を下半にだけ置いた半文様は、元禄頃から現れてくる。これはその半文様を巧みに表現した例で、薄手の絹縮地の百合が清々しくあらわされる。上半の薄く透けた白を活かしながら、下に入れたやわらかなぼかしがあたかも山霧のかかったかのような効果を生み、やさしく山百合の群れを包み込む。百合の花の色挿しの爽やかな彩りも絶妙である。（河上）

104　菊蝶に段幕文様小袖　一領

藍鼠紋縮緬地　友禅染・刺繍・絞り染
丈 一六〇・二　裄 六一・五
江戸時代　十八世紀
黒川古文化研究所

近年紹介された新出の友禅染の小袖。長らく引き解きの状態であったものが新たに小袖に仕立てられた。花唐草の紋縮緬を地に、襟から裾に江戸褄《えどづま》風に段幕をかけ、幕の向こうには菊の花が咲き、蝶が舞い飛ぶ。紋所には扇と笹と帆を組み合わせた伊達紋《だてもん》を置いている。段幕は五段にして、唐草・朽木（刺繡）・花菱に蜀江《しょっこう》つなぎ・楓・青海波《せいがいは》の文様を配す。この段の文様表現は〈束ね熨斗文様振袖〉［図101］の熨斗のそれと共通した感覚を示すもので、ともに紋縮緬を用いることなども併せて、ほぼ同時代の製作になるものと思われる。この一領は地色が藍鼠と渋く、友禅染の色挿しも落ちつき、刺繡も鉄色・白と金糸によるなど、十八世紀前半の友禅染とは趣を異にする。宝暦、明和頃の製作と見られる。

参考文献『飛香館清賞　黒川古文化研究所蔵品図録2　染織（Ⅰ）―日本―』黒川古文化研究所編　一九九六年

（河上）

105　友禅ひいなかた　三、四巻　二冊

版本
縦　二二・五　横　一六・三
江戸時代　貞享五年（一六八八）刊
三井文庫

友禅染の流行をとらえて、貞享五年（一六八八）に「友禅」を書名に冠して出版された雛形《ひいながた》本。四巻からなり、巻一・二は小袖、巻三は夜着・帷子・浴衣、巻四は帯や櫛・盃その他を収載する。巻一の序文では、友禅流が「古《こ》風《ふう》の賤《いや》しからぬをふくみて、今様の香車《きゃしゃ》なる物数寄《ものずき》にかなひ　上は日のめもしらぬおく方　下はとろ（泥）ふむ　女のわらはにいたるまで」流行したと述べ、凡例に「友禅流《ゆうぜんりう》はこのみこのみの模様下絵《もやうしたえ》をつけのりをき　或《あるひ》はくゝしにかけて染分《そめわく》る　但《ただし》くくしたるきわになほしをかけずして絵《え》を書也《かくなり》」「絵の具水にいりておちず　何絹《なにきぬ》にかきても和《やわらか》也」「紅絹《もみ》のうへにはえのぐしみてかかれざるを　今新《いまあらた》に絵の具を以《もっ》て書《かく》也」など友禅流の特色をあげる。この時期の友禅染は必ずし独自の染色法を指すのではなく、扇絵師友禅のデザインをよる文様としてもてはやされていた。巻四の櫛や盃の文様はなによりそのことを示している。

（河上）

106　湊取《みなとど》りに秋草千鳥文様小袖（屛風貼り）　雲取りに流水紅葉秋草文様小袖（屛風貼り）　一隻

染分紗綾地　絞り染・色挿し
縦　一六八・〇　横　一八五・〇
江戸時代　十八世紀　元文五年（一七四〇）銘
国立歴史民俗博物館

小袖裂を衣桁にかけた誰が袖屛風ふうに仕立てたもの。特に向かって右側の小袖は屛風裏面に貼付された銘文から元文五年（一七四〇）に滋賀県草津市の養蓮寺に供養のために寄進されたことがわかる。つまり元文五年を下限とする光琳文様の貴重な資料である。地を千種《ちぐさ》色とし、紫と白の湊取りに染め分けて、紫には千鳥を絞り染めで白く上げ、さらに光琳風にデフォルメされた秋草を色挿しであらわす。光琳の単純化されつつもふくよかな画風は、友禅染のような細やかな色挿しではなかなか感じがでない。そのために光琳文様はこの小袖のように色数をおさえて表現される場合が少なくなかった。左側の流水に秋草文様の小袖には銘文がない。こちらは糸目糊にぼかしを入れた友禅染であるが、あまり繊細な色挿しは見られず、色数もおさえられている。十八世紀半ばの傾向か。

（河上）

107　罌子《けし》に千鳥文様小袖　一領

茶木綿地　色挿し
丈　一三四・五　裄　六〇・〇
江戸時代　十八世紀
福岡市博物館

茶色の木綿地に、下半に罌子を主に、ところどころを松皮菱取りに白く抜いて、柳に千鳥・蛇篭に流水などの光琳文様をあらわす。光琳文様は正徳(一七一一～一七一五）ごろからあらわれ、尾形光琳が没した享保元年（一七一六）以降にさらに流行した。享保十二年（一七二七）刊の『光林雛形わかみどり』や同十九年刊の『当世光林新雛形名取川』のように書名に光琳と冠する雛形本も現れ、宝暦・明和（一七五一～一七七一）ごろの雛形本にも「光

琳梅」「光琳菊」などの文様を散見する。この一領も光琳文様独特の千鳥がみられるが、文様全体にちまちましたところがあり、製作は十八世紀後半に入るだろう。（河上）

108　梅樹に扇面散し文様小袖　一領

白綸子地　型鹿の子・刺繍
文　一五三・二　裄　六四・五
江戸時代　十八世紀
奈良県立美術館

裾から立ち上がる梅樹をやや右よりの構図で全面にあらわし、扇面を散らし、梅花や扇面のなかの松や千鳥も光琳風に表現している。この一領に類似する文様が享保十七年（一七三二）刊の『雛形染色の山《ひながたそめいろのやま》』に「光林梅」と題して掲載されている。その注記には「地白　梅中色こんすみるちゃ　扇ゆふぜん　かの子入」とある。この一領では友禅染や色挿しは入れずに、梅花や扇面のなかの松や千鳥も、主に型鹿の子であらわし、刺繍をそえる程度であるが、構図は類似し、こうした雛形本を手本につくられたものと思われる。しかし、構図だけで捉えると宝暦八年（一七五八）の『雛形接穂桜《ひながたつぎほざくら》』の三十二番「梅地紙」など類似の図柄があり、同書には別に「光琳の梅」も掲載されている。この一領も製作は十八世紀半ばまで下るのではないか。なお、打敷に直したものを再び小袖に仕立て替えた形跡がある。（河上）

109　雲と湊《みなと》取りに楓文様小袖　一領

染分紗綾地　絞り染・友禅染
文　一五〇・〇　裄　六〇・五
江戸時代　十八世紀
京都国立博物館

新出の光琳文様の小袖。地は千種《ちぐさ》色に染め、雲は紫の絞り、湊取りは藍染糊置き白上げで、波千鳥・梅・蔦・桔梗・竹などの光琳文様をあらわし、裾から立ち上がる楓の木が雲や湊取りの向こうにみえる。楓は緑・鼠・黒・臙脂など色挿しによる友禅染であるが、やはり糸目糊によるこまやかな色挿しはおこなわれていない。地や染め分けの色彩は、〈湊取りに秋草千鳥文様小袖〉［図106］と共通し、十八世紀中ごろに好まれた色彩感覚を示している。（河上）

110　菊文様小袖　一領

紫紋縮緬地　鹿の子絞り
文　一五五・〇　裄　六三・〇
江戸時代　十八世紀
鐘紡株式会社

紫の紋縮緬地に菊の小叢を全面に散らす。菊は楕円形に小点の蘂をあらわす光琳菊で、すべて鹿の子絞りで白く上げている。享保十七年（一七三二）刊の「当流光林新模様」と記された『雛形染色の山《ひながたそめいろのやま》』などの雛形本にはしばしば「白上り」という文様の表現技法がみられる。光琳風の単純化された文様は、白上りのように単色であらわしたほうが効果のある場合が少なくない。これは糊置きによる白上りではないが、鹿の子絞りで同じような効果をねらったのであろう。小叢を散らす構成は宝暦・天明ごろの製作を示している。（河上）

111　湊《みなと》取りに梅菊文様小袖　一領

染分紗綾地　絞り染・白上り
文　一四七・五　裄　六三・〇
江戸時代　十八世紀
京都国立博物館

この小袖は暗い地色に梅や菊を白上がりであらわし、さらに三角形を随所に散らして、そのなかに水辺に苫屋の景をあらわしている。小袖雛形本からは、十八世紀中頃から後半にかけて、白上がりで文様をあらわす傾向がみられ、また「湊取」と呼ばれる三角形の文様を散らす意匠も散見する。この一領で興味深いのは梅の枝がZ状に曲がったり、菊の枝が浮遊するかのごとく必要以上に伸びたりするなどの特色のある表現がうかがえ、あるいは梅や菊が筆の走った表現であるのに対して、風景の表現が稚拙であることが指摘できる。こうした特色は同時代に京都で活躍した伊藤若冲の絵画にも見てとれる。若冲の梅は鋭角的に枝が曲がり、菊は光琳菊のような簡略な表現をすることがある。この小袖にはこうした若冲の特色に通じるものがあり、紺地に白く文様を上げる方法は、若冲のネガポジが反転したような石版画を髣髴させる。この小袖が若冲と直接関係があったかは明らかではないが、若冲の活躍した十八世紀後半にその影響下で製作されたものであろう。

（河上）

112　梅樹に雪景文字文様小袖　一領

花色縮緬地　白上り・刺繍
丈 一六一・〇　裄 六一・〇
江戸時代　十八世紀
京都国立博物館

『拾遺和歌集』中納言朝忠の和歌「鶯の声なかりせば雪きへぬ　山里いかで春をしらまし」に取材した文芸意匠の小袖。背に金糸繍で和歌の文字を散らし、上半身には歌にもとづいた山里の風景を、裾には鶯にちなんで梅樹をあらわした、早春の気分あふれる一領である。当代に好まれた花色の地に文様を白く上げ、これに刺繍を加えた技法は、十八世紀中葉の小袖雛形本にしばしば「白上り縫入り」などとみえ、当時、友禅染に替わって盛んにおこなわれるようになった。

（河上）

113　近江八景文様帷子《かたびら》　一領

花色麻地　白上り・刺繍
丈 一五四・二　裄 六〇・〇
江戸時代　十八世紀
遠山記念館

花色の麻地に白上げで琵琶湖の名所「近江八景」をあらわした帷子。左袖から肩に「比良の暮雪」、背の右よりの山かげにみえる建物は石山寺で「石山の秋月」、右腰には膳所城の「粟津の晴嵐」、その下の帆掛け舟は「矢橋の帰帆」、裾の橋は「瀬田の夕照」、さらに上前に「唐崎の夜雨」「堅田の落雁」、左の袖前に「三井の晩鐘」をあらわす。こうした風景文様は友禅染の技法が発達した江戸時代中期に好んで取りあげられたが、ここではあっさりと白上げにわずかに刺繍で彩りを添え、しかも文様を小柄にして瀟洒な趣に仕上げている。白上げと呼ばれる表現法は、糊置き防染によって文様の部分を白く上げる技法で、これは十八世紀半ばから後半にかけての白上げの典型である。

（河上）

114　葛屋《くずや》に蝶萩文様小袖　一領

花色縮緬地　白上り・刺繍
丈 一五〇・七　裄 五九・五
江戸時代　十八世紀

やわらかい縮緬地に細かな文様が白くあらわされている。萩にうずもれるように葛屋を組み合わせ、その周囲を蝶が飛び、花のこぼれているのが繊細で優しい感じをあたえる。技法は糊置き白上げを主体に、繍とわずかに描絵を加えている。この小袖のようにいくつかのグループとなった文様を全体に散らす構成は、延享四年（一七四七）刊の『当流模様雛形《ひながた》都の春』や宝暦七年（一七五七）刊の『雛形袖の山』などにみられ、白上りや素縫いで表現されることが多かった。

（河上）

115　柱時計美人図　西川祐信《にしかわすけのぶ》筆　一幅

紙本著色
縦 八八・五　横 三一・四
江戸時代　十八世紀
東京国立博物館

柳里恭の名随筆『ひとりね』において、西川祐信（一六七一―一七五〇）は浮世絵の「聖手」と絶讃されている。祐信は京都に生まれ、京都で活躍した浮世絵師だが、その影響は上方のみならず、江戸浮世絵にも大きく及んだ。

家業は医師という。絵を狩野永納、また土佐光佑に学んだと伝えられるが、和漢の絵画技法に通じたその当世画は、様々な階層の強い支持を得た。浮世草子の挿絵や絵本に才筆を揮い、肉筆画は他を圧倒した。

本図は、恋人との逢瀬のさなか、時の経つのを厭うて時計をとめる女心を描いたとも、ひとり寝の寂しさに絶え切れず時計をとめる図などとも解釈されている。なお、『色道大鏡』では、夜起きのときにこそ遊女のまことの美しさが問われる、と述べている。

（狩野）

116 婦女納涼図 西川祐信《にしかわすけのぶ》筆 一幅

紙本著色
縦 五三・〇 横 八六・四
江戸時代 十八世紀
東京国立博物館

ここはどこであろうか。水の流れのなかに床机を置き、茶を喫し、酒を呑み、煙草を吸う女たち。手前に林があって赤い鳥居の頭の部分がのぞく。京都でこうした光景があれば、まず考えるのは糺《ただす》の河原の夕涼であろう。もちろん、鳥居は下鴨神社のそれとみてよい。床机のかたわらに立つ板葺の茶屋の行燈には、鍵と矢が描かれている。「鍵屋」という判じ絵に相違なく、これが本来の行燈なのか、祐信の奇知によるかは判然としない。

祐信は、『正徳ひな形《がた》』（一七一三）・『西川ひな形』（一七一八）など雛形本も数多く刊行しているが、この図においても様々な意匠の文様の着物を女たちに着せている。先掲の柱時計をとめる女はもちろんのこと、本図における団扇をもって襟を広げる仕種の女の美しさは比類がなく、祐信の女性を見る眼の確かさをここにも見出すことができよう。

（狩野）

小袖雛形本の下絵を描いた、いわばデザイナーでもあった西川祐信は、自らが描く美人画のきものもなおざりにはしなかった。女性たちの小袖はそれぞれに十八世紀前半の様相を示す。祐信の絵にはこの時期の京都の女性の姿が的確にとらえられている。

（河上）

117 正徳ひな形 二、四巻 二冊

版本
縦 二〇・五 横 一五・三
江戸時代 正徳三年（一七一三）刊
三井文庫

正徳三年（一七一三）刊。五巻から成り、巻一は御所風・お屋敷風、巻二は町風・傾城風、巻三は遊女風・風呂屋風、巻四は若衆風・野郎風、と着用者の身分の違いによって分類され、巻五は紋図である。京都の浮世絵師西川祐信が筆を執った小袖雛形本として知られ、友禅染を中心に、鹿の子や刺繍、墨絵もあり、光琳文様も含まれている。

（河上）

118 雛形《ひながた》祇園林《ぎおんばやし》 一冊

版本
縦 二六・〇 横 一八・六
江戸時代 正徳四年（一七一四）刊
共立女子大学図書館

正徳四年（一七一四）刊。京都の書肆冨山伊兵衛の出版。上中下の三巻から成り、上巻は「都の錦」、中巻は「難波の梅」、下巻は「江戸桜」と題され、京・大坂・江戸のそれぞれの好みに合わせて編集されている。文様は総文様と右袖の袂から腰までの高さに文様を置いた腰高文様が半々ぐらいの割合で、文様表現の技法は友禅染や白上りとするものが多く、「ゆふせん色さし」とか「ゆふせんぼかし入」などと記したものがあり、この時期には友禅という場合はその独自の染色法を指したことがわかる。「都の錦」と題された上巻にのみ、「珖琳梅」が二例含まれており、光琳文様の流行が京都から起こったことをうかがわせる。

（河上）

119　当風美女ひなかた　下巻　一冊

版本
縦 二五・七　横 一八・七
江戸時代　正徳五年（一七一五）刊
田畑コレクション

正徳五年（一七一五）刊。京都の篠原源右衛門の出版。正徳五年版は下巻しか現存していないが、享保十二年（一七二七）再版の序文に「美女雛形と題して珍らかなるもやうを光林の筆にそめ」とある。正徳五年は光琳が在世中であり、はたしてこの出版に光琳が関わったのか真相は明らかでないが、光琳の画風の特徴をとらえた文様で占められている。この『当風美女ひなかた』の出版以後、享保に入ると、書名に「光林」と冠した雛形本の出版が多くなる。（河上）

120　雛形染色《そめいろ》の山《やま》　中巻　一冊

版本
縦 二七・〇　横 一八・〇
江戸時代　享保十七年（一七三二）刊
三井文庫

享保十七年(一七三二)、京都の書林菊屋喜兵衛の出版。菊屋喜兵衛は享保十二年（一七二七）に『当風美女ひなかた』を再版した版元でもある。この『染色《そめいろ》の山』も「当流光林新模様」と題されており、光琳文様を中心に収載したものである。正徳や享保初めの光琳文様に比べて、全般にモチーフが小振りになっているのは、当時の流行にあわせたためであろう。振袖と留袖に分けて掲載されおり、地色は憲房《けんぼう》（黒茶）・花色・白・丁子茶《ちょうじちゃ》・鼠など白を除けば、総じて暗い色合いや茶系統の色が好まれ、文様は圧倒的に「白上げ」が多くなり、友禅染はわずかしか見られなくなっている。（河上）

121　当流模様雛形《ひながた》都の春　下巻　一冊

版本
縦 二六・四　横 一八・五
江戸時代　延享四年（一七四七）刊
三井文庫

延享四年（一七四七）刊、京都の菊屋七郎兵衛をはじめ京・大坂の四書肆の共同出版。上中下の三巻からなる。文様は総じて線の細い小柄な散し文様が多く、地色は花色・千種・憲房・とび色・黒・あいみる茶などで、文様表現の技法は白上りが過半を占めている。十八世紀半ばの好みがよくあらわれた小袖雛形本である。（河上）

122　雛形《ひながた》接穂《つぎほ》桜《ざくら》　中巻　一冊

版本
縦 二六・〇　横 一八・三
江戸時代　宝暦八年（一七五八）刊
三井文庫

宝暦八年（一七五八）、京都の菊屋喜兵衛他の出版。上中下の三巻からなる。『当流模様雛形都の春』と同様に、小柄な単位文様の散しがみられるいっぽうで、梅や桜の立木文様など背いちめんに広がりをもつ構成の文様もみられ、宝暦ごろの文様が小柄一辺倒になったのではないことを示す。地色は花色が多く、他に千種やとび色などが好まれたようである。技法はやはり白上げにほか、友禅、友禅縫い入り、あい入り、小色さし、素縫いなどがある。（河上）

123　流水に草花文様小袖　一領

染分縮緬地　友禅染
丈 一七〇・〇　裄 六二・〇
江戸時代　十八世紀

これは間着《あいぎ》として用いられた小袖。間着は打掛の下に着る衣服。この一領は襟から褄《つま》・裾にかけて文様を配した特色あるデザインを示す。こうしたデザインを「島原褄《しまばらづま》」と呼び、安永十年（一七八一）刊行の小袖雛形本『新雛《しんひな》形曙桜《がたあけぼのざくら》』［図131］などに例をみる。同書の島原褄は二例とも白上りとしているが、これは友禅染によっている。草花の種類の多彩さ、糸目糊の確かさ、ぼかしを駆使した染技の繊細さなど、友禅染遺品のなかでも屈指の一領といえよう。（河上）

124 菊花に几帳《きちょう》文様小袖　一領

白平絹地　友禅染
丈 一六一・〇　桁 六〇・〇
江戸時代　十八世紀
鐘紡株式会社

襟から褄先《つまさき》にかけて菊花をつなげ、襟下から裾に置かれた几帳が後ろの裾へと連なっていく島原褄の小袖。文様はすべて友禅染で、こまやかな糸目糊と色挿しは友禅染の特色を遺憾なく発揮している。袖口にのぞかせた菊の折枝が風情を添え、牡丹折枝の伊達紋もおしゃれである。おそらくこれも打掛の下に着た間着であろう。現存する島原褄は二例とも友禅染であり、京都から発信された島原褄にははんなりとした友禅染が似合っていた。（河上）

125 曳舟《ひきふね》文様小袖　一領

花色紋縮緬地　染・描絵・刺繡
丈 一五一・〇　桁 六一・〇
江戸時代　十八世紀
丸紅株式会社

淀川を曳かれてのぼる三十石船をあらわした江戸褄《えどづま》の小袖。細波の立つ水面と風にそよぐ芦、そこを舟子たちに曳かれて二艘の船がゆっくりと進む。舟子と船を結ぶ綱が江戸褄を巧みに構成している。文様は糊置きの白上げに、墨絵をほどこして淡彩を加え、わずかに刺繡をそえる。巧みな構図や描写は浮世絵師勝川春章（一七二六～九二）の下絵によると伝えられる。寛政十二年（一八〇〇）刊の『新雛形千歳袖《しんひながたちとせそで》』は大半が江戸褄を収めるが、その身頃にはこの一領に小さな鷺が散らされるように微細な文様を散らした例を散見する。天明四年（一七八四）の『彩色雛形九重にしき』には同様な散しが一例だけみられるので、寛政頃の流行であったのであろう。（河上）

126 柳に燕文様小袖　一領

花色縮緬地　白上り
丈 一五一・五　桁 六二・〇
江戸時代　十八世紀
遠山記念館

襟先から衽《おくみ》、裾回りに風に吹かれる柳をあらわし、小さな燕が上空を舞う。初夏の風物である柳に燕を、当時流行の花色にあっさりと白上げで仕上げた瀟洒な一領である。同様のデザインは寛政十二年（一八〇〇）刊の『新雛形千歳袖』［図132］にもみられ、また祇園井特の〈美人図〉［図134］は島原褄ながら同趣の振袖を身につけている。十八世紀末から十九世紀初頭ころの「粋」な小袖である。（河上）

127 薬玉《くすだま》文様単衣《ひとえ》　一領

萌葱絽地　白上り
丈 一五八・五　桁 六一・八
江戸時代　十八世紀
奈良県立美術館

上前、下前の両襟先に薬玉を置き、その飾り糸を褄下から後ろ裾へ流す江戸褄の文様を、萌葱の絽に白上りであらわす。薬玉は悪疫払いや長寿を願って、端午の節句などに柱・壁などにかけた。初夏に着る絽の単衣には季節感のあった文様である。また俳諧では夏の季語とされ、天明五年（一七八五）の『当世都雛形《ひながた》』には同様の薬玉の文様があり、この一領もほぼ同時期のものと思われる。（河上）

128　**松に千鳥文様小袖**　一領

花色縮緬地　染・刺繍・木目摺り
丈一五〇・〇　裄五七・〇
江戸時代　十九世紀

網干《あぼし》を背景に松林が連なり、その上を千鳥が群れ飛ぶ文様を褄先から裾に配した江戸褄の小袖。流行色の「はな色」に糊置きで文様を白く上げ、松に黄緑、千鳥に浅葱の小色を挿し、部分的に刺繍を用いている。地の花色の縮緬をよく見ると、見る角度によって、見えるか、見えない程度の微かな木目が施されている。いわゆる木目摺りである。これは遠目では無地に見えながら実際には極細の文様を染めた小紋とも共通する美意識が感じられる。こうした地味なおしゃれが「粋」なのである。（河上）

129　**波に千鳥文様小袖**　一領

浅葱平絹地　白上り・刺繍
丈一四七・〇　裄六三・〇
江戸時代　十九世紀
京都国立博物館

襟先から裾のまわりにかけて、糊置きの白揚げを主に、刺繍を加えて波に千鳥の文様をあらわしている。このように襟先から裾まわりに文様を配したデザインは「江戸褄《えどづま》」と呼ばれ、十八世紀後半から流行するようになった。明和六年（一七六九）刊行の『褄模様吾妻雛形《つまもようあづまひながた》』はその名のとおり多数の褄文様の小袖を収録しているが、なかでも留袖の場合には地味な褄文様が多く用いられている。この小袖の裾文様の形式化した波文様がおもしろい。（河上）

130　**蝶に蒲公英《たんぽぽ》文様小袖**　一領

染分綸子地　白上り
丈一七〇・〇　裄六二・〇
江戸時代　十九世紀
鐘紡株式会社

黄色の綸子地に、裾を波形の紺に染め分けた裾文様の小袖。身頃には蝶が舞い、裾には蒲公英が整然と並ぶ。黄色地の文様は糸目糊による白上げ、紺地の蒲公英は下絵型を摺った後に手置きで糊防染をおこなっている。配色や裾の染分に、あまり例がなく、かえって新鮮にみえるが、裾文様と白上げは当時もっともポピュラーなデザインであった。（河上）

131　**新雛形曙桜《しんひながたあけぼのざくら》　上巻**　一冊

版本
縦二五・五　横一八・〇
江戸時代　安永十年（一七八一）刊
三井文庫

安永十年（一七八一）、京都の菊屋喜兵衛他の出版。上中下の三巻からなる。この雛形で注目されるのは、五十四番と五十八番の文様に「嶋原つま」として、襟首から襟に添い、さらに襟先から裾にかけて連続する配置の文様がみられることである。島原褄《しまばらづま》は島原の遊女から起こったとされる文様である。これに対して五十七番などは文様についてとくに断りを入れていないが、襟先から裾に広がる文様は当時流行していた江戸褄である。島原褄は江戸褄《えどづま》に対してこの頃に京都で新たに起こったデザインであった。（河上）

132　**雛形千歳袖《ひながたちとせそで》　上巻**　一冊

版本
縦二五・〇　横一八・二
江戸時代　寛政十二年（一八〇〇）刊
三井文庫

寛政十二年（一八〇〇）、京都の菊屋七郎兵衛他の出版。上中下の三巻からなる。ここに掲載されている文様はほとんどが江戸褄である。江戸褄は宝暦七年（一七五七）刊の『雛形袖の山』に「江戸褄《えどづま》」として五例が挙げられ、同書には「褄下」と呼ばれる裾文様も掲載されている。さらに遡って、宝永元年（一七〇四）の『丹前ひいなかた』にも「江戸づま」とあり、京都でも早くから江戸褄が知られていたが、流行するのは十八世紀後半に入ってからであった。『新雛形千歳袖』では再び小柄の文様が目立ち、当期の傾向がうかがわれる。

この『新雛形千歳袖』以後、小袖雛形本の出版は再版ばかりとなり、流行を反映する雛形本の出版は事実上終わりを告げた。（河上）

133　美人図　白井直賢《しらいなおかた》筆　一幅

紙本著色
縦 一一一・四　横 四三・四
江戸時代　十八世紀
黒川古文化研究所

伊藤若冲の鶏、森狙仙の猿などと並んで、鼠の絵で画名を高めた京の絵師・白井直賢《しらいなおかた》による振袖すがたの美人図である。

直賢は、字は子斎、文挙と号し、仲八郎と通称した。その師は京都写生画派の総師である円山応挙である。まさしくこの美人図も円山派の美人図の典型といってよく、その表情にはすこぶる艶冶な雰囲気がただよう。ただし、振袖姿の若い女らしく、円山派の当世美人図としてはあっさりしたところもある。

写生を標榜する円山派の画家らしく、衣服の質感と量感の表現には他派を凌ぐものがあるというべきで、帯の表現など大向うを唸らせるに足る。唇に塗った紅が不思議な色を呈しているが、これは紅が玉虫色に光る感じを出しているもので、のちの浮世絵でもこうした表現がなされた。（狩野）

袂と裾に撫子と蝶の文様をあらわした曙染《あけぼのぞめ》の振袖。金襴《きんらん》を思わせる赤地葵唐草文様の帯は幅広く、裾から麻の葉繋ぎの鹿子絞りの赤い下着がのぞいている。鬢《びん》の張り出した髪には鼈甲《べっこう》の櫛・簪と蜘蛛絞りの手柄が映える。（河上）

134　美人図　祇園井特《ぎおんせいとく》筆　一幅

紙本著色
縦 九六・三　横 三二・六
江戸時代　十八世紀
福岡市博物館

祇園井特《ぎおんせいとく》は、宝暦五年（一七五五）または六年に生まれたという。没年はわからないが、文化十二年（一八一五）までは生存していたかとされる。

一説に、かれは京都祇園町の南側に住していた。井筒屋という名の茶屋の主人で、名を特右衛門といったために、「井特」と号したという。画奴井特、鴨川井特などという画名も用いたことがある。

井特の画風はまさしく独得というべきであるが、基本的には当時京都画壇を席捲していた円山派の影響下に立つものといえよう。ただし、円山派の当世美人と比較すると、個性的相貌を描出することに強く意を注いだものである。今回陳列する井特の美人画を見ても、その顔の相違は明らかで、確かにそれぞれにモデルのあることを予想させる。ある意味では〝美人〟図ということから逸脱したものすらある。特定の画派に属さない市井の画家の井特には、美人画という範疇さえ楽々と越えてゆく力がある。その意味では、美人画における写楽といってもよい。井特が本居宣長などの有名人を描いているのも、かれの肖像画を支持する人びとが予想以上に多かったことを物語る。

なお、柚木太淳が刑死者の解剖を寛政九年（一七九七）に行なったとき、井特はその記録画を描く絵師として参加している。井特の精神の運動について、今後なお考察されるべきであろう。（狩野）

右手に扇をもつ舞妓。赤みのある茶色の振袖は、襟から褄・裾および振袖の袂に白く柳をあらわし、柳の周辺にやはり白で燕を飛ばす。あたかも遠山記念館の小袖を髣髴とさせるが、遠山記念館のは江戸褄《えどづま》、こちらはいかにも京風の島原褄《しまばらづま》である。柳文様の島原褄は、安永十年（一七八一）刊の『新雛《しんひな》形曙櫻《がたあけぼのざくら》』に掲載され、「嶋原つま　めはり柳　地ろこう茶　白上り」と記されている。茶系に白上りの島原褄はまさにこの絵のような小袖であり、十八世紀末の流行がうかがえる。襟の後ろに垂らした赤い布は、髪の油が襟を汚さないように付けた油取で、主に幼い少女が用いた。（河上）

135 美人図 祇園井特《ぎおんせいとく》筆 一幅
絹本著色
縦 一〇三・六 横 二九・七
江戸時代 十八世紀
角屋保存会

藍鼠の地味な地色に、白上りで滝文様を島原褄《しまばらづま》にあらわし、「寿」の字を散らす。帯は菊花入りの七宝繋ぎの赤地の金襴。下着は紅の鹿の子絞り。髪に鹿の子の手柄を巻く。地味な小袖に、鹿の子の下着や手柄が華やかさを与えた。（河上）

136 美人図 祇園井特《ぎおんせいとく》筆 一幅
紙本著色
縦 一一三・四 横 三九・四
江戸時代 十八世紀
奈良県立美術館

署名や印から享和二年（一八〇二）以前の作とされる。左手で褄をとり、庭下駄をはいて庭に立つ芸妓の姿を写す。青色をおびた鼠色の小袖の褄から裾にかけて波の文様を置き、その裏の八掛《はっかけ》は青海波の文様である。その下に桔梗文様と白無地の小袖を重ね、襦袢は真っ赤な鹿の子絞りである。太めの赤い帯も印象的である。髪は島田であろうか、斑の入らない鼈甲《べっこう》の髪飾りに紅と藍の手柄が彩りをそえる。（河上）

137 扇美人図 三畠上龍《みはたじょうりゅう》筆 一幅
絹本著色
縦 一〇八・〇 横 四〇・六
江戸時代 十九世紀
京都府立総合資料館（京都文化博物館管理）

三畠上龍の美人風俗画は、もっと評価されてよい。幕末的美人の典型であるが、その美しさは江戸浮世絵の美人と遜色のないものである。もっといえば、上龍の美人は、江戸幕末浮世絵美人図にしばしば見られる下品さがない。

その理由は、おそらく上龍の師が岡本豊彦（一七七三―一八四五）であったことによるものであろう。豊彦は備中のひとで、京に出て、応挙とともに京都写生画壇を牽引した呉春についた。すなわち四条派の画家である。すぐに頭角をあらわした豊彦は、歌人の香川景樹、中村竹洞らとサロンを形成。その清潔な画風を慕って、塩川文麟、柴田是真などが弟子となった。上龍の当世美人図の一種の品のよさは、まさしく豊彦に学んだゆえといってよいであろう。

上龍ははじめ京都で活躍したが、のち拠点を大坂に移した。（狩野）

大振りの鼈甲《べっこう》の櫛・簪を挿す髪は、島田か勝山か、鬢《びん》が張り出し、髱《つと》が上がった髪型は江戸時代後期の特色を示す。褄下に菊を置いた地味な色の小袖に、重そうに締めた幅広の帯はビロード地に金糸を織りいれた金華山織《きんかざんおり》か、市松に鳳凰と宝尽しの文様が華やかだ。（河上）

138 鼈甲櫛《べっこうくし》・笄《こうがい》 一組
鼈甲
（櫛）幅 一四・五 （笄）長 三五・一
江戸時代 十九世紀
田村資料館

鼈甲は海亀の一種である玳瑁《たいまい》の甲羅を何層にも貼り合わせてつくった高級細工。江戸時代には玳瑁の甲を装飾品に用いることが禁止されたため、鼈（スッポン）の甲と言いのがれたことから鼈甲と称した。黄色と黒の斑文様が特色であるが、江戸時代には黒の部分を「斑《ふ》」といって嫌い、斑の入らない鼈甲が高級品とされた。美人画に描かれた女性も多くが斑の入っていない鼈甲の髪飾りを挿している。しかし、鼈甲は高級であったため、馬牛の爪や卵子《らんこ》などの別の材料によるイミテーションも多くつくられた。

これは薄造りながら、本鼈甲の大振りの櫛と笄である。これほど立派な鼈甲は、おそらく若い武家夫人が用いたものであろう。年輩の女性は小振りの控えめな櫛・笄を用いた。 (河上)

139 **黒鼈甲櫛《くろべっこうくし》・笄《こうがい》** 一組

鼈甲
(櫛) 幅 一五・五 (笄) 長 三〇・四
江戸時代 十九世紀
田村資料館

140 **四季花鳥飾り鼈甲《べっこう》髪挿物** 一揃

鼈甲
(櫛) ⑴幅 一六・三 ⑵幅 一四・九
(笄) 最長 三四・〇 (簪) 最長 三〇・三
江戸時代 十九世紀
田村資料館

江戸時代の鼈甲細工の最高の技をみせる髪飾り。晴と褻《け》の二組が伝えられる。特に晴れの一組には南天に蝶、桜に鼓、菖蒲と牡丹に鳥、紅葉に鳥兜と笛など四季の飾りが用意され、季節によって笄と簪の飾りが挿し替えられるようになっている。なお、この笄のように飾りを片方にだけするのは公家の所用であって、武家は両天になる。 (河上)

〔櫛《くし》〕

江戸時代になって結髪の風習が生じ、髪形が多様化するのにともなって、髪飾りも発展した。

櫛は、元禄（一六八八～一七〇三）以前は実用の解櫛《ときぐし》を挿櫛として用いたが、次第に装飾性を増し、黄楊《つげ》に蒔絵をしたり、輸入ものの鼈甲が好まれた。享保（一七一六～三五）ごろより遊女の間では、櫛を二枚も三枚も挿すことが流行ったが、江戸時代後期には一般の女性の髪型も鬢が張り出し大型化して、櫛とともに簪が流行した。 (河上)

141 **河曳舟文様櫛《くし》** 一枚

木製漆塗蒔絵
幅 一一・八 高 六・九
江戸時代 十九世紀
京都国立博物館

142 **萩に遠眼鏡文様櫛《くし》** 一枚

木製漆塗蒔絵
幅 一三・四 高 七・〇
江戸時代 十九世紀
京都国立博物館

143 **住吉図櫛《くし》** 一枚

木製漆塗蒔絵
幅 一一・二 高 六・八
江戸時代 十九世紀
京都国立博物館

144

業平東下り図櫛《くし》

木製蒔絵金着せ
幅一〇・五　高三・九
江戸時代　十九世紀
京都国立博物館

一枚

145

忍草文様櫛《くし》

鼈甲蒔絵
幅一二・二　高六・〇
江戸時代　十九世紀
京都国立博物館

一枚

146

御簾人物文様櫛《くし》

鼈甲蒔絵
幅六・七　高三・二
江戸時代　十九世紀
京都国立博物館

一枚

鼈甲の櫛では、黒い斑の部分を「斑」といって嫌い、それを覆い隠すように蒔絵を施した。（河上）

147

椿に色紙文様櫛《くし》

鼈甲蒔絵
幅七・五　高二・八
江戸時代　十九世紀
京都国立博物館

一枚

148

鳥と草花蒔絵文様櫛《くし》

鼈甲蒔絵
幅七・七　高二・八
江戸時代　十九世紀
京都国立博物館

一枚

149

秋草に鳥文様櫛《くし》

鼈甲蒔絵
幅九・八　高二・三
江戸時代　十九世紀
京都国立博物館

一枚

150

桜と扇面散し文様櫛《くし》

鼈甲蒔絵
幅一〇・〇　高三・〇
江戸時代　十九世紀
京都国立博物館

一枚

〔笄《こうがい》〕

笄は、髪を巻きつけて髷《まげ》をつくる実用の道具にはじまった。貞享四年（一六八七）の『女用訓蒙図彙』に「笄枝曲《こうがいわげ》」として笄に髪を巻きつけた髪型がある。笄は棒状で、中央は髪に隠れるが、両端があらわれるために、主に両端に文様を付けた。江戸末期には実用から離れ、出来上がった髷のなかへ、あとから挿し込むようになり、笄の胴の中央で分解できる挿し込み式が考案された。また櫛と笄のデザイン・材質を共造りにした揃い物もつくられた。（河上）

151

萩に楓文様笄《こうがい》

木製黒塗蒔絵
長一二・五
江戸時代　十九世紀
京都国立博物館

一本

152　群雲文様笄《こうがい》　一本
鼈甲蒔絵
長一四・五
江戸時代　十九世紀
京都国立博物館

153　秋草文様笄《こうがい》　一本
鼈甲蒔絵
長五・〇
江戸時代　十九世紀
京都国立博物館

154　生花文様笄《こうがい》　一本
木製蒔絵
長一九・二
江戸時代　十九世紀
京都国立博物館

155　切金《きりかね》と変り麻の葉文様笄《こうがい》　一本
鼈甲蒔絵
長一九・五
江戸時代　十九世紀
京都国立博物館

〔簪《かんざし》〕

簪は元禄（一六八八〜一七〇三）の頃にはまだほとんど行われていなかった。その後、十八世紀半ばに簪がはやり始めたころには、耳掻きの付かない平たく丸い形式や銀杏形の簪を一本挿した。享保（一七一六〜三五）ごろに耳掻きの形をした簪があらわれ、次第に装飾的になって、江戸後期には鼈甲《べっこう》・瑪瑙《めのう》・翡翠《ひすい》などを飾った玉簪や、意匠に工夫を凝らした金銀珊瑚造りの簪が登場した。　（河上）

156　海老《えび》飾り簪《かんざし》　一本
銅製鍍金銀・珊瑚
長一九・〇
江戸時代　十九世紀
京都国立博物館

157　七宝《しっぽう》丁子《ちょうじ》飾り簪《かんざし》　一本
銅製鍍金銀・珊瑚
長二〇・〇
江戸時代　十九世紀
京都国立博物館

158　木実に小鳥飾り簪《かんざし》　一本
銅製鍍金銀・珊瑚
長一八・四
江戸時代　十九世紀
京都国立博物館

159　籠に宝尽くし飾り簪《かんざし》　一本
銅製鍍金銀
長一九・〇
江戸時代　十九世紀
京都国立博物館

160

葡萄飾り簪《かんざし》

銅製鍍金銀・珊瑚
長 一五・〇
江戸時代 十九世紀
京都国立博物館

一本

161

枝に鋏《はさみ》飾り簪《かんざし》

銅製鍍金銀・珊瑚
長 一〇・五
江戸時代 十九世紀
京都国立博物館

一本

162

珊瑚《さんご》飾り玉簪《たまかんざし》

銅製鍍金・珊瑚
長 一三・五
江戸時代 十九世紀
京都国立博物館

一本

163

琥珀《こはく》飾り玉簪《たまかんざし》

銅製鍍金・琥珀
長 一四・〇
江戸時代 十九世紀
京都国立博物館

一本

164

トンボ玉飾り玉簪《たまかんざし》

銅製鍍金・ガラス
長 一一・五
江戸時代 十九世紀
京都国立博物館

一本

165

トンボ玉飾り玉簪《たまかんざし》

銅製鍍金・ガラス
長 一一・〇
江戸時代 十九世紀
京都国立博物館

一本

166

唐草蒔絵貝飾り玉簪《たまかんざし》

銅製鍍金・蒔絵
長 一〇・〇
江戸時代 十九世紀
京都国立博物館

一本

167

霞に双鶴文様平打簪《ひらうちかんざし》

銅製鍍銀
長 一九・五
江戸時代 十九世紀
京都国立博物館

一本

168

三つ巴文様平打簪《ひらうちかんざし》

銅製鍍金
長 一一・〇
江戸時代 十九世紀
京都国立博物館

一本

169

水辺に春の花鴛鴦《おしどり》文様振袖

紅綸子地 鹿の子絞り・刺繡
丈 一七〇・五 裄 六二・〇
江戸時代 十九世紀
洛東遺芳館

一領

江戸時代に木綿・小間物を商った京都の豪商柏原家、その柏屋京都本店が現在「洛東遺芳館」として公開され、風格のある佇まいを見せている。江戸店をもつ柏原家は商売を発展させるため、他の豪商ともたびたび婚姻関係を結んだ。同家に伝わる豪華な婚礼衣装の数々は、文化六年（一八〇九）に三井家より来嫁した女性の料という。

この一領は、桜に藤棚、さらに流水に遊ぶ鴛鴦、その手前の土坡に咲く八重山吹が美しくあらわされ、背に「増」「く」の文字が添えられる。これは『伊勢物語』の「咲く花のしたにかくるる人を多みありしにまさ（増）る藤のかげかも」の歌を意匠化したものと考えれている。現在、文化学園服飾博物館に所蔵される三井家伝来衣裳のなかに円山応挙の下絵と伝承のある一連の振袖が伝えられているが、洛東遺芳館の振袖も一連のもので円山派独自の写実感を刺繍で表現している。

（河上）

170 **柳に桜文様振袖** 一領

白綸子地　鹿の子絞り・刺繍
丈　一七〇・五　裄　五九・〇
江戸時代　十九世紀
洛東遺芳館

これも応挙の下絵になると伝えられる振袖。芽吹いたばかりの柳を写実性豊かに、繊細に刺繍で表現し、アクセントとなるかのように鹿の子と金糸縫いの桜花を散らす。桜と柳の組み合わせは、『古今和歌集』に収められる素性法師の「見わたせば柳桜をこきまぜて　都ぞ春の錦なりける」の歌をふまえて意匠化したものであろう。

（河上）

171 **千羽鶴文様小袖** 一領

染分綸子地　鹿の子絞り・刺繍
丈　一七二・〇　裄　五九・五
江戸時代　十九世紀
洛東遺芳館

いっせいに舞い上がる鶴の群れを鹿《か》の子《こ》絞りと金糸縫いであらわす。わずかに右上がりとなった雲取りの段に対して、左上へ向かって飛翔する鶴の群れが動感を生む。黒地に鹿の子絞りの鶴が浮かびあがり、匹田に絞った雲取りのなかには金糸の鶴が舞う。その金糸は二色が使い分けられている。気品に満ちた一領である。

（河上）

172 **雪中藪柑子《やぶこうじ》図小袖** 一領

白絖地　著色
丈　一六六・五　裄　六一・〇
江戸時代　十九世紀
洛東遺芳館

白絖の地を雪に見立て雪中の藪柑子を描く。この一領には円山四条派の呉春（一七五二〜一八一一）の落款・印章がある。呉春は、初め蕪村を師としたが、応挙との出会いによって写生画風へと転じた。この雪に埋もれる藪柑子を水墨調にあらわした図は、呉春晩年の画風を示すものである。

（河上）

173 **流水に杜若《かきつばた》文様振袖** 一領

染分綸子地　鹿の子絞り・友禅染・刺繍
丈　一七七・〇　裄　六三・〇
江戸時代　十九世紀
鐘紡株式会社

赤と白の大胆な対比のなかで、杜若の花が咲く。赤地には鹿の子絞りで水の波紋を見せ、白地の杜若は花が刺繍でボリュームをもたせ、葉は友禅染の繊細な糊置きと微妙な濃淡のぼかしがうかがえる。鹿の子絞り、刺繍、友禅染が渾然となって調和し、鮮やかな意匠を生み出している。この一領では橋こそあらわされないが、水辺の杜若は『伊勢物語』の業平東下りの著名な一場面を想起させる。古典的教養が滲みでた華やかな振袖は、上層の町家の娘の料として誂えられたものであろう。

（河上）

174 松に敷瓦《しきがわら》文様小袖 一領

黒綸子地 鹿の子絞り
文 一六三・五 裄 六一・〇
江戸時代 十八世紀
京都国立博物館

正方形を斜めに敷き詰めた敷瓦に、大振りの松が枝を張る。寺の境内を思わせるモチーフの組み合わせが、寛文小袖風の大胆なデザインであらわされる。現状では身頃が縫い詰められ、絵羽も若干ずれているが、もとの身幅を想定すると、その製作は案外遡るかもしれない。

寛文七年（一六六七）の『御ひいなかた』では、二百図中、鹿子の入っていないものが四十六図に過ぎず、すでに鹿子絞りは小袖の文様表現の手法として欠かせなくなっていた。また加藤曳尾の随筆『我衣』にも「寛文年中に至ては惣鹿子の小袖を着す、地白綸子、あるひは紺緋紫の結鹿子惣地にせり尤結構也」という。あるいは元禄九年（一六九六）の『萬の文反古』では嫁入りの支度に色とりどりの鹿子の衣裳を揃えることなどがみえ、鹿子絞りは女性の小袖のなかでもとりわけ重宝された様子がうかがえる。

（河上）

175 巻水に亀文様振袖 一領

紺綸子地 鹿の子絞り・刺繡
文 一五八・六 裄 六三・七
江戸時代 十九世紀

巻水に蓑亀を散らした文様。綸子の地文も同じく巻水に亀を織りあらわす凝った一領である。水は一目の鹿子絞り、亀は絞り染と刺繡の併用で、亀甲や蓑の部分に細かな技巧が見てとれる。藍染に金糸と絞り染の白が特色ある色彩効果を生み、空間をうずめた巻水と、動きある亀の対照など、文様の構成にも細心の注意がはらわれている。

（河上）

176 腰替り千羽鶴文様振袖 一領

染分綸子地 鹿の子絞り
文 一六三・五 裄 六一・五
江戸時代 十九世紀
京都国立博物館

婚礼衣装にもちいられた総鹿の子の振袖。花嫁衣装に鹿子絞りの色替りを幾領も揃えることは、すでに元禄期の井原西鶴の文中にも見えるが、江戸時代後期には袖丈が中期の倍ほどにも長くなった。この一領では婚礼衣装にふさわしく総鹿の子にして、長寿の象徴である千羽鶴を一目落ちの鹿子絞りであらわしている。文様の輪郭を絞らないで線状に残す一目落ちは、現存する遺品をみる限り、江戸時代後期の振袖に多い。地を絞らずに文様を一目絞りしていくのに比べれば、鹿の子絞りはたいそう手間がかかる。同じ手で絞らないと染め上がりの調子が変わるので、一反を一人で絞る。一反を絞り上げるのには、六ヶ月から一年もかかるという。しかもこの一領は鹿の子絞りの中でも防染の糸を巻く数が多い本疋田であり、染め上がりの白場が多く、粒立ちもよく、疋田目も四十五度にぴっしりと並んでいる。たいへん出来が良く、かつ贅沢な一領である。

（河上）

〔びらびら簪《かんざし》〕

金銀や珊瑚が垂下した「びらびら簪」は、元文・寛保（一七三六～四三）の頃にあらわれるが、その後文化・文政（一八〇四～二九）に大いに流行した。華麗にして繊細な美しさをもつびらびら簪は、振袖の似合う娘や結婚したての新妻が用いた。しかし、文久（一八六一～六三）になって全く姿を消したという。

（河上）

177

松竹梅鶴亀飾りびらびら簪《かんざし》　一組

金銅
びらびら丈　一四・〇
江戸時代　十九世紀
京都国立博物館

178

牡丹飾りびらびら簪《かんざし》　一組

金銀珊瑚
びらびら丈　九・〇
江戸時代　十九世紀
京都国立博物館

179

兜《かぶと》に梅飾りびらびら簪《かんざし》　一組

金銀珊瑚
最長　一九・〇
江戸時代　十九世紀
京都国立博物館

180

松竹梅鶴亀飾りびらびら簪《かんざし》　一組

金銀珊瑚
びらびら丈　一四・〇
江戸時代　十九世紀
京都国立博物館

181

浦島飾りびらびら簪《かんざし》　一組

金銀珊瑚
びらびら丈　一四・〇
江戸時代　十九世紀
京都国立博物館

182

鶴に藤文様振袖　一領

紅縮緬地　刺繡
丈　一〇一・五　裄　四九・五
江戸時代　十九世紀
京都国立博物館

鮮やかな紅の縮緬地に、藤と鶴という和様美の典型を刺繡であらわした品格のある振袖。藤と鶴の配置の間が絶妙である。平安時代以来、鶴は高雅な姿が賞翫されるとともに長寿のシンボルとして、また藤はしだれる優しさが好まれて、両者とも文様にも盛んにもちいられてきた。刺繡だけであらわされた文様は、古風な趣をたたえ、伝統を大切にする公家の嗜好があらわれている。この振袖を着たのは、おそらく宮家や高い家格の息女であろう。

（河上）

183

垣に菊芙蓉《ふよう》鶴文様掻取《かいどり》　一領

紅縮緬地　染・刺繡
丈　一五四・五　裄　六〇・六
江戸時代　十八世紀
東京国立博物館

紅縮緬地に大振りの芙蓉や菊と鶴の文様を刺繡と、絞り染、鹿の子絞りであらわした女官の小袖。用途としては打掛として用いたもので、公家では打掛を掻取と呼び、このように文様の入ったものを「模様掻取」といった。武家の御所解文様は文様が密集するようにあらわされるが、公家では比較的大柄の文様をおおらかにあらわす。これは江戸時代後期から明治時代にかけてあらわれる糸雲取りの定型化が見られず、それ以前の古様なスタイルが示されている。

（河上）

184 **岩に牡丹尾長鳥文様搔取《かいどり》** 一領

白綾地　染・刺繡
文 一六四・〇　裄 六〇・六
江戸時代　十九世紀
東京国立博物館

これは綾地に文様があらわされる。岩の傍らの堂々とした花を咲かせる牡丹に尾長鳥が飛翔する。一部に型鹿の子が用いられているが、主体は刺繡でゆったりと繡う。両袖から脇にかけてあらわされる糸雲取りは、幕末から明治時代の公家の小袖によくみられるところである。（河上）

185 **籬に菊椿燕文様搔取《かいどり》** 一領

紫縮緬地　刺繡
文 一五二・五　裄 六〇・〇
江戸時代　十九世紀
田村資料館

紫縮緬地に、背には糸目の霞を置いて椿に燕を配し、下半に籬に菊を刺繡と白上げであらわした小袖。このように天地の景をあらわす構成は、公家小袖の一形式を示す。平糸をゆるやかにボリュームをもたせて繡った刺繡の調子がまさに公家の小袖のゆったりとした気分を醸し出している。

正徳三年（一七一三）の『正徳ひな形』には御所風として十二図が掲載されている。そのなかには友禅染にするものも見られ、当時の流行をうかがわせるが、いっぽうでは「ぬい」「きんし」の伝統的な手法もあり、公家の小袖ではむしろこうした伝統的なものが後世へ受け継がれていった。（河上）

186 **楓に時雨《しぐれ》文字文様帷子《かたびら》** 一領

白麻地　染・刺繡
文 一五七・〇　裄 六〇・三
江戸時代　十九世紀

裾から立ちのぼる楓樹に時雨が降りかかる意匠。さらに上半身には文字を散らしている。この文字は『和漢朗詠集』巻上、白楽天の紅葉に取材したもので、前身に「不堪紅葉青苔地」、後身に「又是涼風暮雨天」の詩句を配している。『和漢朗詠集』の詩句を散らした小袖意匠はしばしば見られるが、このように詩の全文字をあらわすことはめずらしい。施工はおおむね刺繡で、きわめて優れた繡技に注目される。

付属の附帯［図187］とともに、江戸時代末期に近衛家に出仕の女性の料であることが明らかで、公家女中の古典文芸についての教養をうかがわせる意匠である。（河上）

187 **附帯《つけおび》** 一条

錦
長 三一五・〇　幅 八・七
江戸時代　十九世紀

帷子《かたびら》とともに伝来した附帯。附帯は夏の単や帷子に結ぶ帯で、武家が帯の端を左右に張るように結ぶのに対して、宮中では花結びや結び切りにして帯の端を垂らした。これは公家方の女性が盛夏に用いたことが明らかな貴重な資料である。（河上）

188 **夜桜に鷺文様帷子《かたびら》** 一領

薄墨麻地　染・刺繡
文 一五六・五　裄 六〇・七
江戸時代　十九世紀
京都国立博物館

背に弦月が繡われていることから地の淡墨色が夜をあらわしていることがわかる。桜花と波を白揚げとして、刺繡で花と白鷺などをそえている。夜桜に白鷺の組合せがめずらしい。この意匠や施工の温雅な格調は、本品が御所に出仕の女性の料であったことを示している。（河上）

189 流水に菊萩文様帷子《かたびら》　一領

鼠麻地　染・刺繍
文 一六〇・五　裄 六一・五
江戸時代　十九世紀

ねずみ色の麻に、白上げで流水に萩と菊をあらわし、一部に刺繍を加えて彩りを添える。公家の小袖には菊が好んで取りあげられた。延宝六年（一六七八）の『雁金屋《かりがねや》東福門院《とうふくもんいん》御用呉服書上帳』では圧倒的に菊の文様が多い。菊は中国において仙薬として尊ばれ、日本でも平安時代初期には宮廷儀式に取り入れられ、重陽の節句には菊を賞で長寿を祈った。とくに「承和菊《そがぎく》」と称される黄菊は水辺に咲き、菊と水の組み合わせは「菊水」の故事にもつながる。この一領では萩を取り合わせて、初秋の季節感を出している。またここに見る花びらが細くばらついた菊は「嵯峨菊」と称し、江戸時代後期の公家の小袖は多くがこの菊をあらわす。
（河上）

190 桜樹文様帷子《かたびら》　一領

白麻地　染・刺繍
文 一六二・〇　裄 六〇・〇
江戸時代　十九世紀

御所女中がもちいた白麻地に繍入り藍染の帷子で、公家ではこれを細染《ほそぞめ》と呼んでいる。背に部分的に糸雲取りし、裾に土坡と波をあらわして、裾から背にかけて桜樹が枝を張り、桜のしたにはアザミを、袖から背には桜とともに松をあらわす。

公家の小袖は近代に入ってもその伝統が守り続けられるが、意匠構成は定型化し、立木文様と背に糸雲取りを配すのが典型となった。これはまさにその形式を示すもの。幕末に御所に仕えた女性の料であることが明らかな一領である。
（河上）

191 卍字立涌《たてわく》に花束文様打掛《うちかけ》　一領

白綸子地　染・刺繍
文 一八〇・六　裄 六三・六
江戸時代　十九世紀
京都府・仁和寺

仁和寺には、宮門跡であった小松宮彰仁親王の夫人頼子が来嫁したときの衣装類が伝えられている。衣裳には冬の打掛や振袖、春秋の絹縮の単衣、夏の帷子や腰巻などが含まれている。頼子夫人は久留米藩主の有馬頼咸の娘であり、その衣裳はいずれも大名家からの来嫁をうなずかせる武家の小袖の典型を示している。

江戸時代、武家の女性は冬は打掛、夏は腰巻が正式の服装とされた。打掛は中臈以上が白・黒・赤の綸子地に、草花の折枝と立涌や紗綾形、七宝繋ぎなどの文様を交互に配した総文様が決まりであった。

この打掛は、その典型を示す。卍入りの斜め立涌と、藤、牡丹、桔梗などの花束とを交互に配して、刺繍と型鹿の子であらわした、江戸時代後期の定型化した武家女性の打掛である。
（河上）

192 御所車に鷹草花文様振袖　一領

紫縮緬地　染・刺繍
文 一七〇・〇　裄 六三・六
江戸時代　十九世紀
京都府・仁和寺

江戸時代後期の武家女性の小袖として顕著な特色を示すのが御所解《ごしょどき》文様である。御所解文様は、四季の草花を密にあらわし、そのなかに御所車、柴垣、扇など王朝文学や謡曲などの古典文学に関連する器物・景物を配して、その主題を暗示しようとするのが特色である。武家社会の教養と結びついて生れた文様であるが、こうした文様を御所解と呼ぶのは近代になってからで、文様の内容が公家（王朝）風であったことに由来すると考えられる。

この一領は、芦・松・菊・桜の景に、裾に御所車、肩に鷹を配し、さらに御簾に琴が置かれている。『源氏物語』の表現には欠かせない御所車、それと鷹の組み合わせは、大原野で大鷹狩りをする冷泉帝の「行幸」をあらわすものか。御簾に琴の組み合わせは、宇治の山荘で月光を浴びて琴と琵琶を奏でる二人の姫君を薫が垣間みる「橋姫」を暗示しているのであろう。

(河上)

193 滝に鼓皮草花文様振袖　一領

萌葱絹縮地　染・刺繍
文 一七七・七　裄 六一・〇
江戸時代　十九世紀
京都府・仁和寺

絹縮に文様をあらわした初夏の料。文様は四季の草花を肩から裾にかけて遠景から近景の配置とし、その間を流水が流れ落ちて滝となる。裾の滝のところには鼓の皮が置かれ、肩には数羽の燕があらわされる。滝と鼓の皮の組み合わせは、謡曲の『鼓の滝』を思わせる。春爛漫の頃、帝より命を受けて桜の名所を巡る臣下が津の国の鼓の滝にいたると、山の神があらわれてめでたく舞うというストーリーである。しかし、通常ならば滝のそばに桜があらわされるはずが、この一領にはそれがない。また思わせぶりな燕も気にかかる。このように風景文様のなかに配されたモチーフをもとに、その主題を探り当てるが御所解文様のおもしろさである。

(河上)

194 流水に花束文様振袖　一領

鉄色生絹地　染・刺繍
文 一七四・一　裄 六四・〇
江戸時代　十九世紀
京都府・仁和寺

流水に花束の文様を腰高に配した振袖。これは謎を解くべき主題が隠されている御所解ではない。勢いよく流れる水に放たれた四季の花の束が白上げに刺繍と型鹿の子であらわされる。白上げが鉄色の透けた生絹にいかにも涼しげに映えるが、白上げを主に刺繍・型鹿の子を添えるは江戸時代後期の武家女性の小袖の定番であった。

(河上)

195 舟に風景草花文様帷子《かたびら》　一領

白麻地　染・刺繍
文 一八五・一　裄 六七・七
江戸時代　十九世紀
京都府・仁和寺

白麻地に藍染めで御所解《ごしょどき》文様をあらわした帷子は、茶屋辻《ちゃやつじ》などと呼ばれ、武家女性が夏の正装に着用した。これは未仕立てで、仮絵羽《かりえば》のままで伝えられた。文様は、裾から肩にかけて次第に遠景をあらわし、盛夏の料ながら雪景色をあらわして、涼感をさそう。裾に小舟を景物に添える。この小舟が御所解文様のテーマを解く鍵となる。雪景の流れに浮かぶ小舟は、『源氏物語』の「浮舟」か。冠と衣は匂宮と浮舟を暗示するとも思えるが、冠が唐風であるのが不可解である。

(河上)

196 花亀甲《はなきっこう》に七宝《しっぽう》松竹梅飛鶴文様腰巻《こしまき》　一領

黒紅練貫地　刺繍
文 一六二・〇　裄 六三・二
江戸時代　十九世紀
京都府・仁和寺

盛夏の正装の折、帷子(茶屋辻)に附帯を結んで、その附帯の両端にこの腰巻の両袖を通して着装する。本来は打掛を着るべき正式の場合であるところを、夏向きに腰に巻きつけたので、腰巻と呼ばれた。

生地は夏向きに張りのある爽快な感触の生絹《すずし》をもちい、いちめんに刺繍で文様をあらわしている。文様は花菱入りの亀甲繋ぎと七宝繋ぎを破《や》れに構成して、その間に飛鶴松竹梅を繍い詰める。江戸時代末期の細かく丹念な仕事振りがうかがえる。

(河上)

197 流水に花束文様掛下帯《かけしたおび》 一条

黒繻子地 刺繍
長 四一〇・七 幅 三〇・七
江戸時代 十九世紀
京都府・仁和寺

198 竹輪違いに菊蝶文様掛下帯《かけしたおび》 一条

紅繻子地 刺繍
長 三九四・五 幅 二五・〇
江戸時代 十九世紀
京都府・仁和寺

打掛のしたに結んだ掛下帯。黒地の一条は未仕立てのまま。別の一条は紅繻子地に刺繍で、竹幹による輪違繋ぎを手綱（斜め）に置き、大振りの菊花を上文として、蝶と舞楽の「胡蝶」の羽根を添えている。刺繍は平糸繍で、菊花にみる紫と白のぼかし風の表現は珍しい。白や型鹿の子の部分は切付け（アップリケ）で処理している。 （河上）

199 ローブ・モンタント 一着

綾地 プリント
ボディース丈 三八・〇
スカート丈 九一・〇
明治時代 十九世紀
京都府・仁和寺

明治時代に入って、近代国家をめざす日本は欧米諸国に見習って衣服の洋装化を進めた。欧米風の社交場として鹿鳴館が建設されたのは明治十六年（一八八三）、三年後の明治十九年には皇族大臣以下の高官夫人に対して婦人洋式礼服が制定された。新年式に着用するマント・ド・クール（大礼服）、夜会晩餐用のローブ・デコルテ（中礼服）やローブ・ミデコルテ（小礼服）、宮中昼の御陪食に用いるローブ・モンタント（通常礼服）などである。こうして近代日本は洋服の時代をむかえる。

これは仁和寺門跡の小松宮夫人頼子妃のローブ・モンタント。紫地（生地はタテが紫色、ヨコが萌葱色の絹糸で綾織にしたチェンジャブルで、見る方向によって色調が変化する）に様式化した花文様をシネ風にプリントであらわし、ビーズ刺繍とレースの飾りを華やかにあしらっている。腰の内側に商標があり、パリでつくられたことがわかる。一八九〇年代のスタイルを示すローブ・モンタントである。 （河上）

200 御引直衣《おひきのうし》 三重襷文様 一領

二藍縠織
丈 二四二・〇 裄 九八・四
江戸時代 十九世紀
京都国立博物館

御引直衣は平安時代には天皇が平常に着用する装束であったが、中世に入ると公式の席でも着用された。身丈が長く、着用の際には裾の前を広げ、裾を後ろに長く引いて着用するところから、この名がある。

この一領は、孝明天皇（一八三一―六六）の夏の御料で、慶応三年（一八六七）四月に有栖川宮に下賜されたもの。通例どおり、夏の料は二藍《ふたあい》に染めた三重襷《みえだすき》文の縠織《こめおり》の単仕立てである。二藍は、呉藍《くれない》の別称をもつ紅と、藍を重ねて染めたことによる名称であり、若年の所用には紅を多く、藍を少なくした赤みのある色に染め、年齢につれて紅の少ない藍にした。 （河上）

201 袍《ほう》 定家立涌《たてわく》文様 一領

赤縠織
丈 一六八・五 裄 一一四・三
江戸時代 十九世紀

公家の正装である束帯の袍。袍は「うえのきぬ」とも称し、表着にあたる。袍は文官と武官によって区別があり、文官は両脇を縫い付けて裾に襴《らん》と呼ばれる横裂をつけ、武官は両脇を縫い合わせずに開けたままとして裾を長く引いた。また束帯の袍は位袍といって、位により服の色が決められていた。平安時代には、臣下は四位以上が黒、五位は緋、六位以下は緑で、十二世紀に入ると六位以下は緑と称しながらも実際には縹《はなだ》色の袍を着た。

これは緋の袍で、縠織単仕立ての夏の料である。袍の文様は、五位以上が用いるものとされ、この一領では定家立涌と呼ばれる文様が織り出されている。定家立涌は和歌の宗家として知られる冷泉家が用いた文様である。

（河上）

202 小直衣《このうし》 飛鶴文様 一領

萌葱紗地縫取織
文 一二二・四 裄 九三・五
江戸時代 嘉永五年（一八五二）
京都国立博物館

小直衣は、平安時代末以来、大臣や近衛大将以上の高官や上皇・親王が参内以外の外出に用いた私服で、色・地質・文様などは自由であった。小直衣は狩衣よりもかしこまった服装とされる。

これは有栖川宮第八代熾仁《たかひと》親王（一八一二—八六）の所用で、嘉永五年（一八五二）六月に新調された夏の小直衣である。表は萌葱紗《もえぎしゃ》地に飛鶴文を白の縫取織《ぬいとりおり》であらわし、裏地は萌葱生絹《すずし》をもちいる。夏らしくすがすがしい色である。袖口に通した袖括りの緒は、厚く細く組んだ厚細組《あつぼそぐみ》の緒で壮年が用いた。

（河上）

203 小直衣《このうし》 三つ横見菊文様 一領

青唐綺
文 一二四・五 裄 八四・三
江戸時代 文久三年（一八六三）
京都国立博物館

文久三年（一八六三）九月に有栖川宮第九代熾仁《なるひと》親王（一八三五—九五）の御料として新調された小直衣。表地は青（今の緑色）に紫で有栖川宮家の異紋である三つ横見菊をあらわし、裏地も紫をつけて、松重ねの色目としている。袖口に差した袖括りの緒は、薄平《うすひら》と呼ばれる薄く平たい組紐で、若年のときに用いられた。

（河上）

204 狩衣《かりぎぬ》 向い尾長鳥文様 一領

浅葱唐綺
文 一三九・五 裄 九四・三
江戸時代 十九世紀

狩衣はもともと狩りに出かける時の服装であったが、そればかりでなく旅行や日常着としても着用された。そのため身動きの妨げにならないように身幅は細く一幅にして、両脇を開け、さらに窮屈にならないように袖は後身だけにわずかに縫い付けた。袖口には括り緒を通した。狩衣は元来布を用いたので「布衣《ほい》」と呼んだが、のちに絹製のものも現れ、殿上人以上は裏を付けた袷の狩衣を用いた。鎌倉時代以後は公家・武家ともに正服、または礼服として用いたが、狩衣は本来私服であったため、色や文様も自由であった。

これは衣紋道の高倉家に伝来した一領。唐綺《からき》と呼ばれる絹製で、綾地に絵緯（文様をあらわすヨコ糸）を入れ、それを綾に押さえたもの。文様は向い尾長鳥を香色であらわす。

（河上）

205 道服《どうふく》 菊文様 一領

紫顕文紗
文 一一四・八 裄 八九・三
江戸時代 十八世紀
京都国立博物館

道服は広袖、腰のあたりで襞をとり、両脇を千鳥掛けにして閉じた服で、中世に禅衣として直綴《じきとつ》が流行するにしたがって、公家や高級武家が出家した時に着用した。江戸時代には公家では私邸内における略装として用いられた。

これは有栖川宮第五代職仁《よりひと》親王（一七一三―六九）の所用で、菊の文様を織りだした顕文紗をもちいた夏の料である。（河上）

206 鞠水干《まりすいかん》　松葉菊つなぎ文様　一領

桃色金襴
丈 七四・二　裄 一〇八・六
江戸時代　文化十年（一八一三）
京都国立博物館

蹴鞠は八人一組で革製の鞠を地に付かないように蹴りあう競技。その時に着る装束を鞠水干と呼ぶ。近世以前は改まった装束はなかったが、室町時代末から長絹《ちょうけん》の直垂《したたれ》を上半身につけ、葛袴《くずばかま》をはくのが例になった。

これは桃色地に松葉菊つなぎ文様をあらわした鞠水干で、有栖川宮家に伝来した。畳折に「文化十年七月新調」と記されており、また蹴鞠の師範家である飛鳥井家の免状台帳に有栖川宮第七代の韶仁親王（一七八四―一八四五）の料として「文化十年七月十九日／一、桃色金紋紗上」と記載された装束がこれに当たるものであろう。（河上）

207 鞠袴《まりばかま》　淡紅葛布《くずふ》　一腰

桃色葛布
丈 九九・〇
江戸時代　嘉永六年（一八五三）
京都国立博物館

蹴鞠のときにはいた鞠袴である。葛布《くずふ》で仕立て、裾口は絹地の「おめり」を広くのぞかせて、括り緒を通している。着用の際しては、この括緒を足首に結んだ。膝の上には、本来補強のために付けられた菊綴《きくとじ》が形式化した韋露《かわつゆ》が飾られている。（河上）

208 童直衣《わらわのうし》　小葵《こあおい》文様　一領

白浮織物
丈 一五八・〇　裄 九五・〇
江戸時代　嘉永二年（一八四九）
京都国立博物館

童直衣は、元服以前の親王や公達が公私の儀礼に際して着用する童装束であり、冬の料は表に白小葵文の浮織物、裏に紫の平絹をもちいるのがきまりであった。一般に直衣の場合、若い人は文様を細かくし、歳をとるにつれて大柄のものをもちいた。それ故、童直衣の文様は小柄な小葵文を織り出している。仕立ては丈など全体を小振りにするほかは成人の直衣と同様で、袴は指貫をはいた。

これは嘉永二年（一八四九）二月に有栖川宮熾仁親王の料として新調されたもの。（河上）

209 指貫《さしぬき》　亀甲浮線綾《ふせんりょう》文様　一腰

紫二倍織物
丈 一一一・三
江戸時代　十八世紀
京都国立博物館

童直衣に組み合わせた袴。指貫とは裾口に括り緒が貫き通されているところからきた名称である。これは紫亀甲地に白の浮線綾の上文をあらわした二《ふた》倍織物《えおりもの》でできている。童直衣や半尻《はんじり》の袴は二倍織物や浮織物が用いられた。職仁親王所用。（河上）

210 半尻《はんじり》　亀甲に菊折枝文様　一領

白二倍織物
前丈 一三九・〇　裄 八七・九
江戸時代　十九世紀
京都国立博物館

211 半尻《はんじり》 藤立涌《たてわく》文様 一領

山吹色顕文紗

丈 一二八・〇 裄 六五・六

江戸時代 十九世紀

京都国立博物館

半尻は、男児が着た狩衣で、子ども用に後ろの裾を短く仕立てたもの。『装《しょう》束《ぞく》雑《ざつ》事《じ》抄《じょう》』に半尻事として「かり衣のうしろの一尺ばかりみじかき物也、色目・着用時節・衣文・帯等かり衣に同、宮の御童体御俗体若御時着御也、摂家又清花人も若時着給也」とある。また、平安時代の『満佐須計装束抄《まさすけしょうぞくしょう》』に「いとゆふむすびかりぎぬ。おさなき人のやなぎさくらむめなどにてきるものなり」とあるように糸遊結び狩衣の伝統に則り、半尻の袖括りは美しい撚紐を装飾的に結んだ。近世では幼児の髪が黒く長くのび、健康に育つように祈っておこなわれる深曾木《ふかそぎ》や着袴《ちゃっこ》の儀式に半尻を着用した。

有栖川宮家伝来の半尻には、夏冬の料が各一領伝えられている。夏の料は、花山吹《はなやまぶき》の藤立涌文顕文紗《けんもんしゃ》に紅生絹の裏をつけ、袖括は毛抜形のなかに菊の糸花を並べた置括《おきぐくり》とする。冬の料は、白の亀甲の地文に紫の枝菊を織りだした二倍織物《ふたえおりもの》に紫平絹の裏をつけ、袖括は夏の料と同様にしたもので、天保十二年（一八四一）熾仁親王の深曾木に用いたと考えられる。（河上）

212 細長《ほそなが》 梅折枝文様 一領

紅梅浮織物

丈 一〇三・〇 裄 四八・〇

江戸時代 十八世紀

京都府・大聖寺

213 細長《ほそなが》 松立涌《たてわく》文様 一領

萌葱浮織物

丈 一〇八・〇 裄 四七・五

江戸時代 十九世紀

京都府・大聖寺

細長は公家の女性が幼年から若年まで用いた表着。『源氏物語』の竹河の段では玉鬘の娘大君の細長姿が「桜の細長、山吹などの、折にあひたる色あひの」と描写されている。また『満佐須計装束抄《まさすけしょうぞくしょう》』には「れいのきぬのおほくびなきなり」と記されており、通例の衣とはちがって衽（＝おほくび）をつけなかった。近世の細長も衽はつけず、文字通り、身頃の細長いのが特徴であった。近世においては、女児の細長も男児の半尻と同様に幼児の髪が黒く長くのび、健康に育つように祈っておこなわれる深曾木《ふかそぎ》などの儀式にもちいられた。

京都の大聖寺には中御門天皇の皇女永皎女王（勝明楽院宮）（一七三二～一八〇八）所用の細長と、光格天皇の皇女倫宮（普明浄院宮）（一八二〇～三〇）の細長が伝わっており、ともに細長い身頃の特長を示している。永皎女王の料は紅梅色の地に梅ケ枝を浮織であらわした若々しい色目・文様の細長で、倫宮の料は不老長寿・節操清廉の松を立涌に構成した文様をあらわして少女の健やかな成長への祈りが込められている。（河上）

214 光格上皇修学院御幸《ぎょうこう》儀仗《ぎじょう》図《ず》絵巻 渡辺広輝筆 三巻

絹本着色

上巻 三九・五×一一六六・〇

中巻 三九・五×七七三・〇

下巻 三九・五×一四五四・〇

江戸時代 十九世紀

文政七年（一八二四）に光格上皇が幕府によって新装になった修学院離宮に御幸された際の行列を描く。絵師は徳島藩の御用を務めた住吉派の渡辺広輝（一七七八～一八三八）で、その緻密な描写は行列ばかりか、見物の町人の姿を克明に捉えている。

上巻の巻頭には桟敷のなかで上皇の行列を待ち構える町人の老若男女が描かれる。町人の男たちは裃や羽織袴を着て礼儀を整え、着飾った女たちの姿にも江戸時代後期のスタイルがうかがえる。彼らの視線の先には、ゆるりゆるりと行列が進んでくる。騎乗の公卿やそれに従うお供の列が延々と続き、ようやく上皇の乗った輦《れん》が見えてくる。

「鷹司関白様御院参御列書」によれば、三二〇ページ上段の図の、騎乗の人物は裏松左兵衛恭光で、立烏帽子に牡丹文の白織襖褐衣(狩衣)、平絹の薄色奴袴を着用する。また二人の随身は立烏帽子に二藍狩衣袴、その後ろの小舎人童は蘇芳絞纈雁衣袴である。

三二〇ページ下段の図の、輦の先をいく騎乗の人物は左大臣の二條齊信で、烏帽子に縹の直衣、藤色堅織物花丸奴袴(指貫)を着用している。それに続く諸大夫は折烏帽子に狩衣、奴袴の姿である。　(河上)

近世の髪形

髪形は、江戸時代に入って、まず髱《つと》の発達にはじまり、それから前髪を出し、次いで鬢《びん》が発達した。江戸時代前期から中期にかけては、鬢は顔の左右に張らず、毛髪は後ろに流れ、髱が後ろに大きく突き出していた。髪形のボリュームは後ろにあり、寛文小袖や元禄期の小袖のように背面に中心を置く文様、さらに帯をいかに見せるかといった最新の帯の結び方が相俟って後ろ姿の美を強調した。ところが、江戸時代後期には顔の左右に鬢が張り出し、髱は後退した。髪形は正面性が強調され、櫛やかんざしの髪飾りも発達した。

215　唐輪《からわ》　一頭

人髪
高 約二五・〇
昭和時代　二十世紀
京都国立博物館

遊女やかぶき者の間で流行した髪形。　(河上)

216　御所髷《ごしょまげ》　一頭

人髪
高 約二五・〇
昭和時代　二十世紀
京都国立博物館

御所の女官の髪形。御用を務めるときは解いて下げ髪にした。下げ髪や御所髷は御所の女官だけでなく、寛永から寛文ごろの風俗画や美人図にもしばしば見られる。　(河上)

217　島田《しまだ》　一頭

人髪
高 約二五・〇
昭和時代　二十世紀
京都国立博物館

若衆髷から起こった髪形。東海道島田の宿の遊女が結い始め、やがて町娘へ広がった。　(河上)

218　両輪《りょうわ》　一頭

人髪
高 約二五・〇
昭和時代　二十世紀
京都国立博物館

御殿女中から起こり、町屋の年輩の婦人のあいだに広まった。長い髪を笄にまきつけている。　(河上)

219　勝山《かつやま》　一頭

人髪
高 約二五・〇
昭和時代　二十世紀
京都国立博物館

十七世紀中頃、遊女勝山が始めた髪形。元禄（一六八八―一七〇四）の頃には一般の女性にも広まった。（河上）

220 **島田《しまだ》** 一頭

人髪
高 約二五・〇
昭和時代 二十世紀
京都国立博物館

宝暦・明和（一七五一―七二）頃に町屋の娘に流行した髪形。この髪形は鈴木春信の浮世絵によく見られる。（河上）

221 **先笄《さっこう》** 一頭

人髪
高 約二五・〇
昭和時代 二十世紀
京都国立博物館

上方の既婚婦人が結った髪形。両輪と似るが、両輪は髷を根のところから下へ折り曲げ、先笄では逆に上へ折り曲げる。（河上）

222 **先笄《さっこう》** 一頭

人髪
高 約二五・〇
昭和時代 二十世紀
京都国立博物館

京風の髪形。町屋の若夫人などが結った。（河上）

223 **両輪《りょうわ》** 一頭

人髪
高 約二五・〇
昭和時代 二十世紀
京都国立博物館

上方の町屋の母親に多く結われた髪形。（河上）

224 **勝山《かつやま》** 一頭

人髪
高 約二五・〇
昭和時代 二十世紀
京都国立博物館

上方の中流以上の町家の娘の髪形。（河上）

225 **奴島田《やっこしまだ》** 一頭

人髪
高 約二五・〇
昭和時代 二十世紀
京都国立博物館

武家の娘の髪形。奴島田は、高島田とも呼ばれ、根を高めにとったきりっとした姿に特徴がある。この奴島田は京風の結い方で、江戸時代後期には髱《つと》がしだいに上がるようになる。（河上）

花洛《みやこ》のモード

きものの時代

Kyoto Style

Trends in 16th-19th Century Kimono

目録／List of Plates (Japanese)

☆は田村技都子コレクション

No.	指定	作品名	員数	材質・技法	時代	所蔵
		第一章　絢爛と花開く　—桃山時代のモード—				
1	◎	春草と桐文様肩裾小袖	一領	練貫地　刺繡・摺箔	桃山時代　十六世紀	京都府・宇良神社
2	◎	松鶴亀に草花文様肩裾小袖	一領	練貫地　刺繡・摺箔	桃山時代　十六世紀	泉大津市立織編館
3	◎	草花文様四つ替小袖	一領	練貫地　刺繡・摺箔	桃山時代　十六世紀	京都国立博物館
4	◎	菊に芦水鳥文様繡箔（能装束）	一領	練貫地　刺繡・摺箔	桃山時代　十六世紀	東京国立博物館
5	◎	菊折枝文様小袖	一領	唐織	桃山時代　十六世紀	林原美術館
6		雪持ち橘文様小袖	一領	唐織	桃山時代　十六世紀	文化庁
7		立涌に桐文様打敷	一枚	唐織	桃山時代　慶長十二年	京都府・高台寺
8		段に桜樹文様打敷	一枚	練貫地　刺繡	桃山時代　慶長七年	京都府・高台寺
9		桐菊紋蒔絵衣桁	一基	木製　黒漆塗蒔絵	桃山時代　十六世紀	細見美術財団
10	◎	亀甲花菱文様打掛	一領	練貫地　刺繡・摺箔	桃山時代　十六世紀	京都府・高台寺
11		亀甲檜垣に藤文様小袖	一領	練貫地　辻が花染	桃山時代　十七世紀	京都国立博物館
12	◎	桐矢襖文様胴服	一領	練貫地　辻が花染	桃山時代　十六世紀	京都国立博物館
13	◎	銀杏葉に雪輪文様胴服	一領	平絹地　辻が花染	桃山時代　十七世紀	東京国立博物館
14	◎	丁子文様胴服	一領	練貫地　辻が花染	桃山時代　十七世紀	島根県・清水寺
15		葵紋葵葉文様羽織	一領	紫練貫地　辻が花染	桃山時代　十七世紀	徳川美術館
16	◎	御染地之帳	一冊	紙本墨書	桃山時代　慶長七・八年	文化庁
17		葵紋散し文様小袖	一領	浅葱練貫地　辻が花染	桃山時代　十七世紀	徳川美術館
18		葵紋腰替小袖	一領	練貫地　辻が花染	桃山時代　十六世紀	徳川美術館
19		雪持ち柳文様胴服	一領	紺繻子地　刺繡および唐織	桃山時代　十六世紀	
20	◎	鳥獣文様陣羽織	一領	絹綴	桃山時代　十六世紀	京都府・高台寺
21	◎	華文刺縫陣羽織	一領	白木綿地　キルティング	桃山時代　十六世紀	福岡県・嘉穂町
22	◎	羅紗袖替陣羽織	一領	紺・緋羅紗	桃山時代　十六世紀	山形県・上杉神社
23	◎	花葉文様胴服	一領	浅葱緞子	桃山時代　十六世紀	山形県・上杉神社
24		牡丹唐草文様具足下着		白緞子	桃山時代　十七世紀	土佐山内家宝物資料館
		第二章　描かれた桃山モード　—肖像画と洛中洛外図—				
25	◎	武田信玄像	一幅	絹本著色	室町時代　十六世紀	和歌山県・成慶院
26	◎	足利義輝像	一幅	絹本著色	室町時代　十六世紀	国立歴史民俗博物館
27		細川昭元夫人像	一幅	絹本著色	桃山時代　天正十年	京都府・龍安寺

28	◎	浅井長政夫人像	一幅	絹本著色	桃山時代	十六～十七世紀	和歌山県・持明院
29	◎	婦人像	一幅	紙本著色	桃山時代	十六世紀	大和文華館
30		稲葉忠次郎夫人像	一幅	絹本著色	桃山時代	慶長十五年	京都府・雑華院
31		伝淀殿像	一幅	絹本著色	桃山時代	十七世紀	奈良県立美術館
32	◎	細川蓮丸像	一幅	絹本著色	桃山時代	天正十五年	京都府・聴松院
33		太鼓打ち童子像	一幅	絹本著色	桃山時代	十六～十七世紀	
34		洛中洛外図屏風	六曲一双	紙本著色	桃山時代	十七世紀	福岡市博物館

第三章　残照の美　―慶長小袖―

35	◎	筋と円に草花文様小袖	一領	紫練貫地　絞り染・刺繍・摺箔	桃山時代	十七世紀	
36	◎	山に桜円文散し繡箔（能装束）	一領	紅紗綾地　絞り染・刺繍・摺箔	江戸時代	十七世紀	林原美術館
37	◎	染分松皮菱取り文様小袖	一領	染分綸子地　絞り染・刺繍・摺箔	江戸時代	十七世紀	京都国立博物館
38	◎	染分桜花に松鶴文様小袖	一領	染分綸子地　絞り染・刺繍・摺箔	江戸時代	十七世紀	鐘紡株式会社
39	◎	染分小手毬に松楓文様小袖	一領	染分紗綾地　絞り染・刺繍・摺箔	江戸時代	十七世紀	田畑コレクション
40		染分熨斗に草花文様小袖	一領	染分綸子地　絞り染・刺繍・（摺箔）	江戸時代	十七世紀	鐘紡株式会社
41		棚に草花文様打敷	一枚	染分綸子地　絞り染・刺繍・摺箔	江戸時代	元和六年	京都府・真珠庵
42		縞に鉄線唐草文様打敷	一枚	染分綸子地　絞り染・刺繍・摺箔	江戸時代	十七世紀	京都府・真珠庵
43		斜取り破垣文様小袖（屏風貼り）	一隻	黒綸子地　絞り染・刺繍・（摺箔）	江戸時代	十七世紀	国立歴史民俗博物館
44		草花滝文様小袖（屏風貼り）	一隻	黒綸子地　絞り染・刺繍・摺箔	江戸時代	十七世紀	国立歴史民俗博物館
45		三龍胆車に草花文様振袖	一領	黒練貫地　絞り染・刺繍・摺箔	江戸時代	十七世紀	奈良県・法隆寺

第四章　浮世の彩絢　―かぶきと遊里―

46	○	歌舞伎図巻　下巻	一巻	紙本著色	江戸時代	十七世紀	徳川美術館
47	◎	遊楽図屏風（相応寺屏風）	八曲一双	紙本著色	江戸時代	十七世紀	徳川美術館
48		邸内遊楽図屏風	六曲一隻	紙本著色	江戸時代	十七世紀	
49	◎	縄のれん図屏風	二曲一隻	紙本金地著色	江戸時代	十七世紀	アルカンシェール美術財団
50		誰が袖図屏風	六曲一双	紙本金地著色	江戸時代	十七世紀	根津美術館
51		洲浜取りに貝尽し文様小袖	一領	染分紗綾地　絞り染・摺箔・刺繍	江戸時代	十七世紀	メトロポリタン美術館
52		丸文散し草花文様打敷	一枚	紫綸子地　絞り染・刺繍・摺箔	江戸時代	十七世紀	京都府・真珠庵
53		葡萄に網干丸文様打敷	一枚	紫綸子地　絞り染・摺箔	江戸時代	寛永十六年	京都府・真珠庵
54		松藤に屏風文様小袖	一領	染分綸子地　絞り染・刺繍・摺箔	江戸時代	十七世紀	

55	◎ 雪輪に梅文様帯	一条	黒紅綸子地　絞り染・刺繡	江戸時代	十七世紀	仙台市博物館
56	◎ 桔梗散し文様帯	一条	白繻子	江戸時代	十七世紀	仙台市博物館
57	◎ 縞に花鳥文様帯	一条	繻珍	江戸時代	十七世紀	仙台市博物館
58	◎ 藍黒雲形文様帯	一条	綸子地　鹿の子絞り	江戸時代	十七世紀	仙台市博物館
59	牡丹唐草蒔絵伏籠	一基	木製　漆塗蒔絵	江戸時代	十七世紀	京都国立博物館
60	木瓜紋蒔絵阿古陀香炉	一箇	木製　漆塗蒔絵	江戸時代	十七世紀	京都国立博物館
61	鉄線唐草蒔絵衣桁	一基	木製　漆塗蒔絵	江戸時代	十七世紀	

第五章　美服の奢り　―寛文・元禄小袖―

62	竹に栗鼠梅文様振袖	一領	染分綸子地　絞り染・鹿の子絞り・刺繡・摺箔	江戸時代	十七世紀	鐘紡株式会社
63	菊に棕櫚文様帷子	一領	黒紅麻地　絞り染・刺繡	江戸時代	十七世紀	京都国立博物館
64	楽器に菊文字文様小袖	一領	白繻子地　鹿の子絞り・刺繡	江戸時代	十七世紀	鐘紡株式会社
65	花丸文様小袖	一領	鬱金綸子地　刺繡・鹿の子絞り	江戸時代	十七世紀	東京国立博物館
66	雪輪に梅鶯文様打敷	一枚	黄縮緬地　絞り染・彩色	江戸時代	十七世紀	京都府・真珠庵
67	梅に円窓文様小袖	一領	淡紫縮緬地　刺繡・型鹿の子	江戸時代	十七世紀	鐘紡株式会社
68	松藤文様小袖	一領	白綸子地　刺繡・鹿の子絞り・型鹿の子	江戸時代	十七世紀	東京国立博物館
69	御簾に松鶴文様小袖	一領	白綸子地　染・刺繡	江戸時代	十七世紀	
70	竹垣に橘文様小袖	一領	白綸子地　染・刺繡・型鹿の子	江戸時代	十八世紀	フィラデルフィア美術館
71	菊に流水文様小袖	一領	白綸子地　染・刺繡・型鹿の子	江戸時代	十八世紀	
72	菊に流水文字文様小袖	一領	白綸子地　染・刺繡・型鹿の子	江戸時代	十八世紀	京都国立博物館
73	波に松原文字文様帷子	一領	白麻地　染・刺繡・型鹿の子	江戸時代	十八世紀	遠山記念館
74	籬に花丸文様小袖	一領	白綸子地　染・刺繡・型鹿の子	江戸時代	十七世紀	丸紅株式会社
75	梅樹に鳥兜文様小袖	一領	白綸子地　染・刺繡・型鹿の子	江戸時代	十八世紀	大手前大学
76	竹垣に梅文字文様単衣	一領	白絹縮地　染・刺繡	江戸時代	十八世紀	遠山記念館
77	桜筏文様帯	一条	白綸子地　染・刺繡・型鹿の子	江戸時代	十八世紀	奈良県立美術館
78	都鄙図巻　住吉具慶筆	一巻	絹本著色	江戸時代	十七～十八世紀	奈良県・興福院
79	洛中洛外図巻　住吉具慶筆	一巻	紙本著色	江戸時代	十七～十八世紀	東京国立博物館
80	八千代太夫像	一幅	紙本著色	江戸時代	十七世紀	角屋保存会
81	小藤像	一幅	紙本著色	江戸時代	十七世紀	角屋保存会
82	舞妓図	一幅	紙本著色	江戸時代	十七世紀	大和文華館
83	小袖雛形図巻	一巻	紙本著色	江戸時代	十七世紀	奈良県立美術館

84	◎万治四年御畫帳	一冊	紙本墨書	江戸時代　万治四年	大阪市立美術館
85	◎寛文三年御絵帳	一冊	紙本墨書	江戸時代　寛文三年	大阪市立美術館
86	御ひいなかた　上、下巻	二冊	版本	江戸時代　寛文七年	東京国立博物館
87	今用御ひいなかた　春、夏巻	二冊	版本	江戸時代　貞享二年	高田装束研究所
88	小倉山百種雛形	一冊	版本	江戸時代　十八世紀	共立女子大学図書館

第六章　今様の華奢　―友禅染―

89	蛇籠に桜樹文様小袖	一領	納戸縮緬地　友禅染・刺繡・型鹿の子	江戸時代　十七世紀	鐘紡株式会社
90	衝立に据鷹文様小袖	一領	白縮緬地　友禅染・刺繡・絞り染	江戸時代　十八世紀	東京国立博物館
91	桜樹に文字文様小袖	一領	黄縮緬地　友禅染・刺繡	江戸時代　十八世紀	鐘紡株式会社
92	流水に山吹文字文様小袖	一領	紅紗綾地　絞り染・友禅染	江戸時代　十八世紀	田畑コレクション
93	草花に滝楓文様小袖	一領	染分紗綾地　友禅染・刺繡・絞り染	江戸時代　十八世紀	鐘紡株式会社
94	賀茂競馬文様小袖	一領	白縮緬地　友禅染・刺繡	江戸時代　十八世紀	京都国立博物館
95	源氏絵海辺文様小袖	一領	染分縮緬地　友禅染・絞り染・刺繡・描絵	江戸時代　十八世紀	丸紅株式会社
96	帆に杜若文様帷子	一領	白麻地　友禅染・刺繡	江戸時代　十八世紀	京都国立博物館
97	梅に籬文様帷子	一領	白麻地　友禅染・刺繡	江戸時代　十八世紀	京都国立博物館
98	唐山水文様小袖	一領	浅葱縮緬地　友禅染・刺繡	江戸時代　十八世紀	東京国立博物館
99	貝合せ文様打掛	一領	花色綸子地　友禅染・刺繡	江戸時代　十八世紀	京都国立博物館
100	段に木賊花兎文様小袖	一領	染分縮緬地　友禅染・刺繡	江戸時代　十八世紀	京都国立博物館
101	◎束ね熨斗文様振袖	一領	紅紋縮緬地　友禅染・刺繡・摺箔・絞り染	江戸時代　十八世紀	友禅史会
102	七夕文様帷子	一領	白麻地　友禅染・刺繡	江戸時代　十八世紀	京都国立博物館
103	山霧に百合文様単衣	一領	白絹縮地　友禅染	江戸時代　十八世紀	田畑コレクション
104	菊蝶に段幕文様小袖	一領	藍鼠紋縮緬地　友禅染・刺繡・絞り染	江戸時代　十八世紀	黒川古文化研究所
105	友禅ひいなかた　三、四巻	二冊	版本	江戸時代　貞享五年	三井文庫

第七章　華から粋へI　―光琳文様と白上り―

106	湊取りに秋草千鳥文様小袖（屛風貼り） 雲取りに流水紅葉秋草文様小袖（屛風貼り）	一隻	染分紗綾地　絞り染・色挿し	江戸時代　十八世紀	国立歴史民俗博物館
107	罌子に千鳥文様小袖	一領	茶木綿地　色挿し	江戸時代　十八世紀	福岡市博物館
108	梅樹に扇面散し文様小袖	一領	白綸子地　型鹿の子・刺繡	江戸時代　十八世紀	奈良県立美術館
109	雲と湊取りに楓文様小袖	一領	染分紗綾地　絞り染・友禅染	江戸時代　十八世紀	京都国立博物館

110	菊文様小袖	一領	紫紋縮緬地　鹿の子絞り	江戸時代　十八世紀	鐘紡株式会社
111	湊取りに梅菊文様小袖	一領	染分紗綾地　絞り染・白上り	江戸時代　十八世紀	京都国立博物館
112	梅樹に雪景文字文様小袖	一領	花色縮緬地　白上り・刺繍	江戸時代　十八世紀	京都国立博物館
113	近江八景文様帷子	一領	花色麻地　白上り・刺繍	江戸時代　十八世紀	遠山記念館
114	葛屋に蝶萩文様小袖	一領	花色縮緬地　白上り・刺繍	江戸時代　十八世紀	
115	柱時計美人図　西川祐信筆	一幅	紙本著色	江戸時代　十八世紀	東京国立博物館
116	婦女納涼図　西川祐信筆	一幅	紙本著色	江戸時代　十八世紀	東京国立博物館
117	正徳ひな形　二、四巻	二冊	版本	江戸時代　十八世紀	三井文庫
118	雛形祇園林	一冊	版本	江戸時代　十八世紀	共立女子大学図書館
119	当風美女ひなかた　下巻	一冊	版本	江戸時代　十八世紀	田畑コレクション
120	雛形染色の山　中巻	一冊	版本	江戸時代　十八世紀	三井文庫
121	当流模様雛形都の春　下巻	一冊	版本	江戸時代　十八世紀	三井文庫
122	雛形接穂桜　中巻	一冊	版本	江戸時代　十八世紀	三井文庫

第八章　華から粋へII　―褄・裾文様―

123	流水に草花文様小袖	一領	染分縮緬地　友禅染	江戸時代　十八世紀	
124	菊花に几帳文様小袖	一領	白平絹地　友禅染	江戸時代　十八世紀	鐘紡株式会社
125	曳舟文様小袖	一領	花色紋縮緬地　染・描絵・刺繍	江戸時代　十八世紀	丸紅株式会社
126	柳に燕文様小袖	一領	花色縮緬地　白上り	江戸時代　十八世紀	遠山記念館
127	薬玉文様単衣	一領	萌葱絽地　白上り	江戸時代　十八世紀	奈良県立美術館
128	松に千鳥文様小袖	一領	花色縮緬地　染・刺繍・木目摺り	江戸時代　十九世紀	
129	波に千鳥文様小袖	一領	浅葱平絹地　白上り・刺繍	江戸時代　十九世紀	京都国立博物館
130	蝶に蒲公英文様小袖	一領	染分綸子地　白上り	江戸時代　十九世紀	鐘紡株式会社
131	新雛形曙桜　上巻	一冊	版本	江戸時代　十八世紀	三井文庫
132	新雛形千歳袖　上巻	一冊	版本	江戸時代　十八世紀	三井文庫
133	美人図　白井直賢筆	一幅	紙本著色	江戸時代　十八世紀	黒川古文化研究所
134	美人図　祇園井特筆	一幅	紙本著色	江戸時代　十八世紀	福岡市博物館
135	美人図　祇園井特筆	一幅	絹本著色	江戸時代　十八世紀	角屋保存会
136	美人図　祇園井特筆	一幅	紙本著色	江戸時代　十八世紀	奈良県立美術館
137	扇美人図　三畠上龍筆	一幅	絹本著色	江戸時代　十九世紀	京都府立総合資料館（京都文化博物館管理）
138	鼈甲櫛・笄	一組	鼈甲	江戸時代　十九世紀	田村資料館

139	黒鼈甲櫛・笄	一組	鼈甲	江戸時代 十九世紀	田村資料館	
140	四季花鳥飾り髪挿物	一揃	鼈甲	江戸時代 十九世紀	田村資料館	
141	河曳舟文様櫛	一枚	木製漆塗蒔絵	江戸時代 十九世紀	京都国立博物館	☆
142	萩に遠眼鏡文様櫛	一枚	木製漆塗蒔絵	江戸時代 十九世紀	京都国立博物館	☆
143	住吉図櫛	一枚	木製漆塗蒔絵	江戸時代 十九世紀	京都国立博物館	☆
144	業平東下り図櫛	一枚	木製漆塗蒔絵金着せ	江戸時代 十九世紀	京都国立博物館	☆
145	忍草文様櫛	一枚	鼈甲蒔絵	江戸時代 十九世紀	京都国立博物館	☆
146	御簾人物文様櫛	一枚	鼈甲蒔絵	江戸時代 十九世紀	京都国立博物館	☆
147	椿に色紙文様櫛	一枚	鼈甲蒔絵	江戸時代 十九世紀	京都国立博物館	☆
148	鳥と草花文様櫛	一枚	鼈甲蒔絵	江戸時代 十九世紀	京都国立博物館	☆
149	秋草に鳥文様櫛	一枚	鼈甲蒔絵	江戸時代 十九世紀	京都国立博物館	☆
150	桜と扇面散し文様櫛	一枚	鼈甲蒔絵	江戸時代 十九世紀	京都国立博物館	☆
151	萩に楓文様笄	一本	木製黒塗蒔絵	江戸時代 十九世紀	京都国立博物館	☆
152	群雲文様笄	一本	鼈甲蒔絵	江戸時代 十九世紀	京都国立博物館	☆
153	秋草文様笄	一本	鼈甲蒔絵	江戸時代 十九世紀	京都国立博物館	☆
154	生花蒔絵笄	一本	木製蒔絵	江戸時代 十九世紀	京都国立博物館	☆
155	切金と変り麻の葉蒔絵笄	一本	木製鼈甲蒔絵	江戸時代 十九世紀	京都国立博物館	☆
156	海老飾り簪	一本	銅製鍍金銀・珊瑚	江戸時代 十九世紀	京都国立博物館	☆
157	七宝丁子飾り簪	一本	銅製鍍金銀・珊瑚	江戸時代 十九世紀	京都国立博物館	☆
158	木実に小鳥飾り簪	一本	銅製鍍金銀・珊瑚	江戸時代 十九世紀	京都国立博物館	☆
159	籠に宝尽くし飾り簪	一本	銅製鍍金銀	江戸時代 十九世紀	京都国立博物館	☆
160	葡萄飾り簪	一本	銅製鍍金銀・珊瑚	江戸時代 十九世紀	京都国立博物館	☆
161	枝に鋏飾り簪	一本	銅製鍍金銀・珊瑚	江戸時代 十九世紀	京都国立博物館	☆
162	珊瑚飾り玉簪	一本	銅製鍍金・珊瑚	江戸時代 十九世紀	京都国立博物館	☆
163	琥珀飾り玉簪	一本	銅製鍍金・琥珀	江戸時代 十九世紀	京都国立博物館	☆
164	トンボ玉飾り玉簪	一本	銅製鍍金・ガラス	江戸時代 十九世紀	京都国立博物館	☆
165	トンボ玉飾り玉簪	一本	銅製鍍金・ガラス	江戸時代 十九世紀	京都国立博物館	☆
166	唐草蒔絵貝飾り玉簪	一本	銅製鍍金・蒔絵	江戸時代 十九世紀	京都国立博物館	☆
167	霞に双鶴文様平打簪	一本	銅製鍍銀	江戸時代 十九世紀	京都国立博物館	☆
168	三つ巴文様平打簪	一本	銅製鍍金	江戸時代 十九世紀	京都国立博物館	☆

第九章　町家の贅沢　―婚礼衣装と京鹿の子―

169	水辺に春の花鴛鴦文様振袖	一領	紅綸子地　鹿の子絞り・刺繍	江戸時代	十九世紀	洛東遺芳館
170	柳に桜文様振袖	一領	白綸子地　鹿の子絞り・刺繍	江戸時代	十九世紀	洛東遺芳館
171	千羽鶴文様小袖	一領	染分綸子地　鹿の子絞り・刺繍	江戸時代	十九世紀	洛東遺芳館
172	雪中藪柑子図小袖	一領	白絖地　著色	江戸時代	十九世紀	洛東遺芳館
173	流水に杜若文様振袖	一領	染分綸子地　鹿の子絞り・友禅染・刺繍	江戸時代	十九世紀	鐘紡株式会社
174	松に敷瓦文様小袖	一領	黒綸子地　鹿の子絞り	江戸時代	十八世紀	京都国立博物館　☆
175	巻水に亀文様振袖	一領	紺綸子地　鹿の子絞り・刺繍	江戸時代	十九世紀	
176	腰替り千羽鶴文様振袖	一領	染分綸子地　鹿の子絞り	江戸時代	十九世紀	京都国立博物館
177	松竹梅鶴亀飾りびらびら簪	一組	銅製鍍金	江戸時代	十九世紀	京都国立博物館　☆
178	牡丹飾りびらびら簪	一組	銅製鍍金銀・珊瑚	江戸時代	十九世紀	京都国立博物館　☆
179	兜に梅飾りびらびら簪	一組	銅製鍍金銀・珊瑚	江戸時代	十九世紀	京都国立博物館　☆
180	松竹梅鶴亀飾りびらびら簪	一組	銅製鍍金銀・珊瑚	江戸時代	十九世紀	京都国立博物館　☆
181	浦島飾りびらびら簪	一組	銅製鍍金銀・珊瑚	江戸時代	十九世紀	京都国立博物館　☆

第十章　公武の装い　―御所風と御屋敷風―

182	鶴に藤文様振袖	一領	紅縮緬地　刺繍	江戸時代	十九世紀	京都国立博物館　☆
183	垣に菊芙蓉鶴文様搔取	一領	紅縮緬地　染・刺繍	江戸時代	十八世紀	東京国立博物館
184	岩に牡丹尾長鳥文様搔取	一領	白綾地　染・刺繍	江戸時代	十八世紀	東京国立博物館
185	籬に菊椿燕文様搔取	一領	紫縮緬地　刺繍	江戸時代	十九世紀	田村資料館
186	楓に時雨文字文様帷子	一領	白麻地　染・刺繍	江戸時代	十九世紀	
187	附帯	一条	錦	江戸時代	十九世紀	
188	夜桜に鷺文様帷子	一領	薄墨麻地　染・刺繍	江戸時代	十九世紀	京都国立博物館
189	流水に菊萩文様帷子	一領	鼠麻地　染・刺繍	江戸時代	十九世紀	
190	桜樹文様帷子	一領	白麻地　染・刺繍	江戸時代	十九世紀	
191	卍字立涌に花束文様打掛	一領	白綸子地　染・刺繍	江戸時代	十九世紀	京都府・仁和寺
192	御所車に鷹草花文様振袖	一領	紫縮緬地　染・刺繍	江戸時代	十九世紀	京都府・仁和寺
193	滝に鼓皮草花文様振袖	一領	萌葱絹縮地　染・刺繍	江戸時代	十九世紀	京都府・仁和寺
194	流水に花束文様振袖	一領	鉄色生絹地　染・刺繍	江戸時代	十九世紀	京都府・仁和寺
195	舟に風景草花文様帷子	一領	白麻地　染・刺繍	江戸時代	十九世紀	京都府・仁和寺
196	花亀甲に七宝松竹梅飛鶴文様腰巻	一領	黒紅練貫地　刺繍	江戸時代	十九世紀	京都府・仁和寺

197	流水に花束文様掛下帯	一条	黒繻子地　刺繍	江戸時代　十九世紀	京都府・仁和寺
198	竹輪違いに菊蝶文様掛下帯	一条	紅繻子地　刺繍	江戸時代　十九世紀	京都府・仁和寺
199	ローブ・モンタント	一着	綾地　プリント	明治時代　十九世紀	京都府・仁和寺

第十一章　雅びの伝統　―公家のスタイル―

200	御引直衣　三重襷文様	一領	二藍穀織	江戸時代　十九世紀	京都国立博物館
201	袍　定家立涌文様	一領	赤穀織	江戸時代　十九世紀	
202	小直衣　飛鶴文様	一領	萌葱紗地縫取織	江戸時代　嘉永五年	京都国立博物館
203	小直衣　三つ横見菊文様	一領	青唐綺	江戸時代　文久三年	京都国立博物館
204	狩衣　向い尾長鳥文様	一領	浅葱唐綺	江戸時代　十九世紀	
205	道服　菊文様	一領	紫顕文紗	江戸時代　十八世紀	京都国立博物館
206	鞠水干　松葉菊つなぎ文様	一領	桃色金襴	江戸時代　文化十年	京都国立博物館
207	鞠袴　淡紅葛布	一腰	桃色葛布	江戸時代　嘉永六年	京都国立博物館
208	童直衣　小葵文様	一領	白浮織物	江戸時代　嘉永二年	京都国立博物館
209	指貫　亀甲浮線綾文様	一腰	紫二倍織物	江戸時代　十八世紀	京都国立博物館
210	半尻　亀甲に菊折枝文様	一領	白二倍織物	江戸時代　十九世紀	京都国立博物館
211	半尻　藤立涌文様	一領	山吹色顕文紗	江戸時代　十九世紀	京都国立博物館
212	細長　梅折枝文様	一領	紅梅浮織物	江戸時代　十八世紀	京都府・大聖寺
213	細長　松立涌文様	一領	萌葱浮織物	江戸時代　十九世紀	京都府・大聖寺
214	光格上皇修学院御幸儀仗図絵巻　渡辺広輝筆	三巻	絹本著色	江戸時代　十九世紀	

近世の髪形（雛形½）

215	唐輪	一頭	人髪	昭和時代　二十世紀	京都国立博物館
216	御所髷	一頭	人髪	昭和時代　二十世紀	京都国立博物館
217	島田	一頭	人髪	昭和時代　二十世紀	京都国立博物館
218	両輪	一頭	人髪	昭和時代　二十世紀	京都国立博物館
219	勝山	一頭	人髪	昭和時代　二十世紀	京都国立博物館
220	島田	一頭	人髪	昭和時代　二十世紀	京都国立博物館
221	先笄	一頭	人髪	昭和時代　二十世紀	京都国立博物館
222	先笄	一頭	人髪	昭和時代　二十世紀	京都国立博物館
223	両輪	一頭	人髪	昭和時代　二十世紀	京都国立博物館
224	勝山	一頭	人髪	昭和時代　二十世紀	京都国立博物館
225	奴島田	一頭	人髪	昭和時代　二十世紀	京都国立博物館

Organized by Kyoto National Museum

Published by Shuji Tanaka, Shibunkaku Shuppan, 27 February, 2001

Art directed by Akira Murakami, Image Factory
Produced by Image Factory

Printed by Nozaki Insatsu Shigyo Co., Ltd.
Printed by Toshoinsatsu Dōhōsha Co., Ltd.
Printing promoted by Yoshinori Matsumoto, Mitsuo Kubo and Kyoko Tsuji
Printing directed by Kunikazu Nakamura
Printing operation directed by Wataru Ichikawa
Printing operation assisted by Atsushi Takuma, Toshinori Ohji and Haruyuki Ida

Bound by Dainippon Seihonshikou Co., Ltd.

Printed in Japan

平成13(2001)年2月27日発行
定価：本体25,000円(税別)

編　　集　京都国立博物館
発 行 者　田中周二
発 行 所　思文閣出版
〒606-8203 京都市左京区田中関田町2-7
TEL：075-751-1781
図書設計　イメージファクトリー　村上　明
編集・制作　イメージファクトリー
印　　刷　野崎印刷紙業株式会社
株式会社図書印刷同朋舎
製　　本　大日本製本紙工株式会社
Printed in Japan　ISBN4-7842-1072-5 C1070

Game) with Chrysanthemums in Broken Circles

Pinkish-red gold brocade
Length 74.2 cm, width 217.2 cm
Edo period, dated 1813
Kyoto National Museum

207. ***Maribakama* (Trousers for Football Game) with Leather Decoration**

Pinkish-red cotton with arrowroot fiber
Length 99.0 cm
Edo period, dated 1853
Kyoto National Museum

208. ***Warawa Nōshi* (Robe for an Infant Prince) with Small Hollyhocks**

White silk, twill-weave with floating pattern (*uki-orimono*)
Length 158.0 cm, width 190.0 cm
Edo period, dated 1849
Kyoto National Museum

209. ***Sashinuki* (Trousers) with Tortoise-Shell Patterns and Roundels**

Purple double-weave silk (*futae orimono*)
Length 112.3 cm
Edo period, 18th century
Kyoto National Museum

210. ***Hanjiri* (Jacket for a Young Prince) with Tortoise-Shell Pattern and Chrysanthemums**

Purple double-weave silk (*futae orimono*)
Front length 139.0 cm, width 175.8 cm
Edo period, 19th century
Kyoto National Museum

211. ***Hanjiri* (Jacket for a Young Prince) with Wisteria Flowers and Undulating Vertical Lines**

Golden yellow figured silk gauze (*sha*)
Length 128.0 cm, width 131.2 cm
Edo period, 19th century
Kyoto National Museum

212. ***Hosonaga* (Robe for a Young Princess) with Blooming Plum Branches**

Plum red silk, twill-weave with floating pattern (*uki-orimono*)
L.203.0 cm, width 96.0 cm
Edo period, 18th century
Daishō-ji Temple

213. ***Hosonaga* (Robe for a Young Princess) with Pine Branches and Undulating Vertical Lines**

Yellowish-green silk, twill-weave with floating pattern (*uki-orimono*)
L.208.0 cm, width 95.0 cm
Edo period, 19th century
Daishō-ji Temple

214. **Emperor Kōkaku's Visit to Shūgakuin**

By Watanabe Kōki
Three handscrolls
Color on silk
(1) Height 39.5 cm, length 1166.0 cm
(2) Height 39.5 cm, length 773.0 cm
(3) Height 39.5 cm, length 1454.0 cm
Edo period, 19th century

215. ***Karawa* Hairstyle**

(Early Edo period style)
Human hair
Height 25 cm
Showa period, 20th century
Kyoto National Museum

216. ***Goshomage* Hairstyle**

(Early Edo period style)
Human hair
Height 25 cm
Showa period, 20th century
Kyoto National Museum

217. ***Shimada* Hairstyle**

(Mid-Edo period style)
Human hair
Height 25 cm
Showa period, 20th century
Kyoto National Museum

218. ***Ryōwa* Hairstyle**

(Mid-Edo period style)
Human hair
Height 25 cm
Showa period, 20th century
Kyoto National Museum

219. ***Katsuyama* Hairstyle**

(Mid-Edo period style)
Human hair
Height 25 cm
Showa period, 20th century
Kyoto National Museum

220. ***Shimada* Hairstyle**

(Mid- to late Edo period style)
Human hair
Height 25 cm
Showa period, 20th century
Kyoto National Museum

221. ***Sakkō* Hairstyle**

(Mid- to late Edo period style)
Human hair
Height 25 cm
Showa period, 20th century
Kyoto National Museum

222. ***Sakkō* Hairstyle**

(Late Edo period style)
Human hair
Height 25 cm
Showa period, 20th century
Kyoto National Museum

223. ***Ryōwa* Hairstyle**

(Late Edo period style)
Human hair
Height 25 cm
Showa period, 20th century
Kyoto National Museum

224. ***Katsuyama* Hairstyle**

(Late Edo period style)
Human hair
Height 25 cm
Showa period, 20th century
Kyoto National Museum

225. ***Yakko Shimada* Hairstyle**

(Late Edo period style)
Human hair
Height 25 cm
Showa period, 20th century
Kyoto National Museum

185. ***Kaidori* with Fence, Chrysanthemums, Camellias, and Swallows**

Purple silk crepe
Dyeing, embroidery
Length 152.5 cm, width 120.0 cm
Edo period, 19th century
Tamura Museum

186. ***Katabira* with Maple Leaves in the Rain and Characters**

White plain-weave ramie
Dyeing, embroidery
Length 157.0 cm, width 120.6 cm
Edo period, 19th century

187. ***Obi***

Silk brocade
Length 315.0 cm, width 8.7 cm
Edo period, 19th century

188. ***Katabira* with Evening Cherry Blossoms and Herons**

Light ink on plain-weave ramie
Dyeing, embroidery
Length 156.5 cm, width 121.4 cm
Edo period, 19th century
Kyoto National Museum

189. ***Katabira* with Flowing Water, Chrysanthemums, and Bush Clovers**

Gray plain-weave ramie
Dyeing, embroidery
Length 160.5 cm, width 123.0 cm
Edo period, 19th century

190. ***Katabira* with Blooming Cherry Trees**

White plain-weave ramie
Dyeing, embroidery
Length 162.0 cm, width 120.0.0 cm
Edo period, 19th century

191. ***Uchikake* with Filfots, Undulating Diagonal Lines, and Flower Bouquets**

White figured silk satin (*rinzu*)
Dyeing, embroidery
Length 180.6 cm, width 127.2 cm
Edo period, 19th century
Ninna-ji Temple

192. ***Furisode* with Ox Carriages, Hawk, and Flowering Plants**

Purple silk crepe (*chirimen*)
Dyeing, embroidery
Length 170.0 cm, width 127.2 cm
Edo period, 19th century
Ninna-ji Temple

193. ***Furisode* with Waterfalls, Hand Drums, and Flowering Plants**

Yellowish-green silk crepe (*chirimen*)
Dyeing, embroidery
Length 177.7 cm, width 122.0 cm
Edo period, 19th century
Ninna-ji Temple

194. ***Furisode* with Flowing Water and Flower Bouquets**

Brownish-pale blue silk
Dyeing, embroidery
Length 174.1 cm, width 128.0 cm
Edo period, 19th century
Ninna-ji Temple

195. ***Katabira* with Ships, Landscape, and Flowering Plants**

White plain-weave ramie
Dyeing, embroidery
Length 185.1 cm, width 135.4 cm
Edo period, 19th century
Ninna-ji Temple

196. ***Koshimaki* with Flowers in Tortoise Shells, *Shippo* Pattern, Pine, Bamboo, Plum Blossoms, and Flying Cranes**

Reddish-black *nerinuki* plain-weave silk
Embroidery
Length 162.0 cm, width 126.4 cm
Edo period, 19th century
Ninna-ji Temple

197. ***Kakeshita Obi* with Whirlpools and Flower Bouquets**

Black silk satin
Embroidery
Length 410.7 cm, width 30.7 cm
Edo period, 19th century
Ninna-ji Temple

198. ***Kakeshita Obi* with Bamboo Rings, Chrysanthemums, and Butterflies**

Vermilion silk satin
Embroidery
Length 394.5 cm, width 25.0 cm
Edo period, 19th century
Ninna-ji Temple

199. ***Robe Montante* (High-Necked Afternoon Dress)**

Twill-weave silk
Printing
Bodice length 38.0 cm,
skirt length 91.0 cm
Meiji period, 19th century
Ninna-ji Temple

200. ***Ohiki Nōshi* (Imperial Robe) with Triple Lozenge Diaper**

Reddish-blue silk gauze
Length 242.0 cm, width 196.8 cm
Edo period, dated 1867
Kyoto National Museum

201. ***Hō* (Official's Robe) with *Teika*-type Undulating Vertical Lines**

Red silk gauze
Length 168.5 cm, width 228.6 cm
Edo period, 19th century
Takakura Cultural Institute

202. ***Konōshi* (Informal Imperial Robe) with Flying Cranes**

Yellowish-green silk gauze
Length 122.4 cm, width 187.0 cm
Edo period, dated 1852
Kyoto National Museum

203. ***Konōshi* (Informal Imperial Robe) with Three Chrysanthemums in Roundels**

Blue brocaded silk (*karaki*)
Length 124.5 cm, width 168.6 cm
Edo period, dated 1863
Kyoto National Museum

204. ***Kariginu* (Robe for Court Nobles) with Pairs of Magpies**

Yellowish-green brocaded silk (*karaki*)
Length 139.5 cm, width 188.6 cm
Edo period, 19th century
Takakura Cultural Institute

205. ***Dōfuku* (Informal Robe for Court Nobles) with Chrysanthemums**

Purple figured silk gauze
Length 114.8 cm, width 178.6 cm
Edo period, 18th century
Kyoto National Museum

206. ***Mari Suikan* (Jacket for Football**

Length 24.0 cm
Edo period, 19th century
Kyoto National Museum

164. ***Kanzashi* Hair Ornament with a Glass Bead**

Gold, silver, and glass
Length 21.5
Edo period, 19th century
Kyoto National Museum

165. ***Kanzashi* Hair Ornament with a Glass Bead**

Gold, silver, and glass
Length 22.0 cm
Edo period, 19th century
Kyoto National Museum

166. ***Kanzashi* Hair Ornament with a Shell Bead**

Shell, gold, silver, lacquer and gold *makie*
Length 20.0 cm
Edo period, 19th century
Kyoto National Museum

167. ***Kanzashi* Hair Ornament with Mist and a Pair of Cranes**

Silver
Length 19.5
Edo period, 19th century
Kyoto National Museum

168. ***Kanzashi* Hair Ornament with Whirl of Three Commas**

Silver
Length 21.0 cm
Edo period, 19th century
Kyoto National Museum

169. ***Furisode* with Spring Flowers and Mandarin Ducks by the Waterside**

Vermilion figured silk satin (*rinzu*)
Tie-dying (*kanoko shibori*), embroidery
Length 170.5 cm, width 124.0 cm
Edo period, 19th century
Rakutō Ihōkan Museum

170. ***Furisode* with Weeping Willow Branches and Cherry Blossoms**

White figured silk satin (*rinzu*)
Tie-dying (*kanoko shibori*), embroidery
Length 170.5 cm, width 118.0 cm
Edo period, 19th century
Rakutō Ihōkan Museum

171. ***Kosode* with Cranes**

Parti-colored figured silk satin (*rinzu*)
Tie-dying (*kanoko shibori*), embroidery
Length 172.0 cm, width 119.0
Edo period, 19th century
Rakutō Ihōkan Museum

172. ***Kosode* with Wild Oranges in the Snow**

White silk satin
Ink
Length 166.5 cm, width 122.0 cm
Edo period, 19th century
Rakutō Ihōkan Museum

173. ***Furisode* with Flowing Water and Irises**

Parti-colored figured silk satin (*rinzu*)
Tie-dying (*kanoko shibori*), paste-resist dyeing (*yuzen*), embroidery
Length 177.0 cm, width 126.0 cm
Edo period, 19th century
Kanebō, Inc.

174. ***Kosode* with Pine Tree and Checkered Pattern**

Black figured silk satin (*rinzu*)
Tie-dying (*kanoko shibori*)
Length 163.5 cm, width 122.0 cm
Edo period, 18th century
Kyoto National Museum

175. ***Furisode* with Whirls and Tortoises**

Dark blue figured silk satin (*rinzu*)
Tie-dying (*kanoko shibori*), embroidery
Length 158.6 cm, width 127.4 cm
Edo period, 19th century

176. ***Furisode* with Cranes**

Parti-colored figured silk satin (*rinzu*)
Tie-dying (*kanoko shibori*)
Length 163.5 cm, width 123.0 cm
Edo period, 19th century
Kyoto National Museum

177. **Set of Dangling *Kanzashi* Hair Ornaments with Pine, Bamboo, Plum Blossoms, Cranes and Tortoises**

Gold, silver, and coral
Maximum length 14.0 cm
Edo period, 19th century
Kyoto National Museum
Tokyo National Museum

178. **Set of Dangling *Kanzashi* Hair Ornaments with Peonies**

Gold, silver, and coral
Maximum length 9.0 cm
Edo period, 19th century
Kyoto National Museum

179. **Set of Dangling *Kanzashi* Hair Ornaments with Helmets and Plum Blossoms**

Gold, silver, and coral
Maximum length 19.0 cm
Edo period, 19th century
Kyoto National Museum

180. **Set of Dangling *Kanzashi* Hair Ornaments with Pine, Bamboo, Plum Blossoms, Cranes and Tortoises**

Gold, silver, and coral
Maximum length 14.0 cm
Edo period, 19th century
Kyoto National Museum

181. **Set of Dangling *Kanzashi* Hair Ornaments with Motifs from "The Tale of Urashima"**

Gold, silver, and coral
Maximum length 11.5
Edo period, 19th century
Kyoto National Museum

182. ***Furisode* with Cranes and Wisteria Flowers**

Vermilion silk crepe (*chirimen*)
Embroidery
Length 101.5 cm, width 99 cm
Edo period, 18th century
Tokyo National Museum

183. ***Kaidori* with Fences, Chrysanthemums, Hibiscuses, and Cranes**

Vermilion silk crepe (*chirimen*)
Dyeing, embroidery
Length 154.5 cm, width 121.2 cm
Edo period, 18th century
Tokyo National Museum

184. ***Kaidori* with Rocks, Peonies and Magpies**

White figured twill-weave silk (*aya*)
Dyeing, embroidery
Length 164.0 cm, width 121.2 cm
Edo period, 18th century

Edo period, 19th century
Kyoto National Museum

143. **Ornamental Comb with Sumiyoshi Shrine**

Inscription of Jōka
Wood
Lacquer and *makie* gold dust
Width 12.2 cm, height 6.8 cm
Edo period, 19th century
Kyoto National Museum

144. **Ornamental Comb with Ariwara no Narihira on his Way to the Eastern Provinces**

Wood
Lacquer with gold *makie* and gold inlay
Width 10.5 cm, height 3.9
Edo period, 19th century
Kyoto National Museum

145. **Ornamental Comb with Hare's Foot Fern**

With inscription of Yōyūsai
Tortoiseshell
Lacquer with gold *makie*
Width 12.2 cm, height 6.0 cm
Edo period, 19th century
Kyoto National Museum

146. **Ornamental Comb with Screen and a Human Figure**

Tortoiseshell
Lacquer with gold *makie*
Width 6.7 cm, height 3.2 cm
Edo period, 19th century
Kyoto National Museum

147. **Ornamental Comb with Camellias and Square Poetry Sheet**

Tortoiseshell
Lacquer with gold *makie*
Width 7.5 cm, height 2.8 cm
Edo period, 19th century
Kyoto National Museum

148. **Ornamental Comb with Bird and Flowering Plants**

Tortoiseshell
Lacquer with gold *makie*
Width 7.7 cm, height 2.8 cm
Edo period, 19th century
Kyoto National Museum

149. **Ornamental Comb with Autumn Plants and Birds**

Tortoiseshell
Lacquer with gold *makie*
Width 9.8 cm, height 2.3 cm
Edo period, 19th century
Kyoto National Museum

150. **Ornamental Comb with Cherry Blossoms and Fans**

Tortoiseshell
Lacquer with gold *makie* gold dust
Width 10.0 cm, height 3.0 cm
Edo period, 19th century
Kyoto National Museum

151. ***Kōgai* Hair Ornament with Bush Clovers and Maple Leaves**

Wood
Lacquer with gold *makie*
Length 12.5
Edo period, 19th century
Kyoto National Museum

152. ***Kōgai* Hair Ornament with Clouds**

Tortoiseshell
Lacquer with gold *makie*
Length 14.5
Edo period, 19th century
Kyoto National Museum

153. ***Kōgai* Hair Ornament with Autumn Plants**

Tortoiseshell
Lacquer with gold *makie*
Length 15.0 cm
Edo period, 19th century
Kyoto National Museum

154. ***Kōgai* Hair Ornament with Flower Arrangement**

With inscription of Hōgyoku
Wood
Lacquer with gold *makie* gold dust
Length 19.2 cm
Edo period, 19th century
Kyoto National Museum

155. ***Kōgai* Hair Ornament with Hemp Leaves**

With inscription (seal) of Kōsai
Tortoiseshell
Lacquer with gold *makie* and gold leaf
Length 19.5
Edo period, 19th century
Kyoto National Museum

156. ***Kanzashi* Hair Ornament with Shrimp**

Gold, silver, and coral
Length 19.0 cm
Edo period, 19th century
Kyoto National Museum

157. ***Kanzashi* Hair Ornament with Treasures and Clove**

Gold, silver, and coral
Length 20.0 cm
Edo period, 19th century
Kyoto National Museum

158. ***Kanzashi* Hair Ornament with Bird on a Branch with Berries**

Gold, silver, and coral
Length 18.4 cm
Edo period, 19th century
Kyoto National Museum

159. ***Kanzashi* Hair Ornament with Basket and Assorted Treasures**

Gold and silver
Length 19.0 cm
Edo period, 19th century
Kyoto National Museum

160. ***Kanzashi* Hair Ornament with Grape Vine**

Gold, silver, and coral
Length 25.0 cm
Edo period, 19th century
Kyoto National Museum

161. ***Kanzashi* Hair Ornament with Tree Branch and Scissors**

Gold, silver, and coral
Length 20.5
Edo period, 19th century
Kyoto National Museum

162. ***Kanzashi* Hair Ornament with a Coral Bead**

Gold, silver, and coral
Length 23.5
Edo period, 19th century
Kyoto National Museum

163. ***Kanzashi* Hair Ornament with an Amber Bead**

Gold, silver, and amber

Catalogue of Kimono Designs

Block-printed book; second volume from a set of three
Length 26.0 cm, width 18.3 cm
Edo period, dated 1758
Mitsui Bunko Library

123. ***Kosode* with Flowing Water and Flowering Plants**

Parti-colored silk crepe (*chirimen*)
Paste-resist dyeing (*yūzen*)
Length 170.0 cm, width 124.4 cm
Edo period, 18th century

124. ***Kosode* with Chrysanthemums and Screens**

White plain-weave silk
Paste-resist dyeing (*yūzen*)
Length 161.0 cm, width 120.0 cm
Edo period, 18th century
Kanebō, Inc.

125. ***Kosode* with a Scene of Pulling Boats**

Dark blue figured silk crepe (*chirimen*)
Dyeing, painting, embroidery
Length 151.9 cm, width 122.0 cm
Edo period, 18th century
Marubeni Corporation

126. ***Kosode* with Willow Branches and Swallows**

Grayish-indigo silk crepe (*chirimen*)
White resist
Length 151.5 cm, width 124.0 cm
Edo period, 19th century
Tōyama Memorial Museum

127. ***Hitoe* with Hanging Decoration**

Yellowish-green silk gauze (*ro*)
Length 158.5 cm, width 123.6 cm
Edo period, 18th century
Nara Prefectural Art Museum

128. ***Kosode* with Pine Trees and Plovers**

Grayish-indigo silk crepe (*chirimen*)
Dyeing, embroidery, printed wood-grain pattern
Length 150.0 cm, width 114.0 cm
Edo period, 19th century

129. ***Kosode* with Waves and Plovers**

Pale blue plain-weave silk
White paste-resist designs, embroidery
Length 147.0 cm, width 126.0 cm
Edo period, 19th century
Kyoto National Museum

130. ***Kosode* with Butterflies and Dandelions**

Parti-colored figured silk satin (*rinzu*)
White paste-resist designs
Length 170.0 cm, width 124.0 cm
Edo period, 19th century
Kanebō, Inc.

131. ***Shin Hiinagata Akebonozakura (New Kimono Patterns, Dawn Cherry Blossoms)***
Catalogue of *Kimono* Designs

Block-printed book; first volume from a set of three
Length 25.5 cm, width 18.0 cm
Edo period, dated 1781
Mitsui Bunko Library

132. ***Shin Hiinagata Chitose Sode (New Kimono Patterns, Thousand-year Sleeves)***
Catalogue of *Kimono* Designs

Block-printed book; first volume from a set of three
Length 25.0 cm, width 18.2 cm
Edo period, dated 1800
Mitsui Bunko Library

133. **A Beauty**

By Shirai Naokata
Hanging scroll
Color on paper
Length 111.4 cm, width 43.4 cm
Edo period, dated 1781
Kurokawa Kobunka Institute

134. **A Beauty**

By Gion Seitoku
Hanging scroll
Color on paper
Length 96.3 cm, width 32.6 cm
Edo period, 18th century
Fukuoka City Museum

135. **A Beauty**

By Gion Seitoku
Hanging scroll
Color on silk
Length 103.6 cm, width 29.7 cm
Edo period, 18th century
Sumiya Hozonkai

136. **A Beauty**

By Gion Seitoku
Hanging scroll
Color on paper
Length 113.4 cm, width 39.4 cm
Edo period, 18th century
Nara Prefectural Art Museum

137. **A Beauty with a Fan**

By Mihata Jōryu
Hanging scroll
Color on silk
Length 108.0 cm, width 40.6 cm
Edo period, 19th century
Kyoto Prefectural Library

138. **Ornamental Comb and *Kōgai* Hair Ornament**

Tortoiseshell
Comb width 14.5 cm,
Kōgai Length 35.1 cm
Edo period, 19th century
Tamura Museum

139. **Black Ornamental Comb and *Kōgai* Hair Ornament**

Tortoiseshell
Comb width 15.5 cm,
Kōgai Length 30.4 cm
Edo period, 19th century
Tamura Museum

140. **Set of Hair Ornaments with Seasonal Flowers and Birds**

Tortoiseshell
Comb 1: width 16.3 cm
Comb 2: width 14.9 cm
Kōgai: Max. Length 34.0 cm
Edo period, 19th century
Tamura Museum

141. **Ornamental Comb with a Scene of Pulling a River Boat**

Inscription of Kyoman Enshu
Wood
Lacquer with gold *makie*
Width 12.8 cm, height 6.9
Edo period, 18th century
Kyoto National Museum

142. **Ornamental Comb with Bush Clovers and Telescopes**

Wood
Lacquer with gold *makie*
Width 13.4 cm, height 7.0 cm

Paste-resist dyeing (*yūzen*)
Length 146.1 cm, width 117.0
Edo period, 18th century
Tabata Collection

104. ***Kosode* with Butterflies, Chrysanthemums, and Curtains**

Bluish-gray figured silk crepe (*chirimen*)
Paste-resist dyeing (*yūzen*)
Length 160.2 cm, width 123.0
Edo period, 18th century
Kurokawa Kobunka Institute

105. ***Yūzen Hinagata (Yūzen-dyed Kimono Patterns)***
Catalogue of Kimono Designs

Two block-printed books; third and fourth volumes of a set of four
Height 22.5 cm, width 16.3 cm
Edo period, dated 1688
Mitsui Bunko Library

106. ***Kosode* with Triangles of Autumn Plants and Plovers, and *Kosode* with Clouds of Autumn Plants, Flowing Water, and Maple Leaves, Mounted on a Screen**

Two-fold screen
Parti-colored plain-weave silk with a twill-weave pattern (*saya*)
Tie-dyeing (*shibori*), paste-resist dyeing (*yūzen*)
Height 168.0 cm, width 185.0 cm
Edo period, dated 1740
National Museum of Japanese History

107. ***Kosode* with Poppies and Plovers**

Brown cotton
Paste-resist dyeing (*yūzen*)
Length 134.5 cm, width 120.0 cm
Edo period, 18th century
Fukuoka City Museum

108. ***Kosode* with Blooming Plum Trees and Fans**

White figured silk satin (*rinzu*)
Printed freckled pattern embroidery
Length 153.2 cm, width 129.0
Edo period, 18th century
Nara Prefectural Art Museum

109. ***Kosode* with Clouds, Triangles and Maple Leaves**

Parti-colored plain-weave silk with a twill-weave pattern (*saya*)
Tie-dyeing (*shibori*), paste-resist dyeing (*yūzen*)
Length 150.0 cm, width 121.0
Edo period, 18th century
Kyoto National Museum

110. ***Kosode* with Chrysanthemums**

Purple figured silk crepe (*chirimen*)
Tie-dying (*kanoko shibori*)
Length 155.0 cm, width 126.0 cm
Edo period, 18th century
Kanebō, Inc.

111. ***Kosode* with Triangles, Plum Blossoms, and Chrysanthemums**

Parti-colored plain-weave silk with a twill-weave pattern (*saya*)
Tie-dyeing (*shibori*), white paste-resist designs
Length 147.5 cm, width 126.0 cm
Edo period, 18th century
Kyoto National Museum

112. ***Kosode* with Plum Trees, Snowy Landscape, and Characters**

Dark blue silk crepe (*chirimen*)
White paste-resist designs, embroidery
Length 161.0 cm, width 122.0 cm
Edo period, 18th century
Kyoto National Museum

113. ***Katabira* with Eight Scenic Views around Lake Biwa**

Pale blue plain-weave ramie
White paste-resist designs, embroidery
Length 154.2 cm, width 120.0 cm
Edo period, 18th century
Tōyama Memorial Museum

114. ***Kosode* with Huts, Butterflies, and Bush Clovers**

Light blue silk crepe (*chirimen*)
White paste-resist designs, embroidery
Length 150.7 cm, width 119.0
Edo period, 18th century

115. **A Beauty with a Clock**

By Nishikawa Sukenobu
Hanging scroll
Color on paper
Length 88.5 cm, width 31.4 cm
Edo period, 18th century
Tokyo National Museum

116. **Women Enjoying the Evening Cool**

By Nishikawa Sukenobu
Hanging scroll
Color on paper
Length 53.0 cm, width 86.4 cm
Edo period, 18th century
Tokyo National Museum

117. ***Shōtoku Hinagata (Kimono Patterns of the Shōtoku Era)***
Catalogue of *Kimono* Designs

Two block-printed books; second and fourth volumes from a set of four
Length 20.5 cm, width 15.3 cm
Edo period, dated 1713
Mitsui Bunko Library

118. ***Hiinagata Gionbayashi (Gionbayashi Kimono Patterns)***
Catalogue of *Kimono* Designs

Block-printed book
Length 26.0 cm, width 18.6 cm
Edo period, dated 1714
Kyōritsu Women's College Library

119. ***Tōfū Bijin Hinagata (Kimono Patterns for Modern Beauties)***
Catalogue of *Kimono* Designs

Block-printed book; third volume from a set of three
Length 25.7 cm, width 18.7 cm
Edo period, dated 1715
Tabata Collection

120. ***Hiinagata Someiro no Yama (A Mountain of Dyed Kimono Patterns)***
Catalogue of Kimono Designs

Block-printed book; second volume from a set of three
Length 27.0 cm, width 18.0 cm
Edo period, dated 1732
Mitsui Bunko Library

121. ***Tōryū Moyō Hiinagata Miyako no Haru (Latest Kimono Patterns, Spring in the Capital)***
Catalogue of *Kimono* Designs

Block-printed book; third volume from a set of three
Length 26.4 cm, width 18.5
Edo period, dated 1747
Mitsui Bunko Library

122. ***Hiinagata Tsugiho Zakura (Continued Kimono Patterns, Cherry Blossoms)***

Color on paper
Length 31.8 cm, length 287.7 cm
Edo period, 17th century
Nara Prefectural Art Museum

84. ◎ ***Manji Yo-nen On-Gachō (Kimono Designs for the Year 1661)***

Bound book
Ink on paper
Length 28.8 cm, width 21.6 cm
Edo period, dated 1661
Osaka City Art Museum

85. ◎ ***Kambun San-nen On-Echō (Kimono Designs for the Year 1663)***

Bound book
Ink on paper
Length 29.2 cm, width 21.5 cm
Edo period, dated 1663
Osaka City Art Museum

86. ***On-Hiinagata (Kimono Patterns)*** **Catalogue of *Kimono* Designs**

Two block-printed books
Length 18.0 cm, width 12.3 cm
Edo period, dated 1667
Tokyo National Museum

87. ***Imayō On-Hiinagata (Modern Kimono Patterns)*** **Catalogue of *Kimono* Designs**

Two block-printed books
Length 22.2 cm, width 15.3 cm
Edo period, dated 1685
Takada Costume Institute

88. ***Ogurayama Hyakushu Hinagata (One Hundred Kimono Patterns Based on the Ogura Hyakunin Isshu)*** **Catalogue of *Kimono* Designs**

Block-printed book
Length 25.5 cm, width 18.5
Edo period, 18th century
Kyōritsu Women's College Library

89. ***Kosode* with Gabions and Cherry Tree**

Grayish-indigo silk crepe (*chirimen*)
Paste-resist dyeing (*yūzen*), embroidery, printed freckled pattern
Length 158.0 cm, width 122.0 cm
Edo period, 17th century
Kanebō, Inc.

90. ***Kosode* with Standing Screens and Hawks**

White silk crepe (*chirimen*)
Paste-resist dyeing (*yūzen*), embroidery
Length 161.0 cm, width 128.0 cm
Edo period, 18th century
Tokyo National Museum

91. ***Kosode* with Blooming Cherry Tree and Characters**

Yellow silk crepe (*chirimen*)
Paste-resist dyeing (*yūzen*), embroidery
Length 154.0 cm, width 126.0 cm
Edo period, 18th century
Kanebō, Inc.

92. ***Kosode* with Flowing Water, Kerria, and Characters**

Vermilion plain-weave silk with a twill-weave pattern (*saya*)
Tie-dyeing (*shibori*), paste-resist dyeing (*yūzen*)
Length 149.0 cm, 60.3 cm
Edo period, 18th century
Tabata Collection

93. ***Kosode* with Flowering Plants, Waterfalls, and Maple Leaves**

Parti-colored plain-weave silk with a twill-weave pattern (*saya*)
Paste-resist dyeing (*yūzen*), embroidery
Length 142.0 cm, 62.0 cm
Edo period, 18th century
Kanebō, Inc.

94. ***Kosode* with Kamigamo Shrine Horse Race Scene**

White silk crepe (*chirimen*)
Paste-resist dyeing (*yūzen*), embroidery
Length 128.0 cm, width 129.4 cm
Edo period, 18th century
Kyoto National Museum

95. ***Kosode* with a Seaside Scene from *the Tale of Genji***

Parti-colored silk crepe (*chirimen*)
Paste-resist dyeing (*yūzen*), embroidery, painting
Length 159.0 cm, width 124.0 cm
Edo period, 18th century
Marubeni Corporation

96. ***Katabira* with Sails and Irises**

White plain-weave ramie
Paste-resist dyeing (*yūzen*), embroidery
Length 155.0 cm, width 119.0
Edo period, 18th century
Kyoto National Museum

97. ***Katabira* with Plum Blossoms and Quivers**

White plain-weave ramie
Paste-resist dyeing (*yūzen*), embroidery
Length 160.3 cm, width 123.6 cm
Edo period, 18th century
Kyoto National Museum

98. ***Kosode* with Chinese Landscape**

Pale blue silk crepe (*chirimen*)
Paste-resist dyeing (*yūzen*), embroidery
Length 161.0 cm, width 128.0 cm
Edo period, 18th century
Tokyo National Museum

99. ***Uchikake* with Shell-Matching Games**

Grayish-indigo figured silk satin (*rinzu*)
Paste-resist dyeing (*yūzen*), embroidery
Length 166.0 cm, width 126.0 cm
Edo period, 18th century
Kyoto National Museum

100. ***Kosode* with Stripes, Horsetails, and Rabbits**

Parti-colored silk crepe (*chirimen*)
Paste-resist dyeing (*yūzen*), embroidery
Length 147.5 cm, width 125
Edo period, 18th century
Kyoto National Museum

101. ◎ ***Furisode* with *Noshi* Bundles**

Vermilion silk crepe (*chirimen*)
Paste-resist dyeing (*yūzen*), embroidery, stenciled gold leaf (*surihaku*)
Length 156.6 cm, width 117.0
Edo period, 18th century
Society of Yūzen History

102. ***Katabira* with Star Festival Decorations**

White plain-weave ramie
Paste-resist dyeing (*yūzen*), embroidery
Length 164.2 cm, width 120.0 cm
Edo period, 18th century
Kyoto National Museum

103. ***Hitoe* with Mountain Mist and Lilies**

White silk crepe (*chirimen*)

leaf (*surihaku*)
Length 143.0 cm, width 134.0 cm
Edo period, 17th century
Kanebō, Inc.

63. ***Katabira* with Chrysanthemums and Hemp Palm Leaves**

Dark brown plain-weave ramie
Tie-dyeing (*shibori*), embroidery
Length 155.5 cm, width 125.4 cm
Edo period, 17th century
Kyoto National Museum

64. ***Kosode* with Musical Instruments, Chrysanthemums, and Characters**

White silk satin
Tie-dying (*kanoko shibori*), embroidery
Length 152.0 cm, width 126.0 cm
Edo period, 17th century
Kanebō, Inc.

65. ***Kosode* with Flowers and Flower Roundels**

Yellow figured silk satin (*rinzu*)
Embroidery, tie-dying (*kanoko shibori*)
Length 152.5 cm, width 129.4 cm
Edo period, 17th century
Tokyo National Museum

66. ***Uchishiki* with Snow Roundels, Plum Blossoms, and the Character for "Bush Warblers"**

Purple figured silk satin (*rinzu*)
Tie-dyeing (*shibori*), ink
Height 193.0 cm, width 150.0 cm
Edo period, 17th century
Shinju-an Temple

67. ***Kosode* with Plum Blossoms and Circular Windows**

Light purple silk crepe (*chirimen*)
Embroidery, stenciled imitation tie-dyeing
Length 146.0 cm, width 120.0 cm
Edo period, 17th century
Kanebō, Inc.

68. ***Kosode* with Pine Tree and Wisteria Flowers**

White figured silk satin (*rinzu*)
Embroidery, tie-dyeing (*kanoko shibori*), stenciled imitation tie-dyeing
Length 160.0 cm, width 120.0 cm
Edo period, 17th century
Tokyo National Museum

69. ***Kosode* with Screens, Pine Trees, and Cranes**

White figured silk satin (*rinzu*)
Dyeing, embroidery
Length 176.0 cm, width 121.0 cm
Edo period, 17th century

70. ***Kosode* with Mandarin Orange Trees and Bamboo**

White figured silk satin (*rinzu*)
Dyeing, embroidery
Length 156.0 cm, width 119.0 cm
Edo period, 18th century
Gift of Mr. and Mrs. Rodolphe Meyer de Schansee
Philadelphia Museum of Art

71. ***Kosode* with Chrysanthemums and Flowing Water**

White figured silk satin (*rinzu*)
Dyeing, embroidery
Length 159.5 cm, width 108.4 cm
Edo period, 18th century

72. ***Kosode* with Chrysanthemums, Flowing Water, and Characters**

White figured silk satin (*rinzu*)
Dyeing, embroidery
Length 160.4 cm, width 129.0 cm
Edo period, 18th century
Kyoto National Museum

73. ***Katabira* with Waves, Pine Trees, and Characters**

White plain-weave ramie
Dyeing, embroidery
Length 156.7 cm, width 126.0 cm
Edo period, 18th century
Tōyama Memorial Museum

74. ***Kosode* with Fences and Flower Roundels**

White figured silk satin (*rinzu*)
Dyeing, embroidery
Length 157.0 cm, width 126.0 cm
Edo period, 18th century
Marubeni Corporation

75. ***Kosode* with Plum Trees and Bird-shaped Headdress (*Torikabuto*)**

White figured silk satin (*rinzu*)
Dyeing, stenciled imitation tie-dyeing, embroidery
Length 147.0 cm, width 119.6 cm
Edo period, 18th century
Ōtemae University

76. ***Hitoe* with Bamboo Fences, Plum Blossoms and Characters**

White silk crepe (*chirimen*)
Dyeing, embroidery
Length 155.5 cm, width 134.0 cm
Edo period, 18th century
Tōyama Memorial Museum

77. ***Obi* with Rafts and Cherry Blossoms**

White figured silk satin (*rinzu*)
Dyeing, embroidery
Width 17.0 cm, length 319.0 cm
Edo period, 18th century
Nara Prefectural Art Museum

78. **Scenes in Kyoto**

By Sumiyoshi Gukei
Handscroll
Color on silk
Height 36.5 cm, length 1094.0 cm
Edo period, 17-18th century
Konbu-in Temple

79. **Scenes in and around Kyoto**

By Sumiyoshi Gukei
Handscroll
Color on paper
Height 40.9 cm, length 1368.0 cm
Edo period, 17th century
Tokyo National Museum

80. **Premiere Geisha Named Yachiyo**

Hanging scroll
Color on silk
Length 81.7 cm, width 33.2 cm
Edo period, 17-18th century
Sumiya Hozonkai

81. **Premiere Geisha Named Kofuji**

Hanging scroll
Color on paper
Length 70.8 cm, width 30.5
Edo period, 17th century
Sumiya Hozonkai

82. **Dancer**

Hanging scroll
Color on paper
Length 77.3 cm, width 27.6 cm
Edo period, 17th century
Museum Yamato Bunkakan

83. ***Kosode* Designs**

Handscroll

Parti-colored figured silk satin (*rinzu*)
Tie-dyeing (*shibori*), embroidery,
stenciled gold leaf (*surihaku*)
Length 198.0 cm, width 198.0 cm
Edo period, 17th century
Shinju-an Temple

43. ***Kosode* with Broken Fences and Diagonal Pattern, Mounted on a Screen**

Two-fold screen
Black figured silk satin (*rinzu*)
Tie-dyeing (*shibori*), embroidery,
stenciled gold leaf (*surihaku*)
Length 168.0 cm, width 185.0 cm
Edo period, 17th century
National Museum of Japanese History

44. ***Kosode* with Flowering Plants and Waterfall, Mounted on a Screen**

Two-fold screen
Black figured silk satin (*rinzu*)
Tie-dyeing (*shibori*), embroidery,
stenciled gold leaf (*surihaku*)
Length 168.0 cm, width 185.0 cm
Edo period, 17th century
National Museum of Japanese History

45. ***Furisode* with Bellflower Wheels and Flowering Plants**

Black *nerinuki* plain-weave silk
Tie-dyeing (*shibori*), embroidery,
stenciled gold leaf (*surihaku*)
Length 122.4 cm, width 101.6 cm
Edo period, 17th century
Hōryu-ji Temple

46. ○ ***Kabuki* Performance**

Second volume
Handscroll
Color on paper
Height 36.7 cm, length 699.4 cm
Edo period, 17th century
Tokugawa Art Museum

47. ◎ **Amusements, *Known as the* Sōō-ji Screens**

Pair of eight-fold screens
Color and gold foil on paper
Length 126.1 cm, width 407.8 cm (each)
Edo period, 17th century
Tokugawa Art Museum

48. **Indoor Amusements**

Six-fold screen
Color on paper
Length 134.5 cm, width 266.0 cm
Edo period, 17th century

49. ◎ **The Rope Curtain**

Two-fold screen
Color and gold foil on paper
Length 160.5 cm, width 179.4 cm
Edo period, 17th century
Arc-en-Ciel Art Foundation

50. **Whose Sleeves? (*Tagasode*)**

Pair of six-fold screens
Color and gold foil on paper
Length 155.8 cm, width 361.2 cm (each)
Edo period, 17th century
Nezu Art Museum

51. ***Kosode* with Seashells**

Parti-colored plain-weave silk with a twill-weave pattern (*saya*)
Tie-dyeing (*shibori*), stenciled gold leaf (*surihaku*), embroidery
Length 141.0 cm, width 124.0 cm
Edo period, 17th century
Gift of Mr. And Mrs. Paul T. Nomura in memory of Mr. And Mrs. S. Morris Nomura, 1992
The Metropolitan Museum of Art

52. ***Uchishiki* with Scattered Roundels and Flowering Plants**

Purple figured silk satin (*rinzu*)
Tie-dyeing (*shibori*), embroidery,
stenciled gold leaf (*surihaku*)
Length 183.0 cm, width 183.0 cm
Edo period, 17th century
Shinju-an Temple

53. ***Uchishiki* with Grapes, Fishing Nets, and Roundels**

Purple figured silk satin (*rinzu*)
Tie-dyeing (*shibori*), stenciled gold leaf (*surihaku*)
Length 162.0 cm, width 160.0 cm
Edo period, dated 1639
Shinju-an Temple

54. ***Kosode* with Pine Trees, Wisteria Flowers, and Screens**

Parti-colored figured silk satin (*rinzu*)
Tie-dyeing (*shibori*), embroidery,
stenciled gold leaf (*surihaku*)
Length 138.5 cm, width 128.0 cm
Edo period, 17th century

55. ◎ ***Obi* with Snow Roundels and Plum Blossoms**

Black figured silk satin (*rinzu*)
Tie-dyeing (*shibori*), embroidery
Width 12.8 cm, length 276.0 cm
Edo period, 17th century
Sendai City Museum

56. ◎ ***Obi* with Bellflowers**

White silk satin
Width 12.2 cm, length 273.0 cm
Edo period, 17th century
Sendai City Museum

57. ◎ ***Obi* with Flowers and Stripes**

Brocaded silk satin (*shuchin*)
Width 11.5 cm, length 271.0 cm
Edo period, 17th century
Sendai City Museum

58. ◎ ***Obi* with Indigo and Black Cloud-shaped Bands**

Parti-colored figured silk satin (*rinzu*)
Width 8.5 cm, length 216.0 cm
Edo period, 17th century
Sendai City Museum

59. **Perfuming Frame with Peony and Scrolling Vines**

Wood
Lacquer with gold *makie*
Length 46.7 cm, width 46.7 cm, height 46.7 cm
Edo period, 17th century
Kyoto National Museum

60. ***Akoda* Incense Burner with Family Crests**

Wood
Lacquer with gold *makie*
Diameter 10.6 cm, height 8.0 cm
Edo period, 17th century
Kyoto National Museum

61. ***Kimono* Rack with Clematis and Scrolling Vines**

Wood
Lacquer with gold *makie*
Height 161.0 cm, width 212.0 cm
Edo period, 17th century

62. ***Furisode* with Bamboo, Squirrel, and Plum Blossoms**

Parti-colored figured silk satin (*rinzu*)
Tie-dyeing (*shibori*), tie-dyeing (*kanoko shibori*), embroidery, stenciled gold

Kaho-machi local administration office

22. ◎ ***Jimbaori* (Military Surcoat) with Flowers**

Reportedly owned by Uesugi Kenshin
Dark blue and scarlet wool
Length 115.0 cm, width 125.4 cm
Momoyama period, 16th century
Uesugi Shrine

23. ◎ ***Dōbuku* with Flowers and Leaves**

Owned by Naoe Kanetsugu
Pale blue damask silk
Length 99.0 cm, width 122.0 cm
Momoyama period, 16th century
Uesugi Shrine

24. ***Gusokushitagi* (Military Undergarment) with Peony and Scrolling Vines**

Owned by Yamanouchi Tadayoshi
White damask silk
Length 75.0 cm, width 150.0 cm
Momoyama period, 17th century
Treasure House of the Yamanouchi Family, Tosa

25. ◎ **Portrait of Takeda Shingen**

Hanging scroll
Color on silk
Length 42.0 cm, width 63.0 cm
Muromachi period, 16th century
Jōkei-in Temple

26. ◎ **Portrait of Ashikaga Yoshiteru**

Hanging scroll
Color on silk
Length 93.2 cm, width 43.7 cm
Muromachi period, 16th century
National Museum of Japanese History

27. **Portrait of the Wife of Hosokawa Akimoto**

Hanging scroll
Color on silk
Length 76.4 cm, width 32.3 cm
Momoyama period, dated 1582
Ryōan-ji Temple

28. ◎ **Portrait of the Wife of Asai Nagamasa**

Hanging scroll
Color on silk
Length 96.0 cm, width 40.9 cm
Momoyama period, 16th century
Jimyō-in Temple

29. ◎ **Portrait of a Lady**

Hanging scroll
Color on silk
Length 50.0 cm, width 38.5 cm
Momoyama period, 16th century
Museum Yamato Bunkakan

30. **Portrait of the Wife of Inaba Chūjirō**

Hanging scroll
Color on silk
Length 84.2 cm, width 41.5 cm
Momoyama period, dated 1610
Zakke-in Temple

31. **Portrait of a Woman Thought to Be Lady Yodo**

Hanging scroll
Color on silk
Length.72.5 cm, width 36.3 cm
Momoyama period, 17th century
Nara Prefectural Art Museum

32. ◎ **Portrait of Hosokawa Hasumaru**

Hanging scroll
Color on silk
Length 66.4 cm, width 34.0 cm
Momoyama period, dated 1587
Chōshō-in Temple

33. **A Boy Playing the Drum**

Hanging scroll
Color on silk
Length 17.0 cm, width 14.2 cm.
mounting length 103, width 38.3 cm
Momoyama period, 16th century

34. **Scenes in and around Kyoto**

Pair of six-fold screens
Color on paper
Length 77.5 cm, width 245.8 cm (each)
Momoyama period, 17th century
Fukuoka City Museum

35. ◎ ***Kosode* with Stripes, Roundels, and Flowering Plants**

Purple *nerinuki* plain-weave silk
Tie-dyeing (*shibori*), embroidery, stenciled gold leaf (*surihaku*)
Length 139.0 cm, width 111.0 cm
Momoyama period, 17th century

36. ◎ ***Nuihaku* (Nō Costume) with Mountains, Cherry Blossoms, and Roundels**

Crimson plain-weave silk with a twill-weave pattern (*saya*)
Tie-dyeing (*shibori*), embroidery, stenciled gold leaf (*surihaku*)
Length 138.5 cm, width 109.0 cm
Edo period, 17th century
Hayashibara Art Museum

37. ◎ ***Kosode* with Pine-Bark Lozenge Bands**

Parti-colored figured silk satin (*rinzu*)
Tie-dyeing (*shibori*), embroidery, stenciled gold leaf (*surihaku*)
Length 148.0 cm, width 124.0 cm
Edo period, 17th century
Kyoto National Museum

38. ◎ ***Kosode* with Cranes and Cherry Blossoms**

Parti-colored figured silk satin (*rinzu*)
Tie-dyeing (*shibori*), embroidery, stenciled gold leaf (*surihaku*)
Length 143.5 cm, width 121.0 cm
Edo period, 17th century
Kanebō, Inc.

39. ◎ ***Kosode* with Spireas, Pine, and Maple Trees**

Parti-colored plain-weave silk with a twill-weave pattern (*saya*)
Tie-dyeing (*shibori*), embroidery, stenciled gold leaf (*surihaku*)
Length 137.6 cm, width 113.2 cm
Edo period, 17th century
Tabata Collection

40. ***Kosode* with *Noshi* Ornaments and Flowering Plants**

Parti-colored figured silk satin (*rinzu*)
Tie-dyeing (*shibori*), embroidery, stenciled gold leaf (*surihaku*)
Length 145.0 cm, width 130.0 cm
Edo period, 17th century
Kanebō, Inc.

41. ***Uchishiki* with Flowering Plants on a Trellis**

Parti-colored figured silk satin (*rinzu*)
Tie-dyeing (*shibori*), embroidery, stenciled gold leaf (*surihaku*)
Length 159.0 cm, width 173.0 cm
Edo period, dated 1620
Shinju-an Temple

42. ***Uchishiki* with Stripes, and Clematises, and Scrolling Vines**

List of Exhibits

1. ◎ ***Kosode* with Spring Plants and Paulownias**

Nerinuki plain-weave silk
Embroidery, stenciled gold leaf (*surihaku*)
Length 119.0 cm, width 99.0 cm
Momoyama period, 16th century
Ura Shrine

2. ◎ ***Kosode* with Pine Trees, Cranes, Tortoises, and Flowering Plants**

Nerinuki plain-weave silk
Embroidery, stenciled gold leaf (*surihaku*)
Length 84.5 cm, width 80.0
Momoyama period, dated 1583
Izumiōtsu City Oriamu-kan Museum

3. ◎ ***Kosode* with Plum Blossoms, Wisteria, Maple Leaves, and Snow-Laden Bamboo**

Nerinuki plain-weave silk
Embroidery, stenciled gold leaf (*surihaku*)
Length 132.5 cm, width 117.0 cm
Momoyama period, 16th century
Kyoto National Museum

4. ◎ ***Nuihaku* (Nō Costume) with Chrysanthemums, Reeds, and Waterfowl**

Nerinuki plain-weave silk
Embroidery, stenciled gold leaf (*surihaku*)
Length 130.5 cm, width 116.0 cm
Momoyama period, 16th century
Tokyo National Museum

5. ◎ ***Kosode* with Chrysanthemums**

Brocaded silk (*karaori*)
Length 144.5 cm, width 144.0 cm
Momoyama period, 16th century
Hayashibara Art Museum

6. ***Kosode* with Snow-Laden Mandarin Orange Trees**

Brocaded silk (*karaori*)
Length 144.0 cm, width 123.0 cm
Momoyama period, 16th century
Agency of Cultural Affairs

7. ***Uchishiki* with Undulating Vertical Lines and Paulownias**

Brocaded silk (*karaori*)
Length 176.0 cm, width 174.0 cm
Momoyama period, dated 1607
Kōdai-ji Temple

8. ***Uchishiki* with Stripes and Cherry Trees**

Nerinuki plain-weave silk
Embroidery
Length 169.0 cm, width 163.0 cm
Momoyama period, dated 1602
Kōdai-ji Temple

9. **Kimono Rack with Pawlownia and Chrysanthemum Roundels**

Wood
Black lacquer and *makie* with gold dust
Height 163.0 cm, width 229.0 cm
Momoyama period, 16th century
Hosomi Foundation for Fine Arts

10. ◎ ***Uchikake* with Flower Lozenges in a Tortoise-Shell Diaper**

Nerinuki plain-weave silk
Embroidery, stenciled gold leaf (*surihaku*)
Length 120.0 cm, width 120.0 cm
Momoyama period, 16th century
Kōdai-ji Temple

11. ***Kosode* with Tortoise-Shell and Wickerwork Patterns and Wisteria Flowers**

Nerinuki plain-weave silk
Tsujigahana tie-dyeing
Length 127.0 cm, width 112.0 cm
Momoyama period, 17th century
Kyoto National Museum

12. ◎ ***Dōbuku* with Paulownias and Arrows**

Nerinuki plain-weave silk
Tsujigahana tie-dyeing
Length 115.2 cm, width 115.8 cm
Momoyama period, 16th century
Kyoto National Museum

13. ◎ ***Dōbuku* with Gingko Leaves and Snow Roundels**

Plain-weave silk
Tsujigahana tie-dyeing
Length 117.0 cm, width 126.0 cm
Momoyama period, 16th century
Tokyo National Museum

14. ◎ ***Dōbuku* with Cloves**

Nerinuki plain-weave silk
Tsujigahana tie-dyeing
Length 121.5 cm, width 118.0 cm
Momoyama period, 17th century
Kiyomizu-dera Temple

15. ***Haori* with Hollyhock Leaves and Roundels**

Purple *nerinuki* plain-weave silk
Tsujigahana tie-dyeing
Length 112.0 cm, width 116.0 cm
Momoyama period, 17th century
Tokugwa Art Museum

16. ◎ **Ledger of the Boutique Kariganeya**

Ink on paper
Length 29.5 cm, width 23.0 cm
Momoyama period, dated 1602
Agency of Cultural Affairs

17. ***Kosode* with Hollyhock Roundels**

Pale blue *nerinuki* plain-weave silk
Tsujigahana tie-dyeing
Length 136.6 cm, width 121.2 cm
Momoyama period, 17th century
Tokugawa Art Museum

18. ***Kosode* with Hollyhock Roundels**

Parti-colored *nerinuki* plain-weave silk
Tsujigahana tie-dyeing
Length 138.0 cm, width 114.0 cm
Momoyama period, 16th century
Tokugawa Art Museum

19. ***Dōbuku* with Snow-Laden Willow Tree**

Dark blue silk satin, embroidery
Brocaded silk (*karaori*)
Length 90.0 cm, width 112.0 cm
Momoyama period, 16th century

20. ◎ ***Jimbaori* (Military Surcoat) with Birds and Animals**

Tapestry weave silk
Length 99.4 cm, Shoulder width 59.4 cm
Momoyama period, 16th century
Kōdai-ji Temple

21. ◎ ***Jimbaori* (Military Surcoat) with Flowers**

White cotton
Quilting
Length 77.8 cm, Shoulder width 51.5 cm
Momoyama period, 16th century

Fashions of Court Ladies and *Samurai*-Class Women

During the Edo period, even ladies of the imperial court began to wear *kosode*. One woman who influenced this trend was Lady Tōfukumon'in (1607-1678). Tōfukumon'in was the daughter of Tokugawa Hidetada, the second *shogun* (regent general) of the Tokugawa clan, who later married Emperor Gomizuno'o. A true clothes hound, she ordered a tremendous number of *kosode* from the Kariganeya boutique. Her fashion sense inspired new trends among the ladies of the court, who in turn influenced the tastes of common citizens. This led to the establishment of a recognizable "courtly style," different from the prevailing women's fashions in *samurai* society.

During the late Edo period, the differences between court fashions and warrior-class fashions were distinct. Court women favored classic and elegant designs incorporating motifs of flowers, birds, and natural subjects. *Samurai*-class ladies, on the other hand, adopted a design style called *goshodoki*, in which literary themes were depicted with extensive and highly detailed paste-resist dyeing.

Section 11

The Elegance of Tradition

Aristocratic Style

The clothing styles of court nobles were established in the Heian period and handed down from generation to generation. Courtier costumes were characterized by loose, multi-layered robes, the voluminous forms and refined color combinations of which reflected the graceful aesthetics of the court.

These garments were made from *yūsoku* textiles, cloth woven with specific traditional court motifs. The graceful colors and classic woven designs of aristocratic costumes exemplify a tradition handed down from the Heian period, expressing the dignity and continuity of the court.

In the seventeenth and first half of the eighteenth century, the focal designs on *kosode* were applied primarily to the back of the garment, where the largest space was available. In the second half of the eighteenth century, however, the main designs were transferred to the front of the *kimono*, with design regions reduced to specific areas. New *kosode* styles featured designs that ran down the front edges of the garment and around the bottom hem. With the government sumptuary regulations suppressing outright extravagance, these styles evolved further into designs along the hem only and designs that ran along the hem, not of the *kosode* itself, but of the lining. The need to be inconspicuous forced the stylish to resort to elaborate decorations that were not visible to the outside world. This new trend for concealed luxury was called *soko-itari* in Edo.

The citizens of Edo had an unique aesthetic of their own and criticized Kyotoites as being "unrefined." Women in Kyoto wore heavy makeup, while those in Edo preferred lighter cosmetics. Kyoto ladies favored gaudy decorations –called *Shimabara-zuma*– along the hemlines of their *kosode*; Edo women preferred more moderate hem decorations (Edo-*zuma*). These two different aesthetics rivaled with each other for a time, but gradually women in Kyoto began to adopt the styles of Edo.

Section 9

Extravagances of the Commoners

Wedding Costumes and *Kyō-Kanoko*

The owners of wealthy kimono boutiques are willing to spend a great deal of money for their oldest daughters' weddings. They order lacquered dowry furnishings decorated with gold makie. *For their wedding attire, they choose the most beautiful and lavish* kosode, *with time-consuming embroidery, woven patterns, and* kanoko *tie-dyeing.*

This is a passage from an essay on young ladies, *Seken Musume Katagi* (*Characters of Worldly Young Women*), a prose narrative on the floating world published in 1717. Indeed, the eldest daughters of wealthy merchants were given nothing but the finest money could buy, and *kyō-kanoko* ("Kyoto-style fawn spots"; tiny tie-dyed spots) textiles were essential to any bridal trousseau.

Kyō-kanoko patterns were created by hand-tying tiny bits of fabric with thread, one by one, and then dying the cloth. The dye could not penetrate the tied areas, leaving them the original color after the ties were removed. It required tremendous time and labor to decorate *kimonos* with this method. Therefore, *kosode* with tiny tie-dyed patterns covering their entire surface –or *sō-kanako*– were the ultimate in luxury. A 1683 government sumptuary laws prohibited the lavish *kanoko*, leading to a temporary decline in the popularity of *kyō-kanoko kosode*. However, the technique regained its popularity in the late Edo period, and daughters of wealthy merchant families again outfitted themselves in gorgeous *kosode* embellished with tie-dyed designs.

Section 10

Outfitting the Aristocracy

Yūzen's popularity eventually led to the adaptation of his illustrations into designs for women's *kosode*. These designs, created with a surface-dyeing technique that came to be called *yūzen-zome*, became an instant hit. For a time, *yūzen*-dyed *kosode* were at the height of style. However, the fashion world is fickle by nature, and a 1692 essay collection called *Onna Chōhōki (Record of Precious Favorites for Women)* already referred to Yūzen's designs as being "out of style."

The techniques of *yūzen* dyeing, however, did not disappear and became even further developed in the years to follow. The intricate methods employed in *yūzen* dyeing involved painting elaborate designs with polychrome pigments over a layer of rice-paste resist. From the late seventeenth century to the early eighteenth century, *kosode* with *yūzen*-dyed designs were preferred to those with embroidered decoration or tiny tie-dyed patterns (*kyō-kanoko*). The sophisticated technique of yūzen continues to be used to decorate *kimono* into the present day.

Section 7

From Extravagance to Chic, I

Rimpa Designs and White, Paste-Resist Patterns

Ogata Kōrin (1658-1716) was the oldest son of the owner of the successful *kimono* boutique, Kariganeya. Kōrin was a popular artist, more interested in painting than in dealing in women's clothing. During the eighteenth century, however, his decorative paintings began being adapted into *kodode* designs, creating a tremendous rage in fashion circles. Even after the artist's death, Kōrin' s paintings continued, one after another, to be turned into *kodode* designs. Such fashion designs gained greater exposure due to their inclusion in *kimono* design catalogues –called *hiinagata-bon*– that were put out by *kimono* boutiques, especially during the Shōtoku and Kyōho eras (1711-1735).

Around the same time, the government –in hopes of restoring social order– began instituting a number of sumptuary laws prohibiting conspicuous extravagance in clothing. These ordinances resulted in a new trend for less embellished *kosode*, eventually leading to fashions that incorporated only two colors: blue and white (*shiro-agari*), an effect produced through the use of paste-resist indigo dyeing. These new styles reflected not only an emphasis on reducing production costs and prices, but a new sensibility that viewed such simple decorations as *iki* (chic). The simple and clean design aesthetics in the Kyoto style world paralleled a similar trend in Edo (Tokyo). Throughout Japan, fashion trends were undergoing an aesthetic shift from gorgeous extravagance to understated chic.

Section 8

From Extravagance to Chic, II

Front Edge and Hem Designs

In the age of peace following the previous upheavals of war, the mood among Kyotoites changed from that of an age of opulence to that of an effervescent "floating world" (*ukiyo*). Those seeking transitory experiences found solace in the outdoor *kabuki odori* performances as well as the indoor pleasures provided by *yūjo* in the licensed quarters. In the end, it was the anti-establishment *kabukimono* and *yūjo* who were the trendsetters during the Keichō, Genna, and Kan'ei eras (1596-1644).

Section 5

The Fashion of Extravagance

Kanbun and *Genroku Kosode*

A hundred years after the inauguration of the new government in Edo, its ruling system had been firmly established over the entire nation. Remarkable advances in agricultural productivity resulted in the rapid growth of Japan's commodity and market-based economy and the prospering of large cities. Osaka had become a business center, Edo had become a large consumer metropolis, and the cultural traditions of Kyoto supported its new role as a city of textile industries, including weaving and dyeing. Textile products from Kyoto enjoyed an excellent reputation across the country, and Kyoto became the fashion center of Japan.

Eccentric designs, which had once been popular among the anti-establishment *kabukimono*, were modified into elaborate decorations for women's *kosode*. Those *kimonos* were called *Kanbun kosode*, named after the era that they most represented. An assortment of designs for *Kanbun kosode* can be seen in order catalogues of the day from a *kimono* boutique called Kariganeya, which included among its clients, Lady Tōfukumon'in, the wife of Emperor Gomizuno'o. The *Kanbun kosode* was the last trend to still retain the influence of the court noble and townsperson-fostered Kan'ei culture.

In the Genroku era to follow, it was the wealthy merchant class that stood at the forefront of society and culture. On the fashion front, women from these rich merchant families competed among themselves with evermore extravagant *kosode* styles.

Section 6

Contemporary Extravagance

Yūzen and Scrolling Vines Dying

A new trend began in late seventeenth century Kyoto for the sophisticated fans illustrated by fan painter Miyazaki Yūzen. Yūzen was the owner of a fan store located in front of the temple Chion-in, in Kyoto. His illustrations were referred as "encompassing refined, old-fashioned traditions, while retaining an ever-contemporary sensibility." So great was the popularity of these fans that writer Ihara Saikaku mentions them in his *ukiyo-zoshi*, prose narratives on the floating world.

Samurai portraits and *Scenes in and around Kyoto* show us that, by the Momoyama period, the *kosode* was already at the center of both formal and everyday fashion in Kyoto.

Section 3

The Last Glow of Momoyama Opulence

Keichō Kosode

After the death of Toyotomi Hideyoshi in 1598, control of the country fell into the hands of Tokugawa Ieyasu. Ieyasu moved the government center from Kyoto to Edo (present day Tokyo) but built Nijo Castle in Kyoto in order to administer the western part of Japan. Kyotoites were not happy to recognize Edo as the administrative center of the nation, but by the end of the Kan'ei Era (1643), the government in Edo had firmly established its power over the nation.

During this time of transition, Kyoto fashions also underwent changes. The bright and bold styles of the Momoyama period were still popular, as was the generous use of gold leaf. As a general trend, however, the size of woven and dyed *kimono* patterns became smaller and the color palette less vivid. This new, so-called "*Keichō kosode*," had a less showy, more subtle appearance.

Keichō kosode retained the last glow of the brilliant and opulent fashions of the Momoyama period, while at the same time foreseeing the arrival of the new styles to come in the Edo period.

Section 4

Hues of the Floating World

Kabuki and the Entertainment District

In 1603, Tokugawa Ieyasu triumphantly celebrated the completion of Nijo Castle in 1603, a palacial testament to his power in Kyoto. In this same year, a dancer from the province of Izumo (today's Shimane Prefecture) named Okuni began to conduct open-air dance performances, known as *kabuki odori*, in Kyoto. Her performances were characterized by eccentric costumes and acquired great popularity among a segment of the population that opposed the new governmental system. These anti-government radicals, known as *kabukimono*, began imitating the distinctive and outrageous costumes of *kabuki odori*.

This trend was soon copied by dancers and entertainers, called *yūjo*, who began organizing their own lavish dance performances, known as *yūjo kabuki*. The government strictly forbade *yūjo kabuki*, saying that it disturbed the social order, and eventually relegated these professional dancers and entertainers to licensed entertainment district, allowing them to work only within the confines of limited areas.

This, however, did not mitigate the strong effect these social outsiders had on the culture of the day.

Section 1

The Flowering of Opulence

Fashions of the Momoyama Period

The Momoyama period is sometimes called a golden age of Japanese history. The preceding *Sengoku* (Warring Countries) period of turbulent strife among feudal lords had come to a halt through the efforts of Oda Nobunaga and Toyotomi Hideyoshi. As peace settled upon the capital of Kyoto, the production of gold and silver increased rapidly. Momoyama culture as a whole reveled in the brilliance of these metals, as evidenced by the opulence of such Momoyama architectural structures as Hideyoshi's palatial residence, Jurakudai, and Fushimi Castle.

Costumes of the Momoyama period were equally luxurious. The open, energetic mood of the day was reflected in a new trend for upbeat and lavish fashions. The *samurai* classes moved away from tradition to embrace bold, fresh forms of clothing such as warrior's surcoats, called *jimbaori*, and coats, called *dōbuku*. Women of the warrior class also wrapped themselves in luxury, fashionably competing among themselves with costumes of *karaori*, *nuihaku*, *tsujigahana*, and other sumptuous textiles, each of which required the highest possible levels of skill and artistry. Exotic garments and textiles brought into Japan from overseas created new rages for foreign goods.

Section 2

Artistic Depictions of Momoyama Style

Portraits and Scenes in and around Kyoto

Portraits of *samurai*-class men and women give us important insight into the fashions of the Momoyama period. *Samurai* men wore formal outer robes called *hitatare* and *suō*, as well as outfits called *kataginu bakama* (*kataginu* being an outer robe, and *hakama*, loose pleated trousers). *Kosode* –under-robes with narrow sleeve openings that originally functioned as undergarments and later evolved into the prevailing outer kimono for women and men– are commonly seen peeping out of the necklines of these formal outer garments. Women wore multiple layers of *kosode* in various stylish arrangements, including the *uchikake* style, in which an outer *kosode* was worn over the shoulders, and the *koshimaki* style, in which an outer *kosode* was wrapped decoratively around the waist. The elaborate outfits shown in *samurai* portraits represent formal, ceremonial clothing trends of the day.

The everyday fashions of commoners in the capital are vividly depicted in another type of painting: the landscape paintings known as *Scenes in and around Kyoto (Rakuchu Rakugai-zu)*. Within these gay, detailed views of the capital, we see hair salons, *kosode* boutiques, ceramic tableware shops, and a variety of other shops and businesses. Wandering through the bustling streets is a range of townspeople, including street vendors, sightseers, warriors on horseback, and even foreigners. Women clothe themselves in colorful *kosode*, a trend that is also evident among men.

Explanation of Each Section in English

Kyoto Style

Trends in 16th-19th Century Kimono

Kyoto National Museum

Published by Shibunkaku Shuppan